FRAGMENTS

D'UNE

HISTOIRE DES ARSACIDES

TOME DEUXIÈME

FRAGMENTS

D'UNE

HISTOIRE DES ARSACIDES

OUVRAGE POSTHUME

DE M. J. SAINT-MARTIN

PUBLIÉ SOUS LES AUSPICES

DU MINISTÈRE DE L'INSTRUCTION PUBLIQUE

TOME DEUXIÈME

PARIS

IMPRIMERIE NATIONALE

M DCCC L

FRAGMENTS

D'UNE

HISTOIRE DES ARSACIDES.

SUITE

DE

LA DEUXIÈME PARTIE.

Mithridate Ier eut pour successeur, l'an 137 avant J. C. son fils Phraate II[1], qu'il avait, ce semble, associé à l'empire, quelque temps avant sa mort, afin de prévenir une guerre civile; événement qui, chez les Parthes, accompagnait souvent la vacance du trône, et qu'on devait plus redouter à cette époque qu'à aucune autre; car Mithridate Ier était devenu roi au préjudice des enfants de Phraate Ier, son frère aîné, et d'ailleurs plusieurs autres de ses frères avaient eux-mêmes des enfants fort en état de lui disputer la couronne. Si, comme paraît l'indiquer, selon nous, le passage d'Isidore de Charax, que nous avons déjà commenté[2],

---

[1] « Post necem Mithridatis, Parthorum regis, Phrahates filius ejus rex constituitur. » (Justin. lib. XLIII, cap. I.)

[2] Voy. tom. I, pag. 225 et suiv.

Mithridate Ier mourut empoisonné par un de ses frères appelé Gosithrès; on peut croire qu'après sa mort l'empire fut en proie aux dissensions qu'il avait voulu prévenir, et que Phraate II ne resta point paisible possesseur du trône. Il est du moins certain que ce prince ne chercha pas à faire des conquêtes du côté de l'Occident, pour agrandir ses états aux dépens des rois de Syrie, en profitant des avantages que son père avait obtenus. Il ne paraît pas non plus que Phraate II ait eu le temps de songer à remplir les promesses que ce dernier avait faites à son prisonnier, Démétrius Nicator. Il ne fut, sans doute, détourné de ses projets que par les troubles de l'état. Ce qui peut ajouter un nouveau degré de probabilité à nos présomptions, c'est la fondation du royaume de l'Osrhoëne, que le patriarche syrien Denys de Telmahar place en l'année 136 avant J. C. L'Osrhoëne fut vraisemblablement du nombre des pays que Mithridate Ier enleva aux Séleucides; elle ne put s'affranchir de la puissance des Parthes, pour former un royaume particulier, qu'à la faveur des troubles qui durent alors agiter l'empire des Arsacides. Nous pensons que l'auteur de toutes ces dissensions fut le prince Artaban, frère de Mithridate, qui monta sur le trône après la mort de Phraate II. Il était, à ce qu'il paraît, fort avancé en âge à cette époque, et il fut soutenu dans ses projets par son fils Mithridate, qui, quelques années plus tard, monta lui-même sur le trône après la mort de son père. C'est ce dernier prince que les Arméniens appellent Arschagan, et dont ils font le successeur immédiat d'Arsace le Grand ou Mithridate Ier. Selon Moïse de Khoren[1], son règne commença dans la treizième année de Valarsace, roi d'Arménie, qui répond à l'année 137 avant J. C. il dura cinquante ans, comme nous croyons l'avoir démontré. La longue durée de ce règne ne peut s'expliquer que par la supposition très-vraisemblable, qu'Artaban, avec l'aide de son fils Mithridate, disputa, mais sans succès, l'empire à Phraate II, après la mort de Mithridate Ier, et qu'étant, plus tard, monté sur le trône, Mithridate, qui avait partagé les projets et la couronne de son père, compta les années de son règne de l'époque où il avait tenté, pour la première fois, de s'emparer du pouvoir souverain. Il est du moins incontestable que le successeur de Mithridate ne régna pas plus de huit ou neuf années, tandis que les Arméniens lui attribuent un règne très-long; ce qui ne peut s'appliquer qu'à Mithridate II, qui gouverna fort longtemps l'empire des Parthes.

Après la mort de Mithridate Ier, Démétrius Nicator resta, plusieurs années encore, captif chez les Parthes, sans espoir de rentrer dans ses états, parce que le fils du prince arsacide était, sans doute, trop occupé chez lui pour entreprendre une expédition lointaine. Désespérant de retourner jamais dans son royaume, et ennuyé de sa captivité en Hyrcanie, quoiqu'il y

[1] Lib. II, cap. LXV, pag. 188.

jouît de tous les agréments de la vie, le roi de Syrie, au rapport de Justin, résolut de s'enfuir secrètement, accompagné par un de ses amis, nommé Callimandre. Celui-ci, après la défaite du roi, s'étant procuré des guides à force d'argent, avait pénétré jusqu'à Babylone, en traversant le désert d'Arabie, déguisé sous un costume parthe [1]. Démétrius fut malheureux dans son entreprise : Phraate, informé de l'évasion de ce prince, le fit poursuivre, dans toutes les directions, par un grand nombre de cavaliers, qui l'eurent bientôt gagné de vitesse; on le ramena au roi, qui, bien loin de punir Callimandre, le récompensa de sa fidélité. Quant à Démétrius, Phraate lui fit de vifs reproches, le renvoya dans l'Hyrcanie, auprès de sa femme, et lui donna des gardiens plus sévères, chargés de le surveiller attentivement. Cependant, au bout de quelque temps, ces gardiens se relâchèrent de leur vigilance, trop pleins de confiance dans la considération que le roi captif avait auprès de lui ses enfants. Le prince séleucide profita de leur négligence pour prendre de nouveau la fuite, par les conseils du même ami; mais

---

[1] « Post hujus (Mithridatis) mortem desperato reditu, non « ferens captivitatem Demetrius, privatam etsi opulentam vitam « pertæsus, tacitus in regnum fugam meditatur. Hortator illi et « comes Callimander amicus erat: qui post captivitatem ejus à « Syria per Arabiæ deserta, ducibus pecunia comparatis, Par- « thico habitu Babylonem pervenerat. » (Justin. lib. XXXVIII, cap. IX.)

DEUXIÈME PARTIE.

il ne fut pas plus heureux qu'à sa première tentative : arrêté au moment où il atteignait les frontières de son royaume, il se vit, une fois encore, exposé à l'insolence de ses vainqueurs. Phraate le renvoya en Hyrcanie, dans la ville qui lui avait été assignée pour prison ; il lui rendit sa femme et ses enfants ; mais, joignant l'insulte aux rigueurs de la captivité, il lui donna, comme à un enfant, des osselets d'or, selon ce que rapporte Justin [1].

Toutefois, il est vrai de dire que les Parthes usèrent de ménagements et d'égards envers Démétrius, pendant sa captivité, malgré ses fréquentes tentatives d'évasion ; mais, comme le fait remarquer le même écrivain [2], leur conduite, dans cette circonstance, ne doit

---

[1] « Sed fugientem Phrahates, qui Arsacidæ successerat, equi« tum celeritate, per compendiosos tramites occupatum retra« hit. Ut est deductus ad regem, Callimandro quidem non « tantum venia, verum etiam præmium fidei datum : Deme« trium autem et graviter castigatum ad conjugem in Hyrca« niam remittit, arctioribusque custodibus observari jubet. Inter« jecto deinde tempore, cum fidem illi etiam suscepti liberi « facerent, eodem amico comite repetita fuga est : sed pari in« felicitate prope fines regni sui deprehenditur ; ac denuo per« ductus ad regem, ut invisus à conspectu summovetur. Tunc « quoque uxori et liberis donatus, in Hyrcaniam, pœnalem « sibi civitatem, remittitur ; talisque aureis ad exprobrationem « puerilis levitatis donatur. » (Justin. lib. XXXVIII, cap. IX.)

[2] « Sed hanc Parthorum tam mitem in Demetrium clemen« tiam non misericordia gentis faciebat, nec respectus cognatio« nis : sed quod Syriæ regnum affectabant, usuri Demetrio adver-

pas être attribuée à la bonté de la nation parthe, ni à l'alliance qui unissait le prince captif à ses rois : elle était dictée par des considérations purement politiques. Désirant se rendre maîtres de la Syrie, les Parthes voulaient se servir de Démétrius contre son frère Antiochus, selon les circonstances et la fortune de la guerre; ils voulaient surtout empêcher Antiochus d'attaquer l'empire parthe, en lui inspirant la crainte qu'ils ne relâchassent Démétrius, qui, s'il était rentré en Syrie, aurait pu opérer une diversion favorable aux projets de Phraate. Il nous semble, en effet, et nous en aurons bientôt de nouvelles preuves, que les deux frères étaient ennemis.

Frölich place dans l'année 134 avant J. C. ou dans l'année suivante, la première fuite de Démétrius, et la seconde en 132[1]. Cependant, comme Justin fait observer qu'à l'époque de sa dernière tentative d'évasion, le roi de Syrie avait des enfants, et que ce fut même là le motif qui porta ses gardiens à se relâcher de leur extrême vigilance, nous sommes très-porté à croire qu'il s'écoula entre ces deux événements un plus long espace de temps. Le récit de l'historien latin donne lieu de penser que, lorsque le prince séleucide s'échappa pour la première fois, il était encore sans enfants, tandis qu'à l'époque de

« sus Antiochum fratrem, prout rex, vel tempus, vel fortuna « belli exegisset. » (Justin. lib. XXXVIII, cap. ix.)

[1] Frölich, *Annal. reg. et rer. Syr.* pag. 82.

sa seconde évasion il en avait plusieurs ; circonstance qui nous permet d'admettre un intervalle d'environ trois ou quatre années. Aussi préférons-nous à l'opinion de Frölich celle de Vaillant. Ce dernier place la première fuite de Démétrius dans l'année 176 de l'ère des Séleucides, répondant, selon son système, aux années 137 et 136 avant J. C. il assigne à la seconde évasion la date de l'année 180 de l'ère des Séleucides, qui correspond aux années 133 et 132 avant J. C. il met ainsi entre ces deux événements un intervalle convenable, c'est-à-dire quatre ans. Le roi Mithridate Ier, qui avait promis à Démétrius de chasser Tryphon de la Syrie et de le rétablir sur son trône, était mort l'an 137 avant J. C. ce fut vraisemblablement quelque temps après, que le roi de Syrie, lassé d'attendre en vain l'accomplissement des promesses du prince parthe, prit la résolution de s'enfuir. Nous placerons donc en l'année 136 avant J. C. la première tentative de ce prince, et la seconde en 132.

Lorsque Démétrius Nicator fut vaincu et amené captif chez les Parthes, le rebelle Tryphon, qui lui disputait l'empire, en devint presque sans coup férir le seul maître ; la reine Cléopâtre obligée, ainsi que nous l'avons déjà dit[1], de se réfugier avec ses enfants dans la ville de Séleucie, fut assiégée par l'usurpateur. Elle appela à son secours le frère de son

[1] Tom. I, p. 409.

mari, Antiochus, qu'elle épousa peu de temps après, pour se venger de la nouvelle alliance que Démétrius avait contractée avec la fille de son vainqueur. Bientôt Tryphon, vaincu, fut contraint de se donner la mort, et la Syrie resta au pouvoir de Cléopâtre et d'Antiochus. Ce dernier prince, que Josèphe[1] surnomme *Soter* ou *Sauveur*, et *Eusébès* ou *Pieux*, reçoit, sur les médailles qui nous restent de lui, l'épithète d'*Évergète* ou *Bienfaisant*[2]; les historiens le désignent sous le surnom de *Sidétès*, dérivé, selon Ussérius[3], d'un mot syrien qui signifie *chasseur*: ce surnom aurait été donné à Antiochus à cause de l'amour excessif qu'il avait pour la chasse. Il est bien vrai de dire que ציר, en hébreu, ܪܨܝܕ, en syriaque, et صيّاد, *sayyâd*, en arabe, ont la signification de *chasseur;* mais aucune de ces expressions n'est parfaitement identique avec le surnom de Sidétès, que le Syncelle dérive, avec beaucoup plus de vraisemblance, du nom de la ville de Sidé, en Pamphylie, où, selon lui, Antiochus avait

---

[1] *Antiquit. judaic.* lib. XIII, cap. VII; tom. I, pag. 655; cap. VIII, pag. 658.

[2] Vaillant, *Seleucid. imper.* pag. 162, 170, 173. — Frölich, *Annal. reg. et rer. Syr.* pag. 79, 81 et 83. — Eckhel, *Doctr. num. veter.* tom. III, pag. 235. — *Coins of the Seleucidæ, from the cabinet of Duane,* pag. 102, 103, 104 et 105. — Visconti, *Iconographie grecque,* tom. II, pag. 342 - 345. — Tôchon, *Dissertation sur l'époque de la mort d'Antiochus VII,* pag. 3.

[3] *Annal. Veter. et Novi Testam.* p. 346. Gen. 1722.

DEUXIÈME PARTIE.

été élevé[1]. Nous voyons de même plusieurs autres princes séleucides porter, dans les historiens, des surnoms dérivés du nom des villes où ils avaient passé leur enfance, tandis qu'ils prenaient d'autres surnoms sur leurs médailles : Antiochus VIII, surnommé *Grypus*, s'appelait aussi l'*Aspendien*, selon Porphyre[2]; Antiochus IX Philopator était surnommé le *Cyzicénien;* et Antiochus XIII, l'*Asiatique*, ainsi désigné parce qu'il avait été élevé dans une ville de l'Asie Mineure, recevait sur ses monnaies les épithètes de *Philopator*, d'*Épiphane* et de *Callinicus*. Vaillant[3] et Frölich[4] pensent, comme Ussérius, que le surnom de *Sidétès* signifie *chasseur;* mais M. Visconti[5], dont nous adoptons l'opinion, préfère croire, avec le Syncelle, que cette qualification est dérivée du nom de la ville de Sidé. L'écrivain grec avait, sans doute, puisé ce renseignement dans la partie de la Chronique d'Eusèbe que nous ne possédons plus; car le chronographe arménien, Samuel d'Ani, qui avait tiré beaucoup de faits de l'ouvrage de l'évêque de Césarée, donne au roi Antiochus VII le surnom de Սիդեցի, *Si-*

---

[1] Καὶ ἑαυτὸν (Τρύφωνα) βασιλέα Συρίας ἀνειπόντα ἐκ Σίδης ἐλθὼν (ὁ Ἀντίοχος) πολιορκεῖ. (Georg. Syncell. *Chronogr.* pag. 552; edit. Bonn.)

[2] Apud. Euseb. *Chronic. fragm. græc.* pag. 62 ; ed. Scaliger.

[3] *Seleucid. imper.* pag. 162.

[4] *Annal. reg. et rer. Syriæ*, pag. 78.

[5] *Iconographie grecque*, tom. II. pag. 341 et 342.

déatsi[1]. C'est un témoignage en faveur de l'opinion du Syncelle; et, en effet, cette forme est celle que l'on donne, en arménien, aux noms dérivés de ceux d'une ville ou d'un pays; *Sidéatsi*, dans cette langue, signifie *de Sidé* ou *originaire de Sidé*. Si, au contraire, le mot *Sidétès* avait eu la signification de *chasseur*, et qu'il eût été étranger à la langue grecque, il aurait conservé sa forme primitive tout entière. Avant Samuel d'Ani, Moïse de Khoren[2] avait déjà donné le même surnom à Antiochus.

Il paraît, selon nos remarques précédentes, que Démétrius Nicator, captif chez les Parthes et allié à la famille royale, fut toujours considéré comme roi de Syrie par ses vainqueurs, quoiqu'ils ne voulussent pas le laisser retourner dans ses états. Il est fort probable aussi qu'il conserva en Syrie un puissant parti opposé à son frère Antiochus et à sa femme Cléopâtre, qui, en l'absence de Démétrius, après la mort de Tryphon, s'étaient emparés de l'empire. Ils faisaient battre monnaie en leur propre nom dans plusieurs villes, tandis qu'un grand nombre de médailles frappées à Tyr et dans d'autres villes du royaume de Syrie portent, avec des dates, le nom de Démétrius[3], alors prisonnier; ce qui n'aurait pas pu se faire,

---

[1] Samuel d'Ani, *Chronogr.* mss. armén. de la Biblioth. roy. n° 96, fol. 8 recto.

[2] *Hist. armen.* lib. II, cap. II, pag. 85.

[3] Vaillant, *Seleucid. imper.* pag. 150.—Frölich, *Annal. reg.*

DEUXIÈME PARTIE. 11

si ces villes avaient reconnu d'autres souverains que ce prince.

L'histoire ne nous a pas conservé les détails relatifs aux événements qui, à cette époque, eurent lieu en Syrie; un passage de Justin donne seulement à entendre que, pendant la captivité de Démétrius, il y eut de grandes guerres entre les Syriens qui suivaient son parti, et ceux qui s'étaient attachés à Antiochus Sidétès et à Cléopâtre, et que les premiers restèrent en possession de quelques villes jusqu'au retour de leur souverain. Quoique les Parthes traitassent fort bien leur prisonnier, ils étaient toujours en état de guerre avec le royaume de Syrie. Cependant, Antiochus Sidétès, qui était un prince plein d'activité [1], ne se décida qu'avec peine à entreprendre une expédition contre eux pour venger l'affront qu'avaient reçu les Grecs en combattant sous les ordres de son frère.

Il se décida fort tard à passer l'Euphrate; et, bien qu'il prétendît avoir pris les armes seulement pour

---

et rer. *Syriæ,* pag. 73, 75, 77. — *Coins of the Seleūcidæ, from the cabinet of Duane,* pag. 109.

[1] « Igitur Antiochus, memor quod et pater propter super-
« biam invisus, et frater propter segnitiam contemptus fuisset,
« ne in eadem vitia incideret, recepta in matrimonium Cleopa-
« tra, uxore fratris, civitates quæ initio fraterni imperii defece-
« rant, summa industria persequitur, domitasque rursus regni
« terminis adjicit. » (Justin. lib. XXXVI, cap. I.)

délivrer Démétrius[1], il n'hésita sans doute si longtemps que parce qu'il pénétrait la politique du roi des Parthes, qui gardait Démétrius comme un utile instrument de défense, si jamais Antiochus attaquait son empire. Ce dernier craignait donc qu'aussitôt ses intentions connues, le prince Arsacide ne rendît la liberté à son frère, qui deviendrait pour lui un ennemi bien plus redoutable que les Parthes. Ceux-ci n'avaient pas alors, à ce qu'il paraît, le projet de s'établir à l'occident de l'Euphrate, tandis que Démétrius, en rentrant dans ses états, devait naturellement revendiquer sa couronne. Antiochus, dans ce cas, se serait trouvé fort embarrassé d'un frère dont il avait épousé la femme et usurpé le trône. Sachant que, tant qu'il n'attaquerait point le roi des Parthes, la liberté ne serait pas rendue à Démétrius, Antiochus, par conséquent, ne devait nullement se soucier de provoquer un ennemi qui pouvait lui susciter tant d'embarras, et qui, ayant, en quelque sorte, entre les mains un gage de sa tranquillité, ne devait songer ni à troubler le prince séleucide dans la possession de la Syrie, ni à entreprendre contre lui une guerre, dans laquelle il n'aurait pu beaucoup compter sur la fidélité des peuples des provinces conquises par son père Mithridate. Les deux rois s'observaient donc mutuellement; Antiochus finit par être l'agresseur dans cette lutte,

---

[1] Τὸν ἀδελφὸν αἰτῶν. (Appian. *De rebus Syr.* cap. LXVIII, t. I, p. 638; ed. Schweigh.)

qui décida pour jamais du sort de l'empire des Séleucides. Dans sa marche contre les Parthes, le prince grec était à la tête d'une armée nombreuse, aguerrie par les combats qu'elle avait livrés à Tryphon et à tous les rebelles de la Syrie et des contrées environnantes[1], y compris les Juifs, qui, dans cette expédition, marchaient sous ses étendards. Cléopâtre, par ses suggestions, dut puissamment contribuer à lui faire entreprendre cette guerre; car elle ne pouvait pas désirer le retour d'un mari qu'elle considérait, depuis son mariage avec Rodogune, plutôt comme un prince parthe que comme un Séleucide, et pour qui elle avait conçu une haine si profonde, qu'elle finit par l'assassiner. Antiochus, en se déterminant à marcher contre Mithridate, y fut sans doute aussi excité, comme son frère Démétrius l'avait été, par les pressantes sollicitations des princes d'Orient et des Grecs de la haute Asie, qui tous détestaient le joug des Parthes. Fort du nombre et de la valeur de ses soldats, n'ayant plus rien à redouter du côté de la Syrie, et comptant sur de grands secours, dès qu'il aurait passé l'Euphrate, Antiochus commença une guerre qui, grâce à ses talents militaires et à son courage, aurait pu replacer les Séleucides au premier rang parmi les puissances de

---

[1] « His auditis, Antiochus occupandum bellum ratus, exercitum, quem multis finitimorum bellis induraverat, adversus Parthos ducit. » (Justin. lib. XXXVIII, cap. x.)

l'Asie, si elle avait eu un plus heureux succès : elle fut au contraire la première cause de leur ruine totale.

L'armée avec laquelle le roi de Syrie entra en campagne contre les Parthes était considérable et l'une des plus nombreuses que jamais les Séleucides eussent eues sous leurs ordres ; avec elle, il dut croire qu'il se rendrait facilement le maître de tout l'Orient. Justin [1] porte le nombre de ses soldats à quatre-vingt mille ; selon Orose [2], il était de cent mille. Quel que soit celui de ces chiffres que l'on doive adopter, il n'en est pas moins certain que cette armée était une des plus puissantes qu'on eût vues depuis longtemps en Asie. Mais Antiochus Sidétès aimait beaucoup les plaisirs et particulièrement ceux de la table. Athénée nous a conservé un passage du XIV° livre de l'histoire de Posidonius, où il est parlé de l'excessive prodigalité de ce prince envers ses convives et de l'extravagante profusion avec laquelle sa table était servie [3]. Son armée était aussi

[1] Lib. XXXVIII, cap. x.
[2] Lib. V, cap. x.
[3] Ὁ γὰρ τῷ προειρημένῳ Ἀντιόχῳ ὁμώνυμος βασιλεὺς, Δημήτριε δ' υἱὸς, ὡς ἱςορεῖ Ποσειδώνιος, ὑποδοχὰς ποιέμενος καθ' ἡμέραν ὀχλικὰς, χωρὶς τῶν ἀναλισκομένων, σωρεύματα ἑκάστῳ ἀποφέρειν ἐδίδου τῶν ἑςιατόρων ὁλομελῆ κρέα χερσαίων τε καὶ πτηνῶν καὶ θαλαττίων ζώων ἀδιαίρετα ἐσκευασμένα, ἅμαξαν πληρῶσαι δυνάμενα· καὶ μετὰ ταῦτα μελιπήκτων καὶ στεφάνων ἐκ σμύρνης καὶ λιβανωτοῦ, σὺν ἀνδρομήκεσι λημνίσκων πιλήμασι

DEUXIÈME PARTIE. 15

corrompue que lui ; tous les soldats, à l'exemple de leur souverain, étaient livrés à une extrême mollesse : Orose[1] évalue à deux cent mille, et Justin[2] à trois cent mille le nombre des personnes inutiles, de toutes qualités, qui suivaient l'armée, valets, cuisiniers, pâtissiers, acteurs ou courtisanes. Le luxe et la richesse de cette armée étaient tels, au rapport de Justin[3] et de Valère Maxime[4], que de simples soldats portaient des chaussures avec des clous d'or ; les ustensiles de cuisine étaient d'or ou d'argent ; les

χρυσοῖς, πλήθη. (Posid. apud Athen. lib. V, cap xlvi, t. II, p. 310 et 311 ; lib XII, cap. lvi, t. IV, p. 506 et 507 ; ed. Schweigh.)

[1] « Qui cum in exercitu suo centum millia armatorum « habere videretur, ducenta millia amplius calonum atque « lixarum inmixta scortis et histrionibus trahebat. » (Oros. lib. V, cap. x.)

[2] « Sed luxuriæ non minor apparatus quam militiæ fuit : « quippe lxxx millia armatorum sequuta sunt ccc millia lixa- « rum ; ex quibus coquorum, pistorum, scenicorumque, major « numerus fuit. » (Justin. lib. XXXVIII, cap. x.)

[3] « Argenti certe aurique tantum, ut etiam gregarii milites « caligas auro figerent, proculcarentque materiam, cujus amore « populi ferro dimicant. Culinarum quoque argentea instru- « menta fuere. » (Justin. lib. XXXVIII, cap. x.)

[4] « Antiochus Syriæ rex nihilo continentioris exempli : cu- « jus cæcam et amentem luxuriam exercitus imitatus, magna ex « parte aureos clavos crepidis subjectos habuit, argenteaque vasa « ad usum culinæ comparavit, et tabernacula textilibus sigillis « adornata statuit. » (Valer. Max. lib. IX, cap. 1, § 4.)

soldats campaient sous des tentes faites avec de riches et belles tapisseries; enfin, pour nous servir des expressions de Justin [1], ils semblaient plutôt aller à un festin qu'au combat; ou, comme le dit Valère Maxime [2], toutes cette armée paraissait être une riche proie offerte à un ennemi cupide, plutôt qu'un grand obstacle à vaincre. Aussi, fait observer Orose [3], Antiochus et toute ses troupes furent-ils facilement mis en déroute par les Parthes, dont les forces se montaient, selon Moïse de Khoren, à cent vingt mille combattants [4].

Josèphe [5] nous atteste que, lorsque Antiochus Sidétès résolut de faire la guerre aux Parthes, il écrivit à Jean, fils de Simon, prince et grand prêtre des Juifs, pour l'inviter à l'accompagner dans cette expédition. Jean, qui, au rapport du même historien [6], avait, quelque temps auparavant, conclu un traité de paix et d'alliance avec le roi de Syrie, consentit à le suivre avec des troupes auxiliaires; et, d'après le témoignage de

---

[1] « Prorsus quasi ad epulas, non ad bella pergerent. » (Justin. lib. XXXVIII, cap. x.)

[2] « Avaro potius hosti præda optabilis, quam ulla ad vincen- « dum strenuo mora. » (Val. Max. loc. cit.)

[3] « Itaque facile cum universo exercitu suo, Parthorum viri- « bus oppressus interiit. » (Oros. lib. V, cap. x.)

[4] Իսկ Արշակայ երկոտասան բիւրու՝ անդջէն դարձրալ. (Mos. Khor. Hist. armen. lib. II, cap. ii, p. 85.)

[5] Antiquit. judaic. lib. XIII, cap. viii, § 4; Opp. t. I, p. 658.

[6] Ibid. lib. XIII, cap. viii, §§ 3 et 4.

Nicolas de Damas, cité par l'historien juif[1], il lui rendit de grands services, notamment sur les bords du Lycus, en Assyrie, où les Parthes furent défaits. Il paraît que, dans cette guerre, Jean pénétra jusque dans l'Hyrcanie; car Eusèbe[2], Sulpice Sévère[3] et Cédrène[4] rapportent qu'au retour de l'expédition contre les Parthes, il prit le surnom d'Hyrcan, en mémoire de ses exploits dans l'Hyrcanie. Scaliger, ne s'attachant qu'aux expressions dont s'est servi saint Jérôme en traduisant Eusèbe, qui, sans faire mention de l'alliance du grand prêtre des Juifs avec Antiochus, parle de ses guerres contre les Hyrcaniens, Scaliger, disons-nous, révoque en doute la vérité de ce fait, que l'on sait cependant être attesté par le témoignage d'autorités respectables. Cet habile critique se fonde, non-seulement sur l'immense distance qui sépare l'Hyrcanie de la Judée[5], mais plus particulière-

---

[1] *Antiquit. judaic.* lib. XIII, cap. VIII, § 4.

[2] « Johannes dux Judæorum et pontifex adversum Hyrcanos « bellum gerens Hyrcani nomen accepit. » (Euseb. *Chron.* interpr. Hieronym. p. 148; ed. Scalig.)

[3] « Huic Johannes filius successit : qui cum adversum Hyr-« canos, gentem validissimam, egregie pugnasset, Hyrcani co-« gnomen accepit. » (Sulpit. Sev. *Hist. sacr.* lib. II, cap. XLVII.)

[4] *Histor. compend.* t. p. 184; edit. Paris. 1647.

[5] « Quantum terrarum, quam immane spatium, quot men-« sium iter interjectum inter Hierosolyma et Hyrcaniam? Quis « regum huic dynastæ et regulo transitum per sua regna con-« cederet? Deinde quid Judæo ethnarchæ cum longinqua na-

ment encore sur le silence de Josèphe, qui ne parle point de cette expédition lointaine, bien qu'il n'ait jamais négligé de rapporter tout ce qui pouvait honorer sa nation[1]. Scaliger renvoie à deux passages de cet historien où il est question de deux autres Hyrcan, qui vécurent avant le fils de Simon. L'auteur des Antiquités judaïques mentionne effectivement un Hyrcan, fils de Josèphe, qui gouverna la Judée sous le règne de Séleucus Philopator et sous celui d'Antiochus Épiphane, et qui, dit-il, fut le premier prêtre du nom d'Hyrcan[2]. Plus loin, il parle encore d'un autre prêtre qui porta le même nom [3]. A notre avis, le silence de Josèphe ne prouve rien contre le témoignage d'Eusèbe, car on connaît l'exactitude de l'historien ecclésiastique; il avait, sans doute, puisé ce fait dans quelque écrivain que nous ne possédons plus, et dont l'autorité n'était pas contestable. Comment, en effet, le savant évêque de Césarée aurait-il pu commettre la grossière erreur que lui reproche Scaliger, puisqu'il parle de l'autre Hyrcan, fils de Josèphe [4]? Dans la

---

« tione, tam procul à Palæstinæ finibus summota? » (Jos. Scalig. *Animadvers. ad Euseb. Chronic.* p. 148.)

[1] « Quare hoc tacuit Josephus? qui ne minima quæque gen-
« tis suæ præterire solet, tantum triumphum de tam remoto
« populo tacuisset? » (*Ibid.* p. 148.)

[2] Lib. XII, cap. IV, § 6.

[3] Lib. XIII, cap. X, § 3.

[4] « Hyrcanus pontifex Judæorum, Samariam obsidione cap-

DEUXIÈME PARTIE. 19

partie de ses Antiquités judaïques où il est question de la part que prit Jean Hyrcan à l'expédition entreprise, par Antiochus Sidétès, au delà de l'Euphrate, l'auteur s'exprime avec une telle concision, qu'il a pu passer sous silence le fait dont Eusèbe nous a conservé le souvenir. Enfin, dans tous les cas, quoique d'autres prêtres juifs aient porté le nom d'Hyrcan avant le personnage qui accompagna le roi de Syrie, il ne suit pas nécessairement de là que celui-ci n'a pu prendre le même nom après avoir repassé l'Euphrate. Les deux premiers, par des raisons qui nous sont inconnues, le portèrent comme nom propre, et n'en eurent point d'autre; tandis que le dernier ne l'avait que comme surnom, puisqu'il s'appelait Jean. Scaliger ajoute, pour révoquer en doute l'origine du nom d'Hyrcan, que ce prêtre juif n'accompagna pas Antiochus Sidétès au delà du fleuve Lycus[1]. Il est évident qu'il n'a pas bien lu les écrivains qui rapportent ce fait. Le quatrième livre des Maccabées dit que le roi des Parthes, après sa défaite, leva de nouvelles troupes; qu'Antiochus marcha contre lui, et

« tam solo coæquavit. » (Euseb. *Chronic.* interpr. S. Hieronym. p. 148; ed. Scalig.)

[1] « Hyrcanus nunquam transivit Lycum flumen, qui fuit « terminus longissimarum expeditionum, quando illuc regem « comitatus, Indate victo, Antiochus Antiochiam, Hyrcanus « in Palæstinam rediit. » (Jos. Scalig. *Animadvers. ad Euseb. Chronic.* p. 148.)

qu'Hyrcan resta en arrière pour célébrer le sabbat, qui tombait cette année la veille de la Pentecôte[1]. On voit que, d'après ce passage même, rien n'empêche de croire que les Juifs auxiliaires du roi de Syrie ont poussé leur marche en Assyrie plus loin que le fleuve Lycus; les solennités du sabbat et de la Pentecôte ne durent les arrêter tout au plus que quelques jours, et ce ne put pas être pour eux une raison de retourner en arrière. Un passage de Nicolas de Damas, qui nous a été conservé par Josèphe, et que Scaliger devait connaître, ne laisse aucun doute à cet égard; car, bien loin de dire simplement, comme le quatrième livre des Maccabées, qu'Hyrcan s'arrêta pour célébrer le sabbat et la Pentecôte, il affirme positivement qu'après le passage du Lycus, Antiochus Sidétès suspendit sa marche pendant deux jours, à la prière d'Hyrcan. Voici comment ce passage est conçu : « Antiochus éleva un trophée sur les bords du fleuve Lycus, après avoir vaincu Indatès, général des Parthes; puis il s'arrêta deux jours en ce lieu, à la prière du Juif Hyrcan, à cause d'une certaine fête nationale, pendant laquelle il n'était pas permis aux Juifs de se mettre en route[2]. Et en disant cela, ajoute Josèphe, « Nicolas de Damas ne se trompe pas; car la fête de la

[1] IV *Maccab.* (II *Maccab.*), version arabe, ch. XXI, dans la Polyglotte de Walton, t. IV.

[2] Τρόπαιον δὲ ϛήσας Ἀντίοχος ἐπὶ τῷ Λύκῳ ποταμῷ, νικήσας Ἰνδάτην τὸν Πάρθων στρατηγὸν, αὐτόθι ἔμεινεν ἡμέρας δύο· δεη-

DEUXIÈME PARTIE. 21

« Pentecôte suivait alors le sabbat, et, chez nous, il
« n'est permis de se mettre en route ni le jour du sab-
« bat, ni à la Pentecôte [1]. » Ainsi rien ne s'oppose à ce
que nous admettions que le grand prêtre des Juifs,
Jean, fils de Simon, pénétra jusque dans l'Hyrcanie,
et qu'il prit le surnom d'Hyrcan pour conserver le souvenir de ses exploits lointains. Nous verrons d'ailleurs
bientôt qu'Antiochus Sidétès s'avança très-loin dans l'intérieur de l'empire des Arsacides, et qu'une partie de
son armée put, en effet, entrer dans l'Hyrcanie. Le
savant Dodwell [2] est du même avis que Scaliger ; mais
Vaillant [3] et Frölich [4] partagent notre opinion. L'entreprise d'Antiochus Sidétès s'annonça sous les auspices
les plus favorables ; car il n'eut pendant longtemps que
des succès, et il dut un instant se flatter de renverser
l'empire des Arsacides. Lorsqu'ils furent informés de
son approche, les peuples de l'Orient le reçurent, au
rapport de Justin, comme ils avaient reçu son frère
Démétrius, dix ans environ auparavant ; beaucoup de

θέντος Ὑρκανοῦ τοῦ Ἰυδαίυ διά τινα ἑορτὴν πάτριον, ἐν ᾗ τοῖς
Ἰυδαίοις οὐκ ἦν νόμιμον ἐξοδεύειν. (Nicol. Damasc. apud Joseph.
Antiquit. judaic. lib. XIII, cap. viii, § 4; Opp. t. I, p. 658.)

[1] Καὶ ταῦτα μὲν ἁ ψεύδεται λέγων· ἐνέϛη γὰρ ἡ Πενϑηκοϛὴ
ἑορϑὴ μεϑὰ τὸ σάϐϐαϑον· οὐκ ἐϛιν δὲ ἡμῖν ὅϑε ἐν τοῖς σάϐϐασιν
ὅϑε ἐν τῇ ἑορτῇ ὁδεύειν. (Joseph. Antiquit. judaic. lib. XIII,
cap. viii, § 4 ; Opp. t. I, p. 658 et 659.)

[2] Dodwell, De veter. Græcor. Romanorumque cycl., p. 400-403.
[3] Seleucid. imper. p. 167; Arsacid. imper., t. I, p. 56.
[4] Annal. reg. et rer. Syriæ, p. 82.

rois, irrités de l'insolence des Parthes, vinrent à sa rencontre, lui offrant leurs personnes et leurs états[1]. On en vint bientôt aux mains, continue Justin; Antiochus, vainqueur dans trois batailles, s'empara de la Babylonie, et dès lors il put être compté parmi les plus grands princes[2]. L'une de ces batailles dans lesquelles il défit les Parthes commandés par Indatès, se livra, selon Nicolas de Damas[3], que nous avons déjà cité, sur les bords du fleuve Lycus, dans l'Assyrie. Un passage corrompu, qui paraît emprunté aux histoires du philosophe Porphyre, et qui se trouve parmi les fragments grecs de la Chronique d'Eusèbe tirés du Syncelle et publiés par Scaliger, fait mention du même événement; mais, par une insigne erreur, il attribue la défaite des Parthes à Antiochus Grypus, fils de Démétrius Nicator, qui, certainement, ne porta jamais la guerre dans ces contrées; il est question, dans ce passage, du grand prêtre Hyrcan et du général des Parthes, qui y est appelé Sindas[4]. Le fleuve Lycus, sur les bords duquel les Parthes furent vaincus par An-

[1] « Advenienti Antiocho multi Orientales reges occurrere, « tradentes se, regnaque sua, cum exsecratione superbiæ Par-« thicæ. » (Justin. lib. XXXVIII, cap. x.)

[2] « Nec mora congressioni fuit. Antiochus, tribus præliis vic-« tor, cum Babyloniam occupasset, magnus haberi cœpit. » (Justin. lib. XXXVIII, cap. x.)

[3] Apud Joseph. *Antiquit. judaic.* lib. XIII, cap. viii, § 4; Opp. t. I, p. 658.

[4] Ἀντίοχος ἅμα Ὑρκανῷ ὁ Γρυπὸς Σίνδαν τινὰ στρατηγὸν (τῶν

DEUXIÈME PARTIE. 23

tiochus Sidétès, séparait, selon Strabon[1], le territoire de Ninive nommé Atouria, de celui d'Arbèles; il répond, par conséquent, au fleuve nommé actuellement par les Orientaux le grand Zab, qui descend des montagnes des Kurdes, traverse une grande partie du Kourdistan, passe entre Mossoul, l'ancienne Ninive, et Irbil, l'Arbèles des anciens, et va se jeter dans le Tigre, à une certaine distance au sud de Mossoul. On trouve, plus au sud, un autre fleuve du même nom, mais moins considérable, et que, par cette raison, on appelle petit Zab. Les mots זאב, Zab, en hébreu et en chaldéen; דיבא, Diba, en chaldéen; Dibh ou Diba, en pehlvi[2]; ܕܝܒܐ, Diba, en syriaque, et ذيب, Dsib, en arabe, ont, dans ces diverses langues, le même sens que Λύκος en grec. Les trois batailles qu'Antiochus, selon Justin[3], gagna avant d'occuper la Babylonie, et la mention du passage du fleuve Lycus, nous apprennent que le roi de Syrie ne prit pas la route du désert, en suivant les bords de l'Euphrate, comme il paraît que son frère Démétrius l'avait fait, et comme le fit Julien l'Apostat dans son expédition contre les Perses. A l'exemple d'Alexandre, il marcha droit sur

Πάρθων) νικήσας τρόπαιον ἔσ7ησεν παρὰ τῷ Λύκῳ πο7αμῷ. (Euseb. *Fragm. græc.* p. 71; ed. Scalig.)

[1] Ἡ δ'Ἀ7υρία τοῖς περὶ Ἀρϐηλα τόποις ὅμορός ἐσ7ι, μεταξὺ ἔχυσα τὸν Λύκον πο7αμόν. (Strab. *Geogr.* lib. XVI, p. 737.)

[2] Anquetil du Perron, *Zend-Avesta*, t. II, page 499, col. 1.

[3] Lib. XXXVIII, cap. x.

Babylone, en traversant la Mésopotamie septentrionale et en passant par Édesse, Nisibe et Ninive, d'où il y eut toujours une route qui conduisait, par la rive gauche du Tigre, vers la Babylonie, comme il y en a encore une qui conduit de Mossoul à Baghdad. Il est hors de toute vraisemblance d'admettre le contraire, c'est-à-dire, de supposer qu'après la prise de Babylone, Antiochus Sidétès dirigea sa marche vers le nord, pour se porter sur les bords du fleuve Lycus, où rien ne devait l'appeler après la conquête de cette grande et importante ville. Nous savons positivement que le roi de Syrie envahit ensuite la Médie, et qu'il s'empara d'Ecbatane. La route qui alors, comme à présent, conduisait de la Babylonie dans la Médie, devait se diriger du sud-ouest au nord-est, vers les montagnes de Kirmanschâh. Le dessein manifeste du prince Séleucide était de pénétrer rapidement dans le cœur de l'empire des Arsacides; il n'est donc pas permis de croire qu'il eût pris une route qui l'éloignait de son but en le menant du côté du nord, vers l'Atropatène, ou qui plutôt le ramenait dans ses états. L'inspection d'une carte suffit seule pour prouver qu'Antiochus ne dut passer le Zab ou Lycus que pour s'avancer vers Babylone; dans toute autre supposition, il n'aurait pu traverser ce fleuve que pour rentrer dans son royaume. Nous pensons que le combat où le général Indatès fut défait, sur les bords du Lycus, est une des trois batailles qui, au rapport de Justin, précédèrent l'occupation de la Babylonie. Vainqueur des Parthes, Antiochus, selon Nicolas de Damas[1], fit élever, sur les bords du Lycus, un trophée pour perpétuer le souvenir de sa victoire. Après s'être arrêté deux jours, comme nous l'avons déjà dit, pour permettre au grand prêtre Hyrcan et aux Juifs de célébrer le sabbat et la Pentecôte, il s'avança vers Babylone, dont il se rendit maître, et il y fut sans doute suivi par Hyrcan.

Babylone prise, Antiochus Sidétès résolut de pénétrer dans l'intérieur de l'empire des Parthes; ainsi que l'atteste Orose[2], il s'empara d'Ecbatane et de toute la Médie. Peu content de ces conquêtes, il se prépara à poursuivre Phraate jusqu'à l'extrémité de ses états. Posidonius, cité dans Athénée[3], parle aussi de la soumission de la Médie par Antiochus. Il est fort probable que ce fut alors qu'Hyrcan et les Juifs pénétrèrent dans l'Hyrcanie, comme le disent Eusèbe[4] et Sulpice Sévère[5]. Tous les peuples, voyant la fortune se déclarer en faveur d'Antiochus, s'empressèrent d'abandonner Phraate et d'accepter la domination du roi de Syrie, qui se vit bientôt le maître de toutes les provinces

[1] Apud Joseph. *Antiquit. judaic.* lib. XIII, cap. 8, § 4 : Opp. t. I, p. 658.

[2] « Antiochus non contentus Babylonia atque Ecbatana, to-
« toque Mediæ imperio, adversus Phrahatem Parthorum regem
« congressus et victus est. » (Oros. lib. V, cap. x.)

[3] *Deipnosoph.* lib. X, cap. LIII, t. IV, p. 109; lib. XII, cap. LVI, t. IV, p. 506; ed. Schweigh.

[4] *Chronic.* interp. S. Hieronym. p. 148; ed. Scalig.

[5] *Hist. sacra*, lib. II, cap. XXXVII.

conquises sur les Séleucides par Mithridate Ier; en sorte qu'il ne resta plus aux Parthes, comme nous l'apprend Justin, que les seules contrées d'où ils tiraient leur origine[1]. Dans cette extrémité, Phraate, au rapport de Justin[2] et d'Appien[3], ne trouva pas d'autre moyen de se débarrasser d'un ennemi aussi redoutable, que de donner la liberté à Démétrius Nicator, et de l'envoyer, avec un corps de troupes parthes, s'emparer de la Syrie et forcer, par cette diversion, Antiochus à abandonner ses conquêtes. Il paraît que, dans le même temps, celui-ci fut obligé de prendre ses quartiers d'hiver, la rigueur de la saison le forçant à interrompre le cours de ses exploits. La Médie fut sans doute le pays où le roi de Syrie s'arrêta. Comme son armée était fort nombreuse, pour ne pas trop accabler le pays, il la répartit dans plusieurs cantons[4]. Peut-être aussi envoya-t-il les auxiliaires passer l'hiver dans leur patrie; car nous pensons que ce

---

[1] « Itaque omnibus ad eum (Antiochum) populis deficienti-
« bus, nihil Parthis reliqui præter patrios fines fuit. » (Justin.
lib. XXXVIII, cap. x.)

[2] « Tunc Phrahates Demetrium in Syriam ad occupandum
« regnum cum Parthico præsidio mittit, ut eo pacto Antiochus
« ad sua tuenda à Parthia revocaretur. » (Justin. lib. XXXVIII,
cap. x.)

[3] Ὁ μὲν δὴ Φραάτης αὐτὸν (Ἀντίοχον) ἔδεισε, καὶ τὸν Δημήτριον ἐξέπεμψεν. (Appian. De rebus Syriac. cap. LXVIII, t. I,
p. 638; ed. Schweigh.)

[4] Lib. XXXVIII, cap. x.

fut alors que le grand prêtre Hyrcan et les Juifs qui avaient accompagné Antiochus et qui lui avaient rendu de si grands services, retournèrent dans la Judée. Josèphe nous apprend, en effet, que Hyrcan était dans ses états quand Antiochus fut défait et tué en combattant contre les Parthes, et qu'à la nouvelle de cette catastrophe, il se hâta d'attaquer le royaume de Syrie et de s'emparer de plusieurs villes qu'il trouva sans défense [1].

Pendant que le roi Antiochus s'avançait, avec son armée, dans l'intérieur de l'empire des Parthes pour en achever la conquête, il envoya un corps de troupes et une flotte pour établir sa domination dans les provinces méridionales; car nous plaçons à cette époque un fait mentionné par Pline et dont personne, jusqu'à présent, n'a cherché à faire usage. Cet écrivain parle d'un général appelé Numénius, qui avait été fait gouverneur du pays de Mésène par le roi Antiochus, et qui parvint jusqu'à un grand promontoire situé en Arabie, à l'extrémité du golfe Persique. Ce promontoire faisait partie du territoire d'un peuple appelé *Macæ;* il était vis-à-vis de la Carmanie, et répond à la partie du pays de Mascate qui se trouve en face de la ville d'Ormus et du Kirman, à l'entrée du golfe. Numénius y vainquit la flotte persane; et, le même jour,

---

[1] Ὑρκανὸς δὲ, ἀκούσας τὸν Ἀντιόχου θάνατον, εὐθὺς ἐπὶ τὰς ἐν Συρίᾳ πόλεις ἐξεστράτευσεν. (Joseph. *Antiquit. judaic.* lib. XIII, cap. ix, § 1; Opp. t. I, p. 659.)

à la marée basse, ayant livré aux Perses un combat de cavalerie, il put, dans un même lieu, élever à la fois un trophée à Jupiter et un à Neptune [1]. Antiochus Sidétès est indubitablement le seul des princes séleucides dont il puisse être question dans ce passage, parce qu'il est le seul d'entre eux dont les généraux aient eu à combattre les Perses ou les Parthes dans ces régions éloignées. On ne saurait rapporter le récit de Pline à Antiochus Théos, pendant le règne de qui les Parthes secouèrent, pour la première fois, le joug des Grecs; car, à cette époque, ils ne franchirent pas les limites de leur patrie, où ils ne purent même pas reconquérir leur indépendance. On en doit dire autant d'Antiochus le Grand, puisque ce prince, lorsqu'il fit la guerre à Artaban Ier, le combattit dans la Médie, dans l'Hyrcanie et dans la Parthyène. Les Parthes alors n'avaient point encore étendu leur domination sur les contrées que baigne l'Océan. Il est bien certain que les provinces méridionales de la Perse jusqu'à l'Inde faisaient partie du royaume de Syrie. Antiochus Épiphane, ni aucun des prédécesseurs de Sidétès n'eurent rien à démêler avec les Parthes; il ne

---

[1] « Naumachæorum promontorium contra Carmaniam est. « Mira res ibi traditur : Numenium ab Antiocho rege Mesenæ « præpositum, ibi vicisse eodem die classe, æstuque reverso « iterum equitatu contra Persas dimicantem, et gemina tropæa « eodem in loco Jovi ac Neptuno statuisse. » (Plin. *Hist. nat.* lib. VI, cap. xxxii.)

peut donc pas non plus être question d'eux dans Pline. Antiochus Sidétès est le seul prince syrien de ce nom qui, depuis cette époque, ait porté les armes dans l'Orient. Après la prise de Babylone, il lui fut facile de s'emparer de la Mésène, où s'étaient établies plusieurs colonies grecques. Il dut y trouver les moyens d'équiper une flotte suffisante pour se rendre maître de la navigation du golfe Persique; et ce fut sans doute pour s'assurer la jouissance des avantages que le commerce de l'Inde procurait à cette région, et pour accélérer la soumission des provinces voisines, qu'il envoya Numénius vers les lieux où la mer de Perse se joint à l'océan Indien. En s'emparant du commerce maritime, le roi de Syrie s'assurait la possession du littoral, et se procurait de nouveaux moyens pour soutenir et continuer la guerre contre les Parthes.

Phraate voyant que la plus grande partie de ses états était au pouvoir de son ennemi, et qu'il n'avait pas assez de forces pour l'en chasser, résolut, au rapport de Justin, de se débarrasser de lui par la ruse[1]. Afin de ne pas surcharger le pays par la multitude de ses troupes, Antiochus les avait disséminées en divers lieux : cette mesure, fort sage en apparence, devint la cause de sa perte[2]. Car, malgré cette précaution, les villes furent bientôt tellement accablées par l'en-

---

[1] « Interim, quoniam viribus non poterat, insidiis Antiochum ubique tentabat. » (Justin. lib. XXXVIII, cap. x.)

[2] « Propter multitudinem hominum, exercitum suum An-

tretien des soldats et par les violences dont ils se rendirent coupables, qu'elles firent de nouveau alliance avec les Parthes[1]. Il était, en effet, fort difficile qu'une armée aussi corrompue que celle d'Antiochus gardât une discipline exacte, et qu'elle ne devînt pas, en peu de temps, insupportable au pays où elle séjournait. L'un des chefs dont la conduite, dans cette circonstance, excita le plus de mécontentement, au rapport de Diodore de Sicile, fut un certain Athénée, qui, bientôt après, reçut le châtiment des maux qu'il avait causés. Quand les peuples, indignés de la conduite des soldats d'Antiochus, se soulevèrent de tous les côtés contre lui, Athénée fut un des premiers à abandonner son souverain, au milieu du combat, et à prendre la fuite : il alla chercher un asile dans les lieux mêmes où il avait commis ses exactions; partout repoussé, il se trouva réduit à errer dans le pays, et il y mourut de misère et de faim[2]. L'oppression sous laquelle gémissaient les pays occupés par les

« tiochus per civitates in hiberna diviserat : quæ res exitii « causa fuit. » (Justin. lib. XXXVIII, cap. x.)

[1] « Cum gravari se copiarum præbitione et injuriis militum, civitates viderent, ad Parthos deficiunt. » (*Id.* lib. XXXVIII, cap. x.)

[2] Ὁ στρατηγὸς Ἀντιόχου Ἀθήναιος πλεῖστα ἐν ταῖς ἐπισταθμίαις εἰργασμένος κακά, τῆς φυγῆς κατάρξας καὶ τὸν Ἀντίοχον ἐγκαταλιπὼν, τῆς προσηκούσης καταστροφῆς ἔτυχε. διεκπεσόντος γὰρ αὐτοῦ πρὸς τινας κώμας ἠδικημένας ἐν ταῖς ἐπισταθμίαις, οὐδεὶς αὐτὸν ἐδέξατο εἰς οἰκίαν, οὐδὲ τροφῆς μετέδωκεν, ἀλλὰ κατὰ τὴν

DEUXIÈME PARTIE. 31

Grecs, causa enfin une conspiration universelle. Selon Justin, on convint du jour où l'on attaquerait, par trahison, par surprise, et simultanément en tous lieux, les divers corps de l'armée grecque, afin qu'ils ne pussent se secourir [1]. Aussitôt qu'Antiochus fut informé de cette insurrection, il se hâta, avec la partie de son armée qui campait autour de lui, de voler au secours de ceux de ses détachements qui étaient les plus proches [2]. Julius Obséquens [3] et Élien [4] remarquent que des hirondelles avaient construit leur nid dans la tente du roi de Syrie, et que, pour avoir négligé de faire attention à ce prodige, Antiochus vit échouer son entreprise. Phraate, averti que ce prince était sorti de ses

χώραν ἀλώμενος λιμῷ κατέσ]ρεψε τὸν βίον. (Diod. Sicul. De virtut. et vitiis; Opp. t. II, p. 603; ed. Wessel.).

[1] « Die statuta omnes apud se divisum exercitum per insi- « dias, ne invicem ferre auxilia possent, aggrediuntur. » (Justin. lib. XXXVIII, cap. x.)

[2] « Quæ cum nuntiata Antiocho essent, auxilium proximis « laturus, cum ea manu, quæ secum hiemabat, progreditur. » (Id. lib. XXXVIII, cap. x.)

[3] « Antiocho regi Syriæ ingenti exercitu dimicanti, hirundi- « nes in tabernaculo nidum fecerunt; quo prodigio neglecto, « prælium commisit et a Parthis occisus est. » (Jul. Obseq. De prodig. cap. LXXXVII.)

[4] Καὶ Ἀντιόχῳ δὲ νεοτ]εύουσα ἐν αὐτοῦ τὰ μέλλοντά οἱ ἀπαντήσεσθαι ὑπηνίξατο ἀνελθὼν γὰρ εἰς τοὺς Μήδους εἶτα μέντοι οὐκ ἐπανῆλθεν ἐς τοὺς Σύρους, ἀλλ' ἑαυτὸν κατά τινα ἔωσε κρημνόν· ὥρμητο δὲ ἄρα ἐπὶ πρᾶξιν οὐ χρησ]ὴν καὶ οὗτος. (Ælian. De natur. animal., lib. X, cap. XXXIV).

cantonnements, se hâta de marcher à sa rencontre; il l'attaqua avec des forces supérieures et remporta la victoire. Abandonné par les siens, le roi de Syrie fut tué, selon le récit de Justin [1]. Cet écrivain atteste le même fait dans une autre partie de son ouvrage [2]. Posidonius, cité par Athénée [3]; Julius Obséquens [4], le IVe livre des Maccabées [5], Josèphe [6], Eusèbe [7], Orose [8] et Zonare [9] le confirment. Selon Appien, Antiochus, vaincu, se donna lui-même la mort [10]; ce qui est d'ac-

---

[1] « In itinere obvium regem Parthorum habuit, adversus « quem fortius, quam exercitus ejus, dimicavit. Ad postremum « tamen, cum virtute hostes vincerent, metu suorum desertus « occiditur. » (lib. XXXVIII, cap. x.)

[2] « Antiocho in Parthia cum exercitu deleto, etc. » (Justin. lib. XXXIX, cap. i.)

[3] *Deipnosoph.* lib. X, cap. LIII, t. IV, p. 109.

[4] *Ubi supra.*

[5] IV *Maccab.* (II *Maccab.*), version arabe, chap. XXI, dans la Polyglotte de Walton, t. IV.

[6] Συμβαλὼν δὲ Ἀντίοχος Ἀρσάκῃ τῷ Πάρθῳ, πολλήν τε τῆς στρατιᾶς ἀπέβαλε, καὶ αὐτὸς ἀπόλλυται. (Joseph. *Antiquit. judaic.* lib. XIII, cap. VIII, § 4; Opp. I, p. 659.)

[7] « Arsaces Parthus Antiochum interfecit. » (Euseb. *Chronic.* lib. II, Interpret. S. Hieronym. p. 148; ed. Scalig.)

[8] Lib. V, cap. x.

[9] Καὶ ἐπὶ Πάρθυς στρατεύοντι συνεξώρμησεν, ἔνθα τῷ Ἀρσάκῃ πολεμήσας Ἀντίοχος, τῷ πλείονι τῆς στρατιᾶς καὶ αὐτὸς συναπώλετο (Zonar. *Annal.*, lib. V, cap. 1). Ἦν δὲ οὗτος (Ἀντίοχος ὁ Κυζικηνός) υἱὸς Ἀντιόχου τοῦ θανόντος ἐν Πάρθοις, τοῦ ἀδελφοῦ Δημητρίου. (Id. *ibid.*, lib. V, cap. II.)

[10] Ὁ δ' Ἀντίοχος· καὶ ὡς συνέβαλλέ τε τοῖς Παρθυαίοις· καὶ

cord avec le récit d'Élien[1], qui rapporte que ce prince ne revint pas en Syrie, et qu'il se précipita du haut d'un rocher.

Il est difficile de rencontrer, dans l'histoire ancienne, un fait dont la vérité soit attestée par un plus grand nombre d'historiens, d'une manière aussi positive et aussi claire; car on ne peut tenir compte de la légère différence qui se trouve dans le récit de deux d'entre eux : tous s'accordent à dire qu'Antiochus périt en combattant les Parthes; seulement, les deux derniers, Appien et Élien, ajoutent au récit de sa mort une circonstance très-vraisemblable, c'est-à-dire que ce prince, en fuyant, se donna lui-même la mort, pour ne pas éprouver, comme son frère Démétrius, la honte de tomber vivant entre les mains de son vainqueur. Il n'y a rien dans tout cela que de fort naturel, et on ne remarque point, dans les récits des historiens, les contradictions que leur reproche le P. Frölich[2]. A cet égard, nous sommes entièrement d'accord avec M. Tôchon[3], qui, dans un mémoire fort savant, s'est

ἡσσώμενος, ἑαυτὸν ἔκτεινεν. (Appian. *De rebus Syriac.* c. XVLIII; t. I, p. 638, 639; ed. Schweigh.)

[1] *Ubi supra.*

[2] « Historicorum veterum de morte hujus Antiochi tanta est « dissensio, ut ea ipsa argumento sit, eos a veritate devios in « alia omnia abiisse. » (Frölich, *Annal reg. et rer. Syr. proleg.* p. 45.)

[3] *Dissertation sur l'époque de la mort d'Antiochus VII, Évergète Sidétès,* p. 9 et 10.

occupé, avec beaucoup de succès, d'éclaircir ce point important de l'histoire ancienne.

Malgré ce concours remarquable de témoignages, un passage unique du IIe livre des Maccabées[1] et l'autorité de quelques médailles mal lues ont suffi pour porter Frölich[2], Eckhel[3] et M. Visconti[4] à soutenir que, non-seulement Antiochus Sidétès ne mourut pas dans son expédition contre les Parthes, mais qu'il survécut cinq ou six années à sa défaite. Cette assertion ne peut, en aucune manière, s'accorder avec les renseignements que les écrivains de l'antiquité nous ont conservés sur l'histoire de Syrie. M. Visconti va même jusqu'à dire[4] : « Les armées d'Antiochus furent
« détruites en détail; et ce ne fut qu'avec peine qu'il
« réussit à sauver sa liberté et sa vie. Le Parthe, affaibli
« par les échecs des campagnes précédentes, ne put
« profiter entièrement de la victoire. Antiochus oppo-
« sait son courage à ses revers, et temporisait dans cette
« partie de la haute Asie qu'il avait reconquise et qui
« était devenue son partage. Cléopâtre s'étant réunie à
« Démétrius, et la jeune princesse, qui accompagnait
« constamment Antiochus, ayant été faite prisonnière

---

[1] II *Maccab.* cap. 1, vers. 10 sqq.

[2] *Annal. reg. et rerum Syriæ proleg.* p. 45; *Annal.* p. 84; *Ad numismata reg. veter. anecdota et rariora, accessio nova*, p. 69.

[3] *Sylloge num. veter.* p. 87; *Doctr. num. veter.* tome III, p. 236.

[4] *Iconograph. grecq.* t. II, p. 343 et 344.

« par les Parthes, ce prince forma le bizarre projet de
« prendre une déesse pour épouse : cette déesse était
« Anaïs ou Nanée, adorée dans l'Élymaïs, et dont le
« temple renfermait de grandes richesses qu'Antiochus
« espérait avoir pour dot, et dont il disposait déjà pour
« recommencer la guerre. Mais les prêtres de la déesse
« tendirent des piéges à l'époux prétendu ; ils l'intro-
« duisirent dans le sanctuaire du temple et l'assassi-
« nèrent. C'est le troisième Séleucide qui périt dans
« ces régions en tentant un sacrilége. » Le même savant dit ailleurs [1] : « Phraate, s'étant aperçu que l'in-
« discipline et la débauche régnaient dans les armées
« de ses ennemis, souleva les peuples contre eux pen-
« dant que leurs troupes étaient disséminées dans
« leurs quartiers d'hiver. Par ce moyen, elles furent
« détruites en détail, et Antiochus lui-même eut beau-
« coup de peine à se sauver. Sa nièce, qui l'accompa-
« gnait toujours à la guerre, tomba au pouvoir du
« vainqueur, qui fut tellement épris de ses charmes,
« qu'il l'épousa...... Antiochus, pour subvenir aux
« frais de la guerre, se proposait d'enlever les richesses
« du temple de Diane Persique dans l'Élymaïs, mais
« il tomba dans les piéges que lui tendit Phraate, qui
« fut délivré par la mort du prince séleucide de toute
« crainte... » Ce sont là presque autant de suppositions
gratuites. M. Visconti avance que la guerre d'Antiochus contre les Parthes dura plusieurs années, tandis

[1] *Iconograph. grecq.* t. III, p. 57.

que nous avons vu, par le simple exposé des faits, qu'elle dut se terminer en une seule campagne. La constitution physique du terrain, l'état politique des peuples conquis et les forces considérables dont les deux adversaires disposaient, ne permettent point d'ailleurs de supposer le contraire. L'illustre auteur de l'Iconographie grecque ne dit pas que l'armée d'Antiochus fut détruite en détail, le même jour, dans ses cantonnements; et il pense que le prince syrien survécut à sa défaite. Nous savons cependant, par le témoignage de Justin [1], que le roi des Parthes profita de la dislocation des troupes grecques dans leurs quartiers d'hiver, pour les attaquer et les détruire toutes en un seul jour; et, comme nous l'avons déjà dit, nous ne pouvons douter, vu l'accord de tous les écrivains de l'antiquité, qu'Antiochus n'ait péri dans sa défaite. Il faudrait aussi, pour admettre le système de Frölich, d'Eckhel et de M. Visconti, supposer, contre toute vraisemblance, non-seulement qu'Antiochus se maintint au delà de l'Euphrate, fort longtemps après cet événement, mais qu'il vécut jusqu'en l'année 188 de l'ère des Séleucides, qui répond aux années 125 et 124 avant J. C. ou au moins, comme le veut Frölich [2], jusqu'en l'année 186 de la même ère (127 et 126 avant J. C.). Or le roi des Parthes, Phraate II, ainsi que nous le verrons bientôt, était mort à cette époque; et, de-

---

[1] Lib. XXXVIII, cap. x.
[2] *Annal. reg. et rer. Syriæ*, p. 88.

DEUXIÈME PARTIE. 37

puis la guerre contre les Grecs, il avait eu le temps d'en soutenir une autre contre les Scythes orientaux. Il faudrait enfin supposer, contre le témoignage du IIe livre des Maccabées, qui est presque la seule base du système de Frölich, d'Eckhel et de M. Visconti, que ce fut à l'instigation du roi des Parthes que les prêtres de l'Élymaïde se soulevèrent contre Antiochus. On ne trouve rien de semblable dans cet ouvrage.

Frölich a été le premier auteur de toutes ces hypothèses; car l'abbé Longuerue[1] et Vaillant[2], d'après le témoignage des anciens, racontent, de la même façon que nous, l'expédition d'Antiochus, et placent sa défaite à la même époque. Avant de passer outre et de réfuter plus spécialement l'opinion qui prolonge de quelques années la vie du roi de Syrie, il est nécessaire de fixer l'époque de ses exploits et de sa mort. L'abbé Longuerue[3], dont le calcul a été adopté en partie par Frölich[4], nous paraît avoir assez bien établi que ce fut dans l'annnée 182 de l'ère des Séleucides, qui répond aux années 131 et 130 avant J. C. qu'Antiochus Sidétès commença la guerre contre les Parthes : sa principale raison est qu'en cette année, comme le rapporte Nicolas de Damas[5], la fête de la Pentecôte

---

[1] *Annal. Arsacid.* p. 12.
[2] *Seleucid. imper.* p. 167; *Arsacid. imper.* t. I, p. 56.
[3] *Loc. cit.*
[4] *Annal. reg. et rer. Syriæ*, p. 82.
[5] Apud Joseph. *Antiquit. judaic.* lib. XIII, cap. VIII, § 4; Opp. t. I, p. 658.

tombait le lendemain d'un jour de sabbat. D'après la supputation de l'abbé Longuerue[1], les Parthes durent être vaincus sur les bords du Lycus, le 12 juin de l'an 130 avant J. C. En admettant la même date pour la bataille du Lycus, Frölich[2] a cependant placé dans l'année 181 de l'ère des Séleucides (132 et 131 avant J. C.) le commencement de cette guerre; ce qui, à la rigueur, s'accorde avec notre opinion, puisque nous adoptons l'an 131 avant J. C. On ne peut guère, en effet, présumer qu'il s'écoula plus de cinq mois entre le passage de l'Euphrate et celui du Lycus. Vaillant[3] avait déjà placé cet événement un an plus tôt, l'an 180 de l'ère des Séleucides (133 et 132 avant J. C.). Après le passage du Lycus, le roi de Syrie prit Babylone, puis Ecbatane et enfin toute la Médie, où, arrêté par la rigueur de l'hiver, il fut obligé de faire cantonner son armée, en attendant que le retour de la belle saison lui permît de continuer la guerre. On peut donc, sans craindre de se tromper, mettre la défaite et la mort d'Antiochus Sidétès en l'an 183 de l'ère des Séleucides, au commencement de l'année 129 avant J. C. et au milieu de l'hiver; car Moïse de Khoren[4] nous assure que ce fut pendant les rigueurs de cette saison que le roi des Parthes attaqua Antiochus

---

[1] *Loc. cit.*

[2] *Annal. reg. et rer. Syriæ,* p. 82.

[3] *Seleucid. imper.* p. 167; *Arsacid. imp.* t. I p. 53.

[4] Ասպրորա՛ս 'ի սաստիկ ձմերայնոյն՝ հերքեաւ (Արշա-

dans un lieu resserré, où il le fit périr lui et son armée.

Une lettre écrite par les Juifs de Jérusalem aux gens de leur nation qui habitaient l'Égypte, et insérée dans le IIe livre des Maccabées, est, nous l'avons dit, le principal et presque l'unique fondement sur lequel repose le système de Frölich, suivi depuis par Eckhel et par M. Visconti. Cette lettre, datée de l'an 188 de l'ère des Séleucides (125 et 124 avant J. C.), contient le récit de la mort d'un roi de Syrie appelé Antiochus. Voici comment s'exprime l'historien sacré :
« L'an 188, le peuple qui est dans Jérusalem et dans
« la Judée, le sénat et Judas, à Aristobule, précepteur
« du roi Ptolémée, de la race des prêtres sacrés, et
« aux Juifs qui sont en Égypte, salut et santé. Dieu
« nous ayant délivrés de très-grands périls, nous lui en
« rendons de très-grandes actions de grâces, et le re-
« mercions de nous avoir donné la force de combattre
« un tel roi. Car ce fut Dieu qui chassa jusqu'en Perse
« cette multitude de gens qui combattirent contre nous
« et contre la ville sainte. Mais ce chef de nos ennemis,
« étant lui-même en Perse avec une armée innombra-
« ble, périt dans le temple de Nanée, trompé par les
« conseils des prêtres de cette idole. Car Antiochus,
« étant venu avec ses amis au temple de cette déesse,
« comme pour l'épouser et y recevoir de grandes

կայ), պատահր՛ նմա պատերազմաւ՝ յոնածուկ տեղիս, և կորոյշ հանդերձ զորօքն. (*Histor. Armen.* lib. II, cap. II, p. 85.)

« sommes d'argent, à titre de dot, les prêtres de Nanée
« lui montrèrent tout cet argent; et, après qu'Antio-
« chus fut entré avec peu de gens dans l'intérieur du
« temple, ils le fermèrent sur lui. Alors, ouvrant une
« porte qui se trouvait dans le toit du temple, ils l'as-
« sommèrent à coups de pierres, lui et ceux qui l'accom-
« pagnaient, et, mettant leurs corps en pièces, ils leur
« coupèrent la tête et les jetèrent dehors[1]. » M. Tôchon
a fort bien démontré, dans la dissertation déjà citée[2],
que ces détails concordent parfaitement avec tout ce
que les écrivains anciens, tels que Polybe[3], l'auteur du
premier livre des Maccabées[4], celui du second[5], Josèphe[6], Justin[7] et Sulpice-Sévère[8], rapportent de la
mort du roi de Syrie, Antiochus Épiphane, qui périt en
Perse après avoir inutilement tenté de piller un temple
fort riche, situé dans l'Élymaïde, et dédié à une déesse
appelée Nanée, Anaïtis et Diane. Il faut donc, de
toute nécessité, reconnaître, avec M. Tôchon[9], qu'il
y a une erreur dans le texte actuel des Maccabées;

[1] II *Maccab.* cap. I, vers. 10 sqq.
[2] *Dissertation sur l'époque de la mort d'Antiochus VII*, p. 40-49.
[3] *Reliquiæ*, lib. XXXI, § 11, t. IV, p. 513; ed. Schweigh.
[4] Cap. VI, vers. 1, 2, 3 seqq.
[5] Cap. IX, vers. 1, 2 seqq.
[6] *Antiquit. judaic.* lib. XII, cap. IX; Opp. t. I, p. 620 et 621.
[7] Lib. XXXII, cap. II.
[8] Lib. II, cap. XXXIII.
[9] *Dissertation sur l'époque de la mort d'Antiochus VII*, p. 57.

DEUXIÈME PARTIE. 41

il propose de lire l'an 148 au lieu de l'an 188, variante qui nous paraît très-admissible; car le premier livre des Maccabées[1] place en 149 la mort d'Antiochus, ce qui revient au même, l'auteur de ce livre faisant commencer les années de l'ère des Séleucides au printemps, tandis que les Grecs et l'auteur du second livre des Maccabées en plaçaient le commencement en automne. Il y avait donc entre eux une différence de six mois, qui peut expliquer celle qu'on remarque entre les dates fournies par le premier et par le second de ces livres. Josèphe[2] rapporte aussi cet événement à la même année.

Les circonstances de la mort d'Antiochus Épiphane sont trop connues pour qu'on ne soit pas frappé, au premier coup d'œil, des rapports qu'il y a entre le récit du IIe livre des Maccabées et les narrations des écrivains sacrés ou des écrivains profanes; aussi ne parlerons-nous pas des autres considérations que M. Tôchon[3] fait valoir pour appuyer son sentiment; nous l'adoptons sans restriction. Nous ne balançons pas non plus à admettre la correction qu'il propose, parce qu'elle nous paraît nécessaire; nous nous contente-

---

[1] Cap. VI, vers. 16.
[2] Ἀπέθανε δὲ Ἀντίοχος ἐννάτῳ καὶ τεσσαρακοστῷ καὶ ἑκατοστῷ ἔτει. (Joseph. *Antiquit. jud.* lib. XII, cap. IX, § 2; Opp. t. I, p. 621.)
[3] *Dissertation sur l'époque de la mort d'Antiochus VII*, p. 45, 54.

rons de faire observer que l'erreur qu'il relève doit être fort ancienne, puisqu'elle se trouve dans tous les manuscrits et dans toutes les éditions, ainsi que dans la version syriaque. Néanmoins, nous ne pensons pas que primitivement elle ait existé dans le texte; car parmi les écrivains ecclésiastiques, qui tous connaissaient fort bien les livres des Maccabées, aucun, non plus que Josèphe, ne fait mourir Antiochus Sidétès dans l'Élymaïde; et jamais personne, jusqu'à Frölich, n'avait songé à introduire dans l'histoire l'erreur chronologique que présente actuellement le second de ces livres.

Ce n'est pas l'autorité seule d'un livre sacré qui porta le P. Frölich, et, depuis lui, Eckhel et M. Visconti, à adopter ce nouveau système; ce sont des médailles, sur lesquelles ils crurent lire des dates postérieures à l'année 183 de l'ère des Séleucides (130 et 129 avant J. C.), année où, comme nous l'avons fait voir, périt le roi Antiochus. Jusqu'à présent on n'a allégué que deux médailles d'Antiochus Sidétès, où l'on aurait déchiffré la date de l'année 184 de l'ère des Séleucides (129 et 128 avant J. C.), ce qui les placerait un an après la date que nous avons assignée à la mort de ce prince. La première a été publiée par le P. Frölich[1], et la seconde, par Pellerin[2]. Mais Eckhel a reconnu, sur la première, la date de 182 (131 et 130

---

[1] *Annal. reg. et rer. Syriæ*, p. 87.
[2] *Recueil de médailles de rois*, p. 100, pl. xi.

avant J. C.)[1]; et déjà Frölich lui-même avait avoué qu'il n'était pas sûr de sa lecture[2]. Il existe dans la collection de M. Tôchon une médaille pareille, mais mieux conservée, et sur laquelle cet académicien ne balance pas à lire la date de 182. « Nous « convenons, à la vérité, dit-il, que le B ressemble « beaucoup à un Δ; il a une forme particulière, fort « usitée dans les monnaies de ces temps : si on « l'observe avec attention, on verra que le premier « jambage n'est point incliné, comme dans les *delta* « ordinaires, et qu'il y a au-dessus de la partie de « la lettre qui ressemble un peu au *delta* un petit « signe qui en fait un *bêta* très-distinct. Nous osons « donc affirmer que cette médaille porte la date 182 « et non 184[3]. » Cette opinion est conforme à celle d'Eckhel. Quant à la médaille publiée par Pellerin,

---

[1] « Eundem annum ΔΠΡ (184) vidit etiam Frœlichius in « didrachmo Tyrio musei Cæsarei, sed verius in eo videtur le- « gendum BΠΡ (182). » (Eckhel, *Doctr. num. veter.* t. III, p. 236.)

[2] « Est hoc rarissimum numisma citra dubium antiquum, « et præter mancam quidem, sufficientem tamen τοῦ Antiochi « expressionem, integrum, et bene excusum. τὸ Δ in epocha « est plane diversa forma ab A in eadem aversa parte ter signati; « ut adeo suspicari non liceat: τὸ ΔΠΡ loco τοῦ ΑΠΡ lectum « fuisse, quod facile alioqui fieri his in literis potest. Quod si Δ « non esset, B potius quam A isthic esset. » (Frölich, *Annal. reg. et rer. Syriæ*, p. 87.)

[3] *Dissertation sur l'époque de la mort d'Antiochus VII*, p. 23.

qui la croyait datée aussi de l'année 184, Eckhel, sans avoir vu l'original, avait admis la lecture de cette date sur l'autorité seule du savant numismate français [1]. Cette médaille se trouve maintenant au cabinet du roi; elle n'est pas d'une parfaite conservation, et M. Tôchon, qui l'a examinée très-attentivement, atteste qu'on ne peut y lire que la date de 181. Au reste, comme il le fait observer avec beaucoup de raison [2], il est facile de prendre, sur une monnaie effacée, un A pour un Δ, et c'est certainement une méprise de ce genre qui a causé l'erreur de Pellerin et de ceux qui l'ont suivi.

Frölich [3] et Eckhel [4] citent encore deux autres médailles qui, si elles avaient été bien lues, pourraient, un peu mieux que les précédentes, justifier la date du IIe livre des Maccabées; elles servent de principal fondement à l'opinion qui prolonge de quatre ou cinq années la vie d'Antiochus Sidétès [5]. L'une porte la date de 185, et l'autre, celle de 186 de l'ère des Séleucides. M. Tôchon a déjà exprimé ses doutes sur la manière dont ces médailles ont été lues. « Il est certain, dit-il, que l'opinion des deux numis-

---

[1] *Doctr. num. veter.* t. III, p. 236.

[2] *Dissertation sur l'époque de la mort d'Antiochus VII*, p. 24.

[3] *Ad numismata reg. veter. anecd. et rariora accessio nova*, p. 69.

[4] *Sylloge numorum veterum*, p. 87; *Doctrin. num. veter.* t. III, p. 236.

[5] Visconti, *Iconograph. grecq.* t. II, p. 343.

« mates qui les ont publiées est d'un très-grand poids.
« Mais, comme il est facile d'altérer les monuments
« numismatiques, surtout lorsqu'au moyen du burin il
« s'agit seulement de changer la forme d'une lettre nu-
« mérale afin de prolonger une époque, on peut avoir
« quelques raisons de se méfier de l'habileté des faus-
« saires qui, pour rendre un monument plus curieux,
« dénaturent souvent les dates qui y sont exprimées[1]. »
Lorsqu'il publia sa dissertation, M. Tôchon n'avait
pu voir les originaux de ces médailles, ni s'en procurer des empreintes[2]; il n'a donc pas donné à ses conjectures tout le degré de force et d'évidence dont elles
sont susceptibles; il a été obligé de faire de nouveaux
rapprochements et de nouvelles suppositions pour
détruire ou, au moins, pour atténuer l'autorité de ces
monuments monétaires. Nous pensons, comme lui,
qu'il serait fort singulier qu'il existât des médailles
d'Antiochus Grypus, fils de Sidétès, antérieures à la
mort de ce dernier prince, quand aucun historien
ne nous apprend qu'il soit monté sur le trône avant
cet événement et qu'il ait régné avec son père : on
sait, au contraire, qu'il y eut entre le père et le fils
plusieurs autres princes qui occupèrent le trône de
Syrie. L'histoire garde aussi le plus profond silence
sur les démêlés qui, dans le système du P. Frölich,

[1] *Dissertation sur l'époque de la mort d'Antiochus VII*, p. 13 et 14.
[2] *Ibid.* p. 14.

auraient dû éclater entre Antiochus et Démétrius, lorsque ce dernier rentra dans ses états avec des dispositions peu pacifiques envers un frère qui avait usurpé son royaume et pris sa femme. Quel rôle, dans cette supposition, aurait joué cette femme ambitieuse, si ses deux maris s'étaient trouvés à une même époque en Syrie? Enfin, si le roi Antiochus Sidétès n'était pas mort l'an 183 de l'ère des Séleucides (130 et 129 avant J. C.), comment Alexandre Zébina, fils d'un marchand d'Alexandrie, aurait-il cherché, au rapport de Justin [1], à se faire passer pour un fils adoptif d'Antiochus? et comment aurait-il, en cette qualité, réclamé la succession du royaume de Syrie? Dans la suite, ne se rendit-il pas maître de ce royaume? et cet événement ne dut-il pas arriver, au plus tard, dans l'année 184 des Séleucides (129 et 128 avant J. C.), puisque nous avons de cet usurpateur des médailles authentiques qui ont été frappées

---

[1] « Ptolemæus quoque rex Ægypti, bello ab eodem petitus, « cum cognovisset Cleopatram sororem suam, opibus Ægypti « navibus impositis, ad filiam et Demetrium generum in Syriam « profugisse, immittit juvenem quendam Ægyptium, Protarchi « negotiatoris filium, qui regnum Syriæ armis peteret. Et com- « posita fabula, quasi per adoptionem Antiochi regis receptus « in familiam regiam esset, nec Syriis quemlibet regem asper- « nantibus, ne Demetrii paterentur superbiam: nomen juveni « Alexandri imponitur, auxiliaque ab Ægypto ingentia mittun- « tur. » (Justin. lib. XXXIX, cap. 1.)

DEUXIÈME PARTIE. 47

en cette année même [1]? Lorsque, vers l'époque dont il s'agit, Phraate renvoya en Syrie le corps d'Antiochus, pour être déposé dans les sépultures royales, Alexandre le reçut avec les plus grands honneurs et répandit beaucoup de larmes, cherchant à se concilier l'affection des peuples [2]. Ou Antiochus était mort avant la date que l'on assigne à cet événement, c'est-à-dire l'an 183 des Séleucides; ou il faut rejeter entièrement le récit de Justin, qui ne présente cependant rien d'invraisemblable. Depuis l'impression de sa dissertation, M. Tôchon a pu se procurer des empreintes des médailles dont il est question; ces empreintes, que nous avons vues chez lui, confirment pleinement toutes les conjectures de cet académicien. La médaille sur laquelle on avait cru lire l'an 185 de l'ère des Séleucides, porte 182, et celle où l'on voyait l'an 186, est datée de 183. Les originaux de ces médailles paraissent être fort mal conservés; les deux parties circulaires

---

[1] Vaillant, *Seleuc. imp.* p. 179.—Frölich, *Annal. reg. et rer. Syriæ*, p. 87.— Pellerin, *Recueil de médailles des rois*, p. 82. — Eckhel, *Doctrin. num. veter*, t. III, p. 237. — Visconti, *Iconograph. grecq.* t. II, p. 345 et 347. — Tôchon. *Dissertation sur l'époque de la mort d'Antiochus VII*, p. 20.

[2] « Interea corpus Antiochi interfecti à rege Parthorum, in « loculo argenteo ad sepulturam in Syriam remissum pervenit : « quod cum ingenti studio civitatium et regis Alexandri, ad fir- « mandam fabulæ fidem excipitur. Quæ res illi magnum favo- « rem popularium conciliavit, omnibus non fictas in eo, sed « veras lacrimas existimantibus. » (Justin. lib. XXXIX, cap. I.)

du B ont presque disparu par le frottement; c'est ce qui a causé l'erreur du P. Frölich : il a pris ce B pour un E. On sait aussi que la plus grande ressemblance se remarque sur les médailles entre le Γ et le ς; elle est telle qu'on ne peut distinguer ces caractères sur des médailles un peu altérées par le temps. Nous ne pouvons terminer sur ce sujet sans rendre un nouvel hommage à la sagacité de M. Tôchon, qui avait conjecturé toutes ces dernières circonstances [1] et deviné la vérité, sans se laisser arrêter par l'autorité imposante de deux savants aussi distingués que le P. Frölich et Eckhel.

Il est donc certain, par tout ce que nous venons de dire, qu'Antiochus Sidétès périt, en combattant contre les Parthes, l'an 183 de l'ère des Séleucides, au milieu de l'hiver, c'est-à-dire à la fin de l'année 130, ou au commencement de l'année 129 avant J. C. Cette date est d'ailleurs confirmée par le témoignage de Porphyre, cité dans Eusèbe [2] et dans le Syncelle [3] : il donne à ce prince un règne de neuf années. Nous avons vu, d'après le premier livre des Maccabées [4], qu'Antiochus Sidétès était monté sur le trône de Syrie l'an 174 de

---

[1] *Dissertation sur l'époque de la mort d'Antiochus VII*, p. 62, 63 et 64.

[2] *Chronic.* interpr. S. Hieronym. p. 38 148; *Frag. græc.* p. 71; ed. Scalig.

[3] Georg. Syncell. *Chronograph.* t. I, p. 552, edit. Bonn.

[4] I *Maccab.* cap. xv, vers. 10.

DEUXIÈME PARTIE. 49

l'ère des Séleucides (139 et 138 avant J. C.). Il faut donc, de toute nécessité, qu'il ait cessé de régner l'an 183 des Séleucides (130 et 129 avant J. C.), comme le prouve le concours unanime de tous les écrivains de l'antiquité. Eusèbe[1] fixe aussi cet événement à la quatrième année de la CLXII[e] olympiade, qui correspond à la même date. Le P. Pétau[2], l'archevêque Ussérius[3], l'abbé Longuerue[4] et Vaillant[5] l'avaient également placé à cette époque. Depuis ce temps, les princes arsacides furent, sans contradiction, les seuls maîtres de la haute Asie; jamais les Séleucides ne repassèrent l'Euphrate, et jamais ils n'eurent assez de forces pour recouvrer les provinces de l'Orient qui avaient autrefois fait partie de leur empire.

Après la mort d'Antiochus, la plus grande partie de l'armée de ce malheureux prince fut, au rapport de Justin[6], obligée de subir le joug du vainqueur, qui la força de passer à son service. Parmi les captifs, Phraate trouva une fille de son prisonnier, Démétrius Nicator, que son oncle Antiochus avait amenée avec lui; selon le même écrivain, il en devint bientôt

---

[1] *Chronic.* interpr. S. Hieronym. p. 148; ed. Scalig.
[2] Pétau, *De doct. tempor.* t. II, p. 357.
[3] Ussérius, *Annal. Veter. et Novi Testam.* p. 353.
[4] Longuerue, *Annal. Arsac.* p. 12.
[5] *Seleucid. imper.* p. 167, 168; *Arsacid. imper.* t. 1, p. 56.
[6] Lib. XLII, cap. 1.

éperdument amoureux et l'épousa [1]. Il se montra généreux envers son ennemi vaincu, car Justin nous atteste qu'il lui fit faire des funérailles royales [2]. Posidonius, cité par Athénée, rapporte, dans le XVI° livre de ses Histoires, que, lorsque le roi des Parthes rendait à Antiochus Sidétès les derniers devoirs, sa générosité se démentit, et qu'il adressa au roi de Syrie, en termes ironiques, une assez mauvaise plaisanterie, faisant allusion à la témérité de ce prince et à la grande passion qu'il avait pour le vin. « L'audace et l'ivresse t'ont « trompé, lui disait-il, ô Antiochus, quand tu pensais « boire le royaume d'Arsace dans de grandes coupes [3]. » Il fit ensuite renfermer sa dépouille mortelle dans un cercueil d'argent, et l'envoya en Syrie, pour qu'elle fût déposée dans les tombeaux des rois de ce pays. Heureusement débarrassé de son ennemi, le roi des Parthes se repentit d'avoir renvoyé si précipitamment

---

[1] « (Phrahates) filiam Demetrii, quam secum Antiochus ad-« duxerat, captus amore virginis, uxorem duxit. » (Justin lib. XXXVIII, cap. x.)

[2] « Cui (Antiocho) Phrahates exsequias regio more fecit. » (Justin. lib. XXXVIII, cap. x.)

[3] Φιλοπότης δ' ἦν καὶ ὁ ὁμώνυμος αὐτῷ Ἀντίοχος ἐν Μηδίᾳ πρὸς Ἀρσάκην πολεμήσας, ὡς ἱστορεῖ Ποσειδώνιος ὁ Ἀπαμεὺς ἐν τῇ ἑκκαιδεκάτῃ τῶν Ἱστοριῶν. Ἀναιρεθέντος γοῦν αὐτοῦ, τὸν Ἀρσάκην θάπτοντα αὐτὸν λέγειν· « Ἔσφηλέ σε, Ἀντίοχε, θάρσος καὶ μέθη· ἤλπιζες γὰρ ἐν μεγάλοις ποτηρίοις τὴν Ἀρσάκου βασιλείαν ἐκπιεῖν. (Posidon. apud Athen. Deipnosoph. lib. X, cap. 53; Opp. t. IV, p. 109; ed. Schweigh.)

Démétrius Nicator en Syrie; et, s'il faut en croire Justin, il fit partir en toute hâte un corps de cavalerie pour le ramener; mais le prince séleucide, qui, de son côté, redoutait quelque changement dans les dispositions de Phraate, le gagna de vitesse, et rentra dans ses états avant que les soldats envoyés pour l'arrêter eussent pu l'atteindre; ils revinrent sans succès auprès de leur souverain[1]. Il faut que bien peu de temps se soit écoulé entre la sortie de Démétrius de la Parthie et la défaite d'Antiochus, pour que Phraate, aussitôt après ce dernier événement, se flattât de ressaisir le fugitif; il croyait donc que ce prince n'avait pas encore pu atteindre les limites de son royaume. Il est permis d'en conclure que le départ de Démétrius ne précéda la mort de son frère que d'environ un mois; car c'est à peu près le temps nécessaire pour aller de l'Hyrcanie, où on retenait prisonnier le prince séleucide, jusqu'au bord de l'Euphrate. Les détours que Démétrius fut obligé de faire, pour ne pas rencontrer les troupes d'Antiochus et pour arriver sûrement en Syrie, durent apporter à la rapidité de sa marche quelques obstacles, sur lesquels Phraate avait probablement compté pour remettre ce prince en sa

---

[1] « Pœnitere deinde dimissi Demetrii cœpit (Phrahates) : ad
« quem retrahendum cum turmas equitum festinato misisset,
« Demetrium hoc ipsum metuentem, jam in regno missi invenerunt : frustraque omnia conati, ad regem suum reversi
« sunt. » (Justin. lib. XXXVIII, cap. x.)

puissance. L'époque où Démétrius s'échappa de l'Hyrcanie coïncide donc à peu près avec celle de la mort de son frère, c'est-à-dire avec l'année 183 de l'ère des Séleucides, qui répond à la fin de l'année 130 avant J. C. ou au commencement de l'année 129. Nous pensons cependant que c'est plutôt dans la dernière de ces deux années qu'il convient de placer cet événement, et, à plus forte raison, le rétablissement du même prince sur le trône de Syrie.

Délivré de sa captivité chez les Parthes, Démétrius Nicator rentra bientôt en possession de la Syrie, qui était alors sans maître; il paraît qu'il fit, en même temps, la paix avec sa femme Cléopâtre, veuve alors d'Antiochus. Le malheur ne l'avait pas changé : son orgueil et sa cruauté, qui l'avaient déjà rendu si odieux à ses sujets et à ses soldats, s'étaient encore augmentés, comme l'atteste Justin[1], par son séjour chez les Parthes; et, au rapport de Josèphe[2], il était généralement détesté. A peine de retour dans son royaume, il s'y conduisit comme si son expédition contre les Parthes et l'entreprise de son frère avaient eu un heureux succès; et tandis que la Syrie, accablée par la défaite et la mort d'Antiochus, était tout entière plongée dans le deuil, il s'avança vers l'Égypte, où sa belle-mère

---

[1] Lib. XXXIX, cap. I.

[2] Τῶν τε Σύρων καὶ τῶν σ]ρατιω]ῶν πρὸς αὐτὸν (τὸν Δημήτριον) ἀπεχθανομένων· πονηρὸς γὰρ ἦν. (Joseph. Antiquit. judaic. lib. XIII, cap. IX, § 3; Opp. t. I, p. 660.)

DEUXIÈME PARTIE. 53

Cléopâtre, après avoir chassé son mari Ptolémée Physcon, l'avait appelé pour la défendre, lui promettant de le mettre en possession du royaume [1]. Pendant que Démétrius marchait avec son armée pour se rendre maître de cette nouvelle couronne, ses sujets, indignés de sa cruauté, se révoltèrent contre lui : les habitants d'Antioche, sous la conduite d'un nommé Tryphon, donnèrent, les premiers, le signal de la rébellion; puis la ville d'Apamée et, peu après, toutes les autres suivirent cet exemple [2]. Cependant Ptolémée Physcon était rentré en Égypte, et, à son approche, Cléopâtre s'était réfugiée en Syrie avec ses richesses. Afin de susciter des embarras à Démétrius, il choisit un jeune Égyptien, fils d'un marchand appelé Protarque, et l'envoya en Syrie disputer le trône à son ennemi [3].

[1] « Antiocho in Parthia cum exercitu deleto, frater ejus « Demetrius, obsidione Parthorum liberatus, ac restitutus in « regnum, cum omnis Syria in luctu propter amissum exerci- « tum esset; quasi Parthica ipsius ac fratris bella, quibus alter « captus, alter occisus erat, prospere gessisset, ita Ægypto bel- « lum inferre statuit; regnum Ægypti Cleopatra socru, pretium « auxilii adversus fratrem suum, pollicente. » (Justin. lib. XXXIX, cap. I.)

[2] « Siquidem Antiochenses primi, duce Tryphone, exe- « crantes superbiam regis, quæ, conversatione Parthicæ cru- « delitatis, intolerabilis facta erat, mox Apameni, celeræque « civitates exemplum sequutæ, per absentiam regis à Demetrio « defecere. » (Justin. lib. XXXIX, cap. I.)

[3] « Ptolemæus quoque rex Ægypti, bello ab eodem (Demetrio) « petitus, cum cognovisset, Cleopatram sororem suam, opibus

Pour créer à ce prétendant quelques droits à l'empire, il lui donna le nom d'Alexandre, supposant qu'il faisait partie de la famille royale et qu'il avait été adopté par Antiochus Sidétès[1]. Tous ces événements ont dû se passer en un fort court espace de temps; car nous avons vu qu'il existe des médailles frappées au nom de ce dernier prince, l'an 183 de l'ère des Séleucides, qui répond aux années 130 et 129 avant J. C.[2]. Antiochus mourut cette même année 183. C'est l'époque de la rentrée de Démétrius Nicator dans son royaume; aussi possédons-nous beaucoup de médailles frappées en son nom, qui portent la date de l'année suivante, 184 de l'ère des Séleucides (129 et 128 avant J. C.)[3]. Nous n'en connaissons aucune qui offre la date de l'année précédente. D'autres médailles, dont l'authenticité est incontestable, portent la date de cette même année

« Ægypti navibus impositis, ad filiam et Demetrium generum
« in Syriam profugisse, immittit juvenem quendam Ægyptium,
« Protarchi negotiatoris filium, qui regnum Syriæ armis pete-
« ret. » (Justin. lib. XXXIX, cap. 1.)

[1] *Id.* lib. XXXIX, cap. 1,

[2] Frölich, *Annal. reg. et rer. Syriæ*, p. 85.—Eckhel, *Doctrin. numor. veter.* t. III, p. 236.—Tôchon, *Dissertation sur l'époque de la mort d'Antiochus VII*, p. 20 et 21.

[3] Vaillant, *Seleucid. imper.* p. 176. — Frölich, *Annal. reg. et rer. Syr.* p. 87.—Eckhel, *Doctr. numor. veter.* t. III, p. 231. — *Coins of the Seleucidæ, from the cabinet Duane*, p. 109. — Tôchon, *Dissert. sur l'époque de la mort d'Antiochus VII*, p. 20.

184 et ont été frappées au nom d'Alexandre[1]. Il faut, par conséquent, que tous les événements dont nous avons parlé soient arrivés dans l'espace d'un an ou d'environ dix-huit mois, en supposant qu'Alexandre se soit arrogé le titre de roi à la fin de l'année 184 de l'ère des Séleucides, ou 128 avant J. C.

Lorsque le roi des Parthes renvoya en Syrie le corps d'Antiochus Sidétès, Alexandre, qui, nous l'avons dit, se faisait passer pour fils de ce dernier, était sans doute maître de la plus grande partie de la Syrie et de la ville d'Antioche; car, comme nous l'atteste Justin[2], il reçut en personne le corps du roi, et il chercha à tirer parti de cette circonstance pour se concilier l'affection des peuples. Il est à croire que la dépouille mortelle d'Antiochus avait été transportée dans la capitale même du royaume, où devaient être les sépultures royales. Toutes ces circonstances réunies nous indiquent dans quelle année cet événement eut lieu. M. Visconti fait mention d'une médaille de Démétrius Nicator[3], dont le revers représente le Jupiter Olympien d'Antioche, particularité qui porte l'illustre antiquaire

---

[1] Vaillant, *Seleucid. imper.* p. 179. — Frölich, *Annal. reg. et rer. Syr.* p. 87. — Eckhel, *Doctr. numor. veter.* t. III, p. 237. — *Coins of the Seleucidæ from the cabinet of Duane*, p. 116. — Visconti, *Iconograph. grecq.* t. II, p. 347. — Tôchon, *Dissertation sur l'époque de la mort d'Antiochus VII*, p. 20.

[2] Lib. XXXIX, cap. I.

[3] Visconti, *Iconogr. grecq.* t. II, p. 333.

à croire la pièce frappée dans cette capitale; sa conjecture sur ce point nous paraît fort vraisemblable. La médaille étant datée de l'an 185 de l'ère des Séleucides, qui répond aux années 128 et 127 avant J. C. on doit en inférer que Démétrius était encore, à cette époque, maître d'Antioche; d'autre part, Justin[1] nous apprend que ce fut cette ville qui donna la première l'exemple de la révolte contre son souverain. Il faut donc renvoyer à une date postérieure le règne d'Alexandre sur la partie de la Syrie où était située Antioche, et, par conséquent aussi, l'arrivée du corps d'Antiochus dans cette capitale. Cela n'empêche pas toutefois de placer à une époque antérieure le commencement du règne d'Alexandre, comme nous en avons la preuve par ses médailles, quoique les expressions un peu ambiguës de Justin semblent faire croire qu'il prit le titre de roi dans le même temps que les Antiochéniens se révoltèrent. Il est d'ailleurs difficile de se persuader qu'Alexandre, arrivant d'Egypte avec une armée égyptienne, ait pu d'abord établir sa domination à Antioche, ville située à l'extrémité de la Syrie; on peut conjecturer, avec beaucoup plus de vraisemblance, qu'il commença par occuper les provinces méridionales, et que les habitants d'Antioche, voyant qu'il acquérait une certaine puissance, et mécontents de leur souverain légitime, furent les premiers à se révolter, comme l'atteste Justin, et à reconnaître l'autorité de l'usurpateur. Ce

[1] Lib. XXXIX, cap. 1.

système, fondé sur la narration de Justin, nous paraît préférable à celui de Josèphe, qui suppose que les Syriens, détestant leur roi, firent demander, par des ambassadeurs, à Ptolémée Physcon, un prince de la race des Séleucides. L'historien juif ajoute que le roi d'Égypte leur envoya alors, avec une armée, Alexandre, surnommé Zébina[1]. Il est plus naturel d'admettre, avec Justin, que Physcon fit partir pour la Syrie le fils de Protarque au moment où Démétrius se préparait à entrer en Égypte, et que les Syriens, très-disposés à la révolte, manifestèrent hautement leur mécontentement, quand ils furent sûrs d'avoir un roi et d'être soutenus dans leur rébellion. Nous avons vu d'ailleurs que les médailles qui nous restent de ces temps confirment ce système. Nous placerons donc en l'année 183 des Séleucides, ou à la fin de l'année 129 avant J. C. la marche de Démétrius vers l'Égypte; en l'année 184 des Séleucides, ou 128 ans avant J. C. l'arrivée d'Alexandre en Syrie; et enfin au milieu de l'année 185 des Séleucides, 127 ans avant J. C. l'entrée de ce même prince dans Antioche et le renvoi du corps d'Antiochus par Phraate.

---

[1] Καὶ πεμψάντων πρὸς Πτολεμαῖον τὸν Φύσκωνα ἐπικληθέντα πρέσβεις, ὅπως τινὰ τῶν ἐκ τοῦ Σελεύκου γένους παραδῷ αὐτοῖς ἀποληψόμενον τὴν βασιλείαν, τοῦ δὲ Πτολεμαίου πέμψαντος Ἀλέξανδρον μετὰ στρατοῦ τὸν Ζεβινὰν ἐπιλεγόμενον. (Joseph. *Antiquit. judaic.* lib. XIII, cap. IX, § 3; Opp. t. I, p. 660.)

M. Visconti[1] a déjà réfuté avec beaucoup de raison l'opinion de Frölich[2], qui, d'après un passage évidemment fautif d'Athénée[3], pensait qu'Alexandre était fils d'Antiochus Épiphane, mort environ trente-cinq ans avant qu'il se déclarât roi. On sait, par le témoignage de Justin[4], qu'Alexandre était fort jeune alors; ce qui suffirait pour faire rejeter le témoignage d'Athénée, lors même qu'on n'aurait pas de cet usurpateur un très-grand nombre de médailles, qui toutes le représentent dans l'adolescence. Mais, en réfutant Frölich, M. Visconti nous paraît avoir commis lui-même une erreur : il suppose que cet Alexandre était fils d'Alexandre Bala, contre le témoignage formel de Justin, qui assure qu'il voulait se faire passer pour un fils d'Antiochus Sidétès. Ce témoignage ne peut guère être révoqué en doute, à cause des circonstances qui l'accompagnent, et surtout à cause de la mention qui est faite, dans le récit de l'historien latin, des marques d'amour prodiguées par Alexandre aux derniers restes de celui dont il se supposait le fils. Une pareille conduite serait inexplicable si l'on admettait qu'il voulait passer pour le fils d'Alexandre Bala, ennemi de Démétrius Soter, père de Démétrius Nicator et d'Antiochus Soter. C'est un mor-

[1] *Iconogr. grecq.* t. II, p. 345 et 346 ; note 1.
[2] *Annal. reg. et rer. Syriæ*, p. 86.
[3] Athénée, *Deipnosoph.* lib. V, cap. 47, t. II, p. 312; ed. Schweigh.
[4] Lib. XXXIX, cap. 1.

DEUXIÈME PARTIE. 59

ceau de Porphyre, cité dans les fragments du texte grec de la Chronique d'Eusèbe[1], qui a porté M. Visconti à faire d'Alexandre Zébina le fils d'Alexandre Bala. On sait dans quel état d'altération ces fragments nous ont été transmis par le Syncelle : nous avons déjà montré qu'Antiochus Sidétès y est confondu avec son fils Antiochus Grypus, à qui est attribuée l'expédition contre les Parthes; et nous avons fait voir qu'on n'y apprend rien de la chronologie des Séleucides qui ne soit très-confus et rempli d'erreurs. Un tel témoignage, dans l'état où il nous est parvenu, ne peut seul, à notre avis, servir de base à un système. « Je « fonde mon opinion, dit M. Visconti, 1° sur ce que « Zébina emprunta le nom d'Alexandre Bala, ennemi « d'Antiochus Évergète et de sa famille; 2° sur ce que « Justin part de la fausse supposition que l'avénement « d'Alexandre Zébina au trône est postérieur à la mort « d'Antiochus VII; or cette supposition est démentie « par les médailles de l'un et de l'autre. Nous en avons « d'Antiochus VII avec l'an 186 des Séleucides, et « d'Alexandre II avec l'an 184[2]. » Le nom d'Alexandre, que portait l'usurpateur du trône de Syrie, est une raison bien faible pour faire de ce personnage un fils d'Alexandre Bala; il ne prouve certainement rien ni pour, ni contre. Quant à l'autre raison que donne M. Visconti pour prouver que Zébina n'était pas un

---

[1] Pag. 61, ed. Scaliger.
[2] Visconti, *Iconogr. grecq.* t. II, p. 345, note 1.

fils supposé d'Antiochus Sidétès, comme elle n'est fondée que sur l'opinion erronée qui faisait vivre ce dernier jusqu'à l'année 188 de l'ère des Séleucides, nous ne nous y arrêterons pas davantage.

Pour rendre Alexandre méprisable aux yeux de ses adhérents, les partisans de Démétrius et de Cléopâtre lui donnèrent le surnom de *Zabina* ou *Zébina*, que l'histoire lui a conservé. Ce mot est dérivé du verbe syriaque ܙܒܢ, *zeben*, ou du chaldéen זבן, *zaben*, qui signifient, l'un et l'autre, *vendre* et *acheter*. On voulait, ainsi que l'atteste Porphyre, cité dans les fragments de la Chronique d'Eusèbe[1], faire croire qu'il avait été acheté au marché, par le roi d'Égypte, comme un vil esclave. Alexandre montra cependant de grands talents, et sut profiter assez habilement de la haine que les Syriens avaient contre Démétrius Nicator, pour se rendre maître de la plus grande partie du royaume. Nous pensons même que ce fut par suite de quelque convention entre lui et le roi des Parthes, que ce dernier renvoya en Syrie le corps d'Antiochus Sidétès enfermé dans un cercueil d'argent. On conçoit sans peine tout le parti que pouvait tirer de cette démarche le nouveau roi, qui, paraissant faire un acte de piété filiale, en imposait au peuple. Le roi des Parthes dut facilement consentir à satisfaire

---

[1] Ὃς (ὁ Ἀλέξανδρος) διὰ τὸ ὡς ἀγοραστὸς εἶναι νενομίσθαι τοῦ Πτολεμαίου, Ζαβινᾶς ἐπεκλήθη πρὸς τῶν Σύρων. (Porphyr. apud Euseb. *Fragm. græc.* p. 61 ; ed. Scaliger.)

Alexandre : il y trouvait l'avantage de contribuer, autant qu'il le pouvait, à perpétuer les troubles de la Syrie, et, par là, il espérait assurer la tranquillité de ses propres états; car, s'il avait laissé Démétrius Nicator s'affermir sur le trône de Syrie, il aurait eu à redouter une nouvelle guerre de la part d'un prince qui n'avait recouvré que malgré lui sa liberté. Le souvenir des maux qu'avaient causés à ses états les guerres qu'il avait déjà eues à soutenir contre ce prince et contre son frère Antiochus, ce souvenir devait le porter à tout entreprendre pour prévenir le retour des mêmes malheurs. Il était donc de son intérêt de croire, au moins en apparence, qu'Alexandre Zébina était fils d'Antiochus Sidétès. Ce fut là, sans doute, le seul motif qui détermina Phraate à renvoyer en Syrie le corps de son ennemi; il ne l'aurait probablement pas rendu à Démétrius Nicator, qui devait se soucier d'autant moins d'un tel présent, qu'il avait tout lieu de considérer plutôt comme un ennemi que comme un frère celui qui avait usurpé son trône et lui avait ravi sa femme. D'ailleurs, comme nous l'avons déjà dit, lorsque le corps d'Antiochus Sidétès arriva en Syrie, Démétrius Nicator n'y était plus le maître. Alexandre Zébina y régnait alors; ce fut lui qui reçut le corps d'Antiochus, et c'est à lui que le roi des Parthes l'avait envoyé.

L'affection que les Grecs, soumis malgré eux à l'empire des Arsacides, conservaient pour leurs anciens souverains, et la haine que les princes de l'Orient nourrissaient contre leurs nouveaux maîtres, avaient singulièrement favorisé les conquêtes d'Antiochus Sidétès; de sorte qu'il avait pu, en une seule campagne, se rendre maître de Séleucie, de Babylone, d'Ecbatane, et réduire le roi des Parthes à la dernière extrémité. Ce furent là, sans doute, autant d'obstacles qui empêchèrent Phraate, après la mort de son ennemi, de reconquérir les provinces que celui-ci lui avait enlevées. Les Grecs, qui s'étaient déjà révoltés lors de l'expédition de Démétrius Nicator devaient, ainsi que les princes feudataires, redouter la vengeance du roi des Parthes, et rester en mesure de lui opposer une longue résistance. Aussi verrons-nous bientôt que, quelques années après, lorsque Phraate fut obligé de voler à la défense de son royaume, attaqué du côté de l'Orient, il n'avait pas achevé de soumettre tous les Grecs : le gouverneur qu'il laissa dans l'Occident fut obligé, après son départ, de leur faire encore la guerre. Toutes ces difficultés ne permirent pas aux Parthes de profiter de la mort du roi de Syrie pour pénétrer dans ses états, qui se trouvaient sans défense. Ce ne fut que quelque temps après, quand ils eurent soumis la plus grande partie des rebelles, qu'ils purent songer à demander raison des maux qu'Antiochus leur avait causés. Mais, lorsque Phraate, au rapport de Justin[1], se préparait à entreprendre son expédition

[1] « Qui (Phrahates) cum inferre bellum, in ultionem tentati

à l'ouest de l'Euphrate, il fut obligé de se porter à l'autre extrémité de ses états, pour repousser les incursions des Scythes. Nous avons vu qu'Antiochus Sidétès avait été défait et tué à la fin de l'année 130 avant J. C. ou au commencement de l'année 129, et que Phraate avait renvoyé son corps à Alexandre Zébina en 127; nous pensons que cela arriva quand le prince arsacide, désespérant de pouvoir envahir la Syrie, ajourna forcément son projet d'invasion, à cause de la guerre contre les Scythes. Voulant empêcher Démétrius Nicator de s'affermir sur le trône, il se décida, pour perpétuer les troubles qui agitaient la Syrie, à reconnaître Alexandre Zébina et à le traiter comme s'il était réellement le fils d'Antiochus Sidétès; mais il ne dut le faire que lorsqu'il eut renoncé au dessein d'entrer en personne sur le territoire syrien. Nous placerons conséquemment en l'année 127 avant J. C. la guerre contre les Scythes, dont nous allons bientôt nous occuper.

Le système chronologique que nous avons adopté, relativement à l'époque des rapports qui existèrent entre le roi des Parthes et le nouvel usurpateur du trône de Syrie, nous fait, contre l'opinion commune, rapprocher de deux ans la date de la mort de Phraate, qui périt dans la guerre contre les Scythes. Vaillant [1],

« ab Antiocho Parthici regni, Syriæ statuisset, Scytharum moti-
« bus ad sua defendenda revocatur. » (Justin. lib. XLII, cap. 1.)

[1] *Arsacid. imper.* p. 57 et 58.

M. Richter[1] et M. Tychsen[2] placent cette mort en l'année 128 avant J. C. Déjà M. Visconti[3] a rapproché de quelques années cet événement; mais c'est par une conséquence de l'opinion erronée qu'il a adoptée sur l'époque de la mort d'Antiochus Sidétès. Si, comme nous croyons l'avoir démontré, ce fut en l'année 127 avant J. C. que Phraate renvoya en Syrie le corps de ce prince; et si, comme il est à peine permis d'en douter, il marcha plus tard contre les Scythes, on ne peut raisonnablement placer sa défaite et sa mort avant l'année 126; date qui d'ailleurs sera justifiée par les détails que les historiens nous ont conservés sur cette guerre. En partant pour son expédition, Phraate, au rapport de Justin[4], laissa le soin de ses états à un beau jeune homme appelé Himérus, qu'il affectionnait beaucoup, et qui, selon Diodore de Sicile[5], était Hyrcanien.

Lorsque Antiochus Sidétès, vainqueur, se fut rendu maître de la plus grande partie de l'empire des Arsacides, Phraate, réduit à la dernière extrémité, appela

[1] *Histor. kritisch. Versuch über die Arsacid. und Sassanid. Dynastie*, p. 56.

[2] *Dissert. IV*, p. 56, in *Comment. Societ. reg. scient. Gotting. recent.* t. III.

[3] *Iconograph. grecq.* t. III, p. 57.

[4] « Igitur Phrahates, cum adversus eos (Scythas) proficisce-
« retur, ad tutelam regni reliquit Himerum quendam, pueritiæ
« sibi flore conciliatum. » (Lib. XLII, cap. I.)

[5] *De virtib. et vitiis;* Opp. t. II, p. 603.

à son secours, comme nous l'atteste Justin, les Scythes de l'Orient, et se procura chez eux, à prix d'argent, des forces pour combattre le roi de Syrie[1]. Mais nous avons vu comment il sut profiter de l'indiscipline des soldats grecs et de la haine qu'ils avaient inspirée aux peuples, pour se délivrer de son redoutable ennemi sans l'assistance des Scythes, ses alliés, qui, par conséquent, ne durent arriver auprès du roi des Parthes que lorsque la guerre était entièrement terminée. Antiochus périt dans l'hiver des années 130 et 129 avant J. C. Il est probable que Phraate, ne comptant pas que la guerre qu'il avait à soutenir contre les Grecs, aurait une fin aussi heureuse et aussi prompte, n'avait demandé des secours aux Scythes que pour le printemps de cette dernière année. Ceux-ci purent effectivement se trouver rendus auprès de lui à l'époque indiquée; mais, la guerre étant terminée, le roi des Parthes, qui n'avait plus besoin de ces auxiliaires, ne voulut sans doute pas, ainsi que l'assure Justin[2], leur donner le subside qu'il leur avait promis : il couvrit son manque de foi du prétexte qu'ils avaient mis trop de lenteur à venir le joindre. Lorsque ensuite ces peuples, mécontents d'avoir entre-

---

[1] « Scythæ in auxilium Parthorum adversus Antiochum, « Syriæ regem, mercede sollicitati, etc. » (Justin. lib. XLII, cap. 1.)

[2] « Cum confecto jam bello supervenissent (Scythæ), et ca- « lumnia tardius lati auxilii mercede fraudarentur. » (*Ibid.*)

pris sans profit un aussi long voyage, demandèrent qu'il leur accordât un dédommagement, ou au moins qu'il leur donnât un autre ennemi à combattre, ils furent tellement irrités des paroles offensantes de Phraate, qu'ils commencèrent à ravager les frontières de ses états [1]. C'est alors que ce prince se vit forcé de renoncer au projet d'envahir la Syrie, pour défendre son propre royaume contre leurs attaques [2]. Il emmena avec lui, dans cette nouvelle expédition, tous les Grecs qui avaient servi sous Antiochus et qu'il avait faits prisonniers. Il les avait traités avec beaucoup de cruauté et d'orgueil; il crut néanmoins qu'il en pourrait tirer parti, sans songer à tout ce qu'il avait à craindre d'hommes aigris par l'infortune, et dont le cœur était encore ulcéré par le souvenir des maux qu'ils avaient soufferts. Il eut bientôt l'occasion de reconnaître la faute énorme qu'il avait commise; car, lorsqu'on en vint aux mains avec les Scythes, les Grecs, voyant que les Parthes perdaient du terrain, choisirent cet instant pour se venger de Phraate : ils passèrent du côté des barbares; l'armée parthe fut entiè-

---

[1] « Dolentes (Scythæ) tantum iis itineris frustra emensum, « cum vel stipendium pro vexatione, vel alium hostem dari « sibi poscerent, superbo responso offensi, fines Parthorum « vastare cœperunt. » (Justin. lib. XII, cap. I.)

[2] « (Phrahates) cum inferre bellum, in ultionem tentati ab « Antiocho Parthici regni, Syriæ statuisset, Scytharum motibus ad sua defendenda revocatur. » (Justin. *ibid.*)

rement défaite, et le roi lui-même périt victime d'un meurtre cruel [1].

Les divers textes de Justin que nous avons rapportés, prouvent assez clairement que les Scythes étaient entrés dans la Parthie au printemps de l'année 129 qui précéda la naissance du Christ, et qu'ils arrivèrent au secours de Phraate lorsqu'il n'avait déjà plus besoin d'eux. Ces textes prouvent aussi que les Scythes, offensés de ses refus insultants, attaquèrent son royaume du côté de l'Orient; mais nous sommes porté à croire que cette guerre entre les deux nations ne suivit pas immédiatement le déni de justice du roi des Parthes. Les Scythes auraient couru trop de risques en commençant la guerre dans une position aussi désavantageuse que celle où ils se trouvaient au milieu de l'empire parthe, environnés partout d'ennemis qui pouvaient les anéantir. Ils sentirent probablement qu'il était plus prudent pour eux de se retirer dans leur pays, afin d'augmenter leurs forces et d'attaquer ensuite Phraate avec plus de chances de succès. Le texte de Justin donne

---

[1] « Ipse autem Phrahates exercitum Græcorum, quem bello « Antiochi captum superbe crudeliterque tractaverat, in bellum « secum ducit : immemor prorsus, quod hostiles eorum ani- « mos nec captivitas minuerat, et insuper injuriarum indignitas « exacerbaverat. Itaque cum inclinatam Parthorum aciem vi- « dissent, arma ad hostes transtulere : et diu cupitam captivita- « tis ultionem, exercitus Parthici, et ipsius Phrahatis regis « cruenta cæde, exsequuti sunt. » (Justin. lib. XLII, cap. I.)

même à entendre que la guerre ne commença qu'après de nouvelles instances de leur part pour obtenir une satisfaction. Nous pensons donc qu'arrivés auprès du roi des Parthes, dans l'année 129 avant J. C. peu de temps après la mort d'Antiochus Sidétès, les Scythes se mirent en route pour retourner dans leur pays, et opérèrent leur retraite à la fin de cette même année ou dans la suivante, selon que leur séjour en Perse fut plus ou moins long. Nous pensons aussi que leur guerre contre les Parthes ne dut commencer qu'en l'année 127. On peut donc, sans craindre de se tromper beaucoup, placer dans l'année suivante (126 avant J. C.) la bataille où Phraate fut trahi par les Grecs, dont la défection causa la défaite et la mort de ce prince.

Les Scythes qu'il avait appelés à son secours pour résister au roi de Syrie, et qu'il fut ensuite forcé de combattre lui-même, nous paraissent être ceux qui détruisirent le royaume grec de la Bactriane, c'est-à-dire les *Sarancæ*, les *Asiani*, les *Tochari* et les *Asii*, dont nous raconterons en détail l'origine et l'histoire dans la quatrième partie de notre travail. Nous démontrerons que le dernier roi de la Bactriane, Eucratide II, fut vaincu et détrôné par ces barbares l'an 129 avant J. C. vers le temps même où Phraate II combattait, dans l'Occident, contre Antiochus Sidétès. Ce fait est affirmé, de la manière la plus positive, par les historiens chinois, qui fixent à l'an 129 le passage du Djihoun ou Oxus par un peuple d'origine mongole, qu'ils appellent *Youeï-chi*, et qui est indubitablement le même que les *Sarancæ* de Trogue-Pompée. Après avoir passé le fleuve, ce peuple se rendit maître du pays de Ta-hia ou Da-kia, qui, comme nous l'avons prouvé, répond à la Bactriane des Grecs[1]. D'un autre côté, l'auteur des Prologues de Trogue-Pompée nous atteste aussi que ce fut à la même époque que cet événement arriva; car, après avoir parlé du règne de Mithridate Ier, roi des Parthes, qui forme la fin du XLIe livre de son abréviateur Justin, il passe à l'histoire de la Bactriane, à la destruction de ce royaume par les nations scythiques, et, en particulier, à l'occupation de la Bactriane par les *Sarancæ* et de la Sogdiane par les *Asiani*[2]. Ceux-ci et les *Sarancæ*, comme l'attestent les écrivains chinois qui seront cités dans la quatrième partie de notre travail, venaient, les uns et les autres, des contrées orientales de l'Asie les plus éloignées.

La destruction du royaume grec de la Bactriane fut une conséquence de la guerre d'Antiochus Sidétès contre les Parthes. Nous avons vu que, lorsque Démétrius Nicator passa l'Euphrate pour reconquérir la Médie et la Perse, il avait été appelé par les Grecs de l'Asie et les princes de ces régions, soumis à la supré-

[1] Voy. tom. I, pag. 41.
[2] « In Bactrianis autem rebus, ut a Diodoto rege constitu-« tum imperium est : deinde quo repugnante Scythicæ gentes « Sarancæ et Asiani Bactra occupavere et Sogdianos. » (Prol. Trog. Pomp. lib. XLI, p. 367; ed. Dubner.)

matie des Arsacides, et qu'il reçut d'eux de grands secours dès son entrée dans la haute Asie. Il en fut de même lors de l'expédition de son frère. Les Grecs de la Bactriane, que le souvenir de leur origine et celui de leur ancienne puissance devaient rendre, plus que les autres, jaloux de la prospérité des Parthes, autrefois moins puissants qu'eux et alors leurs maîtres, furent sans doute des premiers à provoquer et à soutenir les entreprises des rois de Syrie; aussi Justin[1] compte-t-il positivement les Bactriens parmi les peuples qui fournirent des secours à Démétrius Nicator. Il est fort probable qu'ils firent de même à l'époque de l'expédition d'Antiochus Sidétès, quoique aucun historien ne le dise positivement. Les motifs qui les portèrent à agir la première fois, durent aussi les déterminer, lors de la seconde expédition des Grecs, à profiter de cette occasion pour s'affranchir du joug des Arsacides; c'est ce qui causa leur ruine totale. Une foule de circonstances historiques concourent d'ailleurs à le prouver, aussi bien que des témoignages positifs. Strabon[2]

[1] Lib. XXXVI, cap. I.

[2] Μάλισ7α δὲ γνώριμοι γεγόνασι τῶν Νομάδων οἱ τοὺς Ἕλληνας ἀφελόμενοι τὴν Βακ7ριανὴν, Ἄσιοι καὶ Πασιανοὶ (leg. Ἀσιανοὶ) καὶ Τὸχαροι καὶ Σακάραυλοι (Σάραγκοι), καὶ οἱ ὁρμηθέντες ἀπὸ τῆς περαίας τοῦ Ιαξάρ7ου τῆς κα7ὰ Σάκας καὶ Σογδιανοὺς, ἥν κατεῖχον Σάκαι. (Geogr. lib. XI, p. 511.) On trouvera dans la quatrième partie de notre travail l'explication de ce passage important, et la justification des légers changements que nous avons introduits dans le texte de Strabon.

nous apprend que le royaume de la Bactriane ne fut pas détruit par les Parthes, mais par des nations scythiques, nommées *Asii, Asiani, Tochari* et *Sarancæ* ou *Sacaraulæ*, venues des rives de l'Iaxartès. Et, selon le même écrivain [1], c'est après seulement que les Parthes eurent vaincu ces derniers, qu'ils restèrent, sans contestation, maîtres de la Bactriane, dont ils avaient cependant envahi une portion avant la conquête des Scythes [2]. On voit que, dans cet auteur, il est question de trois événements bien distincts. Il parle d'abord d'une première guerre des Parthes contre les Bactriens, gouvernés encore par un roi particulier; elle se termina par le démembrement de deux des provinces de la Bactriane proprement dite. Il est ensuite question de la conquête de ce même pays par les Scythes; puis, enfin, de la réunion du reste de la Bactriane à l'empire des Arsacides, après que ces derniers eurent vaincu les Scythes. Nous ne pouvons douter, en effet, d'après l'autorité de Strabon et de Justin [3], que ce pays n'ait fini par rester entre les mains des rois parthes. La place que le récit de la conquête de la Bactriane par les Scythes tenait dans l'Histoire de Trogue-Pompée, et le témoignage des historiens

---

[1] Ἀφείλοντο δὲ καὶ τῆς Βακτριανῆς μέρος βιασάμενοι τοὺς Σκύθας, καὶ ἔτι πρότερον τοὺς περὶ Εὐκρατίδαν. (Strab. *Geogr.* lib. XI, p. 515.)

[2] *Ibid.* p. 516, 517.

[3] Lib. XLI, cap. VI.

chinois qui fixent l'époque de cet événement à l'année 129 avant J. C. nous prouvent bien clairement qu'il ne put avoir lieu que dans le temps où Phraate II, roi des Parthes, appela à son secours les nations scythiques pour l'aider à chasser de ses états Antiochus Sidétès. Comme ce fait est postérieur à l'époque des premières tentatives des Parthes pour soumettre la Bactriane, et antérieur à la soumission totale de ce pays à la domination des Arsacides, on doit nécessairement le placer à une époque intermédiaire : nous n'en trouvons pas d'autre que celle des démêlés de Phraate II avec les Scythes. La guerre des Parthes contre Eucratide II, qui amena la soumission des Bactriens à la monarchie arsacide et la réunion de deux de leurs provinces à cette même monarchie, dut éclater, comme nous l'avons déjà démontré, sous le règne de Mithridate Ier, l'an 146 avant J. C. Phraate périt vingt ans plus tard, c'est-à-dire l'an 126, en combattant les Scythes; sa mort leur laissa la victoire; il est donc impossible d'admettre qu'à cette époque le reste de la Bactriane ait été réuni à l'empire des Arsacides. Cette réunion ne peut non plus avoir eu lieu sous le règne de son successeur Artaban II, qui périt, comme lui, dans une guerre contre ces barbares. Ainsi le dernier des trois faits mentionnés par Strabon ne put arriver que sous Mithridate II, successeur d'Artaban. Ce prince, comme le dit Justin[1], vengea

---

[1] « Ultor injuriæ parentum fuit. » (Lib. XLII, cap. II.)

les injures de ses aïeux et vainquit les Scythes; mais il ne put le faire que quelque temps après son avénement au trône, c'est-à-dire postérieurement à l'année 123 avant Jésus-Christ, ainsi qu'on le verra bientôt. L'entrée des Scythes dans la Parthie, pour secourir les Parthes, eut lieu l'an 129 avant J. C. et, par conséquent, suivit l'un de ces événements et précéda l'autre. Elle doit donc répondre au temps de la conquête et de la destruction de l'empire des Grecs de la Bactriane. Appuyé sur les passages de Strabon que nous avons cités, le raisonnement, sans même le concours de Trogue-Pompée et des écrivains chinois, suffirait seul pour prouver cette assertion. Le royaume de la Bactriane tomba, en totalité, au pouvoir des Parthes, comme l'attestent Strabon et Justin; et toutefois ce ne fut pas aux Grecs, ses légitimes possesseurs, qu'ils l'enlevèrent : ils le conquirent sur des barbares, qui l'avaient envahi. Cependant, à cette époque déjà, ils en possédaient quelques portions dont ils s'étaient emparés longtemps avant la destruction de cet état, sous le règne de Mithridate Ier, en combattant contre Eucratide II, roi légitime de la Bactriane. Il y eut, dans l'intervalle, une révolution qui livra le royaume à des étrangers; et on ne peut lui assigner une époque plus vraisemblable que celle de l'entrée dans la Parthie des Scythes, auxiliaires de Phraate II contre le roi de Syrie.

Les Grecs de la Bactriane avaient, au temps de

Mithridate Ier, été dépouillés d'une partie de leurs possessions et contraints de se soumettre à la suprématie des Parthes; ils sollicitèrent ensuite et obtinrent des secours du roi de Syrie Démétrius Nicator; mais, après sa défaite, abandonnés à leurs seules forces, ils avaient été obligés de rentrer sous le joug des Arsacides. Excités sans doute par le souvenir de leurs malheurs passés et par l'espérance d'être délivrés du triste état où ils gémissaient, ils reprirent les armes lorsque Antiochus Sidétès passa l'Euphrate pour combattre les Parthes. Il est probable qu'ils firent alors une puissante diversion en faveur du roi de Syrie, et qu'ils ne contribuèrent pas peu à aggraver la position fâcheuse où se trouva Phraate II, lorsque Antiochus, vainqueur dans plusieurs batailles, s'avança, à travers la Médie, jusqu'à l'extrémité de l'empire.

Le roi arsacide réduit à cette extrémité et pressé de deux côtés par des ennemis puissants, voyait le roi de Syrie au cœur de ses états, pendant que les Grecs de la Bactriane en envahissaient la partie orientale. Il n'eut sans doute rien de mieux à faire, pour se tirer d'embarras, que d'appeler, à prix d'argent, à son secours les peuples nombreux et guerriers de la Scythie, afin qu'ils le débarrassassent de l'ennemi qui l'inquiétait par derrière, et qu'ils l'aidassent ensuite à repousser et à vaincre celui qui l'attaquait de front. Il dut, par conséquent, leur abandonner la Bactriane; aussi, le témoignage des historiens prouvet-il que ce fut alors que cette province tomba entre les mains des Scythes. La conquête de ce royaume apporta peut-être quelque obstacle à la rapidité de leur marche, et les empêcha de rejoindre à temps Phraate II pour l'aider à combattre Antiochus Sidétès. Ce fut là, nous le répétons, le prétexte que Phraate mit en avant pour ne pas leur accorder le subside qu'il leur avait promis, refus qui occasionna la guerre dans laquelle il fut vaincu et tué. Nous avons déjà dit qu'Antiochus périt à la fin de l'année 130 avant J. C. ou au commencement de l'année 129. La Bactriane fut conquise cette même année (129 avant J. C.) par les Scythes. Dès lors on conçoit facilement que, s'ils n'arrivèrent au secours de Phraate qu'après avoir conquis ce royaume en tout ou en partie, ils ne purent assister à la défaite du roi de Syrie, et ne se présentèrent que quand le prince arsacide n'avait plus besoin d'eux. Comme ils ne lui avaient rendu effectivement aucun service réel, Phraate les aura crus sans doute assez dédommagés de leur peine par l'acquisition d'un royaume aussi riche que celui de la Bactriane, et il leur aura refusé avec hauteur, ainsi que l'atteste Justin[1], le subside qu'il leur avait promis. S'ils ne furent pas contents et prétendirent davantage, on comprend que Phraate ait été indigné de leurs demandes exorbitantes; mais peut-être aussi ce prince,

[1] Lib. XLII, cap. 1.

débarrassé de toute crainte du côté de la Syrie, ne leur donna-t-il point l'argent promis, et ne voulut-il pas même laisser entre les mains de ces barbares un pays qu'il regardait comme un fief de son empire. Quelles que soient les raisons qui allumèrent la guerre entre les Scythes et les Parthes, il est certain que les Scythes, appelés *Sarancæ* par Trogue-Pompée, et qui, selon Strabon, passèrent l'Oxus avec les *Asii*, les *Asiani* et les *Tochari*, se rendirent maîtres de la Bactriane, l'an 129 avant J. C. que, dans la même année, ils vinrent joindre le roi des Parthes Phraate II, pour combattre le roi de Syrie Antiochus Sidétès, qui était déjà mort lorsqu'ils arrivèrent; qu'ils s'en retournèrent mécontents du roi parthe; qu'il éclata entre eux une guerre, dans laquelle Phraate II, trahi par les soldats grecs, fut vaincu et tué, l'an 126 avant J. C. et que la Bactriane resta alors au pouvoir des *Sarancæ* victorieux. Le savant académicien Deguignes[1], qui, le premier, a reconnu que les écrivains chinois pouvaient fournir d'utiles secours pour éclaircir ce point important d'histoire, n'a fait cependant qu'entrevoir la vérité, parce qu'il ne savait pas que la *Tahia* des Chinois était la Bactriane des Grecs : il a pensé que ce pays répondait au Khorassan des modernes, et il a cru, en outre, contre le témoignage formel de l'antiquité,

---

[1] *Recherches sur quelques événements qui concernent l'histoire des rois grecs de la Bactriane,* dans les Mémoires de l'Acad. des inscript. t. XXV, p. 17-33.

que le royaume de la Bactriane avait été détruit par les Parthes. Ces opinions non fondées et quelques autres erreurs de détail, que nous relèverons dans la partie de notre travail qui traitera de l'histoire des Arsacides de la Bactriane, ont jeté beaucoup d'obscurité et de confusion dans les extraits que Deguignes a faits des historiens chinois; elles l'ont même empêché de traduire avec exactitude leurs écrits; de sorte que, loin d'en tirer toutes les lumières et les renseignements très-utiles qu'ils pouvaient lui fournir, il a augmenté les ténèbres qui couvrent ce point important de l'histoire de l'Asie.

Quand Phraate II abandonna, l'an 127 avant J. C. les provinces occidentales de son empire pour se porter à l'orient contre les Scythes, il confia le gouvernement de ces provinces, ainsi que nous l'avons dit plus haut, à un Hyrcanien nommé Himérus. Celui-ci, comme le raconte Justin [1], oublia qu'il n'était qu'un simple gouverneur, et se conduisit avec une cruauté tyrannique; il accabla de vexations les habitants de Babylone et de beaucoup d'autres villes. Nous avons déjà fait observer que, selon toute probabilité, les princes feudataires voisins des rives du Tigre et de l'Euphrate, non plus que les villes grecques situées dans ces régions, qui, comme eux, avaient fourni des

---

[1] « Qui (Himerus) tyrannica crudelitate, oblitus et vitæ « præteritæ, et vicarii officii, Babylonios multasque alias ci- « vitates importune vexavit. » (Lib. XLII, cap. I.)

secours à Antiochus Sidétès, n'étaient pas entièrement soumis lorsque Phraate partit pour faire la guerre aux Scythes et laissa à Himérus le soin de rétablir son autorité sur ces contrées. Aussi trouve-t-on dans un des Prologues de Trogue-Pompée, corrigé avec sagacité par Henri de Valois [1], la preuve que cet Himérus fit la guerre aux peuples de la Mésène.

Les Méséniens, comme tant d'autres peuples de l'Orient, exécraient l'insolence des Parthes, pour nous servir d'une expression énergique de Justin [2]. L'histoire ne nous a conservé aucun détail sur la guerre qu'ils eurent à soutenir dans cette occurrence, et nous ignorons quelle en fut la durée. Toutefois, il est permis de supposer que l'entreprise d'Himérus n'eut pas de succès, puisque les princes arabes, possesseurs de la capitale de la Mésène, surent s'y maintenir, et finirent par obliger les Parthes à reconnaître leur indépendance. On peut, avec non moins de probabilité, attribuer à la nature même du pays l'échec qu'ils firent éprouver à Himérus. La Mésène, contrée marécageuse et sauvage, coupée dans tous les

---

[1] « Ut præfectus Parthis Apræteus (*leg.* a Phraate Himerus) « Messenis bellum intulit. » (Trog. Pomp. *Prol.* lib. XLII; ad calc. Justini, ed. varior. p. 536.) — Voy. Henric. Vales. *Adnotationes in Collect. Constantini Porphyrogenetæ, de virtutibus et vitiis,* p. 58.

[2] « Advenienti Antiocho multi Orientales reges occurrere, « tradentes se, regnaque sua, cum execratione superbiæ Par- « thicæ. » (Lib. XXXVIII, cap. x.)

sens par une quantité innombrable de canaux, était, en effet, peu favorable à la cavalerie, qui faisait la principale force de l'armée des Parthes. Situé à l'extrémité de l'Assyrie, ce pays paraît avoir été habité, dans tous les temps, par des tribus arabes indépendantes, qui y vivaient de brigandages sans craindre d'être poursuivies dans leurs inexpugnables retraites. La partie septentrionale de cette région est maintenant occupée par les Djehaims, et la méridionale par les Mountéfites et les Schiabs. La Mésène, qui, dans sa plus grande extension, s'étendait depuis l'emplacement qu'occupe aujourd'hui la ville de Wasith, située à égale distance de Baghdad et du confluent du Tigre et de l'Euphrate, comprenait tout le pays renfermé entre ces deux fleuves et actuellement appelé par les Arabes جزائر *Djezâir*, les îles, à cause des marais et des nombreux cours d'eau qui le partagent dans tous les sens. Elle comprenait aussi toutes les régions situées sur les rives des deux fleuves réunis, depuis Korna, où est leur confluent, jusqu'à leur embouchure dans le golfe Persique ; enfin, les cantons renfermés entre les bouches des divers fleuves qui viennent de la Susiane et qui se joignent par plusieurs branches avec le Tigre. La Mésène, comme on le voit, offrait donc une assez vaste étendue de terrain comprise entre l'Élymaïde, la Susiane, l'Assyrie, la Babylonie, l'Arabie et le golfe Persique. Ce pays a presque constamment été occupé, avant la conquête musulmane et depuis, par des princes particuliers, qui ont acquis une certaine puissance et d'assez grandes richesses, au moyen du commerce que les peuples de la Syrie et de la Perse ont toujours fait avec l'Inde par les bouches du Tigre. C'est là, sans doute, ce qui porta un grand nombre de Grecs à s'y établir; ils s'y maintinrent assez longtemps, en corps de nation, sous la suzeraineté ou sous la protection des rois de la Mésène. Nous ne nous étendrons pas davantage sur ce qui concerne cette contrée. Ce serait répéter ici les détails que nous avons donnés dans nos Recherches sur la Mésène et la Characène. Nous demandons à nos lecteurs la permission de nous référer à cet ouvrage, où nous croyons avoir réuni tout ce qui est relatif à la géographie, à l'histoire de ces deux contrées, et, en particulier, à la chronologie et aux médailles ou monnaies de leurs souverains qui, à l'exception des rois de l'Osrhoène, sont les seuls de tous les princes feudataires de l'empire parthe dont il nous reste des médailles à légendes grecques. Nous nous bornerons à rappeler ici que, dans notre travail sur la Mésène et la Characène, nous avons cherché à démontrer que les anciens donnaient le nom de Mésène à toute la partie méridionale de la Babylonie; qu'il n'y eut jamais qu'un seul pays appelé de ce nom; que la Mésène et la Characène formaient un seul royaume, possédé par des princes arabes et fondé en l'année 129 avant la naissance de J. C.; que la capitale de ce royaume était une ville grecque, qui, bâtie cent quatre-vingt-seize ans auparavant, par l'ordre d'Alexandre le Grand, avait d'abord porté le nom du conquérant macédonien, puis s'était appelée Antioche, du nom d'Antiochus le Grand, roi de Syrie, qui l'avait relevée de ses ruines; que, rebâtie plus tard par Spasinès, elle avait reçu le nom de Spasini-Charax. Nous rappellerons, enfin, que le royaume de Mésène subsistait encore au temps de l'expédition de Julien l'Apostat contre les Perses, et qu'il fut détruit, l'an 389 de notre ère, après une durée de cinq cent dix-huit années.

Nous ignorons si Phraate II, mort, comme nous l'avons dit, l'an 126 avant J. C. laissa des enfants. Justin[1] lui donne pour successeur son oncle Artaban II, fils de Priapatius. Il paraît que les guerres des Parthes contre les Scythes continuèrent sous le règne d'Artaban. Blessé au bras dans une bataille livrée aux Thogariens, l'une des peuplades scythiques, ce prince mourut des suites de sa blessure[2]. Justin, le seul écrivain qui parle de ce roi, ne nous indique pas la durée de son règne : on doit croire qu'il fut fort court; car Artaban II était frère de Mithridate le Grand, et, lorsqu'il monta sur le trône, ce dernier, qui avait régné fort longtemps, était mort depuis au moins onze années. Aussi ne voyons-nous pas de rai-

[1] Lib. XLII, cap. II.
[2] *Ibid.*

son pour rejeter l'opinion de Vaillant, qui attribue à Artaban II un règne de trois ans[1]. Le récit de Justin ne nous permettant pas de supposer que ce prince occupa longtemps le trône, on peut donc adopter le sentiment de Vaillant jusqu'à ce que de nouvelles découvertes nous mettent en état de décider la question d'une manière plus positive.

Artaban II eut pour successeur son fils Mithridate II. L'identité du nom de ce dernier prince avec celui de Mithridate Ier a contribué à mettre de l'obscurité dans le passage de Justin[2] qui attribue au fils d'Artaban II la conquête de l'Arménie, quoiqu'elle ne puisse avoir été faite que par Mithridate le Grand. Un peu plus loin, cet historien commet une autre erreur beaucoup plus grave, en confondant Mithridate II avec un prince du même nom, qui vécut au moins soixante ans plus tard, et que les Parthes chassèrent et privèrent de la couronne à cause de sa cruauté, pour mettre à sa place son frère Orode. Il est bien certain que le passage de Justin où il est question de la conquête de l'Arménie par Mithridate sur Ortoadiste, désigné comme dernier roi de ce pays, ne saurait se rapporter qu'au troisième Mithridate. La qualification de dernier roi des Arméniens ne peut convenir à aucun des rois d'Arménie que nous connaissons, si ce n'est à Artavasde,

[1] *Arsacid. imp.* t. I, p. 63.
[2] *Ubi supra.*

fils de Tigrane, qui fut traîtreusement retenu prisonnier par Antoine et décapité à Alexandrie. Les successeurs d'Artavasde ne furent plus que des vassaux ou des sujets des Parthes ou des Romains; il put, par conséquent, être regardé comme le dernier roi d'Arménie. Nous voyons effectivement, dans les historiens de l'antiquité, que Mithridate fut détrôné par son frère Orode pendant qu'il était occupé à combattre les Arméniens, pour soutenir les prétentions de Tigrane le jeune, fils du grand Tigrane. Il y a donc dans l'histoire de Justin, il est facile de s'en convaincre, une lacune de plus de soixante ans, lacune qui ne se remarque pas dans le sommaire de l'auteur original qu'il abrégeait, puisque Trogue-Pompée dit positivement qu'après la mort de Mithridate, régnèrent plusieurs rois obscurs.

Mithridate II continua la guerre que son père et son oncle avaient soutenue contre les Scythes; il vengea enfin les affronts que les Parthes avaient essuyés en combattant ces barbares; il les vainquit et les força, sans doute, à se soumettre à sa domination. On peut conclure, des expressions dont se sert Justin[1], que la guerre fut fort longue. C'est aussi probablement à cette époque qu'il faut placer l'établissement définitif d'une branche de la race royale des Arsacides sur le trône de la Bactriane et de l'Inde. Il paraît que

---

[1] Sed et cum Scythis prospere aliquoties dimicavit, ultorque injuriæ parentum fuit (*loc. cit.*).

l'origine de ce royaume ainsi séparé remonte à Mithridate Ier; mais la guerre contre les Scythes et les victoires de ces peuples durent, pendant un certain espace de temps, rendre fort précaire l'existence politique des princes de la branche dont il s'agit. Nous discuterons ailleurs tout ce que les anciens écrivains nous ont laissé sur leur royaume. Son origine arsacide ne peut être contestée, non plus que son alliance intime avec les rois des Parthes, puisque cette alliance dura, sans interruption, près de cinq siècles.

Pendant qu'Artaban II et Mithridate II combattaient les Scythes sur les frontières orientales de l'empire parthe, il leur était difficile de s'occuper de ce qui se passait à l'autre extrémité de leurs états, du côté de la Syrie; aussi ne les voyons-nous pas poursuivre les projets de Mithridate le Grand et de son fils Phraate Ier, ni intervenir dans les sanglants démêlés des princes de la race Séleucide qui se disputaient la possession d'un des derniers débris de l'empire d'Alexandre. L'attention d'Artaban et de son fils Mithridate fut tellement concentrée sur les barbares d'Orient, qu'ils ne purent même veiller à la conservation des provinces occidentales de leur royaume : il paraît qu'Himérus se les appropria, en usurpant même le titre de roi. Tout porte à croire que ce gouverneur, en apprenant la défaite et la mort de son maître, ainsi que les embarras du successeur de Phraate II, avait conçu le projet de se rendre indépendant dans les provinces qu'il administrait. Diodore de Sicile[1] le qualifie même de roi des Parthes. Selon Trogue-Pompée[2], il fit la guerre aux Méséniens, peuples qui habitaient la partie méridionale de la Susiane, vers les bouches du Tigre. Il accabla d'exactions et de mauvais traitements les habitants de Séleucie et de Babylone, sans doute à cause de l'empressement qu'ils avaient montré à soutenir le roi de Syrie lorsqu'il avait passé l'Euphrate pour reconquérir la haute Asie. Diodore de Sicile[3] et Posidonius[4] parlent aussi de sa tyrannie et de la cruauté des châtiments qu'il infligea aux Babyloniens. Nous ignorons la suite de l'histoire de ce tyran et l'époque de sa mort; mais il est probable que, lorsque Mithridate II eut terminé la guerre contre les Scythes, il revint dans ses états, et qu'Himérus fut contraint de se soumettre à son autorité, ou qu'il périt en combattant. Les paroles de Justin nous donnent lieu de le croire : « Multa igitur bella cum « finitimis magna virtute gessit (Mithridates); multos- « que populos Parthico regno addidit[5]. » Nous apprenons, par ce passage, que, outre ses guerres contre les Scythes, Mithridate en eut encore à soutenir d'autres,

---

[1] Vol. II, part. II, p. 145; ed. Lud. Dindorf.
[2] *Ubi supr.* — Henr. Vales. *ubi supr.*
[3] *Loc. cit.*
[4] Apud Athen. *Deipnosoph.* XI, 15; t. II, p. 1034; ed. Dindorf.
[5] *Loc. cit.*

parmi lesquelles il est permis de ranger celle qu'il dut faire à Himérus pour le forcer à abandonner le pouvoir qu'il avait usurpé et à rentrer dans le devoir. Nous n'avons pas le moyen d'en savoir davantage; les laconiques expressions de Justin sont tout ce que l'antiquité nous a laissé sur le règne de Mithridate II.

Il paraît pourtant que ce prince régna fort longtemps sur les Parthes. Nous voyons, par le témoignage de Josèphe[1], qu'un souverain du même nom occupait le trône de cette nation en l'année 90 avant J. C. A cette époque, Philippe, qui, par le retour de son frère Antiochus X, que les discordes de sa maison avaient forcé de se réfugier chez les Parthes, se trouvait dépouillé de la partie de la Syrie sur laquelle il avait régné; Philippe, disons-nous, voulut se dédommager aux dépens de son autre frère Démétrius en s'emparant de son royaume. Celui-ci, informé de cette attaque, abandonna la Judée où il combattait contre Alexandre, roi des Juifs, et se hâta d'aller assiéger l'agresseur dans Bérée. Straton, tyran de Bérée; Zizen, prince des Arabes, et Mithridate Sinnacès, général des Parthes, accoururent au secours de Philippe, attaquèrent Démétrius dans son camp et l'obligèrent à se rendre prisonnier. On l'envoya captif à Mithridate, roi des Parthes, qui le traita avec distinction et le garda à sa cour, où, bientôt

---

[1] *Antiquit. judaic.* lib. XIII, cap. XXII.

après, il mourut de maladie. Cet événement, selon l'opinion de Vaillant[1] et de quelques autres chronologistes, dut arriver 90 ans avant J. C. Or nous avons vu que Mithridate avait dû monter sur le trône vers l'an 124 ou l'an 123 ; il y avait donc à peu près trente-quatre ans qu'il régnait, lorsque Démétrius fut emmené captif par les Parthes. Vaillant[2] fait mourir le roi arsacide trois ans après cet événement, l'an 87, et lui attribue un règne de trente-sept ans. Cette opinion est assez vraisemblable, et nous allons la voir confirmée par la chronologie des Arméniens, que l'écrivain français ne connaissait pas.

Le règne du prince nommé Arschagan par les Arméniens répond, comme nous l'avons dit précédemment, aux règnes des rois appelés, par les Grecs ou les Romains, Phraate II, Artaban II et Mithridate II. Nos observations sur la manière dont les Arméniens supputaient les règnes des rois parthes, nous autorisent à appliquer le nom d'Arschagan à Mithridate II, celui de ces trois souverains qui régna le plus longtemps. Il est possible que ce prince ait compté les années de son règne depuis la mort de Mithridate Ier, quoiqu'il n'ait effectivement régné qu'environ trente ans. Nous avons vu que Phraate Ier laissa, en mourant, le trône à son frère Mithridate Ier, au préjudice de ses enfants. Nous ignorons si l'on doit

---

[1] *Arsacid. imper.* t. I, p. 68.
[2] *Ibid.*

croire que Mithridate était l'aîné ; dans cette supposition, il ne serait pas étonnant qu'à l'époque de la mort de Mithridate Ier, son frère Artaban et le fils de ce dernier, Mithridate II, eussent revendiqué le trône comme leur appartenant par droit d'aînesse. On pourrait conjecturer aussi que ces deux princes, croyant l'occasion favorable pour obtenir la réparation d'une injustice commise autrefois par Phraate Ier et se remettre en possession de leur héritage, s'étaient révoltés contre Phraate II. Il est, au contraire, beaucoup plus probable que le père et le fils, Artaban II et Mithridate II, auront pris les armes en même temps, et que, tous deux, ils portaient le titre de roi; car Artaban était alors fort avancé en âge, et il devait naturellement être soutenu par son fils Mithridate, qu'il avait, sans doute, associé au trône. En admettant cette conjecture, on comprend que le règne de ce dernier prince ait pu embrasser une période de cinquante ans. Il a eu effectivement cette durée, si l'on prend pour point de départ l'époque de sa révolte; mais il n'aura été que d'environ trente-cinq ans, si l'on compte du moment où il régna réellement. La substitution du nom d'Arschagan à celui de Mithridate, dont il est si différent, ne doit pas non plus nous étonner. On a déjà vu que tous les rois parthes portaient le nom d'Arsace, ce qui n'a pas peu contribué à l'obscurité qu'on rencontre dans leur histoire; or le nom d'Arschagan est à peu près dans le même cas : il signifie l'Arsacide, et il pouvait s'appliquer également à tous les princes de la race qui comptait pour chef Arsace Ier. On remarque dans Justin que, en plusieurs endroits, cet écrivain néglige d'indiquer le nom du roi des Parthes dont il est question dans sa narration ; il se contente de l'appeler l'Arsacide. Ce nom d'Arschagan se retrouve, avec la légère altération d'Aschkan, parmi ceux des princes arsacides dont parlent les écrivains orientaux, arabes ou persans, et c'est de là que dérive le nom d'Aschkanienne qu'ils donnent à cette dynastie.

Avant d'aller plus loin, nous croyons que, pour faciliter l'intelligence des faits qui appartiennent à la période historique dont nous avons à nous occuper, il est indispensable de rappeler succinctement ici les principaux événements déjà racontés dans la partie de notre travail où nous avons retracé l'histoire des Arsacides d'Arménie [1], événements qui lient intimement à cette histoire celle des Arsacides de Perse.

Nous avons vu que, d'après le témoignage des Arméniens, le roi Arschagan fut contraint de céder au roi d'Arménie, son parent, le titre de roi des rois, et de se contenter du simple titre de roi. Quoique ce fait ne soit pas confirmé par d'autres preuves, il n'en paraît pas moins fort probable; il peut seul nous expliquer quelques passages fort obscurs d'anciens écrivains, qui nous apprennent que, dans sa jeunesse,

[1] T. I, p. 64 et suiv.

Tigrane fut emmené en otage chez les Parthes; qu'il se vit contraint, en rentrant dans ses états, de céder au roi des Parthes soixante et dix vallées; mais que, bientôt après, profitant des divisions sanglantes de ce peuple, il reprit, avec quelques autres encore, les provinces qu'il avait cédées, et usurpa le titre de roi des rois, dont les rois parthes furent privés pendant longtemps.

Nous savons déjà que le roi d'Arménie, qui, selon les historiens de ce pays, usurpa le titre de roi des rois, se nommait Ardaschès; et que, d'après leur calcul chronologique, il monta sur le trône vers l'an 114 avant J. C. et régna vingt-cinq ans. Par conséquent, il dut mourir vers l'an 90 ou 89, environ l'an 48 du règne d'Arschagan ou Mithridate II; car ces mêmes historiens placent, comme nous l'avons déjà dit, le commencement du règne de Tigrane à la 49ᵉ année d'Arschagan. Ils racontent que ce roi d'Arménie fit des expéditions lointaines dans l'Occident, et périt, dans une de ces entreprises, par les mains de ses propres soldats. Il ne serait pas étonnant que Mithridate eût saisi cette occasion pour se replacer au rang qu'il avait perdu, attaquer l'Arménie épuisée par les guerres de son roi, et ne permettre à Tigrane, fils de celui-ci, de monter sur le trône qu'à des conditions onéreuses. Ces événements durent arriver vers l'an 90 avant J. C. époque où nous voyons les Parthes reprendre une part active dans les affaires des royaumes voisins, replacer sur le trône de Syrie Antiochus le Pieux, soutenir son frère Philippe dans ses démêlés avec son autre frère Démétrius, et emmener ce dernier en captivité. Ce retour de fortune ne fut pas de longue durée. Mithridate mourut peu de temps après, environ l'an 87 avant J. C. Ce ne put être beaucoup plus tard; car, dès l'année 84, Tigrane portait le titre de roi des rois; il était un des souverains les plus puissants de l'Asie; et recevait même des mains des Syriens la couronne des Séleucides, comme plus digne que ces princes de la porter. La mort de Mithridate fut suivie de grands troubles. Tigrane en profita pour reprendre les pays qu'on lui avait arrachés, replacer le royaume d'Arménie au rang éminent où son père l'avait élevé, soumettre le roi des Parthes, s'attribuer le rang suprême et étendre sa domination sur tous les royaumes voisins. C'est là le seul moyen, ce nous semble, d'expliquer, d'une manière claire et satisfaisante, le peu de renseignements que nous possédons sur les premières années du règne de Tigrane. Mithridate II fut, à ce qu'il paraît, le premier roi des Parthes qui eut des rapports avec les Romains. Plutarque[1] raconte que Sylla, préteur de l'Asie, fut chargé par le sénat de replacer sur le trône de Cappadoce Ariobarzane, chassé par Mithridate, roi de Pont, et par Tigrane, roi d'Arménie, qui soutenaient un certain Gordius. Sylla vainquit les Cappadociens révoltés et les Arméniens, et remit Ariobarzane sur son trône.

[1] Plutarque, in *Vit. Sullæ*; Opp. t. III, p. 77; ed. Reiske.

Lorsque Sylla arriva sur les bords de l'Euphrate, Orobaze, ambassadeur de Mithridate, roi des Parthes, vint le trouver pour faire alliance avec lui. Il ne paraît pas que cette première négociation ait eu un heureux résultat; car Plutarque ajoute que le roi des Parthes, mécontent de la conduite de son ambassadeur, le fit mettre à mort. L'ambassade dont nous parlons dut avoir lieu vers l'an 92 ou 91 avant J. C. deux années avant la date que nous avons assignée au commencement du règne de Tigrane; c'est ce qui nous porte à croire que le roi d'Arménie mentionné, vers cette époque, dans les historiens grecs ou latins, sous le nom de Tigrane, n'est point le célèbre Tigrane que nous connaissons, mais bien le père de celui-ci, qui, selon Appien[1], portait le même nom. L'assertion de cet historien pourrait effectivement être vraie, bien que ce dernier prince soit appelé Ardaschès par les Arméniens; car, comme nous l'avons déjà fait observer ailleurs, on ne doit pas s'arrêter à ce nom, qui fut commun à tous les princes, et qui signifie grand roi. Lorsque nous parlerons de la succession des rois d'Arménie, nous espérons mettre ce fait hors de doute. A l'époque où le roi des Parthes envoya une ambassade à Sylla, il était soumis à la suprématie du roi d'Arménie, sans doute à son grand regret; on n'a pas besoin de chercher dans une autre considération le motif de cette démarche. La mort du roi d'Arménie ayant dû arriver peu de

[1] Appien, *De bello Mithrid.* civ, p. 261; ed. Didot.

temps après, la position du roi arsacide changea ; il crut inutile de poursuivre les négociations entamées auprès des Romains, et il put même trouver mauvais que son plénipotentiaire n'eût pas défendu avec assez d'énergie la dignité de sa couronne.

Nous avons fait remarquer plus haut que Justin a confondu Mithridate II avec Mithridate III, fils de Phraate III ; il donne pour successeur au premier de ces princes Orode Ier, qui ne régna que plus de trente ans après lui, et il attribue à Mithridate II des actions que d'autres historiens rapportent à Mithridate III, frère d'Orode. Justin a abrégé Trogue-Pompée avec la plus grande négligence ; il n'a pas même fait attention aux expressions dont son auteur original s'est servi dans les sommaires qui précédaient ses chapitres, et que le hasard nous a conservés. En effet, Trogue-Pompée dit positivement qu'Orode, vainqueur de Crassus, ne succéda à Mithridate II qu'après plusieurs autres rois. Le temps qui s'écoula entre la mort de Mithridate II et l'avénement d'Orode Ier, est rempli, dans les historiens arméniens, par le règne d'un prince qu'ils appellent Arsace et qui occupa le trône trente et un ans ; c'est exactement le nombre d'années nécessaire pour remplir la lacune qu'on remarque entre les règnes des princes dont nous venons de parler, à partir de l'année 87 avant J. C. jusqu'à l'année 56, où Orode monta sur le trône. Cet Arsace tient lieu des princes que mentionne Trogue-Pompée sans les désigner nominativement; et les trente et une années qui remplissent l'intervalle de 87 à 56, représentent, en effet, la durée prétendue du règne de Phraate III, le dernier d'entre eux. Rien n'empêche d'admettre que ce prince ait compté les années de son règne du moment où la succession au trône fut ouverte par la mort de Mithridate II.

Vaillant[1] donne pour successeur à Mithridate II un prince appelé *Mnascirès*, dont le souvenir nous a été conservé par Lucien[2]. Ce prince mourut dans une extrême vieillesse, à l'âge de quatre-vingt-seize ans; et il paraît qu'il était déjà fort vieux au moment où il prit la couronne. On peut conclure des expressions de l'écrivain grec, que lorsque Mnascirès voulut se faire proclamer roi, il rencontra un compétiteur dans un autre prince de sa race nommé *Sinarthoclès* ou *Sinatroclès* (*Sanatræcès*[3]), qui, contraint de se réfugier chez les Scythes, fut ramené par eux dans la Parthie, à l'âge de quatre-vingts ans; il occupa le trône pendant sept années[4]; et nous ne savons rien de plus de son règne. Il eut pour successeur son fils Phraate III, qui périt victime de l'ambition de ses fils Mithridate

---

[1] Vaillant, *Arsacid. imp.* t. I, p. 72.

[2] In *Macrobiis*; Opp. t. VIII, p. 117; ed. Lehmann.

[3] Nous verrons plus loin que *Sanatræcès* est la véritable forme grecque de ce nom.

[4] Lucien, in *Macrobiis*, § 15; Opp., t. VIII, p. 117, 118; ed. Lehmann.

et Orode. Ce sont les seuls princes que nous puissions placer avec certitude dans l'intervalle qui, selon Trogue-Pompée, sépara les règnes de Mithridate II et d'Orode Ier. Nous n'osons point affirmer qu'il n'y en ait pas eu d'autres; car les historiens qui parlent de ces temps font mention de fréquentes guerres civiles; et les expressions mêmes de Trogue-Pompée semblent indiquer que le trône des Parthes fut occupé, à cette époque, par un plus grand nombre de rois que nous n'avons le moyen d'en compter. Ce fut à la faveur des troubles survenus dans l'empire parthe, que Tigrane usurpa le titre de roi des rois, et que les princes de la branche aînée des Arsacides déchurent du rang suprême.

L'âge avancé de Mnascirès, lorsqu'il fit valoir ses prétentions à la couronne, donne lieu à Vaillant[1] de soupçonner que Mithridate II mourut sans enfants, et que Mnascirès était un des fils de Phraate Ier qui, en mourant, les aurait exclus du trône en faveur de Mithridate Ier. Rien n'appuyant cette opinion, rien aussi ne la contredisant, on peut l'admettre ou la rejeter, sans qu'il en résulte aucun changement dans ce qui nous reste de l'histoire des Parthes. Par une supposition pareille, Vaillant regarde Sinatrockès (Sanatræcès), compétiteur et plus tard successeur de Mnascirès, comme un fils de Mithridate Ier, qui profita de la mort de Mithridate II pour faire valoir des

[1] *Arsacid. imp.* t. I, p. 73.

droits dont il aurait été privé, par son oncle Artaban II[1], après la mort de son frère aîné Phraate II. Nous ne pouvons que répéter ici ce que nous avons dit de l'hypothèse précédente.

C'est après la mort de Mnascirès, que Sanatræcès revint de son exil chez les Scythes. Phlégon de Tralles[2], qui l'appelle Sinatrucès, dit qu'il mourut la troisième année de la 177ᵉ olympiade, c'est-à-dire l'an 70 avant J. C. Si, à ce nombre, nous ajoutons les sept années de règne que Lucien donne à ce prince, nous devrons placer à l'an 77 avant J. C. la mort de Mnascirès. Celui-ci aurait ainsi occupé le trône des Parthes pendant dix ans, en supposant qu'il eût été le successeur immédiat de Mithridate II, ce qui nous paraît douteux d'après les expressions de Trogue-Pompée. Vaillant[3] adopte, sans la discuter, la date que Phlégon de Tralles assigne à la mort de Sinatrucès; mais nous savons, par le témoignage du même écrivain, que ce souverain eut pour successeur Phraate III, surnommé le Dieu. Or, Dion Cassius[4] fixe à l'an 66 avant J. C. l'avènement de ce prince au trône des Parthes; et cette opinion, confirmée par la succession des événements, nous paraît au moins devoir balancer l'assertion de Phlégon. Ce dernier écrivain

[1] *Arsacid. imp.* t. I, p. 78, 79.
[2] Apud. Phot. *Biblioth.* cod. 97, p. 84; ed. Bekker.
[3] *Arsacid. imp.* t. I, p. 81.
[4] Lib. XXXVI, cap. XXII.

DEUXIÈME PARTIE. 97

se borne à nous donner un renseignement chronologique, qui peut-être est erroné, et qui, en tout cas, nous parvient sans être accompagné d'aucune circonstance historique propre à lui donner du poids. Dion Cassius[1] rapporte que, l'an de Rome 685, Mithridate, roi de Pont, vaincu par Lucullus et allié de Tigrane, écrivit une lettre au roi des Parthes, alors ennemi du roi d'Arménie, pour l'engager à oublier ses ressentiments et à se joindre à lui et à Tigrane contre les Romains. Le roi des Parthes, encore plein du souvenir des injures que Tigrane lui avait faites, envoya une ambassade à Lucullus pour lui demander l'amitié et l'alliance des Romains. Ce général choisit pour négociateur un Sicilien, qui n'inspira pas une grande confiance au roi arsacide, aux yeux de qui il passait plutôt pour un espion chargé de prendre des renseignements sur l'état de ses forces et sur la situation de son royaume. Aussi les Parthes ne donnèrent-ils aucun secours à Lucullus; et se contentèrent-ils de garder la neutralité[2]. Dion Cassius nous apprend encore[3] que, l'an de Rome 688, le roi des Parthes, qui avait eu des relations avec Lucullus, était mort depuis peu de temps, et que Mithridate songeait à entraîner son successeur dans une alliance. Mais Pompée, qui avait remplacé Lucullus, ayant été informé de ce dessein,

---

[1] Lib. XXXV, cap. I, t. I, p. 185.
[2] Dion Cassius, lib. XXXVI, cap. XXVIII, t. I, p. 253.
[3] *Id. Ibid.*

se hâta d'envoyer à Phraate une ambassade pour l'engager à s'allier avec lui aux mêmes conditions que celles qui avaient été proposées à son prédécesseur. Il paraît que ces négociations eurent un plein succès, et que, à l'instigation de Pompée, Phraate attaqua l'Arménie. D'après le récit de Dion Cassius, il faut placer la mort de Sanatræcès et l'avénement de Phraate III, au plus tard, dans l'année 67 avant J. C. Il est évident, par les détails dans lesquels il entre, que le roi des Parthes qui avait traité avec Lucullus n'est pas le même que celui qui fit alliance avec Pompée ; il est évident aussi que, vers ce temps, il y eut dans l'empire parthe un changement de règne. Cependant on doit, d'un autre côté, admettre que déjà, avant cette époque, Phraate, fils de Sanatræcès, prenait part au maniement des affaires, et qu'il était associé à la couronne ; car, selon le témoignage de Memnon d'Héraclée[1], c'est à Phraate que Tigrane, vaincu par Lucullus, s'adressa pour obtenir des secours, en lui promettant la restitution des provinces qu'il avait enlevées à la monarchie parthe. La défaite de Tigrane par Lucullus, sous les murs de Tigranocerte, arriva en l'an 69, ce qui précède de deux années l'époque que nous avons fixée pour l'avénement de Phraate III. Plutarque[2] est d'accord avec Mem-

[1] Apud. Phot. *Biblioth.* cod. 224, p. 239.
[2] In *Vita Lucull.* Opp. t. III, p. 294; in *Vita Pomp.* ibid. p. 777.

DEUXIÈME PARTIE. 99

non d'Héraclée : il donne le nom de Phraate au roi des Parthes qui traita avec Lucullus, quoique l'on soit en droit de conclure du récit de Dion Cassius, que Sanatræcès, bien que son nom ne s'y trouve pas prononcé, devait alors occuper le trône. Il est donc fort probable que Phraate fut associé au trône, du vivant de son père; l'âge avancé qu'avait ce dernier, lorsqu'il fut couronné, en est une preuve presque certaine; et notre hypothèse explique l'apparente contradiction que l'on remarque entre les écrivains au sujet de ces deux princes. Ce fut vers cette époque que Mithridate, vaincu par les Romains, écrivit au roi des Parthes une lettre dont nous avons précédemment rapporté [1] quelques fragments d'après Salluste [2]. Cette lettre nous a appris que le roi de Pont engageait le prince arsacide à oublier tous ses sujets de ressentiment contre Tigrane, et à se joindre à lui et à ce dernier pour repousser les Romains qui menaçaient de détruire tous les royaumes d'Orient. Cette même lettre nous a également appris que le roi des Parthes, peu de temps auparavant, avait entrepris contre Tigrane une guerre qui n'avait pas eu pour lui un heureux résultat. Peut-être Sanatræcès et son fils Phraate III voulaient-ils reconquérir alors les provinces usurpées par Tigrane à la faveur des divisions qui avaient déchiré l'empire parthe, et re-

[1] Tom. I, p. 72 et 73.
[2] Opp. (*Fragm.*), p. 405-415; ed. Burnouf.

couvrer le titre de roi des rois, qui leur appartenait et qu'ils s'étaient vus forcés d'abandonner. Quoi qu'il en soit, ce fut plus tard que les rois parthes reprirent ce titre.

Le père de Phraate III est appelé *Sintricus* par Appien [1]; son véritable nom, tel qu'on le transcrivait en grec, nous a été conservé sur une médaille unique, qui est passée du cabinet de Pellerin dans le médailler de la Bibliothèque royale. On lit sur cette médaille : *Sanatræcès*, orthographe plus conforme à celle qui est adoptée pour ce nom par les Arméniens [2]: dans leur langue, il se prononce *Sanadroug* [3]. Suidas parle d'un roi d'Arménie qu'il appelle *Sanatrucès* [4]; et Jean Malalas [5] désigne sous le nom de *Sanatracius* un roi des Parthes qui vivait du temps de Trajan. La médaille dont nous parlons n'attribue pas à Sanatræcès le titre de roi des rois : on n'y lit que celui de grand roi, qui pouvait être donné à des princes d'un rang inférieur. Cette particularité confirme ce que nous savons par d'autres écrivains, que les rois des Parthes étaient alors soumis à la suprématie des rois d'Arménie. Nous pensons même que toutes les mé-

---

[1] *De bello Mithrid.* cap. CIV.
[2] Mos. Choren. *Hist. armen.* II, XXXI-XXXIII.
[3] Voy. t. I, p. 135 et 136.
[4] Suidas, sub voce Σαυατρούκης.
[5] *Chronic.* pars. I, lib. XI, p. 270, 4; 271, 4; 273, 22; 274, 5: ed. Lud. Dindorf.

dailles des Arsacides de Perse sur lesquelles on lit les qualifications de *Grand Roi* ou de *Roi des Rois*, et dont plusieurs ont été, par erreur, rapportées aux premiers princes de cette dynastie, furent frappées par l'ordre des rois qui, depuis Mithridate II jusqu'à Phraate III, étaient descendus au rang de vassaux des rois d'Arménie. Car, nous l'avons déjà dit, nous doutons beaucoup que les premiers rois arsacides aient jamais fait frapper des médailles à légendes grecques; il est fort probable qu'elles appartiennent au temps où ces princes étaient maîtres des villes grecques situées sur les bords du Tigre et de l'Euphrate.

Le roi Sanatræcès mourut l'an 67 avant J. C. Puisque, au rapport de Lucien[1], il régna sept ans, il avait dû monter sur le trône en 74. Ainsi, entre Mithridate II et lui s'est écoulé un espace de douze ou treize ans, rempli par Mnascirès seul, ou plus probablement, par Mnascirès et quelque autre roi. Phraate, associé à la couronne du vivant de son père, resta donc seul maître de l'empire vers l'an 67 avant J. C. lorsque Pompée avait déjà reçu le commandement des armées romaines destinées à combattre Tigrane et Mithridate. A peine ce général fut-il arrivé en Asie, qu'il s'empressa d'envoyer une ambassade au nouveau roi des Parthes, pour renouveler les traités que son prédécesseur avait faits avec Lucullus[2]. Mi-

---

[1] In *Macrob.* Opp. t. VIII, p. 117; ed. Lehmann.
[2] Dion Cassius, lib. XXXVI, cap. xxviii, t. Ier, p. 252; ed. Sturz.

thridate, qui comptait sur les dispositions favorables de Phraate, lui avait aussi envoyé une ambassade, pour conclure avec lui une alliance contre les Romains; mais le roi des Parthes, encore irrité des outrages que sa famille avait reçus de Tigrane, repoussa ses avances, et préféra s'allier à Pompée pour combattre le roi d'Arménie. Il donna dans ses états un asile au jeune Tigrane, qui s'était révolté contre son père; il accueillit aussi Sariaster, autre fils du roi Tigrane, accorda à chacun des deux frères une de ses filles en mariage, et entra en Arménie avec une armée, pour appuyer les prétentions du premier de ces princes[1]. On comprend les motifs de la conduite de Phraate : il ne suivait d'autres conseils que ceux qui lui étaient dictés par la haine qu'il avait vouée à Tigrane le père. Il assiégea Artaxate, et le roi d'Arménie fut obligé de se réfugier dans les montagnes; mais, comme le siége traînait en longueur, Phraate retourna dans ses états, laissant à Tigrane le jeune une partie de ses troupes pour presser le siége. Le roi d'Arménie descendit alors de sa retraite, vainquit son fils, et le contraignit à chercher un asile auprès de Mithridate, roi de Pont. De là, Tigrane le jeune se réfugia dans le camp même de Pompée. A cette nouvelle, le vieux Tigrane, craignant que les

---

[1] Dion Cassius, lib. XXXVI, cap. xxxiv, t. I, p. 262. — Valère Maxime, lib. IX, cap xi, t. II, p. 183; 184; ed. Hase.— Plutarque, in *Vita Pompeii*; Opp. t. III, p. 777; ed. Reiske.

Romains n'appuyassent les projets de son fils, prit le parti d'aller trouver, de son propre mouvement et sans condition, Pompée, qui lui sut gré de sa soumission, lui accorda la paix et lui donna le titre d'allié et d'ami de la république. Le général romain lui rendit même la partie de ses états dont il s'était emparé, à l'exception de la Sophène, qu'il concéda au jeune Tigrane. Trompé dans les calculs de son ambition, ce dernier ne tarda pas à se brouiller de nouveau avec son père; il envoya demander des secours aux Parthes, fut vaincu une seconde fois, fait prisonnier et gardé dans le camp romain pour orner le triomphe du vainqueur. Ces arrangements politiques ne durent pas plaire à Phraate : il se hâta d'envoyer un de ses serviteurs à Pompée pour réclamer son gendre Tigrane le jeune, et demander que l'Euphrate devînt la limite des deux empires. Pompée lui répondit, d'une manière évasive, que Tigrane le jeune appartenait plutôt à son père qu'à son beau-père, et qu'au reste, « sa limite à lui, Pompée, serait la justice; » puis il porta ses armes contre les peuples du Caucase qui avaient appuyé Mithridate dans sa guerre contre les Romains. Plusieurs princes de l'Orient, tels que les rois des Mèdes et des Élyméens, qui obéissaient aux Arsacides, informés des différends de Phraate avec les Romains, envoyèrent des ambassadeurs à Pompée, pour faire alliance avec lui contre les Parthes, dont la domination leur était odieuse. Aigri par toutes ces menées, Phraate attaqua les possessions de Tigrane et ravagea la Gordyène; mais il fut vaincu par Afranius, lieutenant de Pompée, qui le poursuivit jusqu'à Arbèles. Peu de temps après, ayant appris que Pompée avait dompté tous les peuples caucasiens, il craignit d'être, à son tour, attaqué par ce général : cette crainte était d'autant mieux fondée que Gabinius, autre lieutenant du général romain, était au delà de l'Euphrate, prêt à passer le Tigre. Phraate envoya donc proposer à Pompée le renouvellement de l'ancienne alliance avec les Romains; mais ce dernier, pénétrant les véritables motifs de la conduite du roi des Parthes, et comptant d'ailleurs sur sa fortune, ne daigna pas avoir égard à la demande de ce prince; il répondit avec beaucoup de hauteur à ses envoyés, fit occuper par Afranius les provinces que le roi des Parthes réclamait, et les remit entre les mains du roi d'Arménie.

Il paraît que, depuis les revers de Tigrane, Phraate avait repris le titre de roi des rois et l'avait inscrit en tête d'une lettre à Pompée, qui, dans sa réponse, ne lui donna que le simple titre de roi. Phraate, n'osant pas alors attaquer les Romains, fut obligé de dévorer en silence cet affront. Il se contenta de faire autant de mal qu'il le put aux troupes d'Afranius, lorsque ce dernier traversa la Mésopotamie pour se rendre en Syrie; il essaya même d'empêcher Pompée de franchir l'Euphrate. Rien ne prouve que ce dernier ait cherché à tirer vengeance de ces agressions; content d'avoir humilié les Parthes, il ne voulut pas compromettre la gloire de ses armes. Dans l'année 64, pendant que Pompée était occupé en Syrie, Phraate fit une nouvelle expédition en Arménie, pour appuyer les prétentions de Tigrane le jeune. Vaillant[1] a cru que Dion Cassius, dans le passage où il parle de cette entreprise, avait commis une grave erreur en disant que le prince arsacide se joignit au fils de Tigrane, son gendre; il fait observer que Tigrane le jeune était alors prisonnier des Romains, que déjà Phraate l'avait réclamé, et que Pompée avait refusé de lui rendre la liberté, le réservant pour orner son triomphe, où il parut effectivement enchaîné au char de son vainqueur, l'an 62 avant J. C. Mais Vaillant paraît avoir ignoré que, selon Plutarque et Valère Maxime, un autre fils de Tigrane, appelé Sariaster, s'était également révolté contre son père, et se trouvait, comme Tigrane le jeune, gendre et allié de Phraate. C'est sans doute de concert avec Sariaster que ce dernier prince entra en Arménie, après la victoire de Pompée et la captivité du jeune Tigrane. Il est probable, en effet, que Sariaster, depuis la dernière défaite de son frère, s'était retiré en Perse, d'où l'on peut croire qu'il revint en Arménie avec Phraate, pendant que Pompée était occupé en Syrie.

Phraate fut d'abord vaincu par Tigrane; mais il fi-

[1] Vaillant, *Arsacid. imper.* t. I, p. 94.

nit par obtenir l'avantage, et le roi d'Arménie fut obligé d'appeler Pompée à son secours. Phraate écrivit alors au général romain pour jeter dans son esprit des soupçons sur la fidélité de Tigrane. Quoique informé de tous ces événements, Pompée ne donna aucune assistance aux Arméniens, et ne commit aucun acte d'hostilité contre Phraate : il n'avait point d'ordre pour entreprendre une guerre contre les Parthes; Mithridate, qui vivait encore, était toujours redoutable aux Romains; enfin, Pompée ne voulait pas compromettre sa réputation dans une lutte dont il connaissait toutes les difficultés. Il résista donc à toutes les sollicitations, et se contenta d'envoyer trois délégués pour terminer les différends qui existaient entre Tigrane et Phraate, et pour régler les limites de leurs états respectifs. Cet expédient, bien loin de concilier aux Romains l'amitié des deux rois, découvrit à Tigrane et à Phraate la politique perfide de ce peuple, et les disposa à se réconcilier d'autant plus sincèrement. Le premier, fort irrité de n'avoir point obtenu les secours qu'il sollicitait, comprit que les Romains voulaient se servir alternativement de l'un pour écraser l'autre. Dion Cassius[1] dit que, l'année suivante, 63 avant J. C. pendant que Pompée faisait la guerre à Arétas, roi des Arabes, Phraate était tranquille dans ses états. L'historien romain, à partir de cette époque, ne fait plus aucune mention de ce prince, à qui Vail-

[1] Dion Cassius, lib. XXXVII, cap. xv, t. I, p. 296.

lant assigne un règne de dix ans, depuis l'an 69 jusqu'à l'an 60 avant J. C.[1]. Nous adopterons son calcul ; mais, par d'autres raisons, nous rapprocherons de quelques années la date de la mort de Phraate. Nous avons vu que son règne ne put commencer qu'à l'année 67 avant J. C.; en retranchant dix ans de ce nombre, nous avons, pour l'époque de sa mort, l'année 57 ou 56, avec laquelle finissent les trente et une années du règne du roi nommé Arschag par les Arméniens. Comme nous l'avons déjà fait observer, ces trente et une années remplissent l'espace de temps écoulé entre Mithridate II et Mithridate III, et répondent aux règnes de Mnascirès, de Sanatræcès I et de Phraate III, qui put prendre le titre de roi en même temps que son père, après la mort de Mithridate II, et qui d'ailleurs, ainsi que nous l'avons démontré, fut associé au trône par Sanatræcès. Nous avons quelques autres raisons pour fixer à l'année 57 avant J. C. l'époque de la mort de Phraate. L'an 55, son fils Mithridate III, chassé par son frère Orode, alla chercher un asile en Syrie auprès du gouverneur romain Gabinius, ancien lieutenant de Pompée. Ce prince était monté sur le trône des Parthes, en donnant, de concert avec ses frères, la mort à son père Phraate. Les événements qui eurent lieu jusqu'à la fuite de Mithridate en Syrie, et que nous allons raconter, ont dû se passer dans l'espace de deux ans,

[1] Vaillant, *Arsacid. imper.* t. 1, p. 96.

Aussitôt que le parricide Mithridate III fut monté sur le trône, il attaqua le roi d'Arménie Artavasde, fils de Tigrane. Il fut sans doute poussé à cette guerre par Tigrane le jeune. Ce prince, en effet, après avoir orné le triomphe de Pompée, s'était enfui de Rome, l'an 58 avant J. C. par la protection d'Appius Claudius, qui avait corrompu L. Favius Népos, dans la maison de qui on le gardait prisonnier.

Il est probable que Tigrane se réfugia alors chez le roi des Parthes, et qu'il persuada à ce prince de porter la guerre en Arménie, pour appuyer ses prétentions au trône de ce pays. Pendant que Mithridate était occupé en Arménie, son jeune frère Orode, profitant d'une absence qui était favorable à ses desseins ambitieux, s'empara du royaume. Mithridate fut obligé de renoncer à ses projets; il revint en Perse, et Orode, trop faible pour résister à son frère, se vit contraint de prendre la fuite. Libre possesseur du trône, Mithridate fit massacrer tous ceux qui avaient soutenu son frère. Mais les grands de l'état, soulevés par sa cruauté, le chassèrent encore une fois, rappelèrent Orode de son exil, et, de nouveau, le couronnèrent roi [1]. Afin que Mithridate n'appelât pas les étrangers à son secours, Orode lui céda le royaume de Médie; il s'agit probablement ici de la Médie Atropatène, voisine de l'Arménie, qui formait un royaume particulier, et non de la grande Médie, qui fut tou-

---

[1] Plutarque, in *Vita Crassi*; Opp. t. III, p. 459.

jours la principale province du royaume des Parthes. Il paraît que Mithridate ne fut pas content de ce partage, et qu'il voulut détrôner Orode. A cette époque, ce dernier lui enleva la Médie, au rapport de Dion Cassius [1]. Mithridate se réfugia, l'an 55, auprès de Gabinius, qui se préparait à faire la guerre aux Arabes. Il l'engagea à abandonner ce dessein et à marcher contre les Parthes pour le rétablir sur le trône. Toutes ces révolutions purent facilement s'opérer dans l'espace de deux années; elles durent suivre l'évasion de Tigrane le jeune, qui revint certainement en Asie avant l'année 57. Rien ne nous empêche donc de placer dans cette année la mort de Phraate III, l'avénement de son fils Mithridate III, la guerre d'Arménie et l'usurpation d'Orode; dans l'année suivante, la première expulsion de Mithridate par les Parthes; enfin, dans l'année 55, la guerre de Mithridate contre son frère Orode.

Gabinius, décidé à rétablir Mithridate sur le trône, avait déjà passé l'Euphrate, lorsque, changeant tout à coup de dessein, il marcha vers l'Égypte pour remettre sur la tête de Ptolémée la couronne dont il avait été dépouillé. Ce prince était venu le trouver avec des lettres de Pompée; et, par le don de grandes sommes d'argent, il avait engagé le proconsul à abandonner Mithridate, pour le secourir lui-même avec toutes

---

[1] Lib. XXXIX, cap. LVI, t. I, p. 552.

ses forces[1]. De retour d'Égypte, au printemps de l'année suivante, après avoir replacé Ptolémée sur le trône, Gabinius apprit que le sénat, irrité de sa conduite, l'avait condamné à l'exil. Il laissa s'échapper, moyennant une somme d'argent, Mithridate et Orsanès, qui l'avaient accompagné, et il répandit le bruit qu'ils avaient pris la fuite[2]. Mithridate, déçu dans l'espoir d'être soutenu par les Romains, alla demander des secours aux Arabes qui habitaient la Mésopotamie, où ils avaient été transportés par Tigrane, dont les possessions s'étendaient jusque dans les environs de Séleucie et de Babylone. Avec leur assistance, il se rendit bientôt maître de ces deux villes, qui embrassèrent son parti et le reçurent comme leur roi[3]. Orode envoya alors contre lui son général Suréna, qui s'empara de Séleucie et contraignit Mithridate de s'enfuir à Babylone.

Dans le même temps, Crassus, qui avait succédé à Gabinius dans le gouvernement de la Syrie, se préparait à faire la guerre aux Parthes, quoiqu'ils ne lui eussent donné aucun motif de rupture, et bien qu'il n'eût pas, à cet égard, reçu d'ordre du sénat[4]. L'appât

[1] Josèphe, *Antiquit. judaic.* XIV, cap. VI, § 2. — Dion Cassius, lib. XXXIX, cap. LVI, t. I, p. 554.
[2] Josèphe, *De bello judaic.* lib. I, cap. VIII, § 7.
[3] Appian. *De rebus Syr.* cap. LI. — *Hist. parthic.* Opp. t. III, p. 21, 22; ed. Schweigh.
[4] Plutarque, in *Vita Crassi;* Opp. t. III, p. 460.

des richesses d'Orode le poussait seul à entreprendre cette expédition, à laquelle les troubles du pays prométtaient un plein succès. Il franchit donc l'Euphrate, et entra dans la Mésopotamie, qu'il trouva dégarnie de forces et qu'il ravagea sans presque éprouver de résistance. Un général appelé Sillice, qui gouvernait la province, rassembla quelques troupes sous les murs du fort d'Ichnias, et marcha à sa rencontre; mais, vaincu et blessé, il fut bientôt contraint de se retirer auprès de son roi. Crassus fut très-bien accueilli par les habitants des villes qu'il traversa; ils étaient tous Grecs ou Macédoniens d'origine, et ils espéraient être délivrés par lui du joug des Parthes. Il dévasta la seule ville de Zénodotia, parce qu'Apollonius, qui en était le tyran, lui avait tué cent soldats. Ce faible exploit fut le plus remarquable de cette campagne. Crassus se fit décerner par ses soldats le titre d'*Imperator*, laissa dans les villes qui s'étaient soumises une garnison de sept mille hommes d'infanterie et de mille cavaliers; puis repassa l'Euphrate pour prendre ses quartiers d'hiver en Syrie, au lieu de marcher sur Babylone et Séleucie, qui s'étaient révoltées contre Orode et tenaient le parti de Mithridate. Il semble que l'occupation de ces deux villes lui aurait beaucoup facilité la conquête de l'empire[1]. Délivré des craintes que l'invasion de Crassus lui avait inspirées, Orode tourna toutes ses forces contre Mithridate, qui s'était

[1] Plutarque, in *Vita Crassi*, p. 450.

enfermé dans Babylone. Ce dernier fut contraint par la famine de s'abandonner à la générosité de son frère, qui le fit massacrer en sa présence [1]. La mort de Mithridate dut suivre de près la retraite de Crassus, qui eut lieu à la fin de l'année 54 ; on peut, par conséquent, la placer en l'an 53. Il y avait alors environ cinq ans que Phraate III était mort. Dans sa Table chronologique [2], Vaillant assigne l'an 54 pour date à la mort de Mithridate III, tandis que, dans son Histoire [3], il l'avait mise à l'année 56, supposant que la première expédition de Crassus contre les Parthes avait eu lieu en 57. Cette hypothèse est combattue par le témoignage de Dion Cassius [4], qui place en 54 l'expédition dont il s'agit. Ce n'est pas, au reste, la seule contradiction que l'on remarque entre la partie historique du travail de Vaillant et le résumé chronologique qui se trouve en tête de son ouvrage.

A peine la mort de son père l'avait-elle rendu paisible possesseur du trône, qu'Orode fut obligé de soutenir la guerre contre les Romains : Crassus passa l'Euphrate au printemps de l'année 53 avant J. C. et pénétra dans la Mésopotamie. A son approche, le prince arsacide lui envoya des ambassadeurs, qui devaient s'informer si c'était par l'ordre du peuple

---

[1] Justin. lib. XLII, cap. IV.
[2] Vaillant, *Canon chronol.* pag. 8, in *Arsacid. imper.* t. I.
[3] *Arsacid. imper.* t. I, p. 104.
[4] Dion Cassius, lib. XL, cap. XII.

romain qu'il faisait la guerre aux Parthes, ou si c'était seulement pour satisfaire sa propre ambition. Dans ce dernier cas, afin de le dissuader de son entreprise, ces ambassadeurs étaient chargés de lui dire que le roi des Parthes, ayant pitié de sa vieillesse, promettait de rendre aux Romains tous les soldats qui, l'année précédente, avaient été laissés dans les places de Mésopotamie, où ils étaient assiégés. Piqué de ces propositions altières, Crassus répliqua qu'il y répondrait dans Séleucie même : « Avant que tu voies cette « ville, lui dit alors Vagès, le plus âgé des envoyés « parthes, il poussera du poil dans le creux de cette « main[1]. »

Crassus se mit en marche à la tête de son armée ; il fut bientôt rejoint par quelques-unes des garnisons qu'il avait laissées en Mésopotamie, et qui, après s'être échappées des places où elles étaient enfermées, avaient éprouvé beaucoup de fatigues et couru de grands dangers. Les fugitifs jetèrent la terreur dans l'armée romaine, par la peinture qu'ils firent de la puissance formidable des Parthes et de la multitude innombrable de leurs soldats. Sur ces entrefaites, le roi d'Arménie Artavasde, fils de Tigrane, vint trouver Crassus dans son camp avec six mille cavaliers, annonçant qu'il lui fournirait encore dix mille cataphractaires, trente mille hommes d'infanterie, et tous les vivres dont il aurait besoin. Le prince arménien l'en-

[1] Plutarque, in *Vita Crassi*, § 18; Opp. t. III, p. 452.

gagea vivement à attaquer les Parthes par l'Arménie, pays qu'il représentait comme étant très-montueux, très-difficile, et devant lui offrir un champ de bataille plus favorable, où deviendrait presque inutile la cavalerie, qui faisait la principale force de l'ennemi. Crassus ne voulut pas suivre cet avis; il préféra continuer à marcher par la Mésopotamie, où se trouvaient encore un grand nombre de détachements romains. Artavasde rentra alors dans ses états, et promit de faire une diversion du côté de la Médie.

Orode, voyant qu'il fallait soutenir vigoureusement la guerre contre les Romains, réunit toutes ses troupes et en forma deux armées. Il se mit lui-même à la tête de la première pour résister au roi d'Arménie, et donna le commandement de la seconde à Suréna, en le chargeant d'arrêter Crassus, qui, après avoir passé l'Euphrate, s'avançait à travers la Mésopotamie, renforcé par les troupes d'Abgare, prince d'Édesse, précédemment allié de Pompée, et par les troupes d'un autre prince arabe, nommé *Alchaudonius*[1]. Pour servir le roi des Parthes, Abgare feignit traîtreusement d'être l'ami zélé des Romains. Il persuada à Crassus qu'Orode n'était pas préparé à lui résister, et que, rassemblant ce qu'il avait de plus précieux, il se disposait à fuir dans l'Hyrcanie ou chez les Scythes. Abgare persuada aussi à Crassus que Suréna et Sillace, qu'il avait en tête, n'avaient d'autre but que de protéger la

[1] Dion Cassius, lib. XL, cap. xx.

retraite de leur roi; enfin, il engagea fortement le général romain à presser sa marche pour prévenir leur fuite. Crassus, accordant imprudemment trop de confiance aux discours de ce traître, s'avança avec témérité dans les plaines de la Mésopotamie, où les Parthes avaient tout l'avantage, grâce à leur nombreuse cavalerie, qui pouvait, pendant la marche, harceler l'armée romaine, couper ses communications et enlever ses convois. On connaît, par les récits de Plutarque et de Dion Cassius, les détails de cette malheureuse expédition : Crassus ayant pénétré jusqu'au fleuve Balissen, qui se jette dans l'Euphrate, éprouva un échec où son fils périt; il fut obligé de battre en retraite, et trouva lui-même la mort non loin de Carrhes, actuellement Harran ou Kharran, après avoir vu son armée détruite. Un petit nombre de soldats seulement parvinrent, sous les ordres de Cassius, à gagner la Syrie. Le reste fut massacré ou emmené prisonnier par les Parthes, qui les envoyèrent dans la Margiane, à l'extrémité de leur empire, sur les frontières de l'Inde [1].

Pendant que Crassus s'avançait follement dans les plaines de la Mésopotamie, Orode attaquait en personne l'Arménie. Forcé de se défendre, Artavasde manda au général romain qu'il ne pouvait tenir ses promesses. Crassus prit cet avis pour une défaite spécieuse, et menaça le roi d'Arménie de faire retom-

[1] Pline, *Hist. nat.* lib. VIII, cap. XVIII.

ber sur lui le poids de sa colère, au retour de son expédition. Artavasde, qui n'était pas fort attaché aux Romains, et qui, dans cette lutte, voulait plutôt rester spectateur qu'être l'auxiliaire de l'un des deux partis, pour se joindre plus tard au vainqueur, ne balança pas à faire la paix avec Orode, dès qu'il fut informé de la position difficile où se trouvait Crassus. Lorsqu'on apporta en Arménie la tête du général romain au roi des Parthes, Artavasde venait de se réconcilier avec ce prince, et, pour rendre cette alliance plus solide, il avait épousé sa fille. L'armée de Crassus, au rapport de Dion Cassius, fut défaite au milieu de l'été de l'année 53 avant J. C.[1]. Ovide est d'accord avec cet historien, en plaçant l'événement dans le mois de juin[2]. Les Parthes recouvrèrent tous les pays situés à l'est de l'Euphrate, qui avaient été envahis par les Romains; mais ils ne passèrent point ce fleuve. Cassius rassembla le petit nombre de soldats échappés de la déroute, et contint la Syrie, qui menaçait de s'insurger[3]. Le vainqueur de Crassus ne survécut pas longtemps à sa victoire : Orode, jaloux de la gloire de Suréna et craignant son ambition, le fit périr, malgré les services importants qu'il lui avait rendus.

L'année suivante, les Parthes commencèrent à faire

---

[1] Dion Cassius, lib. XL, cap. XXIII.
[2] Ovide, *Fast.* VI, v. 461-468.
[3] Dion Cassius, lib. XL, cap. XXVIII. — Orose, *Hist.* lib. VI, cap. XIII.

des invasions en Syrie ; ils furent repoussés par Cassius, entre les mains de qui, après le malheur des armes romaines, se trouvaient placées les fonctions de gouverneur de cette province. Comme ils étaient en petit nombre, le triomphe de Cassius fut facile. Mais, en 51, le fils du roi des Parthes, appelé Pacorus, passa l'Euphrate avec une forte armée, et envahit la Syrie. Le véritable chef de cette armée était un vieux général parthe nommé Osacès ; le fils du roi était encore trop jeune pour commander seul. Les Parthes, soutenus par les habitants du pays, marchèrent rapidement sur Antioche et ravagèrent la Cyrrhestique. La Syrie était alors privée de gouverneur : Bibulus, qu'un décret du sénat avait nommé proconsul, n'était pas encore arrivé. Un corps nombreux de cavalerie parthe s'avança vers la Cilicie, où commandait Cicéron, qui sut préserver son gouvernement de cette incursion[1]. Ce succès ranima Cassius, qui s'était enfermé dans Antioche. Les Parthes l'assiégèrent sans succès, à cause de leur inhabileté dans l'art des siéges[2]. Cassius fit de fréquentes sorties contre eux ; il leur livra plusieurs combats, où il obtint l'avantage, et dans l'un desquels périt le général Osacès. Ce fut dans ces circonstances que Bibulus prit possession de son gouvernement. Heureux d'a-

[1] Cicéron, *Epist. ad Attic.* lib. V, épist. xx, xxi ; t. XIX, pag. 54-80 ; ed. V. Le Clerc.
[2] Dion Cassius, lib. XL, cap. xxix.

bord, il finit par perdre une partie de ses troupes dans le mont Amanus, et ne put chasser de la Syrie les Parthes, qui passèrent l'hiver de l'année 50 avant J. C. dans la Cyrrhestique [1]. Tant qu'ils restèrent en Syrie, Bibulus se tint renfermé dans Antioche, n'osant les attaquer; mais il parvint à se débarrasser d'eux par la ruse [2]. Il sut semer la division entre les Parthes, en persuadant au roi Orode, par le moyen du satrape Ornodapantès [3], que Pacorus voulait le détrôner. Devenu suspect à son père, le jeune prince fut rappelé de Syrie avec son armée [4]. Cet événement, qui arriva sous le consulat de M. Marcellus et de Sulpicius Rufus, mit fin à la première guerre des Romains contre les Parthes : on donna contre-ordre aux légions qui devaient aller en Syrie.

Lorsque, l'an 49 avant J. C. Pompée commença à faire la guerre à César, il envoya une ambassade au roi Orode pour lui demander des secours [5]; mais celui-ci ne voulut lui en donner que moyennant la cession de la Syrie. La négociation n'eut pas de suite. On voit néanmoins dans l'histoire que, pendant toute la durée de la guerre, les Parthes penchèrent cons-

[1] Cicéron, *Epist. ad Attic.* lib. V, epist. xx, xxi.
[2] César, *Bell. civil.* lib. III, cap. v. — Cicéron, *Epist. Familiar.* lib. XIV, epist. iv; t. XVII, pag. 334.
[3] Dion Cassius, lib. XL, cap. xxx.
[4] Justin, lib. XLII, cap. iv.
[5] Dion Cassius, lib. XLI, cap. lv.

tamment vers le parti de Pompée, en mémoire des anciennes relations qu'ils avaient entretenues avec lui, et aussi, ajoute Dion Cassius, parce que le fils de Crassus, qui avait péri en combattant contre eux, servait auparavant sous les drapeaux de César. Les Parthes ne doutaient pas que si celui-ci était vainqueur, le souvenir de la mort du jeune Crassus ne l'excitât à leur déclarer la guerre pour venger le père de ce dernier. Effectivement, après la mort de Pompée, qui, un instant, suivant quelques-uns, avait eu l'intention de se retirer dans la Parthie, et après la défaite de Pharnace, fils de Mithridate, César s'était proposé d'attaquer les Parthes [1]. En quittant l'Égypte pour aller vers le Pont, il avait envoyé à Antioche son parent Sextus César, à la tête d'une légion, avec ordre d'observer les mouvements de ce peuple; mais il fut rappelé à Rome par les troubles qui s'élevèrent dans cette ville. Après la retraite de César, en 46, les Parthes, appelés par Cécilius Bassus, partisan de Pompée, rentrèrent en Syrie, sous les ordres du fils de leur roi Pacorus; cependant, l'hiver les força, bientôt après, à retourner dans leur pays [2].

A l'époque où César fut assassiné, il venait d'obtenir, par un décret du sénat, le commandement d'une armée contre les Parthes, pour venger la mort de

[1] Appien, *De Bello civ.* lib. II, cap. cx.
[2] Dion Cassius, lib. XLVII, cap. xxvii.

Crassus. Dolabella, qui lui succéda dans la dignité de consul, demanda au peuple, avec le gouvernement de la Syrie, le soin de poursuivre ce projet; il l'obtint par l'influence du tribun Asprénas, et malgré l'opposition du sénat[1]. Dolabella se hâta de partir pour l'Asie, résolu à s'emparer par la force du gouvernement qui venait de lui être donné. Il attaqua et vainquit Trébonius, qu'il surprit à Smyrne et qu'il fit mettre à mort. Le sénat, à cette nouvelle, le déclara ennemi du peuple romain, et confia le gouvernement de Syrie à Cassius, qui, sans perte de temps, passa en Asie, rassembla les légions de Cécilius Bassus et de Statius Murscus, y joignit un corps d'archers parthes, puis alla assiéger Dolabella dans Laodicée. Ce dernier, cerné de tous les côtés et vaincu par la famine, se donna la mort plutôt que de se rendre[2].

Quand les meurtriers de César furent obligés de soutenir la guerre contre les triumvirs, ils envoyèrent T. Labiénus demander des secours à Pacorus, qui leur accorda quatre mille archers arabes, mèdes ou parthes[3]. Labiénus était encore à la cour du roi des Parthes au moment où il apprit la défaite et la mort de Brutus et de Cassius à Philippes en Macédoine: n'ayant rien à espérer des vainqueurs, il aima mieux

---

[1] Appien, *De Bello civ.* lib. III, cap. VII.
[2] *Id. ibid.* lib IV, capp. LIX sqq.
[3] Justin, lib. XLII, cap. IV. — Appien, *De Bello civ.* lib. IV, cap. LXXXVIII. — Dion Cassius, lib. XLVIII, cap. XXIV.

rester chez les Parthes que de retourner dans sa patrie. Lorsqu'il sut qu'Antoine, séduit par les charmes de Cléopâtre, s'abandonnait en Égypte à la mollesse, et qu'Auguste était occupé en Italie contre Sextus Pompée, il persuada au roi des Parthes de lui confier une armée, promettant à ce prince de faire la conquête de la Syrie, dont les peuples étaient plus impatients que jamais de se voir affranchis du joug romain[1]. L'an 40 avant J. C. accompagné de Pacorus, fils du roi, il entra en Syrie à la tête d'une armée parthe, pénétra jusque dans la Phénicie, et s'empara d'Apamée. La garnison de cette ville était composée de soldats qui avaient suivi le parti de Brutus et de Cassius, et qu'Antoine avait forcés de servir sous ses drapeaux. Ils remirent, sans résistance, la place à Labiénus, et ils eurent peu de peine à consentir à combattre sous ses ordres. Décidius Saxa, lieutenant d'Antoine, voulut repousser Labiénus; il fut vaincu et se réfugia à Antioche; mais, s'y croyant peu en sûreté, il voulut se retirer en Cilicie. Pendant sa route, il fut tué par les soldats de Labiénus, qui l'avaient poursuivi. Selon Florus[2], il se donna lui-même la mort pour ne point tomber entre les mains de son ennemi.

Après la mort de Saxa, la Syrie tout entière fut conquise par Pacorus; la seule ville de Tyr ne se

[1] Dion Cassius, lib. XLVIII, cap. XXIV.
[2] *Epitome rer. Roman.* lib. IV, cap. IX.

soumit pas au vainqueur, parce qu'il n'avait point de flotte pour la bloquer complétement; il passa outre et se dirigea vers la Palestine.[1] Marchant le long des côtes, tandis que le satrape Barzapharne (*Parzap'hran*) pénétrait dans l'intérieur des terres, il se rendit maître de Sidon et de Ptolémaïs, et détacha un corps de troupes qui devait pénétrer dans la Judée. Lysanias, qu'Antoine avait établi roi de l'Iturée, envoya de grands présents à Barzapharne, pour l'engager à placer sur le trône de Judée Antigone et à en chasser son oncle Hyrcan, qui était généralement détesté[2]. Beaucoup de Juifs vinrent le joindre pour concourir à cette entreprise : ils s'avancèrent de concert vers Jérusalem, et arrivèrent sous les murs de cette ville vers le temps de la Pentecôte. Antigone demanda que Pacorus fût l'arbitre de ses différends avec Hyrcan. Sous le prétexte d'apaiser une sédition, les Parthes, appelés par Phasaël, fils d'Hyrcan, entrèrent dans Jérusalem; mais ce fut pour faire triompher le parti d'Antigone. Lorsque Phasaël reconnut la perfidie des Parthes, il envoya des ambassadeurs à Barzapharne pour lui demander la paix, malgré l'avis de son frère Hérode, qui lui rappelait la mauvaise foi ordinaire des Parthes. Pacorus, qui était entré dans Jérusalem, engagea Hyrcan à en sortir avec lui, pour, lui disait-il, aller trouver Barzapharne. Quand ils arrivèrent

[1] Dion Cassius, lib. IV, cap. ix.
[2] Josèphe, *De bell. judaic.* lib. I, cap. xiii.

en Galilée, le peuple s'insurgea, et ils furent obligés de l'apaiser par des présents. Le général parthe laissa en arrière quelques cavaliers de sa nation, qui devaient s'emparer d'Hyrcan et de Phasaël lorsqu'ils retourneraient à Jérusalem. Arrivés dans un lieu appelé *Ecdippon* et situé au bord de la mer, ces deux princes furent informés de la trahison de Barzapharne. Phasaël ne voulut cependant pas quitter Hyrcan : il aima mieux se rendre auprès du satrape, pour lui reprocher sa perfidie; mais celui-ci, l'écoutant à peine, partit pour aller joindre Pacorus. Hyrcan et Phasaël étaient en route, retournant chez eux, quand les cavaliers parthes, qui avaient été placés en embuscade, s'emparèrent de leur personne. Informé de ce qui était arrivé, Hérode se retira, pendant la nuit, dans l'Idumée avec ses partisans. Le lendemain, les Parthes pillèrent Jérusalem, ravagèrent tout le pays, et, après avoir replacé Antigone sur le trône, lui livrèrent Hyrcan et Phasaël. Pour rendre Hyrcan incapable de régner et d'exercer les fonctions du sacerdoce, Antigone lui fit couper les oreilles. Il ordonna en même temps que l'on mît à mort Phasaël; mais celui-ci se tua lui-même en se brisant la tête contre une pierre. Quant à Hyrcan, il fut emmené prisonnier dans la Parthie.

Pendant que Pacorus et Barzapharne se rendaient maîtres de la Syrie et plaçaient sur le trône de Judée Antigone, Labiénus, vainqueur de Saxa, pénétrait dans l'Asie Mineure et y poursuivait ses succès [1]. Plancus, qu'Antoine avait nommé gouverneur de Syrie, s'enfuit à son approche; il se réfugia dans les îles de la mer Égée, tandis que Labiénus, victorieux, s'avançait jusqu'à l'extrémité de la Carie, et s'emparait de Mylassa et d'Alabanda. Ces villes se révoltèrent cependant peu de temps après, et les habitants massacrèrent, dans un jour de fête, les garnisons qui y avaient été mises par Labiénus. Celui-ci fit punir du dernier supplice tous les citoyens d'Alabanda, et détruisit Mylassa, abandonnée par ses habitants. La ville seule de Stratonicée lui résista. Après avoir pillé tous les temples du pays et rassemblé de grandes sommes d'argent, il fit frapper en son nom des médailles, sur lesquelles il prit le titre de *Parthicus Imperator*, contrairement, comme le fait observer Dion Cassius [2], à l'usage constant où étaient les Romains, de prendre le nom des nations vaincues et non celui du peuple vainqueur. Labiénus, en effet, n'avait point triomphé des Parthes : au contraire, soutenu par eux, il avait vaincu les Romains. Le Cabinet du roi possède une de ces médailles : on y lit, d'un côté, les mots PARTHICUS · IMP · Q · LABIENUS, gravés autour de la tête de ce général; au revers, on voit un cheval, mais on n'y trouve aucune légende. Sans le passage de Dion Cassius, déjà cité, et un autre de Strabon, que nous rapporterons bien-

[1] Dion Cassius, lib. XLVIII, cap. XXVI.
[2] Id. Ibid.

tôt, cette médaille aurait fort embarrassé les antiquaires, qui, raisonnant d'après l'usage consacré chez les Romains, se seraient crus en droit d'assurer que cette médaille avait été frappée en mémoire d'une prétendue victoire remportée par Labiénus sur les Parthes. Lorsque les peuples de la Carie se révoltèrent contre Labiénus, Hybréas, qui commandait dans Mylassa et qui avait été prince de cette ville, apprenant que Labiénus avait pris le titre d'*Imperator Parthicus,* disait, en plaisantant, qu'il voulait, lui, à son tour, se faire appeler *Caricus Imperator*[1]. Labiénus étant rentré dans Mylassa, Hybréas se hâta de fuir, et se retira à Rhodes, pour se mettre à l'abri du courroux du vainqueur. Celui-ci, ayant grossi son armée de tous les Romains qu'il trouva en Asie, ravagea plutôt en brigand qu'en ennemi les pays renfermés entre la Syrie, l'Euphrate et l'Ionie.

Cependant, Antoine avait quitté l'Égypte pour défendre la Syrie. Il avait débarqué à Tyr[2]; mais, trouvant tout le pays occupé par les ennemis et n'ayant pas assez de forces pour prendre l'offensive, il abandonna cette ville sous le prétexte d'aller combattre Sextus Pompée. Le véritable motif de son départ fut le différend qui existait entre Auguste et lui. Lorsque les deux beaux-frères se furent réconciliés à Brindes, par l'intermédiaire d'Octavie, Auguste continua la

---

[1] Strabon, *Geogr.* lib. XIV, pag. 660.
[2] Dion Cassius, lib. XLVIII, cap. XXVII.

guerre contre le fils de Pompée, et Antoine se disposa à pousser avec vigueur une expédition contre les Parthes. En l'année 39 avant J. C. pendant qu'il était encore à Athènes, au milieu des fêtes, il ordonna à son lieutenant P. Ventidius Bassus d'aller reprendre la Syrie. Ce dernier marcha d'abord contre Labiénus, qui n'avait que peu de soldats avec lui, privé qu'il était, pour le moment, du secours des Parthes. Trop faible pour résister à Ventidius, Labiénus se hâta de fuir du côté de la Syrie [1]; poursuivi avec impétuosité, il ne s'arrêta que dans les défilés du mont Taurus, et il empêcha Ventidius de les franchir immédiatement. Les deux armées restèrent campées pendant plusieurs jours en présence l'une de l'autre : Ventidius attendait ses légions, Labiénus ses alliés. Le premier, qui redoutait la cavalerie des Parthes, plaça son camp sur le sommet d'une colline [2]. Trop confiants en leur nombre, et méprisant des ennemis qu'ils avaient tant de fois vaincus, les Parthes, sans attendre leur jonction avec les troupes de Labiénus, attaquèrent les Romains, qui étaient forts de l'avantage de la position ; ils furent vaincus et contraints de prendre la fuite. Ventidius les empêcha d'opérer leur jonction avec Labiénus, et les força de se retirer vers la Cilicie. Il marcha ensuite contre le transfuge romain. Les soldats de Labiénus, effrayés par la défaite des Parthes, abandon-

[1] Dion Cassius, lib. XLVIII, cap. xxxix.
[2] Id. lib. XLVIII, cap. xl.

nèrent leur général et se dispersèrent de tous les côtés. Beaucoup furent tués, d'autres prirent parti dans les troupes de Ventidius. Forcé de fuir, Labiénus resta pendant quelque temps caché dans la Cilicie; de là il passa en Chypre; mais bientôt il y fut découvert et mis à mort par Démétrius, ancien affranchi de César, qui avait été nommé gouverneur de l'île de Chypre par Antoine.

Après la défaite de Labiénus, le lieutenant du triumvir reconquit toute la Cilicie[1]. Il détacha Upédius Silo, à la tête d'un corps de cavaliers, pour s'emparer des défilés du mont Amanus, qui sépare cette province de la Syrie. Ces défilés étaient défendus par un général parthe appelé Pharnapate, qui repoussa vigoureusement Silo, et qui l'aurait probablement vaincu, si Ventidius, avec ses troupes, ne fût arrivé assez à temps pour le secourir. Les Parthes, se sentant trop faibles en nombre, abandonnèrent leur position; ils se replièrent jusqu'à une montagne que Strabon[2] appelle Trapéza, et qui dominait la vallée de Méléagre et le fleuve appelé Œnopora, sur les bords duquel Pharnapate fut vaincu et tué. Antoine était encore à Athènes, d'où il envoya Furnius en Afrique pour y chercher quatre des légions qui avaient servi sous Sextus Pompée, et les conduire contre les Parthes. Ce fut peu de temps après, pendant l'hiver, qu'il reçut la nouvelle

[1] Dion Cassius, lib. XLVIII, cap. XLI.
[2] Strabon, *Geogr.* lib. XVI, pag. 751.

des succès de Ventidius; il les célébra par de grandes réjouissances[1]. Les Parthes ayant, à cette époque, retiré leurs forces de la Syrie, Ventidius s'en empara sans coup férir, à l'exception de la seule ville d'Aradus, qu'il tint longtemps assiégée[2]. Devenu maître ensuite de la Palestine, il exigea de fortes sommes d'argent d'Antigone, roi des Juifs; d'Antiochus, roi de Commagène, et de Malchus, roi des Nabatéens, qui avait fourni des secours à Pacorus.

L'année suivante, 39 avant J. C. Ventidius apprit que Pacorus se préparait à rentrer en Syrie avec une puissante armée. Le pays n'étant point encore définitivement organisé et ses troupes se trouvant dispersées dans leurs quartiers d'hiver, il s'appliqua à gagner du temps. A cet effet, il donna ordre à Upédius Silo d'arranger les affaires de la Judée et de venir promptement le rejoindre avec toutes les forces qu'il pourrait réunir; puis il fit des confidences simulées à un prince arabe de Syrie, appelé *Alchaden*, qu'il savait être l'ami des Parthes[3]. Il l'entretint de ses terreurs prétendues, et lui confia qu'il craignait que les Parthes, au lieu de passer, comme à l'ordinaire, l'Euphrate à Zeugma, ne pénétrassent en Syrie, plus au midi, par un pays de plaines qui leur offrait de grands avantages. Le prince arabe ne manqua pas de révéler aux

---

[1] Plutarque, in *Vita M. Anton.* § 33; Opp. t. V, p. 159.
[2] Dion Cassius, lib. XLVIII, cap. XLI.
[3] *Id.* lib. XLIX, cap. XIX.

Parthes les confidences qu'il avait reçues de Ventidius. Ils prirent cette seconde route, qui était beaucoup plus longue que la première, et ils donnèrent ainsi au général romain le temps de rassembler ses troupes. Les quarante jours que cette faute leur fit perdre, permirent à Ventidius de concentrer ses forces trois jours avant qu'ils passassent l'Euphrate [1]. Afin de leur inspirer de la confiance, le général romain n'ordonna aucune disposition pour défendre le passage de ce fleuve; il les laissa pénétrer sans obstacle dans la Cyrrhestique, en se repliant même devant eux. S'imaginant qu'il fuyait, Pacorus l'assiégea dans son camp [2]. Ventidius s'était retranché sur une hauteur; les Parthes, sûrs de la victoire, ne balancèrent pas néanmoins à l'attaquer; mais, pendant l'assaut, une partie des légions de Ventidius qui étaient descendues dans la plaine, tomba à l'improviste sur les derrières des assiégeants [3]. Les Parthes, qui étaient braves et qui avaient dans leur armée plusieurs corps de *cataphractes*, résistèrent longtemps; mais ils finirent par être vaincus, et le fils de leur roi, Pacorus, fut tué dans la mêlée. Sa mort jeta le découragement dans leurs rangs; ils prirent la fuite de tous côtés. Orose [4] porte à plus de vingt mille le nombre des Parthes qui

---

[1] Dion Cassius, lib. XLIX, cap. xix.
[2] Justin, lib. XLII, cap. iv.
[3] Frontin, *Strateg.* I, 11.
[4] VI, 18.

périrent entre l'Euphrate et l'Oronte. Jamais, dit Justin [1], les Parthes n'éprouvèrent une pareille défaite. Les uns tentèrent de repasser l'Euphrate par le pont qu'ils avaient jeté sur ce fleuve, mais les Romains leur coupèrent la retraite et les massacrèrent; les autres se retirèrent auprès de leur allié Antiochus, roi de Commagène [2]. Ventidius, après avoir rejeté les Parthes jusque dans la Mésopotamie, ne voulut pas pousser plus loin ses exploits, à cause de la jalousie qu'avait contre lui Antoine [3]. Cette mémorable victoire fut gagnée, au rapport de Dion Cassius [4], dans le mois de juin, le jour même du quatorzième anniversaire de la mort de Crassus. La justice, la clémence et les autres belles qualités de Pacorus lui avaient concilié l'amitié des Syriens, qui le considéraient comme leur roi. Pour les frapper de terreur et les porter à une plus prompte soumission, Ventidius fit promener dans toutes leurs villes la tête de l'infortuné prince. Peu après, il marcha contre Antiochus, roi de Commagène, qu'il voulait punir d'avoir embrassé le parti d'Orode, dont ce prince avait épousé une fille.

La nouvelle de la défaite et de la mort de Pacorus plongea le roi des Parthes dans la plus profonde dou-

[1] Lib. XLII, cap. IV.
[2] Dion Cassius, lib. XLIX, cap. XX.
[3] Appien, *Hist. Parth.* pag. 73; Opp. t. III; ed. Schweigh.
[4] Dion Cassius, lib. XLIX, cap. XXI. — Cf. Plutarch., in *Vita M. Anton.*, § 34.

DEUXIÈME PARTIE. 131

leur. Justin[1] nous peint, d'une manière fort éloquente, le chagrin de ce malheureux père : « Multis « diebus non alloqui quemquam, non cibum sumere, « non vocem mittere, ita ut etiam mutus factus vide-« retur. Post multos deinde dies, ubi dolor vocem « laxaverat, nihil aliud quam Pacorum vocabat; Pa-« corus illi videri, Pacorus audiri videbatur, cum illo « consistere; interdum quasi amissum flebiliter do-« lebat. »

L'année suivante, 38 avant J. C., Antoine, jaloux des succès éclatants obtenus par Ventidius, passa en Syrie pour reprendre le commandement de ses troupes. Il assiégea Samosate, capitale de la Commagène, et chargea Ventidius de placer sur le trône de Judée Hérode, fils d'Hyrcan[2]; après quoi, il le fit partir pour Rome, où l'attendaient les honneurs du triomphe. Sossius fut alors nommé gouverneur de Syrie et de Cilicie. Le triomphe de Ventidius fut célébré le 5 des calendes de décembre de l'an 716 de Rome. Il est le premier général romain à qui les honneurs d'un triomphe sur les Parthes aient été accordés[3]. Le sénat les décerna au consul seul, parce que les victoires avaient été remportées par les troupes placées sous son commandement. Des médailles furent frappées pour en conserver le souvenir; elles repré-

[1] *Ubi supra.*
[2] Josèphe, *Antiquit. judaic.* lib. XIV, cap. xv, § 5.
[3] Dion Cassius, lib. XLIX, cap. xxi.

sentent, d'un côté, la tête d'Antoine, entouré de la légende IMP. ANT. AUGUST. III. VIR R. P. C., et, au revers, une Victoire sur un char attelé de deux chevaux, avec la légende P. VENTIDIUS P. F. PROCOS.

Après la mort de son fils Pacorus, Orode passa dans le deuil et le chagrin le reste de sa vie. Il paraît qu'il avait destiné Pacorus à lui succéder; Justin[1] donne même à ce jeune prince le titre de roi des Parthes. Il restait à Orode un très-grand nombre de fils : le même historien en porte le nombre à trente, tous nés de diverses concubines, qui, dans l'intérêt de leurs enfants, obsédaient l'esprit du vieux roi. Celui-ci choisit enfin, pour remplacer Pacorus, son fils puîné Phraate. Bientôt après, il fut attaqué d'une hydropisie causée par ses chagrins, et se vit forcé de confier à Phraate, plus tôt qu'il ne l'aurait voulu, les rênes du gouvernement.

A peine investi du pouvoir, celui-ci fit mourir ceux de ses frères qui étaient nés d'une fille d'Antiochus, roi de Commagène : il redoutait qu'ils ne lui disputassent un jour la couronne, par le motif qu'ils étaient issus d'une race plus noble que la sienne[2]. Non satisfait de ce premier crime, il attenta à la vie de son père, en mêlant du poison aux médicaments qu'on lui administrait. L'effet de ce poison n'étant pas assez

[1] Justin, XLII, 4.
[2] Appien, *Hist. Parth.* pag. 75. — Dion Cassius, lib. XLIX, cap. XXIII.

prompt au gré de son impatience, il fit mettre à mort par des assassins l'auteur de ses jours[1].

Dion Cassius place à l'année 37 avant J. C. la mort d'Orode Ier et l'avénement de Phraate IV au trône des Parthes[2]; il y avait vingt ou vingt et un ans que Phraate III était mort. C'est à peu près le nombre d'années qu'il faut compter pour le règne d'Orode, car son frère Mithridate III n'avait régné que fort peu de temps. Ce prince est indubitablement le même que celui qui est appelé par Moïse de Khoren Arschez. Nous avons vu que son prédécesseur Arschag ou Arschang, le même que Phraate III, avait cessé de régner en 57; Arschez occupa le trône vingt ans. Si nous supposons qu'il a régné vingt ans révolus, ou même vingt ans et quelques mois, supposition d'autant plus admissible que Moïse de Khoren, comme nous l'avons déjà dit, ne donne jamais que des nombres ronds, nous trouvons qu'Arschez dut cesser de régner au commencement de l'année 36 avant J. C. Plusieurs circonstances d'ailleurs contribuent à établir qu'il est le même qu'Orode Ier; car ce fut sous son règne que le roi d'Arménie consentit à céder au roi de Perse le titre de roi des rois, que Crassus fut vaincu, que Pacorus et Barzapharne entrèrent en Syrie, et qu'ils mirent Antigonus sur le trône des Juifs. Il nous semble qu'on

---

[1] Plutarque, in *Vita Crassi* Opp. t. III, p. 496.
[2] Dion Cassius, lib. XLIX, cap. XXIII.

ne peut exiger de preuve plus certaine de la parfaite identité de ces deux personnages.

A peine monté sur le trône sanglant de son père, le parricide Phraate IV se hâta de faire massacrer tous ses frères, en qui il redoutait des compétiteurs ; il fit même égorger son propre fils, qui était encore dans l'enfance. Il ne borna pas là le cours de ses cruautés : par son ordre, un grand nombre des personnages les plus distingués de l'état furent mis à mort. Beaucoup de ceux qui échappèrent à sa fureur s'enfuirent dans les pays étrangers ; d'autres se retirèrent auprès d'Antoine [1]. Parmi ces derniers, se distinguait un certain Monésès, que Plutarque appelle un homme illustre et puissant [2]. Il avait été le compagnon des victoires de Pacorus, si l'on s'en rapporte au témoignage d'Horace [3]. Pour notre part, nous pensons que c'est à ce personnage qu'il faut appliquer les vers du poëte latin, sans le confondre toutefois, comme l'a fait Vaillant [4], avec le général Suréna, qui vainquit Crassus. Nous n'avons, en effet, aucune preuve que Suréna ait porté le nom de Monésès. Cette erreur de Vaillant ne peut provenir que de la fausse opinion, soutenue par plusieurs antiquaires, que le nom de

---

[1] Dion Cassius, lib. XLIX, cap. XXIII.
[2] Plutarque, in *Vita M. Anton.* § 37 ; Opp. t. V, p. 165.
[3] Horace, *Odd.* lib. III, od. VI.
[4] Vaillant, *Arsacid. imp.* t. I, p. 146

Suréna était un titre de dignité, tandis qu'il est un nom propre, comme nous l'avons démontré.

Lorsque Monésès se réfugia auprès d'Antoine, le triumvir romain se préparait à faire la guerre aux Parthes. Le fugitif lui promit de l'aider dans son entreprise et de le rendre maître sans combat de la plus grande partie des états de Phraate. Se fiant à ses promesses, Antoine lui abandonna la conduite de l'expédition[1]; il lui promit de le placer sur le trône des Parthes, et lui assigna, pour son entretien jusqu'à la fin de la guerre, le revenu de trois villes de Syrie, Larissa, Arethusa et Hiérapolis[2].

En prenant la couronne, Phraate délivra de sa captivité le roi des Juifs Hyrcan; il le traita avec honneur et lui permit de vivre à sa cour[3]. Peu de temps après, lorsque Antoine eut fait périr Antigonus à Antioche et placé Hérode sur le trône des Juifs, ce dernier prince envoya une ambassade au roi des Parthes pour obtenir qu'il donnât à Hyrcan la permission de retourner dans la Judée, ce que Phraate lui accorda.

A la nouvelle de l'alliance conclue entre Antoine et Monésès, le roi parthe conçut quelques craintes; voyant d'ailleurs que ses sujets étaient mécontents de l'éloignement d'un personnage aussi distingué, il fit partir des envoyés pour engager Monésès à revenir

---

[1] Dion Cassius, lib. XLIX, cap. XXIV.
[2] Plutarque, *Loc. cit.* p. 166.
[3] Josèphe, *Antiq. judaic.* lib. XV, cap. II.

dans sa patrie. Antoine fut informé de ces négociations, mais il ne s'y opposa pas; et, bien que Monéses fût en son pouvoir, il n'attenta point à ses jours, de peur d'irriter les peuples de l'Orient; il lui permit, au contraire, de s'en retourner, comme s'il avait l'intention de faire, par son entremise, la paix avec les Parthes. Il profita même de cette occasion pour envoyer à Phraate des ambassadeurs, qui lui proposèrent une alliance, sous la condition qu'il restituerait les enseignes et les prisonniers enlevés lors de la malheureuse expédition de Crassus; il espérait, par ce moyen, inspirer à ce prince une fausse sécurité[1]. Cependant, dès l'année 36 avant J. C., il avait tout préparé pour la guerre. Il s'avança jusqu'aux bords de l'Euphrate; mais, trouvant les rives du fleuve bien défendues, il résolut d'attaquer le royaume des Parthes du côté de l'Arménie. Ce plan de campagne lui fut suggéré par le roi Artavasde, qui désirait faire tomber le poids de la guerre sur un autre Artavasde, roi des Mèdes, son ennemi. Antoine rassembla donc en Arménie toutes ses troupes et celles des rois ses alliés, dont le plus puissant était Artavasde, roi d'Arménie, qui lui fournit six mille cavaliers et sept mille fantassins. Plutarque affirme qu'Antoine avait soixante mille hommes d'infanterie romaine, dix mille cavaliers espagnols ou gaulois, et trente mille hommes d'autres nations, en y com-

---

[1] Dion Cassius, lib. XLIX, cap. XXIV. — Plutarque, *ubi supra*.

prenant les cavaliers et les gens de pied armés à la légère[1]. Selon Tite-Live, il entreprit cette guerre avec dix-huit légions et seize mille cavaliers[2]. Malgré ces forces immenses, Antoine n'éprouva que des revers. Au lieu de prendre ses quartiers d'hiver en Arménie, où, selon la remarque judicieuse de Plutarque[3], il aurait dû donner un repos nécessaire à ses troupes, qui venaient de parcourir un chemin de huit mille stades, pour ensuite envahir la Médie avant que les Parthes eussent réuni leur armée, il n'eut pas la patience de temporiser; et, précipitant sa marche, il passa au sud de l'Arménie, et entra dans l'Atropatène en perdant beaucoup de monde par la fatigue, au milieu des routes montueuses et difficiles de cette contrée. Puis, après avoir laissé une partie de son armée avec Oppius Statianus, pour garder ses bagages et ses machines de guerre, il mit le siége devant une grande ville située à 2400 stades de l'Araxe, où le roi des Mèdes avait laissé ses femmes et ses enfants. Plutarque[4] appelle cette ville *Phraata;* Strabon[5] la nomme *Vera*[6], et Dion Cassius, *Praaspa*[7]. Manquant

---

[1] Plutarque, in *Vita M. Anton.* § 37.
[2] Tite-Live,*Epitom.* lib. CXXX; t. III, pag. 1074; Amst. 1678.
[3] Plutarque, in *Vita M. Anton.* § 38.
[4] Dion Cassius, lib. XLIX, cap. xxv.
[5] *Loc. cit.*
[6] Strabon, *Geogr.* lib. XI, pag. 523.
[7] Dion Cassius, *ubi supra.*

de machines de guerre, Antoine ne put enlever la place; il perdit un temps précieux devant ses murailles, et permit ainsi à Phraate d'accourir avec de grandes forces. Ce dernier, selon Plutarque [1], apprenant qu'Antoine s'épuisait en vain devant les murs de Phraata, envoya contre Statianus un gros corps de cavalerie, qui l'enveloppa, lui tua dix mille hommes, s'empara de tous les bagages et mit le feu aux machines de guerre. Velléius-Paterculus [2], de son côté, dit qu'il périt deux légions dans cette affaire, et que toutes les machines de guerre tombèrent entre les mains de Phraate. Polémon, roi de Pont, qui avait accompagné Antoine dans son expédition, fut fait prisonnier par les Parthes. Le roi d'Arménie, qui pouvait facilement secourir les Romains, n'alla point trouver leur chef, et ne sortit même pas des frontières de son royaume [3]. Sachant que Statianus venait pour le joindre, Antoine marcha à sa rencontre; mais il ne trouva qu'un champ de bataille jonché de morts : il revint sur ses pas pour continuer le siége de Phraata, dont il ne parvint pas à se rendre maître. Constamment harcelé par les Parthes, qu'il ne put jamais engager à accepter la bataille, et qui lui faisaient éprouver de grandes pertes; manquant de vivres, et ne pouvant s'en procurer qu'avec beaucoup de fatigues et

---

[1] Plutarque, in *Vita M. Anton.* § 38.
[2] Lib. II, cap. LXXXII; ed. Lemaire. Paris. 1822.
[3] Dion Cassius, lib. XLIX, cap. XXV.

de dangers, parce que les troupes ennemies infestaient tout le pays aux alentours du camp et détruisaient tout ce qui pouvait être utile aux Romains, il resta devant cette ville jusqu'à l'automne. L'hiver arriva et aggrava encore les souffrances de ses soldats. Antoine se décida enfin à envoyer demander la paix au roi des Parthes, qui reçut ses ambassadeurs avec le dernier mépris. Assis sur un trône d'or et tenant un arc à la main, il leur déclara qu'il consentait à accorder la paix aux Romains, à condition qu'ils partissent à l'instant. Antoine espérant que sa retraite amènerait une suspension d'armes, et craignant que Phraate ne changeât d'avis, se hâta de se mettre en route[1] ; il laissa ses machines de guerre et ses travaux de terrassements comme dans un pays allié, selon Dion Cassius ; ceux-ci furent bientôt détruits par les Mèdes, et les machines livrées aux flammes. Dans la Vie d'Antoine, Plutarque décrit la longue et pénible retraite du général romain, qui fut plusieurs fois attaqué en chemin par Phraate. Le roi des Parthes, en effet, était loin de regarder la paix comme conclue, après la réponse qu'il avait faite aux ambassadeurs d'Antoine. Ce dernier reçut quelques avis utiles d'un cousin de Monésès, appelé Mithridate, qui voulut, par ce service, reconnaître l'hospitalité qu'il lui avait accordée en Syrie. Enfin, après d'incroyables

---

[1] Plutarque, *loc. cit.*—Dion Cassius, lib. XLIX, cap. XXVII.

fatigues et des dangers sans cesse renaissants, l'armée romaine atteignit l'Araxe, qui sépare la Médie de l'Arménie; elle le traversa et se trouva tout à fait délivrée des poursuites des Parthes. Antoine perdit dans cette retraite vingt mille fantassins et quatre mille cavaliers. Il employa vingt-sept jours à franchir la distance qui sépare Phraata des bords de l'Araxe, et il eut, pendant ce trajet, dix-huit combats à soutenir contre les Parthes. Il sut fort mauvais gré au roi d'Arménie de ne l'avoir pas secouru dans son malheur; car il eût été fort facile à ce prince d'entrer dans la Médie avec un corps de cavaliers qui, accoutumés à combattre les Parthes et armés comme eux, auraient protégé, de la manière la plus efficace, la retraite d'Antoine. Aussi ce dernier n'attendit-il qu'une occasion favorable pour se venger. Les malheurs de cette retraite ne se terminèrent pas au passage de l'Araxe : les Romains n'eurent plus, il est vrai, à combattre les Parthes; mais ils souffrirent extrêmement du froid pendant la longue route qu'ils furent obligés de faire, à travers les montagnes de l'Arménie, avant de regagner leur territoire; de sorte que, quelque envie qu'eût Antoine de punir le roi Artavasde, il fut contraint de dissimuler dans le but de tirer de ce prince quelques secours en argent ou en vivres. Il s'était proposé de passer l'hiver en Arménie et de rentrer au printemps dans les états de Phraate. Selon Orose, le triumvir ne ramena pas en Syrie la troisième partie des seize légions qui lui étaient restées[1]. De cette province, il passa ensuite en Égypte.

Environ vers le même temps, le roi des Mèdes Artavasde se brouilla avec le roi d'Arménie et avec le roi des Parthes. Il était fort irrité contre le premier, qui avait attiré les Romains dans ses états, et il n'avait pas un moindre sujet de haine contre le second, qui ne lui avait pas accordé une assez large part dans le butin; il craignait, en outre, que son royaume ne devînt le théâtre d'une nouvelle guerre. En conséquence, il chargea Polémon, roi de Pont, qui avait été fait prisonnier, de se rendre auprès d'Antoine pour lui proposer une alliance, sous la promesse de lui fournir un corps de troupes auxiliaires. Cette offre donna de grandes espérances à Antoine, qui fit ses préparatifs pour rentrer en Arménie et joindre sur l'Araxe le roi des Mèdes, son nouvel allié[2]. Au printemps de l'année 35 avant J. C. il s'avança jusqu'à Nicopolis sur les bords du Lycus, d'où il manda au roi d'Arménie de venir le trouver ; mais celui-ci, se doutant de quelque trahison, n'eut garde de se rendre à cette invitation. Antoine lui envoya alors un nommé Dellius, qui avait écrit une histoire de sa campagne contre les Parthes; lui-même, pendant ce temps, marcha sur Artaxata. Effrayé de l'approche de l'armée romaine,

---

[1] Orose, lib. VI, cap. xix.

[2] Dion Cassius, lib. XLIX, cap. XXIX. — Plutarque, in *Vita M. Anton.* § 52.

Artavasde céda imprudemment aux instances de ses amis : il alla trouver Antoine. Celui-ci le retint prisonnier; et, pour obtenir la remise des forteresses où étaient déposés ses trésors, il le fit promener autour de leurs murailles, en lui laissant toutefois les apparences de la liberté. Plus tard, il ordonna qu'on le chargeât de chaînes d'argent, regardant comme indigne d'un roi d'être lié avec des chaînes de fer. A la nouvelle de la captivité d'Artavasde, les Arméniens prirent les armes et choisirent pour roi Artaxès, son fils aîné. Ce prince fut vaincu et contraint de se réfugier chez les Parthes. Antoine se rendit alors maître de toute l'Arménie, soit par une soumission volontaire, soit par la force; et il donna la petite Arménie à Polémon pour le récompenser du service qu'il lui avait rendu en négociant l'alliance du roi des Mèdes avec les Romains. Afin de resserrer les liens d'amitié qui l'unissaient à ce dernier prince, il lui demanda sa fille en mariage pour un fils qu'il avait eu de Cléopâtre[1]; puis, laissant une armée en Arménie, il retourna en Égypte, chargé d'un immense butin et traînant à sa suite Artavasde, ses fils et ses femmes, qui parurent à Alexandrie enchaînés à son char de triomphe.

L'an 34 avant J. C. Antoine rassemblait des forces de tous côtés, et se préparait à entreprendre, au printemps, une nouvelle expédition contre les Parthes,

[1] Dion Cassius, lib. XLIX, cap. XL.

lorsqu'il apprit que sa femme Octavie était à Athènes ; il lui fit aussitôt savoir qu'il désirait qu'elle vînt le trouver. Pour empêcher un rapprochement qu'elle redoutait, Cléopâtre feignit une grave maladie, et ses émissaires firent agir tant de ressorts secrets, qu'Antoine, la croyant sur le point de mourir, revint à Alexandrie, au milieu de l'été, abandonnant à ses seules ressources le roi des Mèdes, bien que ce dernier lui annonçât que l'empire des Parthes était agité par des troubles intérieurs [1], et qu'il se fût lui-même avancé déjà jusqu'aux bords de l'Araxe. Il se contenta de renouveler son alliance avec Artavasde, à qui il promit de donner du secours contre les Parthes, tandis que le roi des Mèdes s'engagea, de son côté, à lui fournir des troupes dans la guerre qu'il se proposait d'entreprendre contre Auguste : ils firent, en conséquence, un échange de soldats. Antoine céda en outre une partie de l'Arménie au roi mède, qui lui rendit les enseignes enlevées à Oppius Statianus, et remit entre ses mains sa fille Iotapé. Malgré sa grande jeunesse, cette princesse devait épouser Alexandre, un des fils qu'Antoine avait eus de Cléopâtre, et qui était destiné lui-même au trône de l'Arménie, de la grande Médie et du royaume des Parthes, lorsqu'on en aurait fait la conquête [2].

Aussitôt que les Parthes eurent appris qu'Antoine

[1] Plutarque, in *Vita M. Anton.* § 53.
[2] Dion Cassius, lib. XLIX, cap. 41.

avait quitté l'Arménie et qu'il retournait vers la Grèce pour combattre Auguste, ils recommencèrent la guerre. Pendant qu'Artaxès, fils d'Artavasde, rentrait en Arménie, ils attaquèrent le roi des Mèdes, qui les repoussa avec les soldats romains qu'Antoine lui avait laissés. Plus tard, lorsque Antoine luttait contre Auguste, Phraate, averti que le premier avait retiré de Médie les troupes romaines et n'avait point renvoyé à Artavasde les troupes mèdes qu'il avait reçues en échange, rassembla ses armées et vint attaquer le roi des Mèdes. Ce dernier, hors d'état de lui résister, fut vaincu. Ses états tombèrent entre les mains des Parthes, qui, poursuivant leurs succès, entrèrent en Arménie et rétablirent sur le trône le prince Artaxès, en gardant toutefois la Médie pour eux. La prospérité rendit Phraate extrêmement insolent [1]; il commit beaucoup d'actes de cruauté, qui finirent par obliger ses sujets à se révolter contre lui. Un certain Tiridate, qui était sans doute de la race des Arsacides, se mit à la tête des rebelles. Il paraît que ce soulèvement eut lieu vers l'année 32 avant J. C.; car, au rapport de Dion Cassius [2], les affaires d'Antoine étaient encore en bon état peu de temps après la bataille d'Actium. Les deux rivaux envoyèrent demander des secours à Auguste, qui se préparait alors à entrer en Égypte, et qui ne leur donna pas de réponse satisfaisante. Le

[1] Justin, lib. XLII, cap. 5.
[2] Lib. LI, capp. vi sqq.

roi des Mèdes saisit cette occasion pour se remettre en possession de ses états.

Après la bataille d'Actium, l'an 31 avant J. C., Cléopâtre se hâta d'amasser de l'argent, de réunir des troupes et de demander de tous côtés des secours pour résister à Auguste. Elle envoya au roi des Mèdes la tête du roi d'Arménie, son ennemi, dans l'espoir de le décider à rester fidèle à l'alliance qu'il avait contractée avec Antoine; mais ce prince préféra entrer en accommodement avec le vainqueur. Après la conquête de l'Égypte et la mort d'Antoine et de Cléopâtre, Auguste trouva à Alexandrie un très-grand nombre de princes et d'enfants de rois; il garda les uns auprès de lui et renvoya les autres dans leur patrie. Il remit Iotapé, qui avait été destinée pour épouse à Alexandre, fils d'Antoine et de Cléopâtre, entre les bras de son père, qui, dépouillé pour la seconde fois de ses états, s'était réfugié auprès de lui. Mais il ne renvoya point à Artaxès, roi d'Arménie, ses frères, qu'il réclamait, parce que ce prince, en reprenant possession de son royaume, avait fait égorger tous les Romains qui s'y trouvaient [1]. Pendant qu'Auguste était en Égypte, l'an 30 avant J. C., Phraate livra une grande bataille à son rival Tiridate, qui fut vaincu et contraint de chercher un asile en Syrie. Le vainqueur envoya aussitôt un message en Égypte, pendant l'hiver de cette année. Auguste lui répondit qu'il ne donnerait aucun

[1] Dion Cassius, lib. LI, cap. xvi.

secours à Tiridate, mais qu'il lui permettrait d'habiter en Syrie[1].

La joie que Phraate avait ressentie de sa victoire sur son compétiteur fut de courte durée; son insolence mécontenta toute la nation, qui se révolta, le chassa du trône, et rappela de Syrie Tiridate[2]. Horace parle, dans ses Odes, des dissensions intestines des Parthes. *Medus*, dit-il, *infestus, sibi luctuosis dissidet armis*[3]. Phraate se retira dans les villes frontières de ses états, sans doute du côté de l'orient, et envoya demander des secours aux Scythes, qui, bien que fatigués de ses demandes, se décidèrent enfin à le soutenir avec de grandes forces. Informé de leur approche, Tiridate ne les attendit pas; il rassembla ses partisans, emmena avec lui le plus jeune fils de Phraate, qui était tombé entre ses mains par la négligence de ses gardiens, et s'enfuit auprès d'Auguste, occupé alors à faire la guerre en Espagne. Il paraîtrait, d'après les expressions de Justin[4], qu'il alla jusque dans cette province pour trouver l'empereur. Ce dernier passa en Espagne les années 26 et 25 avant J. C. La suite des faits semble indiquer que ce fut dans l'année 25 que Tiridate l'y rejoignit. Ainsi, on peut placer en 26 la fuite de Tiridate, en 27 la retraite de Phraate à l'extré-

---

[1] Justin, lib. XLII, cap. v.
[2] *Id. ibid.* cap. x.
[3] Lib. III, od. 8.
[4] Lib. XLII, cap. v.

DEUXIÈME PARTIE.

mité orientale de son empire et sa négociation avec les Scythes, et en 28 la révolte des Parthes et le rappel de Tiridate. Horace fait mention, dans ses Odes[1], du rétablissement de Phraate sur le trône.

En revenant à Rome, Auguste amena avec lui le fils de Phraate, que Tiridate lui avait livré, et qu'il garda comme otage[2]. Le roi des Parthes, probablement dans l'année 24, envoya une ambassade pour réclamer, tout à la fois, son fils et Tiridate, qu'il appelait son esclave[3]. Auguste déféra au sénat l'examen des demandes des deux rivaux[4]. Ce corps s'en étant rapporté à la décision de l'empereur, celui-ci prit le parti de ne point livrer Tiridate aux Parthes, mais aussi de ne lui donner aucun secours. Il renvoya, sans rançon, le fils de Phraate[5], se contentant de redemander les enseignes militaires que l'armée romaine avait perdues dans les expéditions de Crassus et d'Antoine[6], aussi bien que tous les prisonniers qui avaient été faits par les Parthes dans ces malheureuses entreprises. Il permit d'ailleurs à Tiridate de vivre à Rome, et le traita avec distinction[7].

---

[1] Lib. II, od. 2.
[2] Dion Cassius, lib. LI, cap. XVIII.
[3] Justin, lib. XLII, cap. V.
[4] Dion Cassius, lib. LIII, cap. XXXIII.
[5] Justin, lib. LII, cap. V.
[6] Dion Cassius, lib. LIII, cap. XXXIII.
[7] Justin, lib. XLII, cap. V.

Au nombre des présents que Jules César avait jadis envoyés à Phraate se trouvait, au rapport de Josèphe[1], une fort belle esclave, née en Italie et appelée Thermusa. Le roi, épris de son extrême beauté, la mit au nombre de ses concubines; il en eut un fils nommé Phraatacès, et finit par l'élever au rang d'épouse légitime. Il paraît que, malgré la modération d'Auguste, une paix sincère ne s'établit pas, pour le moment, entre les deux empires. Mais nous savons que, l'an 20 avant J. C., Phraate, craignant d'avoir une guerre à soutenir contre Auguste, se décida enfin à lui renvoyer les enseignes militaires de Crassus et d'Antoine, avec tous les prisonniers romains qui vivaient encore à cette époque[2]. Tibère, qui commandait alors une armée romaine en Arménie, reçut ces marques de la soumission de Phraate et les envoya à Auguste[3]. Nous avons vu les Parthes résister longtemps aux Romains et ordinairement les vaincre. On a donc lieu d'être étonné de la conduite de Phraate, qui lui-même n'avait jamais éprouvé de revers en les combattant. Il faut croire que la situation intérieure de son royaume, déchiré peut-être par des troubles civils, le porta à dompter son orgueil et à rendre les trophées des victoires de ses prédécesseurs et des siennes propres. Il est possible aussi que les suggestions de sa nouvelle

---

[1] *Antiq. judaic.* lib. XVIII, cap. II, § 4; ed. Dindorf.
[2] Dion Cassius, lib. LIV, cap. VIII.
[3] Suétone, in *Vita Augusti,* § XXI; in *Vita Tiber.* § IX.

épouse, italienne d'origine, aient eu quelque part à une telle détermination : cette princesse voulait peut-être se faire un appui des Romains, pour placer sur le trône le fils qu'elle avait eu de Phraate ; nous verrons plus loin qu'effectivement elle y réussit.

Le retour des prisonniers romains et la restitution des enseignes enlevées à Crassus et à Antoine causèrent à Rome la plus vive joie. Auguste en fut plus fier que s'il avait remporté une grande victoire ; il offrit aux dieux de splendides sacrifices, et ordonna d'élever sur le Capitole, à Mars le Vengeur, un temple où les étendards recouvrés seraient déposés. Il fit, en même temps, frapper plusieurs médailles pour perpétuer le souvenir de l'événement dont il était si glorieux. Nous en possédons un assez grand nombre : on remarque sur l'une d'elles un Parthe tenant une enseigne romaine, un genou en terre ; dans le haut, on lit cette légende : CÆSAR AUGUST., et au bas : SIGN. RECEPT. Au revers, on voit un arc de triomphe surmonté d'un char à quatre chevaux, sur lequel Auguste, debout, est couronné par deux Victoires ; autour se lit la légende : CIVIB. ET SIGN. MILIT. A PARTHIS RECUP.[1]. Horace, dans quelques passages de ses poésies, fait allusion au même événement [2].

La reine Thermusa, dont nous venons de parler, avait acquis un pouvoir absolu sur l'esprit de son

[1] Vaillant, *Arsacid. imper.* t. I, pag. 176.
[2] *Epist.* lib. I, epist. 18.

époux. Pour parvenir plus facilement à placer son fils sur le trône, elle voulut éloigner les autres enfants de Phraate [1]. Il est probable qu'elle chercha à inspirer à ce prince des craintes sur leur ambition. Strabon [2] nous assure, au reste, que ce fut là le motif de leur éloignement. Selon lui, Phraate, demanda une entrevue à Titius, gouverneur de Syrie, et lui livra ses quatre fils comme otages, pensant qu'il n'aurait plus de révolte à craindre s'il n'y avait aucun Arsacide dans son royaume. Ses quatre fils s'appelaient Séraspadanès, Rhodaspe, Phraate et Boone; ils furent remis aux Romains avec deux femmes et quatre enfants mâles.

Josèphe nous affirme aussi que ce fut Thermusa qui engagea Phraate à prendre ce parti [3], version beaucoup plus probable que celle de Velléius Paterculus [4], qui prétend que le roi des Parthes ne s'y décida que par la crainte que lui inspirait Tibère. Phraate, en effet, n'avait jamais eu lieu de redouter beaucoup les Romains. Tacite [5], de son côté, assure que ce fut par vénération pour Auguste et pour consolider les liens de l'amitié qui les unissait. Son récit est assez conforme à la déclaration d'Auguste lui-même,

---

[1] Josèphe, *Antiq. judaic.* lib. XVIII, cap. II, § 4.
[2] Strabon, *Geogr.* lib. XVI, p. 748; ed. Casaubon.
[3] *Loc. cit.*
[4] *Hist.* lib. II, cap. XCIV.
[5] *Annal.* lib. II, cap. I.

qui, dans son testament[1], dit que Phraate lui envoya ses enfants, non parce qu'il avait été vaincu, mais comme un moyen d'acquérir son amitié.

Le P. Longuerue[2] place à l'an 13 avant J. C., et Vaillant[3] à l'an 12, l'événement que nous venons de raconter. Ils se fondent l'un et l'autre sur cette circonstance, rapportée par Strabon, que Phraate eut une entrevue avec Titius, gouverneur de Syrie. Nous savons, par Josèphe[4], que ce Titius précéda Saturninus dans le gouvernement de Syrie, et qu'il prit les rênes de l'administration après le retour d'Orient d'Agrippa, fils adoptif d'Auguste. Agrippa revint de Syrie l'an 12 avant J. C. et mourut, peu de temps après, en Campanie. Il est évident, dès lors, que Longuerue et Vaillant n'avaient pas de raison bien plausible pour fixer à cette année la remise des fils de Phraate. Nous pensons que cette remise et l'envoi d'un ambassadeur eurent lieu beaucoup plus tard, après la guerre que le roi des Parthes soutint contre Caïus César, fils adoptif d'Auguste. Suétone[5] parle d'une ambassade qui arriva de la Médie à Rome vers la fin du règne d'Auguste, dans l'année où Tibère fut envoyé en Germanie, c'est-à-dire, l'an 4 de J. C.; mais il ne nous

---

[1] M. A. Egger, *Exam. crit. des histor. anc. d'Auguste*, p. 454.
[2] *Annal. Arsacid.* p. 32.
[3] *Canon chronol.* p. 9.
[4] *Antiq. judaic.* lib. XVI, cap. XII, XIII.
[5] In *Vita Tiber.* § XVI.

fait point connaître le motif de cette ambassade. Elle nous paraît se rapporter à l'événement en question. Phraate était probablement fort vieux alors, puisqu'il occupait le trône depuis plus de quarante et un ans, et ses fils pouvaient être assez âgés pour lui inspirer quelque crainte. Le fils de Thermusa avait eu tout le temps d'atteindre l'âge où l'on est capable de régner par soi-même ; et Phraate, après la guerre qu'il avait soutenue en Arménie contre Caïus, pouvait bien avoir l'intention de plaire à Auguste en lui envoyant comme otages des fils que d'ailleurs il redoutait. Enfin, si les enfants de Phraate avaient été entre les mains des Romains dès l'an 12 avant J. C., Caïus, chargé de combattre les Parthes, n'aurait pas manqué d'emmener avec lui, en Orient, un de ces jeunes princes, afin, au moins, de donner de l'embarras à Phraate, qui ne les avait éloignés qu'à cause des craintes qu'ils lui inspiraient. Dans toute la suite des faits qui précèdent cette époque, rien n'indique qu'Auguste ait eu à sa disposition d'aussi puissants moyens de nuire à Phraate qu'on a voulu le supposer. Ce qui a pu porter à reculer jusqu'à l'an 12 ou à l'an 13 la date de l'événement dont il vient d'être question, c'est l'opinion erronée où l'on a été jusqu'à présent quant au règne de Phraate IV, qui, selon quelques historiens modernes, aurait fini l'an 4 de J. C., tandis que nous démontrerons plus loin qu'il s'est prolongé au moins jusqu'à l'an 9.

Il paraît que, quelques années avant l'ère chrétienne, il y eut des troubles dans l'empire des Parthes, et qu'un certain Volagèse ou Vologèse prit le titre de roi, sans doute à la suite d'une révolte. On connaît une médaille arsacide où se lit le nom de ce prince, avec la date de 308, qui correspond à l'an 53 ou 52 avant J. C. Par suite du système qu'il avait adopté, Vaillant[1] rapporte cette pièce à l'an 52 de J. C. et l'attribue à Vologèse, qui régnait à cette époque. Aucun historien ne fait mention du prince dont l'existence nous est révélée par la médaille dont nous parlons et qui est parfaitement authentique. Selon toute probabilité, ce prince était un rebelle qui, comme Tiridate, et sous le même règne, usurpa le titre de roi des rois, soutenu peut-être par les Romains, qui, vers cette époque, firent la guerre aux Parthes au sujet de l'Arménie.

L'an 2 avant J. C. Tigrane IV, fils de Tigrane III, voulant remonter sur le trône de son père, demanda des secours à Phraate. Les Arméniens se soulevèrent en sa faveur et chassèrent Artavasde ; les Parthes rompirent avec les Romains, se joignirent à Tigrane, expulsèrent leurs ennemis, et leur firent essuyer de grandes pertes[2]. Fort embarrassé en apprenant cette guerre, qu'il ne pouvait conduire lui-même à cause de sa vieillesse, Auguste se décida à envoyer

---

[1] *Arsacid. imper.* t. I, pag. 293.
[2] Tacite, *Annal.* lib. II, cap. I.

en Orient son fils adoptif Caïus César, pour rétablir l'autorité romaine sur l'Arménie. Il lui adjoignit, au rapport de Zonare [1], plusieurs conseillers que cet historien ne désigne pas nominativement. Velléius Paterculus [2] dit seulement que le jeune Caïus eut pour mentor M. Lollius. Ce personnage consulaire était fort habile et fort connu dans l'Orient. A la fin de la trentième année de son règne, Auguste donna aux Romains le spectacle d'un combat dans le Cirque; et nous savons, par le témoignage d'Ovide [3], qu'à cette époque Caïus était prêt à partir pour aller combattre les Parthes. Arrivé dans l'Orient, le jeune prince attaqua les Arabes établis sur les frontières de la Syrie et porta ses armes jusque dans les environs de Charax, ville située sur les bords de l'Euphrate, vers son embouchure dans le golfe Persique [4]. C'est sans doute parce que ces Arabes étaient alliés des Parthes que Caïus leur fit la guerre, et c'est sans doute aussi de ces victoires qu'une médaille frappée la 31ᵉ année d'Auguste, un an avant la naissance de J. C., nous a conservé le souvenir, comme de victoires remportées sur les Parthes [5]; car il ne paraît pas que l'Arménie ait été d'abord le

---

[1] Καὶ οἱ καὶ συμβούλους προσέταξεν. *Annal.* lib. X, c. xxxvi.

[2] « Quo tempore M. Lollii, quem veluti moderatorem juventæ filii sui Augustus esse voluerat, etc. » (*Hist.* l. II, c. cii.)

[3] *Artis amator.* lib. I, vers 177-229.

[4] Pline, *Hist. nat.* VI, 28.

[5] Pagi, *Apparat. critic.* § 147.

théâtre de la guerre dont elle était l'objet. Selon Dion Cassius[1], Phraate envoya alors une ambassade à Auguste, pour justifier ce qu'il avait fait et demander la paix. Auguste le renvoya à Caïus César et lui ordonna d'abandonner l'Arménie. Dans sa lettre à Phraate, l'empereur omit à dessein de l'appeler roi des rois, ne le nommant que Phraate ; celui-ci, dans sa réponse, ne manqua pas de prendre cette qualification qu'on affectait de lui refuser, et donna à Auguste le simple titre de César.

Après avoir fait la guerre aux Arabes, Caïus alla en Égypte, d'où il revint en Syrie ; il était dans cette dernière province lorsque commença son consulat, l'an 754 de Rome, première année de l'ère chrétienne. Artavasde, qui avait été chassé d'Arménie, et que Caïus, par ordre d'Auguste, devait rétablir sur le trône, cherchait à recouvrer ses États ; mais bientôt après il mourut de maladie. Tigrane, son rival, soutenu par les Arméniens et les Parthes, était alors maître du royaume. Son compétiteur mort, ce dernier prince envoya une ambassade à Auguste, avec de grands présents, et avec une lettre dans laquelle il ne prenait point le titre de roi, mais priait Auguste de le lui accorder, Artavasde n'existant plus. De son côté, Caïus, qui, par la mort de celui-ci, se trouvait dans l'impossibilité d'exécuter les instructions d'Auguste, manda à l'empereur que les Parthes étaient disposés

[1] Lib. LV, cap. xi.

à la paix, mais qu'il ne savait qui placer sur le trône d'Arménie. Auguste, fléchi par la déférence et les présents de Tigrane, et ne voulant pas d'ailleurs compromettre l'honneur des armes romaines, ordonna à ce prince d'aller trouver Caïus en Syrie. Tigrane ne put se résoudre à lui obéir; il craignait que le général romain ne le traitât sévèrement, parce qu'il avait été la principale cause de la guerre.

Des deux côtés, les opérations militaires n'avaient pas été poussées avec beaucoup d'ardeur. Le roi Phraate, déjà fort avancé en âge, ne se souciait même pas de les continuer : sachant bien qu'il était détesté des grands de la nation, il avait à craindre qu'ils ne profitassent, pour se révolter, de l'embarras où le jetterait immanquablement la continuation d'une guerre étrangère. Il résolut, en conséquence, de proposer la paix aux Romains. Aussitôt après la mort d'Artavasde, il entama des négociations qui donnèrent lieu à une correspondance assez active entre Caïus et lui. Le général romain avait reçu d'Auguste des instructions nouvelles, qui l'autorisaient à traiter avec le roi des Parthes, à la condition que ce prince retirerait ses troupes de l'Arménie, qu'il laisserait les Romains disposer du royaume, et que les limites des deux empires seraient les mêmes qu'auparavant. Lorsque Caïus eut fait connaître à Phraate les intentions d'Auguste, les deux princes convinrent d'une entrevue sur les rives de l'Euphrate ; Velléius Paterculus, qui y assista, nous en donne le récit[1]; elle eut lieu l'an 2 de l'ère chrétienne.

Après le rétablissement de la paix entre les deux empires, Caïus passa l'hiver en Syrie; et, au printemps de l'an 3 de J. C. il marcha contre Tigrane. Ce prince était trop faible pour lui résister [2] : l'Arménie tout entière se soumit sans combat à l'autorité romaine. Les historiens ont négligé de nous faire connaître ce que devint Tigrane; ils nous apprennent seulement que Caïus plaça sur le trône d'Arménie Ariobarzane, Mède d'origine, qui se rendit fort agréable à ses sujets, tant à cause de son extrême beauté que de ses belles qualités. Les Arméniens ne virent cependant pas tous sans regrets la race des Arsacides privée de la couronne; de ce nombre, fut Addus, qui commandait dans la forteresse d'Artagéra, et qui se révolta contre Ariobarzane. Caïus, pour apaiser ces troubles, vint lui-même, avec une légion, assiéger ce fort. Il eut l'imprudence d'accorder une entrevue au gouverneur, qui le blessa par trahison. La forteresse fut prise ensuite et rasée; mais Caïus ne put jamais guérir de sa blessure [3]. Après avoir réglé les affaires de l'Armé-

---

[1] Lib. II, cap. ci.
[2] Ibid. cap. cii.
[3] Velléius Paterculus, lib. II, cap. cii. — Strabon, Geogr. lib. XI, p. 529.— Pagi, Critica historico-chronol. in Annal. Baron. t. I, pag. 4. — Ussérius, Annal. V. et N. Testamenti, p. 576.

nie, il était en route pour retourner à Rome, lorsqu'il mourut à Limyre, en Lycie, le 21 février de l'an 4 de J. C.

Longuerue et Vaillant, ayant négligé de comparer avec soin les passages des auteurs relatifs aux événements de la guerre contre les Parthes, ont cru qu'un traité fut conclu entre Phraate et les Romains antérieurement à l'entrevue du roi des Parthes avec Caïus[1], l'an 2 avant J. C.; d'où il résulterait qu'il y aurait eu deux guerres contre les Parthes, ce qui est contraire à la vérité. Le savant président Le Nain de Tillemont partageait cette opinion erronée, qui remonte à Ussérius et à Pagi; toutefois il conservait quelques doutes. Après avoir dit qu'Auguste envoya Caïus en Orient pour faire la guerre aux Parthes, qui avaient usurpé l'Arménie, il ajoute[2] : « Le nom de fils d'Auguste « fit une grande impression sur les esprits. Phraate « envoya faire des excuses à Auguste, pour luy de- « mander la paix : il l'obtint à condition qu'il laisseroit « l'Arménie : et il accepta cette condition. » L'historien français date ce fait de l'an 31 du règne d'Auguste, dernière année qui précéda l'ère chrétienne; tandis que, s'il est vrai, comme nous croyons l'avoir démontré, que Phraate fit la paix l'an 2 avant J. C., c'est à cette époque seulement qu'il faut placer l'évacuation de l'Armé-

[1] Longuerue, *Annal. arsacid.* p. 31. — Vaillant, *Arsacid. imper.* t. I, p. 179.

[2] *Hist. des emper.* t. I, p. 33.

nie. « Tigrane, continue Tillemont, abandonné de
« Phraate, fut réduit à envoyer supplier Auguste de luy
« accorder la couronne dont il s'estoit emparé, puisque
« Artabaze, à qui il l'avoit ostée, estoit mort alors.
« Auguste témoigna agréer ses soumissions, et luy
« manda d'aller trouver Caïus en Syrie. Il paroist que
« Tigrane y alla (et si cela est, il n'y a guère lieu de
« douter que la paix ne se soit faite. Cependant, nous
« verrons que Caïus faisoit encore la guerre en Armé-
« nie trois ans après). » Tout en suivant l'opinion commune, l'historien français exprime de nouveaux doutes
lorsque, un peu plus loin, il parle des événements de
l'an 1 de J. C. « Caïus César, dit-il, passa le temps de
« son consulat à faire la guerre sur les terres de l'Em-
« pire. On croit que c'estoit contre les Parthes (soit que
« l'accord dont nous avons parlé l'année précédente
« eust esté rompu, soit qu'il n'ait esté fait qu'après ceci »).
Si l'on admet que la paix fut conclue avec les Parthes
l'an 1 avant J. C., on donne à la guerre de Caïus contre
les Arméniens une durée de plus de quatre ans, quoiqu'il soit certain qu'elle ne se prolongea pas au delà de
dix-huit mois, les Romains n'ayant éprouvé aucune
résistance. On ne peut supposer, avec Tillemont, qu'il
y eut deux guerres, et qu'après la mort d'Artavasde,
Tigrane, sur l'ordre d'Auguste, alla trouver Caïus en
Syrie; Velléius Paterculus assure positivement le contraire. Ce fut la résistance de Tigrane qui obligea Caïus
à porter ses armes en Arménie et à le détrôner, mal-

gré la bienveillance de son père adoptif pour ce prince, et quoiqu'il n'eût contre lui d'autres motifs de plainte que son peu de déférence aux volontés d'Auguste.

En pesant les faits que nous venons d'exposer, on se convaincra que l'on peut, sans inconvénient, placer à l'an 4 de J. C. l'envoi des fils de Phraate à l'empereur. Le roi des Parthes, depuis deux ans, était en paix avec les Romains; fort avancé en âge, il redoutait beaucoup les troubles civils, et c'était la raison qui l'avait disposé à traiter avec Caïus. Le fils de Thermusa devait avoir atteint l'âge viril. Il n'est pas étonnant que Phraate, circonvenu par les intrigues de cette femme, se soit alors décidé à une démarche que rien ne devait le porter à faire seize ans plus tôt, puisque, à cette dernière époque, aucune des raisons que nous venons de rapporter n'existait encore.

Nous ne partageons pas l'opinion commune, qui assigne l'an 4 de J. C. pour date à la mort de Phraate IV; il est certain, au contraire, qu'il s'écoula un espace de temps assez considérable entre l'éloignement de ses fils et sa mort. Cependant, Tillemont et Vaillant[1] adoptent cette date, qui correspond à l'an 35 du règne d'Auguste; et, selon eux, Phraate aurait régné quarante et un ans. Nous ferons observer, d'abord, qu'aucun historien ancien ne donne à ce prince un règne de cette durée, et qu'aucun non plus ne place

---

[1] Le Nain de Tillemont, *loc. cit.* — Vaillant, *Canon chron.* p. 10.

sa mort à la trente-cinquième année du règne d'Auguste. Josèphe semble même indiquer qu'elle arriva sous Tibère; mais dans le passage où il en est question, cet écrivain rappelle sommairement les événements qui suivirent la mort de Phraate, et on ne sait auquel est plus particulièrement applicable l'espèce de date qu'il donne[1]. Pour déterminer ce point de chronologie, on est donc réduit à des conjectures. Longuerue[2] recule jusqu'à l'an 13 de J. C. la mort de Phraate, ce qui attribue à ce prince un règne de cinquante ans. Tillemont avait déjà reconnu combien il est difficile de placer à l'an 4, comme le fait l'archevêque Ussérius[3], la mort de Phraate et l'avénement de Vononès Ier, qui monta sur le trône peu après. Josèphe[4] et Tacite[5] nous attestent que ce dernier prince ne régna que peu de temps; et nous savons par Tacite qu'il fut dépouillé du trône l'an 16, ce qui forcerait à lui donner un règne de douze ans. Il est impossible de rejeter cette dernière date; elle nous paraît même incontestable; toutefois, on ne saurait, comme semble le faire Josèphe, placer sous Tibère la fin du règne de Phraate IV[6]. Tacite affirme qu'Auguste

---

[1] *Antiq. judaic.* lib. XVIII, cap. III.
[2] Longuerue, *Annal. Arsacid.* p. 32.
[3] Ussérius, *Annal. V. et N. Test.* p. 577.
[4] *Antiq. judaic.* lib. XVIII, cap. III.
[5] *Annal.* lib. II, cap. I.
[6] *Ubi supra.*

donna un roi aux Parthes[1]; or ceci ne pourrait avoir eu lieu si la mort de Phraate était arrivée l'an 16 de J. C. quatrième année du règne de Tibère, ou seulement, ainsi que le veut l'abbé Longuerue, l'an 13, qui répond à la première année de Tibère. Il est indubitable que Vononès Ier fut fait roi par Auguste, comme Tacite l'atteste, avant l'an 12 de J. C. Si d'autres écrivains ont cru que ce prince avait été placé sur le trône par Tibère, c'est une erreur; ils l'auraient évitée s'ils avaient remarqué que Tacite parle de l'avénement de Vononès à l'occasion seulement de sa déposition, et que, ce dernier événement étant arrivé du temps de Tibère, l'historien romain place les deux faits sous le règne de ce prince, en se servant simplement du mot César pour désigner l'empereur qui donna la couronne à Vononès. Auguste mourut l'an 14 de J. C. C'est donc avant cette époque qu'il faut placer la mort de Phraate IV et l'avénement de Vononès Ier, qui ne lui succéda pas immédiatement.

Les historiens arméniens vont nous fournir la date précise du premier de ces deux faits. Nous avons vu que le roi des Parthes appelé Arschez par Moïse de Khoren, est le même qu'Orode Ier, qui mourut l'an 37 avant J. C. et qui eut pour successeur son fils Arschévir, le même certainement que Phraate IV. Arschévir mourut après un règne de quarante-six ans; c'est

---

[1] *Annal.* lib. II, cap. 1.

DEUXIÈME PARTIE. 463

exactement le nombre d'années que nous assignons au règne de Phraate IV. Sa mort arriva donc l'an 9 de J. C. ce qui s'accorde admirablement bien avec le dernier des deux faits. Il doit, en conséquence, s'être écoulé cinq ans entre l'éloignement des fils de Phraate et la mort de leur père, qui périt victime de la perfidie de sa dernière femme et du fils qu'il en avait eu. Celui-ci, appelé Phraatacès, était, au rapport de Josèphe[1], accusé d'avoir avec sa mère un commerce incestueux. Irrité de son double crime, le peuple ne lui laissa pas le temps de s'affermir sur le trône : il se révolta contre lui, et le tua dans une sédition. Le règne de Phraatacès ne dut, par conséquent, durer que quelques mois; ainsi on peut, sans craindre de se tromper, placer sa mort dans l'année 10 après J. C. Le nom de Phraatacès lui avait sans doute été donné par son père, comme signe d'amitié : c'est, en persan et en arménien, un exemple de la manière de former les diminutifs.

Après le meurtre de Phraatacès, les grands de l'État s'assemblèrent pour élire un autre roi, parce que les fils légitimes de Phraate étaient loin de leur patrie; ils ne voulurent cependant pas choisir pour les gouverner un autre qu'un Arsacide; ils se sentaient assez humiliés en considérant que les vices et les crimes d'une femme italienne avaient souillé la majesté royale tout

---

[1] *Antiq. judaic.* lib. XVIII, cap. III.

à la fois par le parricide et par l'inceste [1]. Ils envoyèrent alors des députés à un prince arsacide appelé Orode, dont nous ignorons d'ailleurs l'origine précise, pour le prier de prendre les rênes de l'État. C'était un homme d'un caractère si dur et si intraitable, et il gouverna avec tant de cruauté, que les Parthes furent bientôt fatigués de son gouvernement. Il se forma contre lui une conjuration, et il fut tué ou à la chasse ou dans un festin, après un règne fort court. Nous avons vu plus haut qu'il faut placer à l'an 10 de notre ère l'avénement d'Orode II; il ne paraît pas que ce prince ait régné plus de quelques mois et qu'il ait vécu jusqu'à l'an 11.

Après la mort d'Orode II, les seigneurs parthes envoyèrent à Auguste une ambassade qui était chargée de lui demander pour roi Vononès, l'aîné des fils de Phraate IV, qu'on gardait en otage à Rome [2]. Auguste reçut fort bien les envoyés parthes; il fit de grands présents à Vononès et le renvoya avec eux. Suétone détermine le temps de cette ambassade; il dit [3] qu'elle quitta Rome lorsque Tibère, investi par Auguste de la puissance tribunitienne pour cinq ans, alla rétablir la paix en Germanie. Or Tibère ne s'y rendit qu'après la défaite de Varus, qui eut lieu précisément l'an 10, année dans laquelle dut mourir Orode II. L'ambassade

---

[1] Josèphe, *Antiq. judaic.* lib. XVIII, cap. III.
[2] Tacite, *Annal.* lib. II, cap. I.
[3] *Vita Tiberii*, §§ 16 et 18.

dont il s'agit a été confondue avec une première, qui arriva à Rome six ans plus tôt, l'an 4, époque où Tibère fut aussi investi de la puissance tribunitienne pour cinq ans. Cette première ambassade, comme nous l'avons déjà dit, avait pour objet la remise des enfants de Phraate ; et il dut s'écouler plusieurs années jusqu'à l'époque où une seconde ambassade vint demander à Auguste Vononès pour roi. Si on plaçait celle-ci en l'an 4, comme l'ont fait Tillemont[1] et plusieurs autres écrivains, on serait forcé de donner à Vononès Ier un règne d'environ douze ans ; tandis qu'on sait, par le récit des historiens, qu'il n'occupa le trône qu'environ cinq ou six ans, luttant contre un rival qui finit par le détrôner. Quoique nous n'ayons placé, entre Phraate IV et Vononès Ier, que deux rois, Phraatacès et Orode II, il est probable qu'il y en eut plusieurs autres. On ne peut presque pas douter que, le trône se trouvant deux fois vacant sans qu'il y eût d'héritier légitime présent, un grand nombre d'Arsacides n'eussent pris le titre de roi ; ce passage de Tacite semble le donner à entendre[6] : « Post finem Phrahatis « et sequentium regum, ob internas cædes venere in « Urbem legati a primoribus Parthis, qui Vononem ve- « tustissimum liberorum ejus accirent. » Il est probable qu'Artaban III, qui combattit contre Vononès et qui finit par le détrôner, fut un des princes qui usurpèrent en

[1] Le Nain de Tillemont, *Hist. des Empereurs*, t. I, p. 37.
[2] *Ubi supra.*

ce temps-là le titre de roi; et c'est sans doute de l'an 10 ou de l'an 11 de J. C. qu'il faut compter les années de son règne. Nous verrons effectivement, dans la suite, par le calcul de Moïse de Khoren, que c'est ainsi qu'on doit les supputer.

Quand Vononès arriva dans son royaume, les Parthes le reçurent avec la plus grande joie, se promettant des jours heureux sous son règne; mais il déplut bientôt à ses sujets par ses mœurs et ses manières étrangères. Ils ne pouvaient supporter de voir leur prince abandonner les usages de leurs ancêtres, dédaigner d'aller à la chasse, ne point monter à cheval, et se faire porter dans une litière quand il traversait leurs villes. Ils eurent honte d'avoir choisi pour roi un esclave corrompu par les vices de leurs ennemis, et d'avoir, pour ainsi dire, fait descendre l'empire des Arsacides au rang des provinces romaines[1]; ils regardaient, enfin, comme la plus grande ignominie d'avoir pu, de leur plein gré, accepter pour souverain un tel prince, tenant pour moins honteux qu'il leur eût été imposé par la force des armes. N'ayant pour un tel roi que du mépris, les grands appelèrent pour les gouverner Artaban, issu de la race des Arsacides. Au rapport de Tacite[2], ce prince avait été élevé chez les Dahæ, sur les bords de la mer Caspienne; selon Jo-

---

[1] Tacite, *Annal.* lib. II, cap. III.
[2] *Ibid.*

sèphe[1], il était même roi de Médie. Malgré leur contradiction apparente, ces deux écrivains peuvent bien se trouver d'accord. Artaban, roi des Mèdes, était peut-être un des Arsacides qui, après la mort d'Orode II, prirent le titre de rois. Vaincu par les partisans de Vononès, il aura été chercher un asile chez les Scythes des bords de la mer Caspienne, lieu de refuge ordinaire des princes parthes détrônés; et il sera sorti de sa retraite lorsque les Parthes, las de la domination de Vononès, l'auront rappelé. Quoi qu'il en soit, Artaban vint attaquer Vononès; mais, dans cette première tentative, le sort des armes lui fut contraire : vaincu, et contraint de se retirer dans la Médie, il y rassembla de nouvelles troupes, et de là il revint attaquer les états de Vononès. Celui-ci marcha à sa rencontre; mais, cette fois, il fut complétement battu et obligé de se sauver dans Séleucie avec un petit nombre de cavaliers. Se sentant trop faible pour résister au vainqueur, il prit même le parti de s'enfuir en Arménie. Artaban entra dans Ctésiphon avec son armée victorieuse, et se trouva maître de l'empire parthe.

A l'époque où Vononès alla chercher un asile en Arménie, ce royaume était sans prince : Ariobarzane, que Caïus César avait placé sur le trône, était mort depuis longtemps, laissant la couronne à une femme nommée Érato, qui bientôt après avait été chassée.

[1] *Antiquit. judaic.* lib. XVIII, cap. II, § 4; ed. Dindorf.

Les Arméniens choisirent pour roi l'Arsacide fugitif. Vononès envoya demander des secours à Tibère pour combattre Artaban ; mais l'empereur romain ne voulut pas s'engager, à son sujet, dans une guerre contre les Parthes.

L'ambassade de Vononès ayant eu lieu l'an 16 de J. C. cette date nous fournit le moyen de déterminer l'époque à laquelle ce prince fut obligé de quitter la Perse, événement qu'il faut ainsi placer dans l'année précédente. Nous avons dit que vraisemblablement Vononès arriva dans son royaume l'an 11 ; on peut, sans inconvénient, dater de l'an 13 la révolte d'Artaban, ainsi que sa retraite en Médie; et de l'an 14, son retour à la tête de nouvelles forces. L'année suivante, après quelques victoires, il aura forcé Vononès à se réfugier en Arménie. Ce dernier aura donc régné quatre ou cinq années.

Quand Artaban apprit que Vononès avait été accueilli par les Arméniens, et qu'il avait envoyé demander des secours à Rome, il entama lui-même des négociations avec des princes arméniens qui habitaient le mont Niphatès, entre la grande Arménie et la Mésopotamie, et qu'il voulait décider à embrasser son parti. Vononès, se voyant à peu près sans espoir de se maintenir en Arménie, puisque Tibère refusait de le soutenir, et que la plupart des grands penchaient pour Artaban, prit le parti d'abandonner ce royaume; il envoya demander à Créticus Silanus un asile dans son gouvernement de Syrie. Celui-ci, selon Josèphe[1], reçut le prince avec honneur, en considération de ce qu'il avait été élevé à Rome; il lui permit de séjourner en Syrie et d'y vivre conformément à la dignité royale. Artaban resta donc, sans difficulté, maître de l'Arménie; il y plaça son fils Orode, qui en fut chassé, l'an 18, par Germanicus, que Tibère avait envoyé en Orient pour régler les affaires de cette partie de l'empire romain[2].

Lorsque Germanicus eut expulsé d'Arménie le fils d'Artaban, il donna pour souverain à ce pays Zénon, fils de Polémon, roi de Pont, qui avait su se concilier l'attachement de la nation en adoptant ses usages et ses mœurs. Au moment où il monta sur le trône, Zénon prit le nom d'Artaxias[3]. Artaban envoya alors des ambassadeurs à Germanicus, pour renouveler les anciens traités entre les Parthes et les Romains; il s'avança même, en personne, à sa rencontre jusqu'aux bords de l'Euphrate, afin de lui faire honneur. Il demandait que Vononès fût éloigné de la Syrie, et que les Romains renonçassent à exercer toute espèce d'influence sur les petits princes voisins des possessions parthes. Germanicus, dit Tacite[4], répondit avec beaucoup de modération aux demandes d'Artaban. Il paraît

---

[1] *Antiq. judaic.* lib. XVIII, cap. II, § 4; ed. Dindorf.
[2] Suétone, in *Vita Caligul.*, § 1.
[3] Tacite, *Annal.* lib. II, cap. LVI.
[4] *Ibid.* cap. LVIII.

que la paix fut conclue, mais nous ignorons à quelles conditions, Tacite se taisant à ce sujet. On peut croire que le traité était avantageux aux deux empires, puisqu'il ne fut rompu que dix-huit ans après. S'il est permis d'élever quelque conjecture sur ce point, l'état des choses nous autorise à supposer que l'Arménie resta entre les mains d'Artaxias; mais qu'Artaban n'abandonna ses prétentions sur ce royaume qu'après avoir obtenu des Romains qu'ils n'appuieraient en aucune manière les prétentions de Vononès, ni celles des autres enfants de Phraate IV, qui étaient en leur pouvoir. Cette supposition semble être justifiée par le soin avec lequel Vononès fut dès lors retenu, en quelque sorte, prisonnier.

Ce prince vivait avec un grand luxe à Antioche. Germanicus l'éloigna de Syrie et le relégua à Pompéiopolis, ville maritime de Cilicie; il le fit, dit Tacite[1], non-seulement pour plaire à Artaban, mais aussi parce que Vononès était très-lié avec Pison, gouverneur de Syrie, son ennemi, dont il avait gagné l'amitié par des présents considérables offerts à Plancine, sa femme. L'année suivante, 19 de J. C., le prince parthe, fatigué de son exil et de sa captivité, corrompit ses gardes, et tâcha de s'enfuir par l'Arménie, pour se retirer chez le roi des Scythes. Sous le prétexte d'une partie de chasse, il s'éloigna des bords de la mer et s'avança vers les montagnes; mais il n'alla pas bien loin, car

[1] *Annal* lib. II, cap. LVIII.

il ne put traverser le fleuve Pyrame dont tous les ponts avaient été coupés au premier bruit de son évasion[1]. Vibius Fronton, qui commandait un corps de cavalerie dans le voisinage, le fit arrêter, et Remmius, qui avait été chargé de sa garde, lui passa son épée au travers du corps, probablement, dit Tacite, afin de prévenir les révélations que le fugitif aurait pu faire pour prouver la complicité de l'officier romain. Suétone[2] affirme que Tibère fit périr Vononès pour s'emparer de ses immenses richesses. Germanicus mourut en Syrie la même année; sa fin prématurée causa un deuil général. Le roi des Parthes lui-même, comme marque de l'estime qu'il avait conçue pour ce prince[3], s'abstint de la chasse et des banquets où étaient invités les grands de l'état.

Depuis la mort de Germanicus, c'est-à-dire depuis l'an 19 jusqu'à l'an 35, il n'est plus question d'Artaban III, ni des événements qui se passèrent dans ses états. Selon toute probabilité, ce prince ne resta cependant pas inactif durant un aussi long espace de temps; il paraît même, par quelques expressions de Tacite[4], qu'il eut des guerres à soutenir contre les nations voisines, et qu'il fut toujours victorieux. C'est sans doute dans cette période de son règne qu'il faut

[1] Tacite, *Annal.* lib. II, cap. LXVIII.
[2] In *Vita Tiber.* § XLIX.
[3] Suétone, in *Vita Caligul.* § V.
[4] *Annal.* lib. VI, cap. XXXI.

placer tout ce que Josèphe raconte de la révolte des Juifs établis dans l'empire des Parthes[1], et ce qui est dit par Moïse de Khoren des démêlés qu'eut avec ses frères Artaban III, qu'il appelle Ardaschès. Nous allons parler successivement de ces divers événements.

Depuis que les Juifs avaient été emmenés en captivité par Nabuchodonosor, un grand nombre d'entre eux habitaient dans les diverses contrées de l'Orient; il y en avait particulièrement beaucoup dans la Mésopotamie, dans la partie de la Chaldée voisine de Babylone, au milieu des marais formés par les branches de l'Euphrate et du Tigre, qui se joignent dans les environs; enfin, dans la ville même de Séleucie. On en trouvait beaucoup aussi dans les environs de Nisibe. Ceux de la Babylonie avaient pour principale ville une place appelée Naarda, qui était considérée comme leur capitale; ils y avaient une école qui fut longtemps célèbre. Josèphe raconte que deux jeunes juifs, nés à Naarda, et appelés l'un Asinée, l'autre Anilée, ayant été placés par leur mère chez un tisserand, furent maltraités par leur maître, et que, mécontents de lui, ils s'emparèrent des armes qui étaient dans la maison et se retirèrent dans les marais que l'Euphrate forme sur ses rives. Rejoints par d'autres jeunes gens, qui les choisirent pour leurs chefs, ils bâtirent une forteresse, levèrent des tributs sur les environs, firent partout des incursions, et se rendirent redoutables à la puissance

[1] *Antiquit. judaic.* lib. XVIII, cap. xi, §§ 1-9; ed. Dindorf.

des Parthes. Le gouverneur de Babylone voulut réprimer leurs brigandages et les chasser des lieux marécageux où ils s'étaient cantonnés; mais il fut vaincu et contraint de prendre la fuite. Artaban, informé de la résistance de ces Juifs et de leur courage, désira les connaître. Ce prince, dit Josèphe, était porté à agir ainsi, parce que ses provinces semblaient prêtes à se révolter, et qu'il voulait se servir de la vaillance des Juifs insurgés pour retenir ses sujets dans le devoir. Il craignait d'ailleurs que, pendant qu'il serait occupé à combattre les rebelles, Asinée ne se rendît maître de la Babylonie et des provinces voisines. Celui-ci et son frère furent fort bien reçus par le roi des Parthes, qui les renvoya comblés de présents. Protégé par Artaban, Asinée accrut considérablement ses troupes, fit construire de nouveaux châteaux, augmenta les fortifications de ceux qu'il possédait déjà; enfin, il agrandit tellement sa domination, que toute la Mésopotamie lui payait tribut.

Les deux frères jouirent tranquillement, pendant quinze ans, de cette indépendance, très-considérés des Babyloniens et même du gouverneur parthe qui avait été envoyé dans ces contrées. Au bout de ce temps, Anilée devint éperdument amoureux de la femme d'un général parthe qui était dans la Mésopotamie, et il résolut d'employer la force pour la posséder. Le Parthe fut vaincu et tué; sa femme passa entre les bras du vainqueur. Comme elle suivait une religion différente du judaïsme, les compagnons d'armes et le frère même d'Anilée adressèrent, mais en vain, à celui-ci des représentations sur sa conduite. Cette femme, songeant aux dangers que pouvait faire courir à son nouvel époux la prolongation d'une vive résistance, fit empoisonner Asinée. Anilée, resté seul chef des Juifs de la Babylonie, entreprit alors des excursions sur les possessions d'un prince appelé Mithridate et gendre du roi Artaban; il y fit un immense butin. Mithridate rassembla des troupes pour punir les Juifs; il fut vaincu, et Anilée l'emmena prisonnier, monté sur un âne, ce qui était, chez les Parthes, la plus grande de toutes les insultes. Après lui avoir fait subir cet outrage, il eut l'imprudence de lui rendre la liberté. Mithridate revint pour se venger. Anilée sortit de ses marais, et s'avança jusqu'à quatre-vingt-dix stades du côté de l'ennemi. Il fut défait et contraint de chercher, avec quelques-uns des siens, un asile dans une forêt, d'où, après avoir rassemblé autour de lui un grand nombre de brigands, il alla attaquer les villages et dévaster le territoire des environs de Babylone. Les Babyloniens envoyèrent des délégués à Naarda pour traiter de la paix et demander aux Juifs qu'on leur livrât Anilée; mais ils ne purent rien obtenir. Seulement, leurs envoyés profitèrent de l'occasion pour reconnaître les lieux; ils en donnèrent connaissance aux Babyloniens, qui, pendant la nuit, pénétrèrent dans les marais, et tuèrent Anilée avec la plupart de ses compagnons. Telle fut la fin de ce chef juif, qui, pendant dix-huit ans environ, avait joui de l'indépendance. Les ravages qu'il avait commis dans le pays avaient inspiré aux Babyloniens une telle haine contre les Juifs, qu'ils contraignirent ceux-ci d'abandonner leur ville et de se réfugier à Séleucie, où ils furent accueillis par les Syriens, qui y habitaient conjointement avec les Grecs. Les deux nations étaient en guerre perpétuelle, et le parti syrien était alors le plus faible; l'arrivée des Juifs lui donna l'avantage. Cependant, au bout de six ans, les Syriens se réunirent aux Grecs pour attaquer les Juifs, dont ils tuèrent plus de cinquante mille; le reste se réfugia à Ctésiphon, auprès du roi des Parthes. Dans toute la Syrie et la Babylonie, on imita l'exemple de Séleucie; les Juifs qui échappèrent au massacre furent obligés de se retirer dans Naarda et dans Nisibe.

On pourrait, à ce qu'il semble, placer à l'an 18 de J. C. c'est-à-dire à l'époque où Artaban fit la paix avec les Romains, la première révolte d'Anilée et de son frère. La seconde dut avoir lieu vers l'an 32 ou 33, puisque nous avons dit qu'après la première, Anilée et Asinée restèrent, pendant quinze ans, tranquilles au milieu de leurs marais, où ils avaient formé une sorte d'état; ils combattirent, pendant trois ans, contre Mithridate, gendre d'Artaban, et contre les Babyloniens, jusqu'à ce qu'ils fussent vaincus par ces derniers. La défaite et la mort d'Anilée arrivèrent donc en l'année 35 ou 36. Le massacre des Juifs à Séleucie et dans la Mésopotamie, qui eut lieu six ans après, se place, par conséquent, dans l'année 41 ou 42, vers la fin du règne d'Artaban. Les discordes civiles qui, à cette époque, déchiraient l'empire parthe, durent contribuer puissamment à favoriser et à entretenir ces troubles.

Nous avons déjà dit que Phraate IV est le même que le roi des Parthes nommé par les Arméniens Arschavir, et que ce prince mourut après un règne de quarante-six années, l'an 9 de J. C. Il eut pour successeur, dit Moïse de Khoren[1], son fils Ardaschès, qui occupa le trône pendant 33 ans, et fut contemporain de Tibère, circonstance qui le place dans le même temps qu'Artaban III, dont le règne embrasse effectivement trente-trois ans. Artaban mourut, comme nous l'apprennent Tacite[2] et Josèphe[3], l'an 43 de J. C. Si de ce nombre nous retranchons trente-trois années, nous trouverons que l'an 10 est la date de l'avénement d'Artaban. Vonones Ier, que les Parthes, comme nous l'avons déjà dit, envoyèrent chercher à Rome, dut commencer à régner l'an 11 ; la révolte d'Artaban date, par conséquent, de l'an 12 ou de l'an 13. En admettant que ce prince n'eût pas pris le titre de roi au moment même où le trône devint vacant par le meurtre de Phraate, l'an 9, ou par celui d'Orode II,

[1] *Hist. armen.* lib. II, capp. LXV, LXVI.
[2] *Annal.* lib XI, cap. VIII.
[3] *Antiq. judaic.* lib. XX, cap. III, § 3 ; ed. Dindorf.

dans les premiers mois de l'an 10, il est au moins fort probable qu'il a compté les années de son règne depuis le moment de sa révolte ; ainsi, entre cette époque et sa mort, il se serait écoulé trente ans. Si, en outre, on ne perd pas de vue que la durée des règnes des princes arsacides mentionnés dans Moïse de Khoren est indiquée en nombres ronds, il faut très-vraisemblablement compter deux fois la dernière année de chaque règne : la première, pour la fin de celui du prince défunt ; la seconde, pour le commencement du règne de son successeur. On conçoit que les Arméniens, dans leur chronologie, ont pu ne tenir aucun compte des courts règnes de quelques princes qui ne firent que paraître sur le trône, sans qu'il en soit cependant résulté d'erreur notable dans la supputation générale de la durée de la dynastie, les années comptées deux fois tenant lieu des années omises. La suite de l'histoire des Arsacides fera encore mieux ressortir la vérité de cette hypothèse. Il ne faut jamais non plus perdre de vue, dans le cours de ce récit, que les Arméniens ont même toujours négligé de parler des princes éphémères qui passèrent sur le trône des Parthes ; ils n'ont conservé le souvenir que des rois dont le règne eut une longue durée, et qui purent être considérés comme souverains légitimes. Moïse de Khoren[1] prétend qu'Ardaschès ou Artaban III, successeur d'Arschavir ou Phraate IV, était fils de ce der-

[1] *Hist. armen.* lib. II, cap. LXV.

nier; c'est une erreur cependant : Tacite[1] et Josèphe[2] attestent qu'Artaban III était seulement de la race des Arsacides. Le même genre d'erreur se reproduit fréquemment, au reste, dans l'histoire de Moïse de Khoren : tous les rois parthes, depuis Arsace jusqu'à Artaban V, y sont fils les uns des autres; et pourtant nous avons vu plusieurs fois déjà la succession directe intervertie.

Après la mort de Phraatacès, meurtrier de son père Phraate IV, il ne se trouva plus, en Perse, de princes de la branche aînée de la race royale; tous les autres fils de Phraate étaient à Rome; les Parthes alors jetèrent les yeux sur la branche la plus rapprochée du trône. Il est fort probable qu'Artaban était le chef de cette seconde branche, qui tenait sans doute un rang fort distingué dans l'état, puisque, comme nous le lisons dans Josèphe, Artaban, avant de monter sur le trône des Parthes, était roi des Mèdes. Lorsque ce trône resta vacant, après le meurtre d'Orode II, et que les Parthes envoyèrent chercher à Rome Vononès, Artaban avait vraisemblablement déjà voulu faire valoir ses droits à la couronne. Mais les historiens se taisent sur ce fait. Nous savons seulement que les Parthes, fatigués du gouvernement de Vononès, appelèrent au trône Artaban. Celui-ci, au rapport de Tacite[3],

---

[1] *Annal.* lib. II, cap. III.
[2] *Antiquit. judaic.* lib. XVIII, cap. II, § 4; ed. Dindorf.
[3] *Loc. cit.*

avait passé sa jeunesse, non dans son royaume, mais chez les Dahæ, asile ordinaire des princes parthes exilés ou fugitifs. On peut supposer qu'il n'y avait eu d'autres raisons à un pareil éloignement que les prétentions à la couronne manifestées sans succès par la seconde branche des Arsacides.

Moïse de Khoren[1] raconte que le roi des Parthes Ardaschès eut, au commencement de son règne, des guerres à soutenir contre ses frères, sur lesquels il voulait dominer par droit d'aînesse. Il paraît que ces guerres furent longues. D'après l'historien arménien, les frères d'Ardaschès refusèrent de se soumettre à son autorité : ils se révoltèrent, et soutinrent contre lui une guerre qui dura jusqu'à ce qu'Abgare, roi d'Arménie et leur parent, parvint à les réconcilier, comme nous l'avons raconté ailleurs. C'est de cette époque que date la division de la famille royale des Arsacides de Perse en quatre branches principales. Le récit de Moïse de Khoren nous permet de déterminer, d'une manière assez exacte, le temps où Abgare entreprit un voyage pour mettre fin aux divisions qui existaient entre ses parents. Ce voyage, selon l'historien arménien[2], eut lieu après l'arrivée de Germanicus en Orient, c'est-à-dire dans l'année 18 de notre ère. On voit que Moïse de Khoren a cru que, à cette époque, Arschavir ou Phraate IV vivait encore ; il est à présumer qu'il a con-

[1] *Ubi supra.*
[2] *Ibid.*

fondu les diverses ambassades envoyées aux Romains par les Parthes. Quoi qu'il en soit, son récit nous apprend que le roi appelé par lui Ardaschès, régnait sur les Parthes après le voyage de Germanicus et pendant le règne de Tibère, ce qui ne peut s'appliquer qu'à Artaban III.

Nous avons vu plus haut que, l'an 18, Artaban III exigeait des Romains qu'ils ne soutinssent plus les intérêts de Vononès réfugié chez eux, et qu'ils renonçassent à se mêler des affaires des petits princes voisins de ses États. Cependant, peu de temps après, ce prince si fier abandonna sans combat l'Arménie, et laissa dépouiller son fils, qui en était roi. Les guerres civiles qui troublaient alors son royaume, furent sans doute les seules raisons qui purent empêcher Artaban de défendre les droits de sa maison sur un royaume aussi important que l'Arménie, et de s'opposer de toutes ses forces à ce que les Romains donnassent ce royaume à un prince qui n'était pas même de la race des Arsacides. L'état politique de la Perse explique suffisamment cette faiblesse apparente. Aussi voyons-nous, seize ou dix-huit ans plus tard, Artaban, maître paisible de l'empire parthe et vainqueur des peuples voisins, profiter de la mort de Zénon ou Artaxias, roi d'Arménie nommé par les Romains, pour faire revivre les droits de sa maison sur ce royaume. Les Romains, satisfaits d'une concession qu'ils devaient moins aux embarras qu'à la faiblesse d'Artaban, ne continuèrent pas la guerre contre l'empire parthe, et cessèrent de soutenir les intérêts des fils de Phraate IV réfugiés chez eux. On ne peut lire les écrivains anciens sans remarquer combien les défaites de Crassus et d'Antoine étaient toujours présentes à l'esprit des Romains. Jamais, avant Trajan, ils n'osèrent compromettre leurs armes contre les Parthes, qu'ils redoutaient extrêmement; jamais ils n'envoyèrent contre eux de puissantes armées: ils ne leur opposèrent que de faibles détachements, dont les revers étaient sans conséquence; et toutes les fois que les Parthes voulurent traiter, les Romains accueillirent leurs ambassades, et s'empressèrent de conclure la paix avec eux. On peut donc affirmer avec certitude que, sans les divisions intestines qui agitèrent constamment leur empire, et sans les vices de leur constitution féodale qui les empêchaient d'entreprendre des expéditions lointaines, les Parthes eussent fini, sinon par chasser les Romains de tout l'Orient, du moins par se rendre maîtres de la Syrie, où les peuples, à cause de la similitude des mœurs et de la religion, étaient disposés à se soumettre à leur puissance, comme on le voit par plusieurs de leurs expéditions.

Ce fut en l'année 34 de J. C. que le roi des Parthes, délivré des guerres qui avaient bouleversé ses états, profita de la mort du roi d'Arménie Zénon ou Artaxias, pour s'emparer de l'Arménie et y établir roi son fils aîné Arsace. Bien plus, méprisant la vieillesse de Tibère, il lui envoya redemander les trésors que Vononès avait laissés dans la Syrie et la Mésopotamie ; il attaqua les armées romaines ; et, peu content de la conquête de l'Arménie, il chercha, au rapport de Dion Cassius[1], à s'emparer de la Cappadoce. Ses succès le remplirent d'un orgueil excessif, qui le rendit insupportable à ses sujets[2]. Lassés de son insolence et de sa cruauté, les Parthes résolurent de se révolter et de mettre un autre prince sur le trône ; mais ils n'en purent trouver aucun de la race des Arsacides, parce qu'Artaban avait fait périr la plupart d'entre eux, et que ceux qui existaient encore étaient trop jeunes. Les chefs de cette révolte étaient un nommé Sinnacès, d'une famille riche et distinguée, et l'eunuque Abdus, qui jouissait d'un très-grand pouvoir et d'une très-haute considération. Ils envoyèrent secrètement, l'an 35, une ambassade à Tibère, pour lui demander Phraate, fils de Phraate IV, qui habitait Rome. La présence seule d'un Arsacide sur les bords de l'Euphrate devait, selon eux, amener une révolte générale. Informé des menées secrètes de Sinnacès et d'Abdus, Artaban employa la perfidie pour déjouer leurs projets : il combla le premier de nouveaux témoignages d'amitié ; le second, attiré à un festin, mourut des suites d'un poison lent, qui lui fut donné dans ce repas. Lorsque Phraate, que Tibère destinait au

[1] Lib. LVIII, cap. XXVI.
[2] Tacite, *Annal.* lib. VI, cap. XXXI.

trône des Parthes, fut arrivé en Syrie, il voulut s'accoutumer à la manière de vivre des Parthes, qu'il avait abandonnée depuis bien des années; mais il ne put la supporter; et, peu de temps après, il mourut d'une maladie qui lui survint à la suite des efforts qu'il avait faits pour surmonter ses habitudes et ses répugnances. La mort de Phraate ne découragea pas Tibère : il choisit, pour remplacer le jeune prince, son parent Tiridate; il pressa vivement Mithridate, frère de Pharasmane, roi d'Ibérie, de faire la conquête de l'Arménie; et il remit à L. Vitellius, gouverneur de Syrie, la direction des affaires de l'Orient.

Le prince ibérien, soutenu par les grands d'Arménie, entra dans ce royaume, à la tête d'une puissante armée. Séduits par le nouveau prétendant, les ministres d'Arsace firent périr leur souverain; et Mithridate n'eut pas de peine à se rendre maître d'Artaxata, capitale du pays. Informé de la mort d'Arsace, le roi des Parthes envoya son autre fils Orode, avec une armée nombreuse, pour le venger. Pharasmane, roi d'Ibérie, voulut, de son côté, soutenir son frère : il fit alliance avec les Albaniens, et appela à son secours les Sarmates, qui habitaient au delà du Caucase, et dont quelques peuplades s'étaient déjà mises à la solde des Parthes.

Maîtres des défilés du Caucase, les Ibériens les ouvrirent aux Sarmates de leur parti. Il existait un autre passage du côté de l'orient, en Albanie, entre la mer Caspienne et l'extrémité du Caucase, par lequel les Sarmates alliés des Parthes pouvaient pénétrer en Arménie: c'est le défilé de Derbend; mais il n'était praticable qu'en hiver, les flots de la mer, refoulés par les vents étésiens, empêchant de le franchir en été. Orode ne voulait point combattre Pharasmane avant l'arrivée de ses alliés. Toutefois, ses soldats, indignés qu'un prince de l'illustre race des Arsacides semblât redouter un misérable Ibérien, le forcèrent à en venir aux mains[1], quoiqu'ils fussent très-inférieurs en nombre, et qu'ils ne fussent point accoutumés à la manière de combattre des Sarmates. Orode fut blessé de la propre main de Pharasmane, et les Parthes furent complétement défaits. Il paraît même que le fils d'Artaban mourut des suites de ses blessures; car Josèphe dit qu'il périt dans cette bataille[2]. Artaban accourut alors en personne pour venger la mort de ses deux fils; il fut aussi vaincu; cependant, il eût pu se maintenir dans l'Arménie, si Vitellius, gouverneur de Syrie, n'eût fait mine d'entrer dans la Mésopotamie avec toutes ses forces. Artaban dut voler au secours de ses États, et abandonner l'Arménie à Mithridate.

La défaite d'Artaban ranima la haine des Parthes contre lui. Sinnacès, son père Abdagèse, qui tenait

[1] Tacite, *Annal.* lib. VI, cap. xxxiv.
[2] *Antiquit. judaic.* lib. XVIII, cap. iv, § 4; cap. v, § 4; ed. Dindorf.

un rang éminent, et beaucoup d'autres encore, reprirent leurs anciens projets, et prêtèrent l'oreille aux insinuations de Vitellius. Artaban, voyant tant de rebelles et de traîtres autour de lui, ne se fiait pas même à ceux de ses sujets qui lui paraissaient fidèles; il prit le parti, avant que l'orage devînt plus sérieux, de se retirer dans les provinces supérieures de son empire, comptant beaucoup sur les secours que pouvaient lui fournir les Scythes, les Hyrcaniens et les Carmaniens, et plus encore sur l'inconstance des Parthes [1].

Vitellius, informé de la fuite d'Artaban, invita Tiridate à prendre possession du royaume des Parthes. Dès que ce prince eut passé l'Euphrate, Ornospade, gouverneur de la Mésopotamie, qui, exilé autrefois du royaume, avait servi les Romains dans les guerres contre les Dalmates, alla le joindre avec un corps nombreux de cavalerie. Les chefs de la révolte, Sinnacès et Abdagèse, se présentèrent ensuite avec des trésors et des ornements royaux. Vitellius, content d'avoir montré aux Parthes les forces des Romains, et n'ayant point d'ailleurs d'ennemis à combattre, repassa l'Euphrate. Tiridate eut bientôt soumis toutes les villes grecques de la Mésopotamie et les villes parthes de Halus et d'Artémita, d'où il marcha sur Séleucie, qui le reçut avec empressement; il accorda aux habitants de très-grands priviléges, en récompense de l'accueil qu'ils lui avaient fait. Il délibérait avec les

[1] Josèphe, *loc. cit.*

siens pour fixer le jour de son couronnement, lorsqu'il reçut des lettres de Phraate et de Hiéron, deux puissants satrapes, qui le priaient instamment de différer quelque temps cette cérémonie, afin qu'ils pussent y assister. Voyant, cependant, qu'ils tardaient à venir, Tiridate prit le parti d'aller à Ctésiphon, capitale de l'empire, et Suréna lui posa sur la tête le diadème royal. Au lieu de marcher vers les provinces qui n'avaient point encore reconnu son autorité, Tiridate s'amusa à assiéger un fort où étaient renfermés les trésors d'Artaban, et devant lequel il perdit un temps précieux. Mécontents de ce que Tiridate s'était fait couronner sans leur assistance, et jaloux du pouvoir dont Abdagèse jouissait auprès du nouveau roi, Phraate et Hiéron passèrent dans le parti d'Artaban et allèrent trouver ce prince dans l'Hyrcanie, où il s'était retiré. Artaban, étonné de ce changement subit, eut d'abord de la peine à y croire; mais, rassuré enfin sur les dispositions de Phraate et de Hiéron, il profita de ce secours inespéré, joignit à leurs troupes un renfort de Scythes, et s'avança en toute hâte pour recouvrer son trône. Tiridate apprit à la fois son entrée en campagne et son arrivée aux environs de Séleucie. Irrésolu, n'osant pas aller à sa rencontre, il suivit le conseil d'Abdagèse, et se retira en Mésopotamie, pour attendre, derrière le Tigre, les secours des Élyméens, des Arméniens et de quelques autres nations, y joindre ceux des Romains, et tenter ensuite la fortune. Cette lâcheté le perdit. Les Arabes qui étaient dans son armée passèrent dans le camp d'Artaban; leur exemple fut imité par beaucoup d'autres troupes, et Tiridate fut contraint de se réfugier en Syrie avec un petit nombre des siens. Artaban se trouva ainsi replacé, sans combat, sur le trône.

C'est en l'année 35, nous l'avons déjà dit, que les Parthes, mécontents, envoyèrent demander un roi à Tibère, qui leur donna Phraate, fils de Phraate IV, et qui lui substitua ensuite son neveu Tiridate. La conquête de l'Arménie doit avoir été faite, par Artaban, l'année précédente; il y plaça pour roi, après la mort de Zénon ou Artaxias, son propre fils Arsace. L'an 35, Tibère donna la couronne d'Arménie à Mithridate, qui fit périr par trahison le fils d'Artaban et s'empara de son trône. C'est dans la même année, pendant l'été, que Pharasmane, roi d'Ibérie, et les Sarmates vainquirent Orode, fils d'Artaban, qui fut tué dans cette guerre. Nous placerons aussi à la fin de l'année 35 l'expédition d'Artaban en Arménie, sa défaite, le passage de l'Euphrate par Tiridate, petit-fils de Phraate IV, et son couronnement à Ctésiphon. En 36, soutenu par les satrapes Phraate et Hiéron, et avec les secours des Scythes, Artaban remonta sur le trône et força son rival à s'enfuir en Syrie.

Après avoir recouvré sa couronne, il fut plus redoutable que jamais aux Romains. Secouru par une puissante armée de Scythes, il chassa Mithridate de l'Arménie, et se rendit maître de ce royaume; il s'avançait même sur les frontières de la Syrie, qu'il menaçait d'une invasion prochaine[1]. Ce fut alors, au rapport de Suétone[2], qu'il écrivit à Tibère des lettres insolentes, dans lesquelles il lui reprochait ses crimes et ses débauches. Tibère mourut peu de temps après, au mois de mars de l'année 37. Artaban, qui se préparait à envahir la Syrie, où il entretenait des intelligences avec Hérode Antipas, tétrarque de Galilée, se montra disposé à traiter avec le nouvel empereur, Caligula, en considération peut-être des rapports qu'il avait eus avec son père Germanicus, et par reconnaissance pour les services que lui avait rendus ce dernier. Déjà Artaban s'était avancé à travers la Mésopotamie, vers l'Euphrate, à la tête d'une grande armée, lorsque L. Vitellius, gouverneur de Syrie, vint à sa rencontre pour traiter de la paix. Leur entrevue eut lieu sur un pont que l'on fit construire exprès sur l'Euphrate. La paix fut signée, et Artaban donna pour otage aux Romains un de ses fils appelé Darius, qui fut envoyé à Rome. Il est fort probable que, dans cette circonstance, sa conduite lui fut dictée par les inquiétudes que lui causaient les droits de la famille de Phraate retirée à Rome. Après la conclusion de la paix, Hérode Antipas offrit un magnifique festin au roi des Parthes et au gouverneur de Syrie. Artaban retourna

---

[1] Dion Cassius, lib. LVIII, cap. xxvi, t. III, p. 630; ed. Sturz.
[2] Suétone, in *Vita Tiber.* § lxvi.

ensuite en Babylonie, et Vitellius à Antioche. L'an 39, Hérode Antipas, accusé d'avoir favorisé Artaban, fut dépouillé de la tétrarchie de Galilée et relégué par Caligula dans les Gaules[1]. Vitellius, dans le même temps, fut rappelé de Syrie, pour n'avoir pas soutenu assez énergiquement les intérêts de l'empire, et avoir été cause qu'on avait chassé Tiridate de ses états[2].

Outre la crainte qu'avait Artaban de voir les Romains continuer la guerre, pour appuyer les prétentions de Tiridate, il est possible que la situation intérieure de son royaume ait contribué à le décider à conclure promptement la paix. Il n'est pas probable que la retraite de Tiridate ait suffi pour éteindre entièrement le feu de la révolte. Débarrassé de son rival, Artaban voulut peut-être châtier les rebelles; aussi voyons-nous, peu de temps après, les Parthes se soulever de nouveau, forcer Artaban à chercher un asile chez Izate, roi de l'Adiabène, et se choisir pour roi Cinnamus, qui était sans doute de la race royale des Arsacides. La retraite d'Artaban chez le roi de l'Adiabène eut lieu au commencement du règne de Claude, par conséquent l'an 41; et la révolte qui le contraignit à fuir, dut arriver en 40 : nous ne pouvons en douter. En effet, Bardane, fils d'Artaban, ne soumit la ville de Séleucie qu'en 47, selon Ta-

[1] Josèphe, *Antiquit. judaic.* lib. XVII, cap. vii, § 2; ed. Dindorf.
[2] Dion Cassius, lib. LIX, cap. xxvii, t. III, p. 710.

cite[1], et il y avait sept ans, ajoute cet historien, qu'elle s'était révoltée; or on ne saurait hésiter à admettre que cette révolte est la même que celle des Parthes contre Artaban. Le roi Izate, au rapport de Josèphe[2], accueillit avec les plus grands honneurs le roi fugitif: il alla le recevoir à pied, lui promit, s'il ne recouvrait pas son royaume, de lui céder le sien, et ne négligea rien pour le consoler dans son malheur. Il n'employa pas la voie des armes pour rétablir Artaban sur son trône: il se contenta de négocier; et il le fit avec tant de succès, qu'il décida Cinnamus à se désister de ses prétentions, se donnant personnellement pour garant qu'Artaban ne tirerait aucune vengeance des injures qu'il avait essuyées. Cinnamus, informé que les grands avaient accepté ces conditions, alla lui-même au-devant d'Artaban, déposa son diadème à ses pieds et se reconnut son sujet. Pour témoigner à Izate sa gratitude du service qu'il lui avait rendu, Artaban lui fit don de Nisibe et de son territoire; il lui permit, en outre, d'avoir un trône d'or, honneur qui n'était réservé qu'aux rois parthes. Artaban ne jouit pas longtemps de son bonheur: il mourut bientôt après, et Gotarzès, son fils, lui succéda. Il paraît que cet événement suivit de près son retour, qui dut avoir lieu en 42; ainsi, sans crainte de se tromper, on peut placer sa mort dans l'année 43.

[1] *Annal.* lib. XI, cap. IX.
[2] *Antiquit. judaic.* lib. XX, cap. III, § 1.

Artaban, en mourant, avait désigné pour son successeur Bardane, l'un de ses fils; mais les seigneurs parthes, voulant maintenir le droit d'aînesse, appelèrent au trône Gotarzès, l'aîné de ses enfants; et afin que Bardane n'excitât pas des troubles dans l'état, on l'éloigna de la capitale. A peine Gotarzès eut-il pris les rênes du gouvernement qu'il se rendit odieux par sa cruauté, et que les Parthes rappelèrent Bardane. Le nouveau roi avait signalé les premiers jours de son règne par le meurtre d'un de ses frères appelé Artaban, qu'il fit périr avec sa femme et son fils. En apprenant que les Parthes se déclaraient en sa faveur, Bardane, qui, au rapport de Tacite[1], était un personnage audacieux et entreprenant, fit trois mille stades en deux jours, attaqua à l'improviste Gotarzès, et le força à se réfugier dans l'Hyrcanie. Celui-ci en revint bientôt avec une puissante armée de Dahæ et d'Hyrcaniens; et, à son tour, il contraignit Bardane d'abandonner le siége de Séleucie révoltée, et de fuir vers la Bactriane, où il trouva des secours. Sur le point d'en venir aux mains, les deux frères, qui comptaient peu sur la fidélité de leurs soldats, firent la paix, se jurèrent une alliance éternelle, et promirent de se venger de leurs ennemis. Bardane obtint la couronne; et Gotarzès, pour ne donner aucun sujet de crainte à son frère, se retira dans l'Hyrcanie. La paix conclue avec Gotarzès, Bardane tourna ses armes contre la

[1] *Annal.* lib. XI, cap. VIII.

ville de Séleucie, révoltée depuis sept ans, et la soumit à sa domination après un long siége. Il réduisit également à l'obéissance des rebelles très-puissants; et il aurait même attaqué l'Arménie, si Vibius Marsus, gouverneur de Syrie, ne l'en eût empêché, en faisant une démonstration contre ses états. Le prince ibérien Mithridate, à qui Artaban III avait enlevé l'Arménie, avait été replacé sur son trône, par l'ordre de Claude. Grâce aux secours de son frère Pharasmane, et surtout aux divisions intestines des Parthes, il put chasser Démonax, qui gouvernait l'Arménie pour les Arsacides. Quoique Bardane n'eût point attaqué alors les Romains, il paraît qu'il avait le dessein de leur déclarer la guerre, puisqu'au rapport de Josèphe[1], il se disposait à la faire à Izate, roi de l'Adiabène, qui refusait d'appuyer son entreprise; mais il fut distrait de son projet par de nouveaux embarras, sans doute par la révolte de son frère Gotarzès.

Celui-ci, en effet, se repentant d'avoir trop facilement cédé la couronne, rassembla de nouveau des troupes, et voulut encore une fois tenter la fortune des combats. Il s'avança aux bords d'un fleuve dont nous ignorons la situation, et que Tacite[2] appelle *Érindès;* mais il fut vaincu. Bardane poursuivit sa marche victorieuse jusqu'au fleuve Gindès, qui sépare les Ariens des Dahæ; il soumit tous les peuples qu'il ren-

[1] *Antiquit. judaic.* lib. XX, cap. III, § 3.
[2] *Annal.* lib. XI, cap. x.

contra sur son passage. S'il ne poussa pas ses conquêtes plus loin que le Gindès, c'est que les Parthes n'aimaient pas à entreprendre des expéditions lointaines. Pour conserver le souvenir de ses victoires, Bardane fit élever, sur le lieu où il s'arrêta, des monuments destinés à marquer le terme de ses exploits; il avait pénétré dans des pays qui n'avaient jamais été soumis jusqu'alors au joug des Arsacides. Il revint ensuite sur ses pas, et se rendit sans doute à Ctésiphon, sa capitale. Bientôt, enivré d'orgueil par ses victoires, il se montra extrêmement cruel envers ses sujets, qui conspirèrent contre lui, et le tuèrent à la chasse, encore jeune, dit Tacite[1], mais digne, par sa gloire, d'être rangé parmi les plus vieux rois. Josèphe prétend que les Parthes le massacrèrent parce qu'il voulait faire la guerre aux Romains[2].

La mort de Bardane occasionna de nouveaux troubles dans l'empire des Parthes; une portion du peuple tenait le parti de Gotarzès, qui très-probablement était alors réfugié chez les Dahæ; d'autres voulaient pour roi un descendant de Phraate IV, Méherdate, qu'on avait remis en otage aux Romains. Les partisans de Gotarzès triomphèrent. Tous ces événements sont placés, par Tacite, sous le quatrième consulat de Claude et de Vitellius, c'est-à-dire dans l'année 47 de notre ère. Cependant, le même historien date de

---

[1] *Ubi supra.*
[2] *Antiquit. judaic.* lib. XX, cap. II.

l'an 49 l'arrivée à Rome des ambassadeurs parthes qui vinrent demander pour roi Méherdate [1]. Ainsi, c'est au plus tôt dans l'année 48 qu'il faut placer la mort de Bardane et les troubles qui la suivirent. Ce prince ayant été assassiné peu après avoir vaincu son frère Gotarzès, nous assignerons pour date à ses victoires la fin de l'an 47 et le commencement de l'année suivante. Il avait soumis Séleucie, qui était en rébellion depuis sept ans. Nous avons vu que cette révolte remonte à l'année 40; nous placerons donc à la fin de l'année 46 la prise de Séleucie par Bardane. Ce fut sans doute en 45 que ce prince marcha à la rencontre de son frère vers les frontières de la Bactriane, et qu'eut lieu la conférence à la suite de laquelle Gotarzès lui céda la couronne et se retira dans l'Hyrcanie. Pendant l'année précédente, Bardane, après avoir détrôné son frère, se sera occupé du siége de Séleucie, qu'il aura été forcé de lever pour aller chercher dans la Bactriane ce même prince. Ainsi on peut, avec quelque certitude, dater de la fin de l'année 43 l'expulsion de Gotarzès. Ce dernier n'avait occupé le trône que peu de temps, et avait dû commencer de régner à la fin de 42, ou dans les premiers mois de l'année 43.

Lorsque le prince ibérien Mithridate, qu'Artaban III avait dépouillé de son royaume, fut informé des divisions qui agitaient les Parthes, il crut les circonstances favorables pour ressaisir le sceptre; aidé par son frère

[1] Tacite, *ubi supra*.

Pharasmane et par les Romains, il fit effectivement la conquête de l'Arménie. Tacite place son rétablissement en 47; mais on voit, par la suite des événements qu'il raconte, que Mithridate recouvra ses états à l'époque des premiers démêlés de Gotarzès et de Bardane, c'est-à-dire environ l'an 44, date qui se trouve confirmée par le récit où Dion Cassius[1] nous apprend que, vers l'an 41, Claude renvoya Mithridate dans l'Orient. On peut sans exagération accorder à ce dernier deux ou trois ans pour ses préparatifs de guerre et pour la conquête de son royaume. Enfin, nous rangerons dans l'année 47 la démonstration faite par Bardane contre l'Arménie.

De tout ce que nous venons de dire, il résulte que ce prince dut occuper le trône des Parthes au moins depuis le commencement de l'an 44 jusqu'à la fin de 48, c'est-à-dire près de cinq ans. C'est parce qu'il s'est trop rigoureusement tenu aux expressions de Tacite, que Tillemont[2] n'a donné à Bardane qu'une ou deux années de règne, espace de temps évidemment insuffisant pour toutes les expéditions militaires qu'il entreprit. Notre calcul, d'ailleurs, s'accorde mieux avec ce que dit Philostrate dans la vie d'Apollonius de Tyane[3]. Selon cet écrivain, lorsque ce dernier arriva à Babylone, il y avait deux ans et deux mois que Bardane

---

[1] Dion Cassius, lib. LX, cap. VIII, t. III, p. 738.
[2] Le Nain de Tillemont, *Hist. des Empereurs*, t. I, p. 205.
[3] Lib. I, cap. XXI, t. II, p. 42; ed. Amst. 1779.

y régnait, après avoir recouvré ses états. Apollonius resta à sa cour vingt mois, et se rendit ensuite dans les Indes[1]; il y passa quatre mois, puis revint à Babylone, où Bardane régnait encore[2]. En additionnant ces divers nombres, on trouve que ce prince dut occuper le trône au moins quatre ans et deux mois; ce qui est à peu près d'accord avec le système que nous avons présenté, et qui lui donne environ cinq ans de règne. Bardane, en effet, put être assassiné quelque temps après qu'Apollonius eut quitté Babylone.

Lorsque celui-ci y était arrivé, la Perse ne reconnaissait pas l'autorité de Bardane; il est fort possible que le prince qui régnait dans cette contrée suivît le parti de Gotarzès. Philostrate remarque que Bardane avait reconquis Babylone sur les Mèdes; il est encore fort probable qu'il est ici question de la prise de cette ville sur Gotarzès, qui était peut-être roi de Médie; car nous croyons que ce royaume a toujours été l'apanage du premier prince du sang arsacide. Après la mort de Phraate III, quand Orode s'empara de la couronne, il donna à son frère Mithridate III la couronne de Médie. Avant de régner sur les Parthes, Artaban III était roi des Mèdes, de même que Vononès II. Enfin, lorsque Vologèse Ier fut couronné roi des Parthes, il plaça sur le trône de Médie son frère Pacorus. A l'époque où Apollonius se trouvait à Baby-

[1] Apollonius de Tyane, lib. I, cap. XL.
[2] Id. lib. III, cap. LVIII.

lone, Bardane était encore en guerre avec son frère, puisqu'il entretenait des troupes nombreuses pour défendre Babylone contre les attaques des Mèdes. Ce fait doit effectivement se rapporter à la fin de l'année 45, avant la conclusion de la paix entre Bardane et Gotarzès, qui eut lieu en 46.

Ammien Marcellin [1] prétend que la ville de Ctésiphon, capitale de l'empire des Parthes, fut bâtie par Bardane. Comme il n'y eut qu'un seul prince de ce nom parmi les rois Parthes, on croit généralement que c'est de celui qui nous occupe que l'historien latin a voulu parler; cependant, longtemps avant cette époque, il est question de Ctésiphon dans Polybe [2] et ailleurs. Vaillant [3] et d'autres savants en ont conclu qu'Ammien s'était trompé. Nous ferons observer d'abord que, dans les anciens écrivains, il faut rarement prendre le mot de fondation dans un sens trop absolu, sans quoi on se trouverait exposé à commettre de grandes erreurs, ou à adopter des systèmes insoutenables. Il est fort possible que Bardane, qui, pendant la plus grande partie de son règne, fut occupé du siège de Séleucie, éloignée seulement de trois milles de Ctésiphon, ait fait bâtir des palais ou de grands monuments dans cette dernière ville, qu'il

[1] *Hist.* lib. XXIII, cap. vi.
[2] *Hist.* lib. V, cap. xlv, § 3. — Cf. Strab. *Geogr.* lib. XVI, p. 743; ed. Casaubon.
[3] *Arsacid. imper.* t. I, p. 228 et 229.

fut sans doute forcé d'habiter très-longtemps pour surveiller les opérations du siége. Cette circonstance suffit pour qu'on l'ait qualifié de fondateur d'une cité qui, pendant les troubles de l'empire des Parthes, avait peut-être été ravagée et détruite par les habitants de Séleucie, toujours jaloux de la prospérité de Ctésiphon.

Monté sur le trône vers la fin de l'an 48, Gotarzès traita avec beaucoup de cruauté les partisans de Bardane. Les Parthes, mécontents de son gouvernement, se révoltèrent, et envoyèrent à l'empereur Claude une ambassade, qui le pria de leur donner pour roi Méherdate, fils de Vononès Ier, de la race de Phraate, parce que Gotarzès s'était rendu également odieux aux nobles et au peuple, en se souillant du meurtre de ses frères et de ses parents, même les plus éloignés, sans épargner les femmes enceintes[1]. Voulant satisfaire aux demandes des envoyés parthes, Claude ordonna à C. Cassius, gouverneur de Syrie, de conduire Méherdate jusqu'aux bords de l'Euphrate, que le jeune prince passa à Zeugma. Là, il fut rejoint par beaucoup de nobles parthes et par Abgare, roi des Arabes. Cassius lui conseilla de pénétrer le plus promptement possible dans l'intérieur de l'empire, pour prendre possession de la couronne, l'engageant à redouter surtout l'inconstance de ses sujets. On était alors au commencement de l'hiver, c'est-à-dire à la fin de l'année 49,

[1] Tacite, *Annal.* lib. XII, cap. x; ed. Burnouf.

sous le consulat de Pompéius et de Véronius. Malgré les avis de Cassius, Méherdate s'arrêta fort longtemps auprès d'Abgare, qui le trahissait et qui servait en secret les intérêts de Gotarzès. En vain un des Parthes de son parti, appelé Carrhène, le pressa-t-il de hâter sa marche; au lieu de traverser la Mésopotamie, il prit la route de l'Arménie, rendue plus difficile encore par la saison. Après avoir été rejoint par les troupes de Carrhène, il passa enfin le Tigre, et entra dans l'Adiabène, dont le roi, appelé Izate, feignit de prendre son parti, tandis qu'il était secrètement lié avec Gotarzès. Méherdate et Carrhène s'emparèrent de Ninive et d'Arbèles, et s'avancèrent contre Gotarzès pour lui livrer bataille. Celui-ci était alors campé sur le mont *Sambulos*, dont nous ignorons la position ; il y offrait des sacrifices aux dieux et particulièrement à Hercule. Trop faible pour combattre ses adversaires, il prit position auprès d'un fleuve appelé *Corma*, qui lui servit de rempart contre Méherdate, et il refusa constamment d'en venir aux mains. Pendant cette inaction apparente, il envoya des émissaires dans le camp de son rival pour corrompre les partisans de ce dernier; ses projets réussirent : Izate et Abgare passèrent dans son camp. Méherdate, craignant que leur exemple ne fût suivi par d'autres, résolut de tenter à tout prix le sort des armes, mais il fut vaincu malgré la valeur de Carrhène. Le malheureux prince se rendit à un nommé Parrhacès, ancien vassal de son père, qui le fit charger de fers, et le remit entre les mains de Gotarzès. Celui-ci, ne le considérant pas comme un Arsacide, mais comme un Romain, lui fit couper les oreilles, et lui laissa la vie, afin de rendre l'insulte plus complète par une apparence de clémence[1]. Ce fut la dernière tentative des princes de la famille de Phraate IV pour remonter sur le trône. Cet événement dut arriver au commencement de l'an 50.

Carrhène, dont il vient d'être question, et que l'histoire nous présente comme chef des partisans de Méherdate, était sans doute de la race arsacide. Les services qu'il rendit à ce prince, et les troupes qu'il lui amena, prouvent qu'il était considéré et puissant. Nous pensons qu'il est le même personnage que celui dont nous avons déjà plusieurs fois parlé[2] sous le nom de Garen ou Karen que lui donne Moïse de Khoren. Si cette supposition est fondée, on doit voir en lui le frère d'Ardaschès ou Artaban III, et le chef de la seconde des quatre branches de la race royale des Arsacides[3]. A l'époque de l'expédition de Méherdate, il y avait environ sept années seulement qu'Artaban était mort; Garen pouvait lui avoir survécu, et sa qualité de frère du roi avait dû lui attirer une grande considération. Nous savons, par Moïse de Khoren[4], qu'il

[1] Tacite, *Annal.* lib. XII, cap. xi-xv.
[2] Tom. I, p. 46, 47, 52, 53.
[3] Voy. *ibid.* p. 46, 47, 52, 53.
[4] *Hist. armen.* lib. II, cap. lxv.

avait eu de vifs démêlés avec son frère ; il serait donc possible que, éloigné par sa naissance de la succession au trône, il eût, par jalousie contre ses neveux, fils d'Artaban III, soutenu les prétentions de la famille de Phraate IV. Nous avons déjà vu son frère Suréna tenir, en l'an 37, une conduite à peu près pareille, et couronner, au préjudice d'Artaban, Tiridate II, fils de Phraate.

Gotarzès, au rapport de Tacite[1], survécut fort peu de temps à la défaite de Méherdate ; il mourut de maladie, suivant le même historien ; ou plutôt, selon Josèphe[2], par la perfidie de ses sujets. Les paroles ambiguës de Tacite ont donné lieu de croire que Gotarzès était le frère d'Artaban III, dont il aurait été l'assassin ; mais Josèphe et Tacite lui-même affirment qu'il était frère de Bardane ; et le premier de ces historiens assure que celui-ci était fils d'Artaban III, ce qui est beaucoup plus probable. Nous n'avons plus la partie des Annales de Tacite qui devait contenir un récit détaillé de la mort d'Artaban ; le passage où l'écrivain romain parle de cet événement[3] peut également s'appliquer ou à un frère de Gotarzès qui aurait porté le nom d'Artaban, ou à son fils Artaban, dans la supposition qu'il eût été son frère. Nous avons préféré adopter l'opinion qui offre le moins d'invraisem-

---

[1] *Annal.* lib. XII, cap. xiv.
[2] *Antiq. judaic.* lib. XX, cap. iii, § 3, p. 774 ; ed. Dindorf.
[3] Tacite, *Annal.* lib. XI, cap. viii.

blance et qui d'ailleurs a pour elle l'autorité de Josèphe. Gotarzès étant mort peu de temps après la défaite de Méherdate, qui arriva en 50, nous placerons sa mort dans la même année.

Gotarzès eut pour successeur un prince du nom de Vononès, qui régnait sur les Parthes. Il ne se passa rien de mémorable sous ce dernier, et il mourut après un règne court et sans gloire. On doit admettre qu'il n'avait occupé le trône que bien peu de temps, puisque Josèphe[1] ne l'a pas connu, et qu'il donne, pour successeur immédiat à Gotarzès, Vologèse Ier. Nous daterons sa mort de l'année 51. Ce que Tacite[2] dit de Vononès, est tout ce que l'histoire nous apprend de lui. Nous ignorons à quel degré il était parent des Arsacides, ses prédécesseurs. Vaillant[3] pense qu'il était leur oncle; les raisons qu'il en donne sont loin de nous paraître concluantes. Nous savons par les historiens arméniens qu'Artaban III avait deux frères, Garen et Souren, et une sœur mariée au connétable du royaume; ces princes formèrent quatre branches distinctes, qui tinrent le premier rang dans la famille des Arsacides; il est probable que leurs parents, à un degré plus éloigné, furent confondus avec leurs descendants. La postérité d'Artaban III fonda la branche royale, et conserva le trône jusqu'à l'ex-

---
[1] *Ubi supra.*
[2] *Annal.* lib. XII, cap. XIV.
[3] *Arsacid. imper.* t. I, p. 244.

tinction de la monarchie. Tacite[1] fait mention de deux personnages appelés Suréna et Carrhène, qui, par le rang important qu'ils tenaient dans l'état, ne pouvaient être que les frères d'Artaban, nommés par les Arméniens Souren et Garen. Si Artaban avait eu un plus grand nombre de frères, il est probable qu'ils auraient fait valoir leurs droits et que les historiens auraient parlé d'eux. Nous penchons donc à croire que Vononès était plutôt le frère de Gotarzès et de Bardane que leur oncle. Il est certain qu'il ne pouvait être le fils de l'un d'eux, car ils moururent tous deux assez jeunes; Tacite au moins l'atteste pour Bardane. La qualité de roi des Mèdes qu'on donne à Vononès nous confirme d'ailleurs dans notre opinion. Nous avons vu que, plusieurs fois, les héritiers présomptifs de la couronne et les frères des rois prirent ce titre; nous en rencontrerons bientôt un autre exemple.

A Vononès II succéda Vologèse Ier, qui régna fort longtemps. Selon Tacite[2], ce prince était fils de Vononès II. Josèphe[3] dit, au contraire, qu'il était frère de Gotarzès, et, par conséquent, fils d'Artaban III. Malgré l'exactitude ordinaire de Tacite, nous nous rangeons à l'opinion de Josèphe, qui, né dans l'Orient, fut en quelque sorte témoin de l'avénement et du règne

[1] *Annal.* lib. VI, cap. XLII; lib. XI, capp. XII, XIII, XIV.
[2] *Ibid.* lib. XII, cap. XLIV.
[3] *Ubi supra.*

de Vologèse Ier, et put, par conséquent, être mieux informé que l'historien romain. D'ailleurs, en admettant, comme nous l'avons fait, que Vononès II, prédécesseur de Vologèse, était frère de Bardane, et que ce dernier mourut trop jeune pour laisser des enfants en âge de régner, il est difficile de supposer que Vononès, qui devait être le cadet, ait pu en laisser lui-même. Vologèse avait deux autres frères, Pacorus et Tiridate. Il avait reçu le jour d'une courtisane grecque, et il était l'aîné; les deux autres étaient nés d'une femme légitime.

L'an 51, sous le cinquième consulat de Claude et d'Orfitus, Vologèse entra dans l'Arménie avec une puissante armée, et y fit déclarer roi son jeune frère Tiridate, les troubles de ce royaume lui ayant fourni l'occasion de faire valoir ses droits. Nous avons dit que, en 44, Mithridate était remonté sur le trône d'Arménie avec le secours des Romains et de son frère Pharasmane, roi d'Ibérie. Celui-ci avait un fils appelé Rhadamiste, dont il redoutait l'ambition, et qu'il éloigna de ses états en affectant de le persécuter. Le jeune prince se retira auprès de son oncle Mithridate, qui le reçut fort bien, et lui fit épouser sa fille Zénobie. Rhadamiste profita de la faveur dont il jouissait auprès de Mithridate pour détacher de lui les grands de l'état. Il retourna ensuite à la cour d'Ibérie, annonçant qu'il s'était reconcilié avec son père; et bientôt après, Pharasmane, sous un vain prétexte, déclara la guerre à Mithridate. Surpris à l'improviste, le roi d'Arménie se réfugia dans la forteresse de *Gorneæ*, où il y avait une garnison romaine commandée par Cælius Pollio, qui contraignit le prince fugitif à faire un accommodement avec Rhadamiste. Aussitôt qu'il eut son beau-père en son pouvoir, ce dernier, violant sa parole, le fit étouffer; puis il égorgea la femme de ce malheureux prince, qui était sa propre sœur, et tous ses enfants. Vinidius Quadratus, gouverneur de Syrie, loin de venger la mort de Mithridate, vit avec plaisir les dissensions intestines des barbares, et se contenta de donner ordre à Pharasmane de rappeler ses troupes, et de retirer son fils de l'Arménie. Julius Pélignus, procurateur de la Cappadoce, fit d'abord quelques préparatifs pour attaquer Rhadamiste; mais, changeant bientôt de sentiments à son égard, il l'engagea à se faire proclamer roi, et assista à la cérémonie de son couronnement. Helvidius Priscus, autre général romain, pénétra dans l'Arménie, et en fit rentrer une partie sous la domination romaine; mais on le rappela bientôt après en Syrie, pour éviter tout sujet de guerre avec les Parthes. Vologèse, profitant de ces divisions, fit la conquête d'une partie de l'Arménie, sur laquelle il établit roi son frère Tiridate. Il s'empara d'Artaxata et de Tigranocerte; mais il est probable qu'il ne put se rendre maître des autres places fortes, la rigueur de l'hiver l'ayant forcé de ramener ses troupes dans ses États. Rhadamiste reprit alors toute l'Arménie, dont il traita les habitants avec beaucoup de rigueur, sous le prétexte qu'ils avaient favorisé les Parthes. Irrités de sa cruauté, les Arméniens se révoltèrent contre lui, et l'obligèrent à se réfugier dans l'Ibérie. Il était accompagné, dans sa fuite, par sa femme Zénobie, qui, étant enceinte, ne put longtemps supporter la fatigue d'une longue course à cheval. Pour qu'elle ne tombât pas entre les mains de ses ennemis, Rhadamiste la perça de son épée, et la jeta dans l'Araxe, d'où elle fut retirée encore vivante par des bergers, et conduite à Tiridate, qui la traita avec honneur.

Tous ces faits sont placés par Tacite[1] sous la date de 51; mais ils sont trop nombreux et trop compliqués pour s'être passés dans le cours d'une seule année. En 51, les Parthes entrèrent pour la première fois dans l'Arménie pendant le règne de Vologèse, et Tiridate en fut déclaré roi. L'hiver força les Parthes à la retraite, et, par conséquent, Rhadamiste ne dut rentrer dans son royaume qu'en 52. D'un autre côté, Mithridate ayant été assassiné dans l'année 50, on ne peut supposer que les événements qui suivirent la mort de ce prince, l'arrivée des Parthes, et les négociations, soit avec le gouverneur de Syrie, soit avec celui de Cappadoce, aient rempli moins d'un an ou de dix-huit mois.

Après la fuite de Rhadamiste, les Parthes rentrèrent

[1] *Annal.* lib. XII, cap. XLIV-LII.

en Arménie et y soutinrent une guerre de plusieurs années contre le prince ibérien fugitif. L'expulsion de Rhadamiste leur permit de s'y établir définitivement à la fin de l'année 54, sous le règne de Néron. Les Arméniens envoyèrent alors des ambassadeurs à Rome, pour faire connaître leur situation à l'empereur et l'engager à les défendre contre les Parthes. Néron donna ordre de compléter les légions de l'Orient, et de les concentrer sur les frontières de l'Arménie; il pressa, en même temps, les rois de Galilée et de Commagène, Agrippa et Antiochus, de jeter des ponts sur l'Euphrate et d'attaquer les Parthes. Toutefois, la guerre n'éclata pas cette année, Vologèse ayant été obligé de retirer ses troupes pour combattre son fils Bardane, qui s'était révolté contre lui[1]. Puisque Vologèse envahit l'Arménie à la fin de l'année 54, c'est dans le cours de l'année suivante qu'il faut placer la révolte de Bardane et la retraite des Parthes. En abandonnant l'Arménie, Vologèse envoya demander la paix à Domitius Corbulon, que Néron avait chargé de la guerre contre les Parthes; et, pour prouver la sincérité de ses intentions, il donna en otage aux Romains plusieurs personnes de la famille des Arsacides.

Malgré la conclusion de la paix, la guerre recommença dans les premiers mois de l'année 58, sous le consulat de Valérius Messala et de Néron[2]. Vologèse

[1] Tacite, *Annal.* lib. XIII, capp. vi-ix.
[2] *Id. Ibid.* cap. xxxvii.

voulait maintenir sur le trône d'Arménie son frère Tiridate; il entendait que ce prince tînt de lui sa couronne, et qu'il ne la reçût pas comme un don des Romains. Selon toute probabilité, Tiridate était resté maître de quelques parties de ce royaume, et faisait pour son compte la guerre à l'ennemi commun. Au moment où la guerre se rallume entre les deux empires, il semble en effet être en possession de l'Arménie, ou, au moins, y avoir un grand nombre de partisans; car, comme le fait observer Tacite[1], « Armenii ambigua fide utraque « arma invitabant, situ terrarum, similitudine morum « Parthis propiores, connubiisque permixti, ac, liber- « tate ignota, illuc magis ad servitium inclinantes. »

Enfin, Tiridate, en 58, soutenu par Vologèse, attaqua les partisans des Romains, et parcourut le pays sans toutefois vouloir en venir aux mains avec Corbulon, se contentant de harceler son lieutenant. Antiochus, roi de Commagène, et Pharasmane, roi d'Ibérie, qui, animé par son ancienne haine contre les Parthes, venait de donner aux Romains une nouvelle preuve de son amitié, en faisant mourir son fils, reçurent alors de Corbulon l'invitation de pénétrer en Arménie. Ce général engagea aussi des peuples nommés Insiques, qui étaient, plus que les autres, dévoués aux Romains, à faire la guerre à Tiridate. Celui-ci se plaignit de ce qu'on violait, en l'attaquant, la paix conclue avec Vologèse. Il joignit à ses plaintes quelques

[1] *Annal.* lib. XIII, cap. XXXVII.

paroles hautaines, ajoutant que l'Arménie était l'antique possession des princes de sa race; que Vologèse jusqu'à ce moment avait évité la guerre; mais que la valeur des Arsacides n'était point dégénérée, et qu'ils se rappelaient les maux qu'ils avaient causés aux Romains. Corbulon n'ignorait pas que Vologèse était occupé en Hyrcanie et que, par conséquent, il ne pouvait secourir Tiridate; aussi, conseilla-t-il à ce dernier d'abaisser sa fierté et de consentir à demander à Néron la couronne d'Arménie. Tiridate fit semblant d'accéder à ces propositions; il demanda à Corbulon une entrevue, dans l'intention de se rendre, par trahison, maître de sa personne; mais le général romain vint à cette entrevue accompagné d'un si grand nombre de soldats, que le roi d'Arménie se retira sans avoir osé mettre son dessein à exécution. Corbulon résolut alors de pousser la guerre avec vigueur; il pénétra dans l'intérieur de l'Arménie, et s'empara d'un château fort appelé *Volandum*. Ses lieutenants furent vainqueurs partout où ils se présentèrent, et lui-même alla attaquer Artaxata, capitale du royaume. Tiridate s'approcha avec ses troupes pour tenter d'en faire lever le siége; mais il ne put en venir à bout, et il fut contraint de se retirer dans la Médie. Artaxata se vit alors forcée de se rendre. Corbulon, qui n'avait pas assez de monde pour garder une ville d'une étendue aussi considérable, la fit brûler, en épargnant toutefois les habitants. Afin de ne point donner aux ennemis le temps de se reconnaître, il marcha en toute hâte sur Tigranocerte; il y arriva après une marche longue et difficile à travers des contrées montagneuses, où il eut à combattre les Mardes, qui attaquèrent son armée. Effrayés du sort d'Artaxata, les habitants se rendirent sans résistance; mais la citadelle, occupée sans doute par des troupes parthes, se défendit vigoureusement; elle fut prise d'assaut. Corbulon, dans toute son expédition, n'eut aucune bataille à livrer, parce que les Parthes faisaient alors la guerre aux Hyrcaniens. Ceux-ci envoyèrent des ambassadeurs aux Romains, et firent valoir comme gage de leur affection la diversion opérée contre Vologèse. Lorsque Corbulon congédia ces ambassadeurs, il y avait lieu de craindre qu'après avoir passé l'Euphrate, ils ne fussent arrêtés par les Parthes. On leur donna, en conséquence, une escorte, qui les conduisit jusqu'aux bords de la mer Rouge, d'où ils retournèrent dans leur patrie, en évitant de s'approcher des frontières de l'ennemi.

C'est en 58 que Corbulon commença la guerre d'Arménie et qu'il en chassa Tiridate. On peut placer dans la même année la prise et la destruction d'Artaxata. Nous renverrons, avec Tillemont[1], à l'an 59 la prise de Tigranocerte. Après la conquête de cette ville, Tiridate voulut rentrer dans l'Arménie; il y pénétra par le pays des Mèdes, et menaça Vérulanus, qui commandait l'avant-garde de Corbulon. Ce dernier accourut bien-

[1] Le Nain de Tillemont, *Hist. des Emp.* t. I, p. 269.

tôt au secours de son lieutenant, et força le prince arsacide à la retraite. Les Romains restèrent ainsi seuls maîtres de l'Arménie. Néron en donna la couronne, l'an 60, à un prince nommé Tigrane, petit-fils, selon Tacite[1], d'Archélaüs, dernier roi de Cappadoce. Sur ce point, l'historien latin se trompe; car nous savons, par Josèphe[2], que ce Tigrane était petit-fils de Glaphyre, fille d'Archelaüs, et, par conséquent, arrière-petit-fils de celui-ci. Il était également arrière-petit-fils d'Hérode, roi des Juifs. Pendant le règne de Tibère, les Romains avaient déjà fait monter sur le trône d'Arménie un prince de la race d'Hérode. Tigrane, dit Tacite[3], longtemps otage à Rome, s'y était avili jusqu'à la patience la plus servile. Il ne sut pas se faire aimer des Arméniens, dont un grand nombre conservaient de l'attachement pour la race des Arsacides, quoique beaucoup d'autres, irrités de l'insolence des Parthes, préférassent les rois établis par les Romains. En même temps qu'il plaçait sur la tête de Tigrane la couronne d'Arménie, Néron démembra plusieurs provinces de ce royaume. Corbulon partit, bientôt après, pour aller remplacer en Syrie Ummidius Quadratus, qui était mort; il laissa à Tigrane quelques troupes afin de l'aider à se maintenir dans ses états.

Informé que Corbulon avait placé un étranger sur

[1] *Annal.* lib. XIV, cap. XXVI.
[2] *Antiquit. judaic.* lib. XVIII, cap. V, § 4; ed. Dindorf.
[3] *Loc. cit.*

le trône d'Arménie, et qu'il en avait chassé son frère, Vologèse voulut venger l'injure des Arsacides; il fut arrêté cependant par la crainte que lui inspirait la grandeur romaine, par la foi des traités, et par les guerres qu'il avait à soutenir. Il était alors occupé à combattre les Hyrcaniens et d'autres nations révoltées, et il temporisa malgré lui. Il se contenta d'envoyer des ambassadeurs pour se plaindre de Tigrane, qui était sorti des limites de son royaume et ravageait l'Adiabène. Les grands de l'état supportaient avec peine ces lenteurs. Leur mécontentement s'accrut lorsque Monobaze, roi de l'Adiabène, arriva auprès de Vologèse pour lui demander des secours; son frère Tiridate s'était déjà réfugié à la cour du roi des Parthes. Vologèse se décida enfin à mettre un diadème sur la tête de son frère; il lui accorda une garde nombreuse, comme à un roi; puis il lui donna, avec Monèse, qui tenait un rang distingué dans le royaume, un corps de troupes adiabéniennes, et il lui enjoignit d'aller chasser Tigrane de l'Arménie, en promettant d'attaquer les provinces romaines, dès qu'il aurait soumis lui-même les Hyrcaniens. Aussitôt que Corbulon fut informé de l'arrivée des Parthes, il donna ordre à Vérulanus Sévérus et à Vettius Bolanus de marcher, avec deux légions, au secours de Tigrane; et il écrivit à Néron pour l'engager à charger un général de défendre l'Arménie, parce qu'il ne pouvait quitter la Syrie, qui était menacée d'être envahie par Vologèse.

Il faisait, en effet, fortifier les rives de l'Euphrate, et se préparait à repousser vigoureusement les Parthes. Monèse et les Adiabéniens trouvèrent Tigrane sur ses gardes; et, après des efforts inutiles, ils furent obligés de se retirer sans avoir pu prendre Tigranocerte, qu'ils avaient assiégée. Malgré cet incident heureux, Corbulon envoya une ambassade pour demander à Vologèse des explications sur la rupture de la paix, que ce prince avait enfreinte en attaquant un roi ami et allié des Romains. Vologèse était alors à Nisibe; informé du mauvais succès de ses armes, et ne se souciant pas d'ailleurs, dit Tacite[1], de faire sérieusement la guerre aux Romains, il se montra disposé à traiter. Il répondit qu'il enverrait des ambassadeurs à l'empereur pour lui demander la cession de l'Arménie et pour renouveler la paix; il ordonna ensuite à Monèse de revenir avec ses troupes. Tous ces événements semblent être arrivés dans l'année 61.

Il paraît néanmoins que les Parthes avaient obtenu ailleurs de grands avantages, puisque, l'année suivante, nous les voyons maîtres de Tigranocerte et de toute l'Arménie. Il est fort probable que Corbulon, qui connaissait leur puissance et le véritable état des choses en Arménie, avait jugé que les Romains ne pourraient jamais se maintenir en possession d'un pays où ils avaient surtout à vaincre l'attachement que ses habitants montraient pour les Parthes. Il se sera décidé à

[1] *Annal.* lib. XV, cap. v.

l'abandonner provisoirement; et cela explique comment Vologèse a pu convenir avec Corbulon d'envoyer une ambassade à Rome pour demander l'Arménie. Le général romain paraît, sur ces entrefaites, avoir retiré ses troupes de Tigranocerte et de l'Arménie, et les avoir envoyées passer l'hiver en Cappadoce. Aussi Tacite [1] dit-il qu'on croyait généralement que Corbulon avait fait avec Vologèse un traité secret, par lequel les Parthes, les Romains et même Tigrane devaient abandonner l'Arménie. Un autre passage semble indiquer qu'aussitôt après l'évacuation de ce royaume par les Romains, la plupart des princes se déclarèrent pour les Parthes, et, par conséquent, pour Tiridate, qui se trouva de nouveau en possession du pays, et cela avant l'arrivée de la réponse de Néron. Depuis cette époque, il n'est plus question de Tigrane; l'histoire a dédaigné de nous instruire de sa fin.

En 62, les ambassadeurs de Vologèse revinrent sans avoir rien obtenu de Néron. La guerre recommença avec une nouvelle fureur, mais avec plus d'avantage pour les Parthes, puisque, pendant la suspension des hostilités, ils étaient devenus maîtres de l'Arménie. Les Romains, dans l'intervalle, avaient réuni un corps d'armée considérable, composé de légions tirées de Syrie et de Mœsie, et de troupes auxiliaires galates, cappadociennes et pontiques. D'après l'avis

---

[1] *Annal.* lib. XV, cap. VI.

de Corbulon, on en donna le commandement à un chef particulier, afin que ce général, n'étant point occupé du côté de l'Arménie, pût mieux veiller à la défense de la Syrie. Le choix de l'empereur s'arrêta sur Césennius Pætus. Aveuglé par sa vanité, celui-ci ne prit même pas le temps nécessaire pour rassembler ses troupes dispersées. Se flattant que sa présence suffirait pour soumettre l'Arménie, il y entra avec deux légions seulement, persuadé qu'il allait s'emparer sans difficulté de Tigranocerte et du reste du royaume. Tous ses exploits se bornèrent à la prise de quelques châteaux. Un peu avant l'arrivée de l'hiver, il rentra dans son gouvernement, sans appeler à lui les troupes laissées dans le Pont. Comprenant bien qu'il ne pouvait attaquer avec avantage la Syrie, protégée par Corbulon, qui avait passé l'Euphrate à la tête de forces considérables et s'était campé sur la rive orientale de ce fleuve, Vologèse entra dans l'Arménie et marcha contre Pætus. Assiégé dans son camp, ce dernier ne put en sortir que par une capitulation honteuse; il abandonna entièrement l'Arménie, et remit entre les mains des Parthes les forteresses qu'occupaient les troupes romaines, ainsi que les vivres qui s'y trouvaient. Pætus avait appelé à son secours Corbulon, qui n'avait pu arriver assez à temps pour empêcher cette capitulation honteuse. Lorsqu'ils eurent opéré leur jonction, le premier insista pour rentrer dans l'Arménie, d'où Vologèse venait de sortir; mais Corbulon, étant chargé de défendre la

Syrie, ne voulut pas s'engager dans une expédition qui l'aurait obligé à dégarnir son gouvernement. Il retourna donc en Syrie, où il reçut, peu de temps après, une ambassade de Vologèse, qui le sommait d'évacuer les forts qu'il avait fait élever dans ses états, sur la rive gauche de l'Euphrate. Corbulon répondit qu'il le ferait volontiers, pourvu que, de son côté, le roi des Parthes retirât ses troupes de l'Arménie. Vologèse y consentit, se proposant de prendre pour terme de cet arrangement le retour d'une seconde ambassade qu'il devait envoyer à Néron, dans le but d'obtenir l'Arménie pour Tiridate. Jusqu'à l'arrivée de la réponse de Néron, les Arméniens restèrent sans souverain. Tous ces événements se passèrent en 62. Au printemps de l'année 63, les ambassadeurs de Vologèse remirent à Néron les lettres de leur roi, contenant la demande de l'Arménie pour Tiridate, que des fonctions sacerdotales empêchaient de se rendre à Rome en personne, pour recevoir la couronne des mains mêmes de Néron. Tiridate offrait d'ailleurs de la recevoir en présence de l'image de l'empereur et des légions romaines. Informé du véritable état des choses par le centurion qui avait accompagné les ambassadeurs, et n'ignorant pas que les Parthes demandaient ce dont ils avaient déjà pu se rendre maîtres, Néron jugea convenable de paraître résolu à leur faire la guerre, et il donna à Corbulon des instructions dans ce sens. Tacite et Dion Cassius disent[1] qu'en renvoyant les ambassadeurs parthes, on leur laissa entrevoir que si Tiridate voulait venir en personne à Rome, il obtiendrait ce qu'il désirait. On ordonna cependant à Corbulon de se préparer à la guerre et d'entrer en Arménie avec une armée. Pour se conformer aux ordres de Néron, le général romain rassembla la plus grande partie des légions de Syrie, y joignit des troupes tirées de l'Illyrie, de la Mœsie et du Pont, et enjoignit aux rois tributaires, aux tétrarques et aux gouverneurs de le suivre dans son expédition contre les Parthes. Il réunit toutes ses forces à Mélitène, où il se disposa à passer l'Euphrate.

Malgré ces préparatifs hostiles, Corbulon, qui était informé des véritables intentions de l'empereur, ne poussa pas la guerre avec chaleur ; il entra dans l'Arménie, où il reçut de nouveaux ambassadeurs de Vologèse et de Tiridate. Il les traita avec distinction, et fit représenter secrètement à Tiridate qu'il valait mieux pour lui recevoir la couronne des mains de César que de voir encore une fois le royaume d'Arménie dévasté ; à Vologèse, que son royaume était troublé par les révoltes de nations barbares et indomptées, et que, par conséquent, il lui était plus avantageux d'entretenir la paix avec l'empire romain que de lui faire la guerre. Pour déterminer ces deux princes à conclure la paix plus promptement, il attaqua et dé-

[1] Tacite, *Annal.* lib. XV, cap. xxv. — Dion Cassius, lib. LXII, cap. xxii.

vasta les possessions et les châteaux des seigneurs d'Arménie qui s'étaient les premiers déclarés contre les Romains. . . . .

APPENDICE.

MÉMOIRE

sur l'époque

DE LA FONDATION DE LA DYNASTIE DES ARSACIDES.

Le P. Pétau et Ussérius ont placé la fondation de la dynastie des Arsacides en l'année 250 avant J. C. Leur opinion a été adoptée par un grand nombre de savants, parmi lesquels nous ne nommerons que M. de Sainte-Croix. L'illustre Fréret se prononça pour l'an 251. Corsini chercha à prouver que cet événement était arrivé en 229; mais vigoureusement combattu par Frölich, qui reculait cette date jusqu'à l'an 248, il se décida en faveur de l'année 245, dans une seconde dissertation. Aujourd'hui, on est assez généralement d'accord pour placer en l'an 256 le fait dont il s'agit. Cette date, d'abord proposée par l'abbé Longuerue[1], a été suivie par Vaillant et par beaucoup d'autres. Eckhel et M. Visconti sont venus l'appuyer de leur imposante autorité; et, tout récemment, M. Tychsen l'a reproduite dans les Mémoires de l'Académie de Göttingue. Quelque

---

[1] Dans les *Annales Arsacidarum* placées, sans nom d'auteur, en tête du premier volume de l'ouvrage de Vaillant intitulé *Imperium Arsacidarum*.

poids que doive avoir l'opinion de savants aussi recommandables, après avoir examiné et discuté les passages des anciens sur lesquels ils se sont fondés, et après les avoir comparés avec d'autres témoignages qu'ils n'ont pu connaître ou dont ils n'ont pu se servir, nous sommes revenu à l'opinion plus ancienne de Pétau et d'Ussérius, et nous pensons qu'il faut placer à l'an 250 avant J. C. l'époque où les Parthes jetèrent les premiers fondements de leur empire. Pour arriver à ce résultat, nous avons deux moyens : le premier est la connaissance de la durée totale de la domination des Arsacides sur la Perse; le second, la discussion des dates fournies par les écrivains qui font mention de la révolte du premier Arsace contre les rois séleucides. Si, par ces deux moyens, on parvient à des résultats identiques, il y a lieu de croire qu'on a trouvé la vérité.

PREMIÈRE SECTION.

Il est constant, par le témoignage de Dion Cassius et d'Hérodien, auteurs contemporains, que ce fut sous le règne de l'empereur Alexandre Sévère, qu'Artaban V, dernier prince de la race des Arsacides, périt en combattant Ardeschir, fils de Babek, fondateur de la dynastie des Sassanides. Selon Agathias, qui tenait du gardien des archives royales de Perse ce qu'il raconte sur cette dynastie, l'événement serait arrivé dans la quatrième année d'Alexandre Sévère, l'an 538 de l'ère d'Alexandre ou des Séleucides. La quatrième année d'Alexandre Sévère a fini dans les mois de mars ou d'avril de l'an 226 de J. C. et l'année 538 des Séleucides, telle qu'on la supputait en Syrie et en Perse, du temps d'Agathias, a commencé avec le mois d'octobre de la même année 226 de J. C. Bien que les deux dates données par Agathias ne correspondent pas exactement, et qu'il y ait entre elles quelques mois de différence, nous ne devons pas rejeter son témoignage. Cette différence, en effet, n'est qu'apparente, comme nous le prouverons bientôt. Ardeschir, descendant des princes d'Isthakhar, dans le Farsistan ou la Perside, était, depuis l'an 196 de J. C. maître d'un canton de cette province; et en l'année 202, après avoir exterminé tous les chefs de la race des Bazarendjan, il s'était rendu souverain indépendant du Farsistan. Enfin, après avoir accru ses forces par la destruction de tous les princes qui régnaient dans le Kirman, sur les bords de la mer Érythrée, dans le Khouzistan, l'Ahwaz et la Mésène, et après s'être emparé de leurs états, il se crut assez fort pour se mesurer avec le grand roi; il se révolta ouvertement la quatrième année du règne d'Alexandre Sévère, 225 et 226 de J. C. La guerre fut longue, et le roi des Parthes ne perdit sa couronne qu'après avoir été vaincu dans trois grandes batailles. Ces événements nous conduisent à l'an 226 de l'ère chrétienne, c'est-à-dire vers l'an 538 de celle des Séleucides. L'année persane qui commença le 29 mai 226 de J. C. doit donc être regardée comme la première de l'empire des Sassanides. Selon le témoignage de Djoraïr-al-Thabary, historien arabe, qui écrivait au commencement du x° siècle, et qui nous a fourni tous les faits que nous venons de rapporter, ce fut dans le mois de mihir qu'Artaban fut vaincu pour la troisième fois par Ardeschir, et que son vainqueur fut proclamé roi des rois. Cette année, le mois de mihir tomba entre le 25 novembre et le 25 décembre, par conséquent dans l'année 538 de l'ère des Séleucides. Le témoignage d'Agathias est donc exact en tous points.

Cette date, désormais fixée d'une manière qui nous paraît incontestable, nous fera connaître avec certitude la véritable époque de la fondation de la dynastie des Arsacides, si quelque auteur nous donne d'une manière exacte la somme totale du règne de chacun des princes de cette dynastie. Malheureusement, les historiens grecs ou latins ne peuvent nous fournir la moindre lumière à cet égard. Aucun d'eux ne nous a transmis une liste des rois arsacides; aucun d'eux n'a déterminé la durée de leurs règnes, si l'on excepte deux de ces princes. Les listes dressées par les savants modernes sont le résultat des recherches qu'ils ont entreprises pour éclaircir et coordonner les divers fragments qui nous restent des ouvrages où il était question de l'histoire des Parthes. Ils se sont plus ou moins heureusement tirés des nombreuses difficultés que présentait ce travail; mais il s'en faut de beaucoup qu'ils aient fixé le plus grand nombre des points de cette chronologie, et qu'ils aient même établi, d'une manière incontestable, le nom, le nombre et la succession des rois. Les nombreuses médailles frappées, pour les rois Parthes, dans les villes grecques de l'Asie situées à l'orient de l'Euphrate, ne peuvent pas être d'un grand secours pour cet objet, bien que beaucoup d'entre elles portent des dates. La raison en est que, à peu de chose près, elles se ressemblent toutes, et que les princes qu'elles représentent y sont presque tous désignés par le seul nom générique d'Arsace, accompagné du titre de roi des rois ou de grand roi, et suivi de surnoms presque constamment les mêmes. Pour pouvoir, d'après les dates qui se voient sur les médailles arsacides, attribuer chacune de ces pièces au prince à qui elle appartient réellement, il faudrait avoir ce qui nous manque, c'est-à-dire une liste exacte des rois dont on cherche à retrouver la durée du règne avec le secours de ces monuments. Dans ce cas-là même, il serait fort difficile d'affirmer qu'une médaille se rapporte au prince à qui sa date semblerait l'attribuer, parce que toutes ces monnaies, ayant été frappées dans les villes grecques de l'Assyrie et de la Mésopotamie, au milieu de guerres civiles sans cesse renaissantes, peuvent souvent ne nous présenter que les traits d'un rebelle ou d'un usurpateur connu ou inconnu, et issu du sang royal, qui dominait dans ces régions. Comment le distinguer du prince légitime? Le nom vague d'Arsace et les titres qui l'accompagnent appartenaient exclusivement à la puissance souveraine; les usurpateurs et les rebelles les prenaient aussi bien que le vrai roi. Les plus anciennes de ces médailles, étant d'un meilleur travail et offrant des surnoms qui appartiennent exclusivement à tel ou tel roi, seraient d'un plus grand secours; mais malheureusement elles ne portent pas de dates. Ainsi, quoique Vaillant et, après lui, Pellerin, Fréret, Barthelémy, Eckhel, se soient souvent servis avec succès des unes et des autres, il n'est résulté de leurs travaux, malgré toute leur sagacité, qu'une suite de conjectures plus ou moins ingénieuses, qui n'ont pu nous donner une série chronologique des rois parthes incontestable dans toutes ses parties, ni nous faire connaître, d'une manière certaine, l'époque de l'avénement et de la mort de chacun d'eux. Les portions les mieux établies de leurs listes ne présentent même que des dates plus ou moins incertaines. Le travail de M. Visconti l'emporte de beaucoup sur tout ce qui a été fait par ses devanciers; nous osons même dire que c'est le seul ouvrage véritablement critique qui ait jamais été entrepris sur l'histoire des Parthes. Cependant, la découverte de l'existence de plusieurs rois arsacides qui ont échappé aux investigations de ce savant, et la discussion attentive de tous les points de l'histoire de cette dynastie, discussion qui nous a amené à des résultats presque toujours différents des siens, nous donnent lieu de penser que ce que nous avons dit des observations de Vaillant, de Pellerin, de Fréret, de l'abbé Barthélemy et d'Eckhel doit également s'appliquer aux recherches de M. Visconti.

Les lettres numérales qui se voient au revers d'un grand nombre de médailles græco-parthes ont été l'objet de longues discussions. Vaillant crut y trouver la preuve de l'existence d'une ère particulière aux Arsacides qui, datant de la fondation de cette dynastie, devait servir à nous en faire connaître la vraie durée. Son hypothèse fut adoptée avec empressement par Corsini et par Frölich ; mais d'autres savants, d'une autorité imposante en pareille matière, la rejetèrent ; le père Hardouin, le premier, et, après lui, Fréret, Pellerin, l'abbé Barthélemy, Eckhel et M. Visconti ont mis hors de doute que toutes les dates qui se lisent sur les monnaies parthes à légendes grecques se rapportent à l'ère des Séleucides. Vaillant pensait que toutes les médailles dont il s'agit avaient été frappées par l'ordre des rois parthes ; il était donc naturel de supposer que les dates qu'elles offrent se rapportent plutôt à une ère particulière aux Arsacides qu'à une ère étrangère. Mais, dans cette hypothèse, on pourrait demander pourquoi ces princes n'auraient songé à se servir d'une ère particulière que dans l'année 276, c'est-à-dire longues années après la fondation de leur dynastie? D'un autre côté, si l'on adopte le système d'Eckhel et de M. Visconti, qui pensent, comme Vaillant, que ces médailles appartiennent aux rois parthes, pourquoi y lit-on des dates prises de l'ère des Séleucides? Aucune difficulté ne se présente, si l'on admet avec nous que toutes ces médailles furent frappées dans les villes grecques et macédoniennes de l'Asie, qui avaient conservé une sorte d'autonomie sous la domination ou la protection des Parthes. Dans les premiers temps de la conquête, la rivalité existant entre les Arsacides et les rois de Syrie dut empêcher les Grecs, qui étaient sujets des premiers, de se servir de l'ère des Séleucides, au moins sur les monuments publics. Cette raison subsista sans doute jusqu'à ce que les Romains eurent détruit le royaume de Syrie, l'an 63 avant J. C. Cet événement dut influer sur la conduite politique des rois parthes; ils n'avaient plus aucune raison d'interdire l'usage d'une ère qui rappelait la domination plus ancienne d'une dynastie rivale. Bien plus, en se substituant aux droits des Séleucides et en permettant qu'on employât dans leurs états une ère répandue dans toute l'Asie, ils purent croire que ce serait un moyen de se faire considérer comme les seuls légitimes successeurs d'Alexandre, et, par là, de s'attacher davantage leurs sujets grecs. Il n'y a donc rien d'étonnant que la plus ancienne date connue des médailles græco-parthes soit l'an 276 de l'ère des Séleucides, qui correspond à l'espace de temps compris entre le 16 octobre de l'an 36 avant J. C. et le 4 novembre de l'an 35, époque postérieure de vingt-sept ans à la fin du règne des Séleucides.

Jusqu'à présent on n'a rencontré qu'une seule exception parmi ces médailles, et cette exception appuie même notre système, bien loin de l'affaiblir. C'est une médaille des premiers temps de la domination parthe, datée de l'an 173 des Séleucides (139 et 138 avant J. C.). Il n'y avait pas encore à cette époque d'usage bien établi; on en a la preuve lorsque l'on considère que toutes les autres médailles frappées en ce temps et depuis, jusqu'à l'année 276, sont sans date, tandis que la plus grande partie de celles qui ont été frappées postérieurement à 276 en portent une. Enfin, pour peu qu'on examine la médaille datée de l'an 173, on s'aperçoit qu'elle ne ressemble en rien aux autres monnaies arsacides; sans le nom du roi qui s'y trouve gravé, on la prendrait même pour une monnaie séleucide; tout y est grec, face et revers; la tête est ceinte d'un diadème à la grecque. Il est évident qu'on s'est borné à remplacer le nom du roi de Syrie par celui du prince arsacide, sans rien changer au type adopté dans la ville où l'on a fait frapper cette médaille.

Comme peu de temps avant les travaux de M. Visconti, un savant numismate, l'abbé Sestini, s'est efforcé de remettre en faveur le système de Vaillant, qui veut qu'une ère particulière aux Arsacides ait été employée sur leurs monnaies, nous demandons la permission de nous livrer à quelques autres considérations qui nous semblent nécessaires pour achever de montrer combien peu est fondée une telle opinion. Selon le système de Longuerue, d'Eckhel et de M. Visconti, qui donne le plus de latitude, la durée la plus longue qu'on puisse assigner à la dynastie des Arsacides, est de quatre cent quatre-vingt-deux ans. Comment faire concorder ce système avec la supposition de ceux qui prétendent expliquer les dates des monnaies arsacides par une ère particulière, lorsqu'on voit sur quelques-unes de ces médailles la date de 530, qui excède de quarante-huit ans la plus longue durée possible de la dynastie des rois parthes? Dans le système de Corsini, on trouve l'énorme différence de soixante et quinze ans. Pour justifier leur prétendue ère des Arsacides, Vaillant et Frölich ont été obligés de supposer que les dernières médailles parthes furent frappées dans des villes de Perse qui n'avaient pas encore reconnu l'autorité des Sassanides, ou bien qu'Ardeschir et son fils Schahpour avaient continué de faire frapper des monnaies au type de leurs prédécesseurs et de leurs ennemis. Ces deux suppositions sont également inadmissibles. Six ans, au plus, après la mort d'Artaban V, en 233, la Perse entière était soumise aux lois des Sassanides. Les petits princes Arsacides, issus des branches collatérales, qui s'y trouvaient encore, avaient reconnu la domination de la nouvelle dynastie, et ne se seraient certainement pas arrogé le droit de faire frapper des monnaies avec des légendes écrites dans une langue étrangère et contenant des titres qui ne pouvaient appartenir qu'à la puissance suprême. Il est également hors de vraisemblance que les Sassanides vainqueurs, qui se donnaient pour les libérateurs de la Perse, aient, pendant quelque temps, suivi, pour leurs monnaies, la coutume de leurs prédécesseurs. Toutes les médailles que nous possédons et qui leur appartiennent incontestablement, nous offrent des têtes de rois tournées vers la droite, contre l'usage constant des Arsacides. Il est à remarquer, en outre, que la plupart de ces pièces se rapportent à Ardeschir et à son fils Schahpour. Autour de la tête, on voit une légende contenant le nom et les titres du prince; c'est encore contraire à l'usage des Arsacides, qui mettaient leur légende au revers. De plus, comme il y a tout lieu de croire que les Sassanides arrachèrent aux villes grecques de la Mésopotamie et de l'Assyrie la liberté dont elles avaient joui sous la domination des Parthes, il est fort probable qu'elles cessèrent alors de frapper des monnaies à légendes grecques. Toujours est-il certain que nous ne possédons aucune médaille à légendes grecques frappée pour les Sassanides. On peut encore moins admettre que ces villes, plus de cinquante ans après la destruction de l'empire des Arsacides, aient continué de fabriquer des monnaies avec le nom et les attributs de ces princes. D'autres savants, tels que Longuerue et Corsini, ont voulu attribuer aux derniers rois d'Arménie de la race d'Arsace les médailles grecques dont les dates excèdent de beaucoup la durée réelle du règne de cette dynastie en Perse. Cette opinion n'est pas mieux fondée que l'autre. A l'exception de quelques médailles frappées, dans la Syrie et la Mésopotamie, pour Tigrane et ses enfants, il ne paraît pas que les rois d'Arménie, qui n'avaient point de villes grecques dans leurs états, aient jamais fait frapper des médailles à légendes grecques; du moins n'en connaît-on aucune. La destruction de la monarchie arsacide en Perse ne pouvait donner aux Arsacides d'Arménie le droit de se considérer comme les successeurs des rois parthes, attendu qu'à cette époque il existait encore un grand nombre de princes de la famille royale de Perse, soit de la ligne directe, soit des branches collatérales. Enfin, quand il serait vrai que le roi d'Arménie aurait pu se considérer comme le légitime successeur d'Artaban V, il est fort douteux qu'il eût osé prendre sur ses monnaies le titre de roi des rois et le nom dynastique d'Arsace. Aucun témoignage historique ne nous porte à le croire; et d'ailleurs on sait que, l'an 233, sept ans après la mort d'Artaban, le roi d'Arménie ayant été assassiné, l'héritier du royaume, encore au berceau, fut amené à Rome; on sait aussi que les Perses, sous le règne d'Ardeschir et de Schahpour, dominèrent pendant vingt-sept ans en Arménie, précisément durant le cours des années qui, d'après les médailles en question, devraient être attribuées à des princes arsacides d'Arménie.

Les renseignements que les auteurs orientaux, arabes ou persans, nous ont transmis sur les rois arsacides et, en particulier, sur la durée qu'ils assignent à la domination de cette dynastie sur la Perse, sont assez intéressants, ce nous semble, pour que nous devions nous y arrêter quelques instants, et y chercher ce que les Grecs et les Latins ne nous apprennent pas. Remarquons d'abord que les Orientaux donnent ordinairement le nom de *Moulouk-al-thewaïf*, rois des dynasties, à tous les princes séleucides, arsacides et autres qui régnèrent en Asie dans l'espace de temps compris entre Alexandre et les Sassanides. Ce nom de *Moulouk-al-thewaïf* exprime, à notre avis, d'une manière fort juste, l'espèce de régime féodal qui dominait alors en Asie, et les démêlés sans cesse renaissants entre les Arsacides. Lorsque les historiens orientaux veulent distinguer ces derniers des autres rois des dynasties, ils les désignent plus particulièrement sous le nom d'*Aschakanians* ou *Aschkanians*, dérivé d'Arschak ou Arsace et, par corruption, Aschak, sorte d'altération assez ancienne, puisqu'on la trouve déjà dans Isidore de Charax. Les écrivains orientaux regardent ces Aschkanians comme les chefs des *Moulouk-al-thewaïf*, ce qui est vrai; et ils les divisent en deux branches successives, ce qui est aussi fort exact. Mais la plupart d'entre eux commettent une grave erreur quant à la durée de cette dynastie : selon leur calcul, elle aurait été de deux siècles plus courte qu'elle ne le fut véritablement. Firdousi, dans son Schah-namèh, donne aux Aschkanians un règne de deux cents ans; d'après les livres des Mages, cités par Djoraïr-al-Thabary, ils auraient régné deux cent six ans; et, selon Mirkhond, trois cent quinze. Nous ne nous arrêterons pas à rapporter les supputations des écrivains orientaux moins connus; il nous suffira de dire qu'ils assignent deux à trois cents ans de durée à la dynastie des *Moulouk-al-thèwaïf*, c'est-à-dire qu'ils sont, à deux siècles près, dans le vrai. Cependant, il existe des écrivains orientaux plus instruits, qui adoptent un calcul, sinon exact, au moins plus raisonnable. Djoraïr-al-Thabary, par exemple, dit que le règne de ces rois fut de quatre cents ans; selon l'historien persan Bahram, mobed de Schahpour, dont l'autorité est fréquemment invoquée par l'auteur du *Modjmel-al-téwarikh*, excellent ouvrage persan, écrit au commencement du xiie siècle, la domination des Arsacides aurait duré quatre cent onze ans. La liste des rois donnée par Bahram est fort curieuse, et, dans plusieurs de ses parties, d'une exactitude très-remarquable. Cette observation et quelques autres du même genre, que nous aurons l'occasion de faire dans le cours de ce mémoire, prouvent qu'on ne doit pas rejeter sans examen ce que les écrivains orientaux racontent de l'histoire ancienne de l'Asie. Les auteurs qui vivaient dans les premiers siècles de l'hégire, pouvaient consulter et ont consulté, en effet, beaucoup d'ouvrages précieux, qui sont perdus maintenant. Nous ne doutons pas qu'en les comparant, soit entre eux, soit avec les écrits des Grecs et des Latins, et en apportant à ce travail tout le soin et la réserve convenables, on ne pût en tirer beaucoup plus de secours qu'on ne le croit généralement.

Pour revenir à la question qui nous occupe en ce moment, la durée de l'empire des Arsacides, nous dirons que l'historien arabe Djoraïr-al-Thabary, qui, nous le répétons, assigne à la domination des *Moulouk-al-théwaïf* une durée de quatre cents ans, a soin de faire observer que, selon les auteurs chrétiens, ils régnèrent cinq cent trente-trois ans. Qu'on se rappelle que, par *Moulouk-al-théwaïf*, il ne faut pas entendre seulement les Arsacides, mais tous les successeurs d'Alexandre; qu'on ne perde pas de vue non plus que la dénomination d'ère d'Alexandre, affectée, dans l'Orient, à l'ère des Séleucides, a donné lieu de croire que cette dernière remontait jusqu'au temps du conquérant macédonien, de sorte qu'on n'a pas tenu compte du léger intervalle de temps qui les sépare; cela admis, on reconnaîtra dans la supputation de Thabary le système des historiens de Syrie rapporté par Assémani dans sa Bibliothèque orientale, système qui place la fin de la dynastie des Arsacides dans la 533e année de l'ère des Séleucides

(221 et 222 de J. C.). L'erreur provient de l'époque que ces historiens assignent à la révolte d'Ardeschir contre Artaban. Abou'lféda, qui avait puisé tout ce qu'il raconte de l'histoire ancienne, dans le *Kamel-al-théwarikh* d'Ibn-Alathir-Djezéry, et dans l'histoire composée par Abou-Isa de Mossoul d'après des livres grecs ou syriens, traduits sous les premiers khalifes Abbassides; Abou'lféda, disons-nous, dans la partie inédite de son Histoire des dynasties, rapporte que la durée de l'empire des *Moulouk-al-théwaïf* fut de cinq cent douze ans. On va voir que sur ce point il est d'une très-grande exactitude. Selon lui, ce fut l'an 949 de l'ère de Nabonassar, 512 de l'ère des Séleucides, qu'Ardeschir, fils de Babek, se révolta. L'année 949 de Nabonassar commença le 2 juillet 201 avant la naissance de J. C. et l'année 512 des Séleucides, le 1ᵉʳ octobre 200; les deux dates s'accordent, et il en résulte que c'est dans l'année 201 qu'Abou'lféda ou les auteurs consultés par lui placent la révolte d'Ardeschir. Masoudy, écrivain dont le témoignage est d'une grande autorité en pareille matière, assigne pour date à cette révolte l'an 513 d'Alexandre; il le répète dans les deux ouvrages que nous possédons de lui, le *Moroudj-al-dheheb* et le *Kitab-altenbih*. Encore quelques explications, et nous aurons démontré l'exactitude des calculs de Masoudy et d'Abou'lféda.

Nous avons déjà établi qu'il faut placer en l'année 226 de J. C. la mort d'Artaban V, dernier roi des

Arsacides, et qu'on doit compter du 26 mai de cette même année le règne d'Ardeschir, fils de Babek, comme roi des rois, titre que, de l'aveu de tous les historiens grecs et orientaux, il conserva jusqu'à sa mort, c'est-à-dire pendant un peu plus de quatorze ans. On sait, par les témoignages réunis de Djoraïr-al-Thabary et de l'auteur du *Modjmel-al-téwarikh*, qu'Ardeschir régnait depuis trente ans lorsqu'il vainquit et mit à mort Artaban; c'est pour cette raison qu'Abou'lfaradj, dans sa Chronique syriaque, puis dans sa Chronique arabe, a placé la mort du dernier roi parthe en l'an 542 d'Alexandre. Il est évident que les trente premières années du règne d'Ardeschir, jointes aux cinq cent douze ans qu'Abou'lféda et les auteurs qu'il a consultés donnent à la durée de la domination des *Moulouk-al-théwaïf*, font précisément cinq cent quarante-deux ans. Il faut distinguer trois périodes importantes dans la vie d'Ardeschir. Avant de devenir roi des rois, il avait gouverné un canton particulier de la Perside; c'est de ce moment que datent les trente années de son règne, qui nous reportent au 5 juin 196, si nous avons égard à la manière dont se comptent en Perse les années du règne de chaque souverain. Après avoir détruit toutes les petites principautés de la Perside, Ardeschir se déclara roi indépendant de cette province, et, par conséquent, en état de révolte contre les Arsacides. Les témoignages combinés de Masoudy et d'Abou'lféda montrent que c'est du 4 juin 201 que date cette partie de son règne. Enfin, l'an 226, il fut reconnu roi des rois. Ce n'est pas de cette dernière période de sa vie que les écrivains orientaux comptent la durée de la dynastie des Sassanides, mais bien de la seconde période; on en aura bientôt la preuve.

Quelques auteurs musulmans placent la fin de la dynastie des Sassanides en l'année 21 de l'hégire (10 décembre 641 — 30 novembre 642), année où Iezdedjerd, fils de Schaharier (Schèhriar), dernier roi de cette famille, vaincu dans le Khorassan par le général arabe Ahnaf, fut contraint d'abandonner ses états pour aller chercher un asile à Farghanah, chez les Turks, vassaux de l'empereur de la Chine. D'autres historiens orientaux substituent à cette date celle de l'année 32 de l'hégire (12 août 652 — 2 août 653), époque de la mort d'Iezdedjerd, qui fut trahi par son allié Mahoui-Soury, roi de Mérou, lorsqu'il faisait une tentative pour rentrer dans ses états. Répétons que, selon Masoudy, les Sassanides régnèrent quatre cent trente-neuf ans, et selon Bahram, mobed de Schahpour, quatre cent cinquante-cinq ans, trois mois et vingt et un jours. Abou'lféda, se fondant sur le témoignage d'Abou-Isa et d'Ibn-Meskouyah, laisse un intervalle de quatre cent vingt ans, entre la révolte d'Ardeschir et l'hégire. Il est clair que l'historien arabe a pris pour point de départ l'année où Ardeschir se rendit indépendant dans la Perside; car il s'est justement écoulé quatre cent vingt années depuis cet événement, dont la date est déterminée par d'autres témoignages, jusqu'à l'hégire. Entre ce même événement et la fuite d'Iezdedjerd à Farghanah, on trouve, en négligeant la fraction, les quatre cent trente-neuf ans de Masoudy. Comme l'historien Bahram appartenait à l'ancienne Perse par son origine et par sa religion, il n'a rien négligé pour ajouter à la gloire de la dynastie des Sassanides : il a voulu donner à la domination de ces princes la plus longue durée possible; et, en conséquence, il a compté pour cette durée, au lieu de quatre cent cinquante-cinq ans, trois mois et vingt et un jours, quatre cent cinquante-six ans révolus, ce qui répond exactement au temps écoulé entre l'année 196 et l'année 652. Maintenant qu'il est évident pour nous que les Orientaux supputent à partir de l'année 201 de J. C. la durée du règne des Arsacides, il faut ajouter aux cinq cent douze ans de Masoudy et d'Abou'lféda les vingt-cinq ans qui s'écoulèrent encore jusqu'à la mort d'Artaban, arrivée en 226; alors ces auteurs se trouvent d'accord avec Agathias, qui place le règne d'Ardeschir après l'an 537 des Séleucides. Cela posé, si nous remarquons que Mirkhond, sans doute d'après des historiens plus anciens, fait régner Aschak ou Arsace soixante et douze ans après Alexandre, il nous reste quatre cent soixante-cinq ans pour la durée de l'empire des Aschkanians, calcul qui, comme on le verra bientôt, ne s'éloigne pas beaucoup de la vérité.

Ici se présente une difficulté très-grande. Masoudy et Abou'lféda, après avoir fourni, sur la chronologie des Arsacides, des renseignements dont nous avons reconnu l'exactitude, nous offrent des listes de rois et des durées de règnes qui nous conduisent à des résultats tout à fait différents. Dans son *Moroudj-al-dheheb*, Masoudy donne une suite de règnes dont la durée totale est seulement de deux cent quatre-vingt-sept années; dans son *Kitab-altenbih*, composé, longtemps après, avec des documents tirés des livres persans, elle n'est même que de deux cent soixante-huit années. L'auteur anonyme du *Modjmel-al-téwa-rikh*, qui avait puisé aux mêmes sources, réduit cette durée à deux cent soixante ans; enfin, la liste d'Abou'l-féda présente un total de deux cent soixante et dix-huit années. Comment expliquer ces calculs? A notre avis, l'accord presque parfait qu'on remarque entre les quatre nombres que nous venons de transcrire, prouve que les auteurs des ouvrages cités nous ont transmis fidèlement un système chronologique qui est erroné, nous en convenons, mais qui devait être adopté depuis longtemps chez les Persans, car c'est nominativement à eux que Masoudy l'attribue. Il faut bien effectivement qu'il leur appartienne, puis-qu'on le retrouve dans le *Boun-Déhesch*, fort ancien livre persan, écrit en langue pehlvie, et dont la rédaction semble remonter au temps même des Sassanides. Cet ouvrage donne deux cent quatre-vingts années de durée à la puissance des Arsacides. Il est donc constant que le système de supputation dont il s'agit existait en Perse longtemps avant l'islamisme. Ce n'est pas tout : cette chronologie bizarre se retrouve dans tous les auteurs grecs qui ont écrit depuis le vi° siècle de notre ère. Un passage d'Agathias, qui assigne deux cent soixante et dix ans à la durée de l'empire des Parthes, offre la preuve de ce que nous avançons. Nous allons rapporter ce passage singulier :

« La domination des Macédoniens, dit cet auteur [1],
« ne dura guère moins que celle des Mèdes ; car il
« s'en fallut de sept ans seulement, selon Polyhistor,
« qu'elles fussent égales. Après que les Macédoniens
« eurent régné cet espace de temps, les Parthes, na-
« tion qui leur était soumise et qui avait été peu
« connue jusqu'alors, renversèrent leur empire et le
« possédèrent en totalité, à l'exception de l'Égypte.
« Arsace fut le premier auteur de la révolte, et c'est
« de lui que ses successeurs ont été appelés Arsacides.
« Mithridate, peu après, éleva le nom des Parthes à
« un très-haut degré de gloire. On compte deux cent
« soixante et dix ans depuis le premier Arsace jusqu'à
« Artaban, qui fut leur dernier roi, et qui régna au
« temps où Alexandre, fils de Mammée, gouvernait les
« Romains. » Ce passage n'a pas embarrassé les criti-

[1] Lib. II, p. 121 ; édit. Bonn.

ques modernes autant qu'on aurait dû s'y attendre : ils l'ont déclaré corrompu, et, en conséquence, ils l'ont corrigé. Corsini, et, après lui, MM. de Sainte-Croix et Visconti ont pensé qu'au lieu de deux cent soixante et dix ans, il fallait y lire quatre cent soixante et dix; ce qui serait à peu près le nombre d'années nécessaire pour égaler la véritable durée de la dynastie des Arsacides. Ces savants ne se sont pas aperçus que cette correction, quoique spécieuse en apparence, ne peut, en aucune manière, s'accorder avec le contexte du passage d'Agathias. C'est peu de corriger ce dernier écrivain; il faut corriger de même le Syncelle, Nicéphore Calliste et Suidas, qui tous, à l'exemple d'Agathias, donnent deux cent soixante et dix ans de durée aux Arsacides. Il est évident qu'ils ont copié cet auteur, car ils se servent presque des mêmes expressions que lui. Si l'on rejetait notre assertion, il faudrait supposer, ce qui est tout à fait invraisemblable, que le texte de ces quatre écrivains a été altéré dans le même passage et précisément de la même façon; ou bien il faudrait admettre que le Syncelle, Calliste et Suidas ont tous suivi un même exemplaire d'Agathias, déjà altéré en cet endroit. On comprend combien ces deux hypothèses sont l'une et l'autre peu admissibles.

Sans se référer à de telles suppositions, Frölich a proposé une autre conjecture, qui ne nous paraît pas plus heureuse : il pense que les deux cent soixante et dix ans d'Agathias ne s'appliquent qu'au temps qui s'est écoulé entre l'extinction de la dynastie des Séleucides et l'avénement des Sassanides. Cette conjecture ne peut s'accorder avec les paroles de l'auteur byzantin, qui dit positivement que, lorsque Alexandre eut donné l'empire de Perse aux Macédoniens, ceux-ci le gardèrent sept ans de moins que les Mèdes, c'est-à-dire deux cent quatre-vingt-treize ans, comme le dit aussi le Syncelle, jusqu'à ce qu'ils furent chassés par le premier Arsace, ἀπὸ Ἀρσάκου τοῦ προτέρου. Il est certain, ainsi que Frölich lui-même l'avait déjà fait remarquer, que, par les deux cent quatre-vingt-treize années de l'empire des Macédoniens, Agathias a entendu parler du temps qui s'est écoulé entre la mort d'Alexandre et la bataille d'Actium, époque de la destruction complète de la puissance des Grecs dans l'Orient : cet intervalle contient exactement le même nombre d'années. C'est là une des notions les plus vulgaires; on la trouve à chaque instant dans les chronographes anciens. Les auteurs byzantins, qui ont copié Agathias, ont si peu douté qu'il faisait succéder le premier des Arsacides au dernier des Ptolémées, que Nicéphore Calliste n'a pas craint de dire qu'après un règne de douze années, Alexandre, en mourant, laissa son empire aux Ptolémées, ses enfants, qui régnèrent sur la Perse durant treize générations successives, ce qui embrasse une période de deux cent quatre-vingt-treize ans. Il ajoute que le parthe Arsace se révolta contre le dernier de ces princes, Ptolémée Dionysus, père de Cléopâtre, et qu'il fit passer des Macédoniens aux Parthes l'empire de la Perse. Tous ces textes, au premier abord, semblent fort étranges; nous pensons, cependant, qu'il n'y faut rien changer, et qu'Agathias entend bien dire que la dynastie des Parthes avait duré deux cent soixante et dix ans. Pourquoi ne s'exprime-t-il pas autrement? c'est ce que nous allons rechercher.

Soixante et treize années environ s'étaient écoulées depuis la mort d'Alexandre le Grand lorsqu'Arsace se révolta; et il y avait plus de deux siècles que la dynastie des Arsacides subsistait quand les Lagides furent dépossédés de l'Égypte, après un règne de deux cent quatre-vingt-treize ans. Agathias a commis une grave erreur en voulant combiner des renseignements certains avec d'autres qui ne l'étaient pas, et en indiquant comme successives des dynasties qui, du moins en partie, avaient été contemporaines. Corsini s'est de même trompé lorsqu'il a avancé que la destruction de l'empire des Macédoniens et l'élévation de celui des Parthes doivent être placés en l'an 293 d'une prétendue ère qui daterait de la prise de Babylone par Cyrus. Le P. Frölich a déjà suffisamment réfuté l'étrange conjecture de l'antiquaire italien.

En recherchant les sources où Agathias a puisé ce qu'il dit de l'histoire chronologique de l'Orient, il est bien probable que nous découvrirons la cause de son erreur, et que nous trouverons de nouveaux arguments pour prouver que son texte n'a pas été altéré. Cet auteur nous apprend lui-même que tout ce qu'il raconte de l'histoire des rois de Perse, ainsi que de l'origine et de la succession des Sassanides, il le doit à un Syrien nommé Sergius. Celui-ci, qui remplissait les fonctions d'interprète, obtint diverses communications des gardiens des archives royales, et traduisit du persan, pour Agathias, tous les détails que ce dernier a insérés dans son histoire; ils s'accordent en tout point avec ce qu'on lit dans les auteurs arabes ou persans. Il est indubitable que c'est de cette source que viennent les deux cent soixante et dix ans d'existence assignés à la dynastie des Arsacides. Agathias fut probablement fort embarrassé lorsqu'il voulut faire concorder une telle supputation avec la durée réelle de cette dynastie, qui devait lui être connue par d'autres écrivains. Mais comme, d'un autre côté, il ne pouvait pas suspecter le témoignage de Sergius, qu'il regardait comme un homme fort instruit[1], et qui avait d'ailleurs puisé ses documents à des sources officielles, l'historien grec aura pris le parti, sans trop examiner la question et pour trancher la difficulté, de placer, à la suite l'un de l'autre, le nombre d'années donné par les Grecs à la domination des successeurs d'Alexandre, et celui que les Orientaux ont attribué à la durée de la dynastie des Arsacides. Ce que nous

[1] *Hist.* lib. IV, cap. XXX, p. 274, l. 7; ed. Niebuhr.

allons rapporter mettra, nous l'espérons, cette assertion hors de doute.

Au lieu des deux cent soixante et dix ans d'Agathias, on trouve deux cent quatre-vingts ans dans le *Boun-Déhesch*, qui, pour tout ce qui se rattache à l'histoire de la Perse, doit être regardé comme un livre original; la cause de cette différence sera bientôt expliquée. Masoudy, qui vivait dans le xe siècle de notre ère, et qui avait fait une étude très-approfondie des antiquités persanes, ne donne, d'après les écrivains de la Perse, que deux cent soixante-huit ans de durée à l'empire des Moulouk-al-théwaïf : ce chiffre approche beaucoup de celui d'Agathias, qui n'a peut-être fait qu'exprimer en nombre rond la même supputation. Masoudy était trop instruit pour ne pas s'apercevoir qu'un pareil calcul était loin de la vérité, et qu'il s'était écoulé plus de cinq siècles entre Alexandre et l'avénement des Sassanides. Nous avons déjà vu que, sur ce point, son opinion était conforme à la vérité. Étonné de ne trouver, pour les rois Arsacides, qu'un nombre d'années qui remplissait à peine la moitié de cet intervalle, il fit de grandes recherches pour découvrir la cause d'une aussi grande différence. Il fut assez heureux pour la trouver, et il l'a consignée dans son *Kitab-altenbih*. Nous allons rapporter en entier ce morceau intéressant, et nous nous servirons de la traduction que M. Silvestre de Sacy en a donnée dans les Notices et extraits des manuscrits de la Bibliothèque

du Roi[1]. «Il y a, dit Masoudy, entre l'opinion des
« Perses et celle des autres peuples, une grande diffé-
« rence par rapport à l'époque d'Alexandre ; ce que
« beaucoup de personnes n'ont point observé. C'est là
« un des mystères de la religion et de la politique
« royale des Perses, qui n'est connu que des hommes
« les plus instruits parmi les Mobeds et les Herbeds,
« comme nous l'avons vu par nous-même dans la pro-
« vince de Fars, le Kirman, et autres contrées de la
« domination des Perses : il ne se trouve dans aucun
« des livres composés sur l'histoire de Perse, ni dans
« aucune autre chronique ou annale. Voici en quoi il
« consiste : Zoroastre, fils de Poroschasp, fils d'Asin-
« man, dans l'*Abesta*, qui est le livre qui lui a été ré-
« vélé, annonce que, dans trois cents ans, l'empire des
« Perses éprouvera une grande révolution, sans que la
« religion soit détruite; mais qu'au bout de mille ans,
« l'empire et la religion périront en même temps. Or,
« entre Zoroastre et Alexandre, il y a environ trois
« cents ans; car Zoroastre a paru du temps de *Ghisch-*
« *tasp*, fils de *Caïlohrasp*, comme nous l'avons dit ci-
« devant. Ardeschir, fils de Babek, s'empara de l'em-
« pire et de toutes les provinces qui en dépendaient,
« cinq cents ans environ après Alexandre. Nous voyons
« donc qu'il ne restait plus que deux cents ans, à peu
« près, pour compléter les mille de la prophétie. Ar-
« deschir voulut augmenter de deux cents ans cet es-

[1] Tom. VIII, p. 161 et 162.

« pace de temps, parce qu'il craignait que, quand cent
« ans se seraient écoulés après lui, les hommes ne re-
« fusassent de prêter secours au roi, et de repousser ses
« ennemis, par la conviction qu'ils avaient de la vérité de
« la tradition, qui avait cours parmi eux, relativement à
« la ruine future de l'empire. Pour obvier à cela, il re-
« trancha environ la moitié du temps qui s'était écoulé
« entre Alexandre et lui. Il ne fit donc mention que
« d'un certain nombre d'entre les *Moulouc-Thawaïf* qui
« remplissaient cet intervalle de temps, et il supprima
« le surplus; puis il eut soin de faire répandre, dans
« son empire, qu'il avait commencé à paraître et à
« s'emparer du gouvernement deux cent soixante ans
« après Alexandre; en conséquence, cette époque fut
« admise et se répandit parmi les hommes. C'est pour
« cela qu'il y a une divergence entre les Perses et les
« autres nations (par rapport à l'ère d'Alexandre), et
« c'est aussi la cause qui a introduit quelque confusion
« dans les annales des *Moulouc Thawaïf*. »

Après tous les détails où nous sommes entré, ce passage est décisif; le texte d'Agathias doit être conservé dans son intégrité, malgré l'erreur chronologique qu'il contient et qui provient uniquement des sources où cet historien avait puisé; bien plus, il devient une preuve très-forte de l'authenticité de la tradition que nous a transmise Masoudy. L'anachronisme qui se remarque dans la chronologie des Arsacides est le résultat d'une mesure politique, nécessitée par une prétendue prophétie de Zoroastre. Celle-ci, qui était fort accréditée, n'était peut-être elle-même qu'une suite de l'opinion très-répandue dans l'Orient, que de grands changements arrivent dans le monde après chaque période de mille années, opinion dont on rencontre des traces dans plusieurs anciens livres persans. L'abolition de l'ère des Séleucides dans l'empire des Perses dut être aussi une des conséquences de cette mesure politique, à cause du nom d'ère d'Alexandre qu'on avait l'habitude de lui donner. Grâce au passage de Masoudy que nous venons de citer, nous pouvons trouver dans les auteurs orientaux ce que nous chercherions en vain dans les anciens écrivains grecs ou latins, la détermination de l'espace de temps pendant lequel l'empire de la Perse fut entre les mains des Parthes. En ajoutant deux cents ans à la somme fournie par Agathias, nous aurons un total de quatre cent soixante et dix années pour la durée de la puissance des Arsacides. Si nous faisons le même calcul sur les données du Boun-Déhesch, de Masoudy et d'Abou'lféda, nous trouverons quatre cent quatre-vingts, quatre cent soixante-huit, ou quatre cent soixante et dix-huit ans. On se rappelle que la plus longue durée que, d'après les systèmes modernes, il soit possible d'accorder à la dynastie des Arsacides, est de quatre cent quatre-vingt-deux années. A notre avis, elle fut moindre ; mais, en tout cas, on voit que les écrivains orientaux, arabes ou persans, sont bien près de la vérité. Nous nous contenterons de faire observer encore, au sujet de la plus courte des durées que nous venons d'énumérer, c'est-à-dire de celle de quatre cent soixante-huit ans, qui est donnée par Masoudy, que c'est précisément, selon les calculs que nous avons faits ailleurs, l'espace de temps qui s'écoula entre la reconnaissance de l'indépendance des Parthes par Séleucus Callinicus, l'an 243 avant J. C., et la mort d'Artaban V.

Concluons maintenant. Si nous n'avons pas commis d'erreur en fixant à l'année persane qui commença le 29 mai 226 l'avénement des Sassanides au trône de Perse; si nous ne nous sommes pas trompé en plaçant, comme résultat de discussions que nous allons faire connaître, l'établissement de la dynastie des Arsacides à l'année 250 avant J. C. répondant à une année persane qui commença le 28 mai, nous devons assigner à cette dynastie une durée de quatre cent soixante et quinze ans accomplis. Ce chiffre diffère peu de celui qui nous est fourni par les auteurs arabes ou persans. Le résultat est bien plus satisfaisant encore, si nous consultons les Arméniens. Moïse de Khoren, qui écrivait au milieu du ve siècle de notre ère, donne une liste des rois parthes; selon lui, la somme totale des années de leurs règnes s'élève précisément à quatre cent soixante et quinze. On trouve la même liste et le même chiffre dans la Chronographie de Samuel d'Ani. Ce fait n'a pas besoin de longs commentaires. L'anti-

APPENDICE. 249

quité du témoignage sur lequel nous nous appuyons ; le voisinage et les rapports fréquents qui existaient entre la Perse et l'Arménie; et la circonstance particulière et très-importante que ce dernier pays continua d'être gouverné par des Arsacides deux siècles après que la branche aînée eut été dépouillée de la couronne de Perse, nous paraissent des raisons suffisantes pour admettre la supputation de Moïse de Khoren et placer à l'année 250 avant J. C. l'avénement du premier Arsace. Nous allons montrer qu'il y a d'autres moyens d'arriver au même résultat.

DEUXIÈME SECTION.

Au commencement de ce mémoire, nous avons dit que Pétau et Ussérius fixent l'époque de la fondation de la dynastie des Arsacides à l'année 250 avant J. C. tandis que Vaillant, Longuerue, Visconti et beaucoup d'autres reportent le même événement à l'année 256. C'est un passage de Justin qui a donné naissance à ces deux opinions. Cet auteur s'exprime ainsi[1] : « Post « hunc a Nicatore Seleuco, ac mox ab Antiocho et suc- « cessoribus ejus possessi (Parthi) : a cujus pronepote Se- « leuco primum defecere, primo Punico bello, L. Man- « lio Vulsone, M. Attilio Regulo consulibus. » Les Fastes consulaires nous apprennent que L. Manlius Vulso fut consul, pour la première fois, l'an 504 de Rome ou

[1] Lib. XLI, cap. IV.

250 avant J. C. et qu'il était le collègue, non de Marcus Attilius Régulus, ce célèbre Romain qui périt chez les Carthaginois, mais d'un autre personnage de la famille Attilia, qui avait le prénom de Caïus, le surnom de Serranus, et qui était consul pour la seconde fois. D'autre part, ces mêmes Fastes nous montrent que, l'an 256 avant J. C., Marcus Attilius Régulus fut subrogé à Q. Cædicius, mort pendant qu'il partageait les honneurs du consulat avec A. Manlius Vulso Longus, et non avec L. Manlius Vulso. Justin s'est donc trompé; et il a induit en erreur Longuerue, Vaillant et, après eux, M. Visconti, qui se sont décidés pour l'année 256, sans avoir suffisamment comparé le texte de l'historien latin avec les Fastes consulaires. Quant à nous, il nous est impossible de ne pas préférer la date de 250, qui est l'année du premier et unique consulat de L. Manlius Vulso. La raison de cette préférence est que les Romains, dont l'usage était de désigner les années par les noms de leurs consuls, ne se servaient pour cet objet que des noms de ceux qui étaient entrés en charge au commencement de l'année, n'eussent-ils même exercé qu'un mois. L'autorité de Cicéron, de Pline, d'Ausone et de quelques autres écrivains rend ce fait incontestable; il est, au reste, admis par tous les antiquaires et par tous les historiens modernes. Comme la première guerre punique commença longtemps avant l'année 256, et qu'elle ne finit qu'après 250, la mention que

Justin fait de cette guerre devient inutile pour se décider en faveur de l'un ou de l'autre consulat. Après ce que nous venons de dire, nous pensons qu'on ne peut hésiter. Si Justin, ou Trogue-Pompée, son original, avaient voulu placer en l'année 498 de Rome (256 avant J. C.) la fondation de l'empire des Parthes, ils auraient nominativemeut désigné les deux consuls qui donnaient leurs noms à cette année, c'est-à-dire A. Manlius Vulso Longus et Q. Cædicius, sans faire mention du consul subrogé. Il ne peut donc être question dans Justin que de l'année 250, dans laquelle L. Manlius Vulso eut pour collègue C. Attilius Régulus. Comme Marcus Attilius Régulus était beaucoup plus célèbre que son parent Caïus, Justin pourrait bien avoir substitué, de son propre chef, le prénom de Marcus à celui de Caïus. Ce ne serait pas la seule fois qu'il aurait altéré Trogue-Pompée en l'abrégeant. Ce dernier s'était peut-être contenté de dire : *Manlio Vulsone et Attilio Regulo Coss.* sans indiquer les prénoms, comme on en voit un grand nombre d'exemples dans les écrivains anciens. Nous sommes d'autant plus porté à croire qu'il en fut effectivement ainsi, que, dans toutes les anciennes éditions de Justin et dans un grand nombre de manuscrits, le collègue de L. Manlius Vulso est appelé simplement Attilius Régulus; circonstance qui permet de supposer que l'addition du prénom de Marcus n'est pas du fait de Justin, mais de quelqu'un de ses copistes. Il nous semble que nous n'avons pas besoin d'insister davantage sur ce point; n'eussions-nous pas d'autres raisons pour fixer à l'an 250 avant J. C. le commencement de l'empire des Parthes, nous serions fondé à regarder cette date comme suffisamment établie. Qu'on se rappelle ce que nous avons dit de la durée assignée par les auteurs arméniens à la dynastie des Arsacides. En indiquant cette même année 250 pour date à l'établissement de cette dynastie, ils apportent à notre opinion un nouveau degré de certitude ; on verra bientôt que nous pouvons la fortifier aussi par d'autres témoignages.

Le passage de Justin que nous venons de discuter présente une seconde erreur. Selon cet écrivain, la révolte des Parthes contre les rois séleucides serait arrivée sous le règne de Séleucus II, surnommé Callinicus : « Post hunc a Nicatore Seleuco, ac mox ab An-« tiocho et successoribus ejus possessi (Parthi): a cujus « pronepote Seleuco primum defecere... » Cette assertion ne peut s'accorder ni avec la date consulaire de l'an 256, ni avec celle de l'année 250. A ces époques, Antiochus II, surnommé Théos, père de Séleucus Callinicus, régnait en Syrie; il ne mourut que plusieurs années après, dans l'année macédonienne tombant entre le 8 novembre 247 et le 29 octobre 246 avant J. C., c'est-à-dire environ trois ans après la date que nous avons assignée à la fondation de l'empire parthe. Nous avons en notre faveur un grand nombre de témoignages. Photius cite, dans sa Bibliothèque, un fragment des *Parthiques* d'Arrien [1], qui nous apprend, d'une manière positive, que cet historien plaçait la révolte des Parthes sous le règne d'Antiochus Théos. Cependant, le Syncelle, qui paraît avoir eu entre les mains l'ouvrage d'Arrien, dont il rapporte même un fragment, met cet événement sous le règne de Séleucus Callinicus; mais il s'exprime avec si peu de précision, que son témoignage est plutôt conforme que contraire à notre opinion : « Le quatrième roi de Sy-« rie et d'Asie, dit-il [2], fut Antiochus, fils d'Antiochus « Théos, surnommé Callinicus; on l'appelait aussi Sé-« leucus; il régna vingt et un ans. Sous cet Antiochus, « les Perses soumis à l'empire des Macédoniens depuis « Alexandre secouèrent le joug. »

Nous croyons, comme Frölich, que le Syncelle, et peut-être d'autres chronologistes avant lui, ne sachant comment faire concorder deux opinions également accréditées, qui plaçaient la révolte des Parthes, l'une sous le règne d'Antiochus Théos, l'autre sous celui de Séleucus Callinicus, son fils, auront supposé, pour trancher la difficulté, que ce dernier prince s'appelait aussi Antiochus, supposition dénuée de tout fondement. Dans cette hypothèse, le texte du Syncelle, qui, sans une aussi grave erreur, pourrait être cité à l'appui des deux systèmes, se trouverait conforme à ce que

[1] Cod. LVIII, p. 17; ed. Bekker.
[2] *Chronogr.* t. I, p. 539; ed. Bonn.

Photius rapporte, d'après Arrien, c'est-à-dire que la fondation de la dynastie des Arsacides eut lieu sous Antiochus II. Appien, loin de suivre sur ce point l'historien d'Alexandre, place aussi la révolte des Parthes sous Séleucus Callinicus. Elle arriva, dit-il[1], lorsque Ptolémée Évergète, fils de Philadelphe, entra en Syrie pour venger le meurtre de sa sœur Bérénice, fit périr Laodice, mère de Séleucus Callinicus, et pénétra jusqu'à Babylone; ce qui nous reporte à l'année 245. Les Parthes, ajoute-t-il, voyant l'empire des Séleucides troublé, secouèrent le joug. C'est en se fondant sur l'autorité de ce passage que Corsini place en 245 les commencements de l'empire des Arsacides. Trompé par l'identité des noms, Ammien Marcellin a fait remonter l'indépendance des Parthes jusqu'au temps de Séleucus Nicator. « Qui (Arsaces), dit-il[2], post multa gloriose et « fortiter gesta, superato Nicatore Seleuco, ejusdem « Alexandri successore, cui victoriarum crebritas hoc « indiderat cognomentum, præsidiisque Macedonum « pulsis ipse tranquillius agens, temperator obedien- « tium fuit et arbiter lenis. » Ce passage unique et évidemment erroné sert de base au système de M. l'abbé Sestini[3], qui veut que les Arsacides aient eu une ère particulière, et que la fondation de leur empire re-

[1] *De reb. syriac.* LXV; ed. Schweigh.
[2] Lib. XXIII, cap. vi, p. 289; ed. Ernesti.
[3] *Lettere e dissertaz. numism.* (*Dell' era dei re Arsacidi*, p. 60 et 61), t. II. Livourne, in-4°, 1789.

monte à l'an 300 environ avant J. C. sous le règne de Séleucus Nicator. Cette date rendrait à peu près raison de toutes celles qui se lisent en lettres numérales sur les médailles grecques des Arsacides, si un pareil système était soutenable.

Aux dates données par Justin, et au passage d'Arrien que nous avons allégué pour justifier l'opinion de ceux qui placent sous le règne d'Antiochus Théos la révolte du premier des Arsacides, nous joindrons le témoignage très-positif de la Chronique d'Eusèbe. La version arménienne de cette Chronique [1] assigne la troisième année de la 132ᵉ olympiade pour date à l'événement dont il s'agit. Selon la version latine de saint Jérôme[2], ce fut dans la première année de la 133ᵉ olympiade que les Parthes secouèrent le joug. Il est à remarquer que la date de la version arménienne répond à l'an 250 avant J. C. C'est une nouvelle preuve en faveur de notre système. Si l'on suit la version de saint Jérôme, on descend à l'année 248, qui a été adoptée par Frölich comme date de la fondation du royaume des Arsacides. Zosime place aussi cette grande révolution sous le règne d'Antiochus Théos. « Après « Alexandre, fils de Philippe, dit-il[3], et ses succes- « seurs dans l'empire macédonien, pendant qu'Antio-

[1] Lib. II, p. 352; edd. Majo et Zohrabo. Pars II, p. 233; ed. Aucher.
[2] Eusèbe, *Chronic.* p. 141; ed. Scalig.
[3] *Histor.* lib. I, cap. XVIII, p. 26; ed. Reitemeier.

« chus régnait sur les satrapies supérieures, le parthe
« Arsace, irrité d'une injure que l'on avait faite à
« son frère Tiridate, entreprit la guerre contre le sa-
« trape d'Antiochus, et fut ainsi cause que les Parthes
« chassèrent les Macédoniens et se rendirent indépen-
« dants. » Nous avons déjà fait remarquer qu'une
identité de nom entre Séleucus Nicator et Séleucus
Callinicus a été la cause d'une grave erreur de la part
d'Ammien Marcellin; c'est pour une raison pareille
que Tacite[1] a placé l'événement qui nous occupe sous
le règne d'Antiochus Épiphane, c'est-à-dire environ
quatre-vingts ans après sa véritable date, confondant
ainsi la guerre qu'Antiochus IV, persécuteur des Juifs,
soutint contre les Parthes, avec celle que leur avait
faite Antiochus II, au temps de leur révolte.

Après avoir indiqué une date consulaire qui, on vient
de le voir, nous reporte à l'année 250 avant J. C., c'est-
à-dire au temps d'Antiochus Théos, Justin donne des
détails qui prouvent, d'une manière certaine, que, dans
son opinion, ce n'était pas sous ce roi, mais sous son
fils Séleucus Callinicus qu'était arrivée la révolte des
Parthes. A la suite de ces mots : *a Seleuco primum defe-*

---

[1] « Dum Assyrios penes, Medosque et Persas Oriens fuit,
« despectissima pars servientium (erant Judæi) : postquam Ma-
« cedones præpotuere, rex Antiochus, demere superstitionem et
« mores Græcorum dare adnixus, quo minus teterrimam gentem
« in melius mutaret, Parthorum bello prohibitus est. Nam ea
« tempestate Arsaces desciverat. » (*Hist.* lib. V, cap. VIII.)

APPENDICE. 257

cere, il ajoute[1] : «hujus defectionis impunitatem illis «duorum fratrum regum, Seleuci et Antiochi, discor- «dia dedit : qui dum sibi invicem eripere regnum «volunt, persequi defectores omiserunt..... Erat eo «tempore Arsaces vir, sicut incertæ originis, ita vir- «tutis expertæ. Hic solitus latrociniis et rapto vivere «accepta opinione Seleucum a Gallis in Asiam vic- «tum, solutus regis metu, cum prædonum manu «Parthos ingressus, præfectum eorum Andragoram «oppressit; sublatoque eo, imperium gentis invasit. » Tous ces événements, la guerre de Séleucus Callinicus contre son frère Antiochus Hiérax, et la défaite de Séleucus par les Gaulois établis en Asie, nous renvoient aux années 244 et 243 avant J. C. et, par conséquent, au règne de Séleucus Callinicus.

Ces témoignages divers, inconciliables en apparence, sont cependant faciles à concilier. Il paraît, selon Strabon[2] et d'après Arrien, cité par le Syncelle[3], qu'Arsace et son frère Tiridate étaient dynastes de la Bactriane au temps où Agathoclès gouvernait la Perse sous l'autorité d'Antiochus; ils quittèrent ce pays lorsque Théodote ou Diodote, gouverneur de la Bactriane,

[1] Lib. XLI, cap. IV.
[2] Οἱ δὲ Βακτριανὸν λέγουσιν αὐτόν· φεύγοντα δὲ τὴν αὔξησιν τῶν περὶ Διόδοτον, ἀποστῆσαι τὴν Παρθυαίαν. (*Geogr.* lib. XI, p. 515.)
[3] Ἀρσάκης τις καὶ Τηριδάτης ἀδελφοί.... ἐσατράπευον Βακτρίων ἐπὶ Ἀγαθοκλέους Μακεδόνος ἐπάρχου τῆς Περσικῆς. (*Chronogr.* t. I, p. 539; edit. Bonn.)

se révolta contre ce prince, et ils allèrent chercher un asile dans la Parthyène, qu'ils firent soulever bientôt après. Au rapport du même Arrien[1], cette province était alors gouvernée par Phéréclès, que le Syncelle a mal à propos confondu avec Agathoclès. Phéréclès ayant voulu violer à leur égard les droits de l'hospitalité, les deux frères, irrités de cet outrage, se joignirent à cinq autres personnes, tuèrent ce gouverneur, et firent révolter la Parthyène contre le roi de Syrie. Il est clair que tous ces faits se rapportent et ne peuvent se rapporter qu'à la date consulaire donnée par Justin, c'est-à-dire à l'année 250 avant J. C. Pendant la courte durée de son règne, Arsace ne cessa de combattre contre les Macédoniens pour défendre son indépendance; selon Suidas, il fut tué d'un coup de lance dans une bataille. Ce lexicographe, qui a puisé dans les Parthiques d'Arrien tout ce qu'il rapporte des Parthes en divers endroits de son ouvrage, a sans doute emprunté ce fait au même historien. Lorsque Arsace fut tué, il régnait depuis deux ans, selon le Syncelle, qui ne parle aussi qu'en copiant Arrien. Il paraîtrait qu'après la mort de ce prince, les affaires des rebelles se trouvèrent dans un état désespéré; que la Parthyène rentra sous les lois d'Antiochus II, et que Tiridate fut obligé de chercher un asile chez les Scythes. Beaucoup d'écrivains peuvent donc n'avoir tenu aucun compte de ce court instant

[1] Apud Phot. *Biblioth.* cod. LVIII, p. 17; ed. Bekker.

APPENDICE. 259

d'indépendance. Il est naturel de conclure du récit de Justin [1], que Tiridate profita des démêlés de Séleucus Callinicus avec son frère Antiochus Hiérax, pour rentrer dans la Parthyène, dont il se rendit facilement maître : « Qui dum sibi invicem eripere regnum « volunt, persequi defectores omiserunt. » Informé de la défaite de Séleucus par les Gaulois, « accepta opi-« nione Seleucum a Gallis in Asia victum, » et débarrassé de toute crainte, « solutus regis metu, » il fond sur la Parthyène à la tête d'une troupe de brigands, « cum prædonum manu Parthos ingressus; » il défait le gouverneur Andragoras, le tue, et s'empare de tout le pays, « præfectum eorum Andragoram oppres-« sit, sublatoque eo, imperium gentis invasit. » On voit, par ces détails, qu'il est impossible de confondre la révolte d'Arsace avec celle de Tiridate. Ce sont deux époques et deux événements bien distincts. Dans le premier récit, Arsace et son frère Tiridate, qui avaient fui de la Bactriane au temps où Agathoclès était gouverneur de la Perse, ἔπαρχος τῆς Περσικῆς, se révoltent dans la Parthyène après en avoir assassiné le gouverneur Phéréclès. Dans le second récit, Tiridate fait une irruption dans la même province, qui était alors administrée par Andragoras, circonstance très-importante à noter. Cette différence dans les noms des gouverneurs macédoniens semble nous autoriser pleinement à distinguer les trois principaux

[1] Lib. XLI, cap. IV.

événements qui marquèrent le commencement de l'histoire des Arsacides ; leur fuite de la Bactriane, leur révolte dans la Parthyène sous Antiochus II, et leur rentrée dans cette province sous Séleucus Callinicus. Le roi de Syrie soutenait alors une guerre acharnée contre son frère Antiochus et contre les Gaulois que celui-ci avait appelés à son secours ; il avait même été vaincu par eux l'an 243. Le moment était très-favorable pour l'exécution des projets de Tiridate ; on peut donc, sans craindre de se tromper, placer en l'année 245 son invasion de la Parthyène. Peu de temps après avoir été défait par les Gaulois, Séleucus tourna ses armes du côté de l'Orient pour arrêter les progrès des Parthes, et il y fut vaincu par le prince arsacide : « Nec multo post, dit Justin [1], cum Seleuco rege, ad « defectores persequendos veniente, congressus, victor « fuit (Arsaces). Rapelé dans ses états par de nouveaux troubles, le roi de Syrie ne put tenter une seconde fois le sort des armes ; Tiridate en profita pour organiser le royaume des Parthes : « Revocato deinde Seleuco novis « motibus in Asiam, dato laxamento, regnum Parthi- « cum format. » Comme c'est véritablement du jour de la défaite de Séleucus Callinicus que l'indépendance des Parthes fut établie d'une manière stable, il n'est pas étonnant que beaucoup d'écrivains aient pris cette époque pour point de départ dans la supputation de la durée de la dynastie parthe. Ils avaient d'autant

[1] Lib. XLI, cap. IV.

plus raison de le faire, que les Parthes eux-mêmes, au rapport de Justin [1], regardaient l'époque de la défaite de Callinicus comme celle de leur indépendance : « Quem diem Parthi exinde solemnem, velut initium « libertatis, observant. »

Nous croyons avoir suffisamment éclairci tous les passages des auteurs anciens qui sont relatifs aux commencements de la dynastie parthe. La date consulaire rapportée par Justin nous fournit celle de la première révolte des Arsacides, sous le règne d'Antiochus Théos, quoique les paroles de l'historien latin placent cet événement sous Séleucus Callinicus. Une telle contradiction n'existait probablement pas dans Trogue-Pompée; elle provient, selon toute apparence, de la négligence avec laquelle il a été abrégé par Justin. Cette sorte d'infidélité est, on le sait, fort ordinaire chez ce dernier; et si la chose était nécessaire, il nous serait facile d'indiquer dans son ouvrage un grand nombre d'altérations plus étonnantes encore. La discussion à laquelle nous venons de nous livrer a fait voir qu'il faut rapporter à l'année 250 avant J. C. la date consulaire qui en a été le sujet. Nous invoquerons encore à l'appui de cette opinion le témoignage d'un auteur que jusqu'à ce moment nous n'avons pas interrogé sur ce point, Moïse de Khoren. Cet historien, d'accord avec Arrien et avec plusieurs autres écrivains, place la révolte du premier Arsace sous le règne d'Antiochus

---

[1] Lib. XLI, cap. IV.

Théos. « Ce fut, dit-il[1], après que soixante ans se furent
« écoulés depuis la mort d'Alexandre, qu'Arsace le
« Grand commença à régner sur les Parthes. » Si Moïse
de Khoren, comme tous les écrivains orientaux, a pris
pour point de départ de l'ère des Séleucides l'époque
qu'on assignait généralement à la mort d'Alexandre,
il en résulte qu'il entendait dater la révolte d'Arsace
de la soixante et unième année des Séleucides. Nous
verrons bientôt que c'est effectivement ainsi qu'il comptait. « Séleucus Nicator, dit-il[2], après avoir régné trente
« et un ans, laissa l'empire à son fils Antiochus Soter;
« celui-ci régna dix-neuf ans, et eut pour successeur
« Antiochus Théos, qui occupa le trône quinze ans.
« Dans la onzième année de son règne, les Parthes
« s'affranchirent du joug des Macédoniens. » Les trente
et un ans du règne de Séleucus, joints aux dix-neuf de
celui d'Antiochus Ier, font cinquante années, qui, ajoutées aux onze années du règne d'Antiochus Théos,
nous amènent à l'an 61 des Séleucides. Cette année 61
tombe entre le 24 octobre 251 et le 12 novembre 250
avant J. C. c'est précisément la date qui nous a été
fournie par le passage de Justin. Moïse de Khoren a,
sans aucun doute, puisé ces données dans la Chronique d'Eusèbe; aussi voyons-nous, dans la portion de
la traduction arménienne de ce dernier ouvrage que
nous possédons depuis peu de temps, que l'évêque de

---

[1] *Histor. armen.* lib. II, cap. 1, p. 83.
[2] *Ibid.* cap. 11, p. 84.

APPENDICE. 263

Césarée plaçait également la révolte des Parthes dans la onzième année du règne d'Antiochus Théos, qui était la troisième de la 132ᵉ olympiade, c'est-à-dire l'an 250 avant J. C.

Nous avons épuisé les renseignements que les anciens historiens nous ont transmis sur le grand événement qui fait le sujet de ce mémoire; ils nous ont tous conduit au même résultat; nous devons donc admettre comme un fait incontestable que les Parthes se révoltèrent, pour la première fois, contre les Macédoniens dans la onzième année du règne d'Antiochus Théos, l'an 61 de l'ère des Séleucides, la troisième année de la 132ᵉ olympiade, lorsque C. Attilius Régulus Serranus était consul une seconde fois, et avait pour collègue L. Manlius Vulso. Ces dates, qui coïncident avec l'année persane commencée le 29 mai de l'année 250 avant J. C. nous sont fournies tout à la fois par Justin, par Eusèbe, par Moïse de Khoren et par la chronologie arménienne. Après deux ans de combats contre les Macédoniens, le premier des Arsacides succombe dans une bataille, et son frère Tiridate est contraint de chercher un asile chez les Scythes. Antiochus étant mort, pendant que son successeur Séleucus Callinicus soutenait la guerre dans presque toutes les parties de ses états contre le roi d'Égypte et contre son frère, qui avait les Gaulois pour auxiliaires, Tiridate, secondé par une puissante armée de *Dahæ Parni* ou *Aparni*, fait en 245 une irruption dans la Parthyène.

dont il se rend maître après avoir tué le gouverneur macédonien Andragoras. Le roi de Syrie court aussitôt du côté de l'Orient pour repousser Tiridate; le sort des armes lui est contraire; il ne peut s'opposer à l'établissement du royaume des Arsacides. De nouveaux troubles le rappellent bientôt dans l'Occident, et l'empêchent de s'occuper des Parthes. Ceux-ci datent du jour de sa défaite l'époque de leur entière indépendance. Dès lors, ils prennent chaque année, pour ainsi dire, de nouveaux accroissements, et ils parviennent, de proche en proche, à dominer sur une grande partie de l'Asie. Ils en conservèrent la domination jusqu'en l'année 226, où Ardeschir, chef de la race des Sassanides, s'empare du trône de Perse, par la mort du dernier roi des Parthes. Quatre cent soixante-huit ans s'étaient écoulés depuis la défaite de Séleucus Callinicus : telle est la durée que Masoudi et les anciens historiens persans donnent à la dynastie des Arsacides. Il y avait quatre cent soixante et dix ans que Tiridate était rentré dans la Parthyène sous le même roi séleucide; c'est la supputation d'Agathias. Enfin, depuis la première révolte d'Arsace contre les Macédoniens, il s'était passé quatre cent soixante et quinze ans; c'est la durée la plus longue que l'on puisse assigner à la dynastie des Arsacides, d'après les autorités que nous venons de citer.

Quelques écrivains modernes ont pensé que le nom de Parthes, dont les auteurs anciens se servent fréquemment pour désigner les Arsacides, est le même que celui des Perses; ils ont cru que le premier de ces deux noms a été produit par une légère différence de prononciation, et que c'est mal à propos qu'on l'a distingué du second. Cette opinion est en contradiction manifeste avec le témoignage de toute l'antiquité. Hérodote, qui vivait deux siècles avant l'époque des Arsacides, fait mention des Parthes et de la Parthyène. C'est dans cette région que les Arsacides jetèrent les premiers fondements de leur puissance. Réunie à quelques cantons limitrophes, sous la dénomination collective de *Parthyæa*, elle forma, pendant un siècle, le seul domaine des Arsacides. Qu'est-il besoin de chercher ailleurs l'origine du nom des Parthes? S'il pouvait encore rester des doutes sur ce point, le témoignage des auteurs arméniens suffirait pour les dissiper. Agathangélus, Faustus de Byzance, Élisée, Moïse de Khoren et Lazare de Pharbe, qui vivaient à une époque où l'Arménie était encore soumise à des Arsacides, ou peu de temps après, ne manquent pas de distinguer expressément les Parthes des Perses.

Mais quels étaient les habitants de la Parthyène? Étaient-ils, par leur origine, étrangers à la Perse? L'antiquité nous apprend qu'ils descendaient des Scythes; toutefois, ce renseignement est trop vague; on peut arriver à plus de précision, et c'est jusqu'en Europe qu'il faut rechercher l'origine des Parthes.

Nous dirons, avec Quinte-Curce[1] : « Quin Scythæ qui « Parthos condidere, non a Bosporo, sed ex regione « Europæ penetraverint. »

Il semble que le destin des régions renfermées entre l'Oxus, l'Indus et l'Euphrate ait été, dans tous les temps, de subir le joug de maîtres étrangers. Des Turks, venus des extrémités de l'Orient, y dominent aujourd'hui; avant eux, c'étaient des Mongols, venus de plus loin, qui en étaient les maîtres; d'autres Turks les avaient précédés. Le règne seul des Sassanides fait une exception apparente. Les prédécesseurs des Arsacides, les Mèdes et les Perses, étaient également étrangers d'origine : peut-être un jour serons-nous assez heureux pour pouvoir fournir les preuves matérielles de plusieurs autres irruptions plus anciennes.

La langue des Persans n'est pas moins étrangère au sol qu'ils habitent que les peuplades qui s'en sont partagé l'empire; elle a remplacé d'autres idiomes plus anciens. Le pehlvi, qui remonte à ces époques reculées, n'est qu'un idiome presque entièrement chaldaïque ou syriaque, soumis à une grammaire et à une syntaxe étrangères. La Perse entière était, dans la haute antiquité, le domaine de Sem. C'est par les irruptions multipliées des enfants de Japhet, et par leur longue habitation dans les tentes de Sem, pour emprunter le langage de l'Écriture; c'est, en un mot,

[1] VI, XI, 14.

graduellement que les régions renfermées entre l'Euphrate et l'Indus sont devenues persanes. La langue syriaque s'est peu à peu retirée vers l'Occident, de même qu'aujourd'hui on voit, en beaucoup de lieux, le persan faire place au turk. Jadis, après un long séjour dans un pays conquis, les vainqueurs, confondus avec les vaincus, formaient une population mixte qui finissait par devenir étrangère aux anciens compatriotes de ces vainqueurs; la puissance de ceux-ci s'affaiblissait, et de nouveaux barbares venaient opprimer des frères qu'ils ne connaissaient plus. C'est ainsi que les Arsacides subjuguèrent les Perses, qui avaient la même origine qu'eux, mais qui avaient abandonné depuis plus longtemps les plaines de la Scythie. Aussi, selon Agathangélus, Ardeschir, fils de Babek, qui était Perse de naissance et qui, au IIIe siècle, fonda la dynastie des Sassanides par l'expulsion des Parthes, adressa-t-il aux Perses et aux Assyriens un discours véhément[1], pour les exhorter à chasser les Parthes, qu'il qualifie d'étrangers venus de la terre des barbares pour s'établir en Perse. Ce discours sert de plus à prouver qu'à cette époque la population syrienne n'était pas encore éteinte dans ce royaume; en effet, ce n'est que sous la domination arabe qu'elle a disparu peu à peu.

C'est chez les Scythes, nous dit l'antiquité, qu'il faut chercher l'origine des Parthes et des Arsacides. Mais à quelle tribu de cette nation nombreuse appar-

[1] Voy. ci-dessus, tom. 1, p. 32 et 33.

tenaient-ils? Les contrées situées au nord-est de la Perse et à l'est de la mer Caspienne, celles qui s'étendent au nord de cette mer, et du Pont-Euxin jusqu'au Danube et aux montagnes de la Thrace, ont été, depuis une époque très-reculée, le séjour des nations scythiques; c'est de là qu'à différentes époques, elles se sont répandues dans toute l'Europe, et plus loin encore; c'est de là qu'elles ont subjugué l'Asie occidentale et l'Égypte, envahi l'Inde, et poussé leurs excursions jusqu'en Chine. Tous les auteurs, anciens ou modernes, grecs, latins, arabes, persans, chinois ou autres, nous conduisent à admettre ce fait. Les Scythes, divisés en un nombre infini de petites peuplades, ayant à peu près les mêmes mœurs et la même langue, ont souvent été réunis sous une ou plusieurs dénominations générales, selon que telle ou telle tribu dominait sur un grand nombre d'autres et leur imposait son nom. D'après la différence des dialectes, on les a nommés Scythes, Gètes, Goths, *Siu-the,* Yètes, Djètes, Djates, etc. A d'autres époques, les noms de Mèdes, de Perses, d'Indiens, de Saces, d'Asiens, d'Alains, etc. furent plus célèbres. C'est en particulier dans la tribu des *Dahæ* ou *Dahi* qu'il faut chercher l'origine des Parthes[1]. Le témoignage de Strabon est positif; ce fut avec le secours des Dahæ qu'Arsace et son frère Tiridate se rendirent indépendants des Séleucides;

[1] Voy. les citations et les témoignages réunis ci-dessus, tom. I, p. 3-38.

leurs auxiliaires appartenaient surtout à la tribu des Dahæ *Parni* ou *Aparni*, venus des bords du Palus-Mæotide. La tribu des Dahæ était une des plus puissantes parmi les nations scythiques ; ses nombreuses ramifications étaient répandues en Europe et en Asie. Il en est parlé dans les livres de Zoroastre, comme d'une nation très-considérable ; ils avaient donné leur nom à la mer Caspienne. Hérodote nous apprend que, avant Cyrus, plusieurs peuplades de Dahæ avaient déjà pénétré dans l'intérieur de la Perse. Avec le secours des Dahæ de l'Iaxarte et d'autres Dahæ qu'il avait fait venir des bords du Tanaïs européen, Bessus put résister longtemps à Alexandre le Grand. Les Grecs connaissaient ceux qui s'étaient répandus du côté de l'Occident, sur les bords du Danube, et même, au rapport de Dion Cassius, jusque dans les montagnes de la Thrace : ils les appelaient *Dahæ, Dahi, Davi, Daci, Dacæ*, et donnaient à leur pays le nom de *Dacia*. Strabon a bien soin de faire observer que les Gètes, appelés Daces, s'avançaient fort loin à l'Occident, vers les sources du Danube. Une horde de la même nation était passée dans l'Asie Mineure ; elle y occupait, dès une époque fort ancienne, les *champs Amazoniens,* les montagnes de Trébizonde et la partie nord-ouest de l'Arménie ; c'est là qu'au temps des Argonautes on trouvait les campagnes de *Daas ;* c'est là que Xénophon vit les *Tahi* ou *Taochi,* et que les Arméniens placent les

Daïk'h. De nos jours encore, les défilés qui conduisent de la Géorgie dans cette partie de l'Arménie, sont appelés *Taho-skari*, c'est-à-dire *les portes de Taho*. Du temps de Pline, et sans doute bien avant lui, toute la côte orientale de la mer Caspienne était couverte de Dahæ; une grande partie de cette région porte encore aujourd'hui le nom de *Dahistan*, et c'est l'antique Parthyène elle-même.

Quoique Strabon prétende que les Arsacides étaient Dahæ d'origine, il nous apprend lui-même que, selon d'autres auteurs, ils étaient Bactriens. Il paraît constant qu'avant de se révolter contre les Séleucides, Arsace et son frère Tiridate étaient en possession d'une satrapie dans la Bactriane. Au témoignage de Strabon, se joint celui d'Arrien. C'est dans la Bactriane que les deux frères se révoltèrent; c'est de là qu'ils passèrent dans la Parthyène. Cela suffit pour justifier le nom de Bactriens que leur donnent plusieurs auteurs, et qu'on ne peut leur refuser; car la dénomination de *Balhavouni*, ou hommes de Balkh, la Bactre des anciens, s'est conservée en Arménie jusqu'au XIII° siècle, comme preuve de l'origine bactrienne des Arsacides[1]. Il n'y a dans tout ceci qu'une différence de mots; car, en prouvant que les Arsacides étaient Bactriens, on en fait des Dahæ. Nous savons, en effet, par Strabon et par Pline, que la Bactriane était remplie de peuplades de cette dernière nation. Il fallait qu'il y en eût réellement un

---

[1] Voy. ci-dessus, t. I, p. 41 et suiv.

bien grand nombre puisque les historiens chinois de la dynastie des Han, qui étaient contemporains, donnent constamment à ce pays le nom de *Tahia*, ou plus exactement *Dacia*. Cette dénomination est précisément la même que celle qui sert à désigner les pays que les *Dahi* possédaient en Europe. Doit-on s'étonner maintenant de voir, dans Pline le jeune, les Daces du Danube contracter des alliances offensives et défensives avec les Parthes, pour attaquer de concert les Romains?

Si les Arsacides étaient *Dahi;* si c'est avec des soldats *dahi* qu'ils ont fondé leur empire, les Perses, leurs sujets, ont pu être désignés par le même nom. Il en fut effectivement ainsi : les historiens chinois des Han ne donnent pas aux Perses, devenus sujets des Arsacides, d'autre nom que celui de *Tiao-tchi*, qui ne diffère pas sensiblement de *Dahi, Dahæ, Daki* et *Tadjik*, dont il est la transcription plus ou moins exacte. L'expulsion des Parthes, que les Perses regardèrent toujours comme des étrangers, dut faire tomber leur nom en désuétude. Le mot *Tadjik* existe cependant encore dans la langue persane; mais il n'y a plus que le sens de barbares, comme *Tazy,* qui en est une variante plus usitée; on l'applique spécialement aux Arabes. C'est par une raison pareille que les Arabes donnent à tous les barbares le nom d'*Adjem*, en l'appliquant plus particulièrement aux Persans, parce que, de tous les barbares, ce sont ceux qu'ils connaissent le mieux. Des Persans, le nom de *Tadjik* est passé, avec le même sens, chez les Arméniens, qui le prononcent *Dadjig*, et qui, après l'avoir primitivement appliqué aux Arabes, l'ont étendu à tous les musulmans; de sorte qu'actuellement ils le donnent aux Ottomans eux-mêmes. A l'orient de la Perse, chez les peuples de la haute Asie, où l'on n'avait aucune raison de changer l'acception que le nom de *Tadjik* y avait du temps des Arsacides, ce nom s'est conservé; et il en a été rapporté par les conquérants turks ou mongols, qui, à leur tour, l'ont donné aux Persans vaincus. Dans l'Histoire des Mongols de Raschid-Eddin, on le trouve très-fréquemment employé avec ce sens. Aujourd'hui, dans la Perse, le Béloudjistan, l'Afghanistan, la Transoxane, et dans toutes les régions peu connues qui s'étendent à l'orient de la Perse et au nord du Kachemyre, les *Tadjik* ou *Tazik* sont les habitants des villes et des campagnes, les indigènes qui se servent de la langue persane, les sujets que ce nom distingue des dominateurs turks, mongols ou afghans.

Ce n'est pas à la Perse seule que se bornait l'empire des Arsacides. Cette famille se divisait en quatre branches principales : la première, dont le chef était distingué par le titre de roi des rois, possédait la Perse; la seconde dominait sur l'Arménie; une troisième, connue sous le nom d'Arsacides indiens, régnait sur la Bactriane, sur les régions limitrophes de l'Indus et sur les tribus saces, gètes, asianes et alanes, répandues depuis les montagnes du Kandahar jusqu'aux bouches de ce fleuve. Les rois de cette troisième branche étaient connus des historiens arméniens et des historiens chinois sous le nom de rois de Kouschan; et, au rapport de ces derniers, leur puissance s'étendait fort loin dans l'intérieur de l'Asie. La quatrième branche des Arsacides possédait toute la région située au nord du Pont-Euxin et de la mer Caspienne, qui forme la partie méridionale de la Russie. Ces Arsacides septentrionaux exerçaient la suzeraineté sur les peuplades mèdes, indiennes, scythes, gètes, dahæ, etc. répandues dans ces contrées. Parmi leurs sujets, on distinguait le puissant peuple des *Lepones*, qui nous est peu connu, mais qui, d'après les témoignages réunis de Pline, de la Table de Peutinger, des Arméniens et des Chinois, occupait les pays compris entre le Caucase d'Arménie et le Volga. Les renseignements que nous fournissent Tacite, Agathangélus et Faustus de Byzance, mettent hors de doute l'établissement des Arsacides dans ces contrées septentrionales. Le titre le plus ordinaire des rois de cette branche était celui de rois des Massagètes ou des Alains. Ammien Marcellin, qui connaissait parfaitement cette nation, nous fait voir que ces deux noms servaient à désigner un seul et même peuple. Selon cet auteur, la puissance des Massagètes ou des Alains s'étendait depuis le Pont-Euxin jusqu'aux rives du Gange et jusqu'aux pays les plus reculés de l'Asie vers l'orient; ce qui est, de tout point, conforme aux récits des auteurs chinois de la même époque. Partout, dans ce vaste territoire, on trouve de nombreuses traces de la domination des Alains. Ptolémée donne ce nom aux peuplades des extrémités de l'Asie, comme à celles qui habitaient vers le Palus-Mœotide; d'après lui, les montagnes Alaniques se prolongent fort loin vers l'orient, de manière à répondre à la chaîne de l'Altaï. C'est là que les historiens chinois placent la demeure de barbares remarquables par la hauteur de leur taille et par leur chevelure blonde; ils les désignent sous les dénominations de *Siu-the*, d'*A-lan-na*, d'*Ousioun*, d'*Asi* et d'*Ye-tha*. Qui pourrait méconnaître ici les noms de Scythes, d'Alains, d'Asianiens, d'Asiens et de Gètes? Ce n'est pas, à ce qu'il nous semble, un des moindres résultats de la comparaison de nos recherches avec celles de M. Abel Rémusat. Ce savant et nous avons toujours trouvé l'accord le plus étonnant dans les récits des mêmes faits puisés à des sources très-différentes. Dans l'Inde, le nom des Alains, comme aussi celui des Gètes, s'est conservé jusqu'à une époque très-récente: on le retrouve dans Masoudy; et, jusqu'au xive siècle, les géographes arabes ont donné le nom de mer des Alains à la partie de l'océan Indien qui sépare l'Arabie du Guzérat.

Pendant un siècle environ, la puissance des Arsacides reste renfermée dans les limites de la Parthyène et des cantons voisins. Mais Mithridate le Grand monte sur le trône; et ce prince, non moins célèbre par ses lois que par ses conquêtes, étend au loin sa domination en profitant habilement des troubles que suscitent dans l'empire des Séleucides la minorité d'Antiochus Eupator, l'usurpation d'Alexandre Bala et ses guerres contre Démétrius Nicator. Les rois grecs de la Bactriane, après le règne glorieux d'Eucratide, sont contraints de reconnaître la suprématie des Parthes, et ne conservent la possession précaire d'une partie de leurs provinces qu'en faisant le sacrifice des autres. Mithridate passe dans l'Inde, où il pousse ses conquêtes jusqu'à l'Hypanis : c'est à cette époque que commence la branche arsacide de l'Inde. Bientôt, il tourne ses armes victorieuses contre les Séleucides. La Médie, la grande Séleucie du Tigre, rivale de Babylone, sont conquises; les rois de la Perside, de l'Élymaïde, de l'Atropatène, tous les dynastes de l'Arménie se soumettent au vainqueur; Démétrius Nicator est fait prisonnier; le royaume arsacide d'Arménie est fondé; et désormais l'Euphrate est la seule barrière qui défende les Séleucides contre les irruptions des Parthes. A l'orient de ce fleuve, l'Asie n'est plus aux successeurs d'Alexandre; le roi des Parthes en est le monarque. Cependant, sous Phraate II, successeur de Mithridate, Antiochus Sidétès, frère de Démétrius Nicator, tente de reconquérir le domaine de ses aïeux; il passe l'Euphrate; vainqueur dans trois batailles, il reprend Séleucie, envoie ses flottes dans l'océan Indien, et entre triomphant dans la Médie. Les princes de l'Orient, lassés du joug des Parthes, se joignent à lui; les Grecs de la Bactriane font de leur côté une puissante diversion; les Arsacides semblent près de succomber. Dans cette extrémité, Phraate appelle à son secours les barbares de la haute Asie. Les *Sarancæ*, émigrés des frontières de la Chine, où ils étaient connus sous le nom d'*Iouchi;* les Tokhariens, les Asianiens et d'autres nations scythes, passent l'Oxus, et détruisent le royaume grec de la Bactriane. Un ambassadeur chinois, qui était venu dans l'Occident pour y chercher des alliés à son maître, est témoin de ce grand événement, dont les auteurs grecs et latins nous révèlent la cause, et dont les historiens des Huns nous font le récit. Dans le même temps, la fortune se montrait plus propice à Phraate : Antiochus, victime de son imprudence, succombe, et l'Asie rentre, presque sans combat, sous la domination des Arsacides. Hors d'inquiétude, le roi des Parthes refuse aux barbares qu'il avait appelés les subsides qui leur avaient été promis; bien plus, il revendique la Bactriane. La guerre fut longue et opiniâtre. Trahi par les Grecs qu'il avait forcés de servir sous ses drapeaux, Phraate périt dans une bataille. La guerre continue; Artaban II, successeur de Phraate, éprouve le même sort; mais son fils Mithridate II parvient enfin à triompher des Scythes. Toutefois, ces barbares, en reconnaissant la suprématie des Arsacides de l'Inde ou des rois de Kouschan, restèrent en possession de la plupart des pays qu'ils avaient conquis ; et ce ne fut qu'au bout d'un siècle que cette branche des Arsacides parvint à exercer une autorité réelle sur les conquérants scythes. Tous ces faits se déduisent de quelques passages de Strabon, de Justin et des Prologues de Trogue-Pompée, amplement commentés à l'aide des historiens chinois.

Pendant que les Parthes luttaient, dans l'Orient, contre les Scythes, la monarchie arsacide fondée en Arménie prenait de l'accroissement, s'étendait dans l'Asie Mineure, dans le Caucase, et devenait assez puissante pour qu'un premier Tigrane, père du Tigrane que les victoires de Lucullus et de Pompée ont rendu célèbre, n'ait pas reculé devant l'idée de contraindre le roi arsacide de Perse à reconnaître sa suprématie et à lui céder le titre de roi des rois. C'est avec les secours fournis par ce Tigrane que, longtemps avant l'époque marquée dans la chronologie ordinaire, le fameux Mithridate, roi de Pont, fit la conquête de la Cappadoce, de la Paphlagonie et de la Bithynie. Transportés dans les temples d'Armavir et dans la citadelle d'Ani, où ils se voyaient plusieurs siècles encore après ces événements, divers trophées enlevés de l'Asie Mineure[1], et notamment des statues faites par Scyllis et

[1] Voy. ci-dessus, t. I, p. 64.

Dipœne de Crète[1], étaient autant de témoins de la part glorieuse que les Arméniens avaient prise aux premières conquêtes de Mithridate. Nos recherches apportent quelques changements importants dans l'histoire de ce prince; et nous osons croire qu'elles expliqueront, d'une manière claire et naturelle, un grand nombre de circonstances de sa vie, ainsi que beaucoup d'événements arrivés de son temps; et tous assez difficiles à comprendre, si l'on suit le système adopté jusqu'à ce jour. Nous pensons que, désormais, on saisira mieux la marche des négociations et les opérations militaires des généraux romains dans l'Orient. Mithridate, par exemple, veut-il presser la reddition de Cyzique; il menace les assiégés de l'arrivée du grand roi d'Arménie, à la tête de toutes les forces de l'Orient. Le tyran Aristion, dévoué à Mithridate et assiégé dans Athènes par Sylla, parle du roi d'Arménie comme de son souverain. Une multitude d'autres faits s'éclairciront de même.

Cependant, le roi d'Arménie meurt; Tigrane, mal affermi sur son trône, ne peut garder ce que son père avait usurpé; il ne conserve même sa couronne héréditaire que par la cession de plusieurs provinces. Son humiliation ne fut pas longue : le sort des armes lui rend ce que la nécessité l'avait forcé de céder; et le roi des Parthes redescend au second rang. Vers la même époque, les Grecs, las d'obéir aux rejetons dé-

[1] Voy. ci-dessus, t. I, p. 64.

générés de la race de Séleucus, envoient offrir le trône de Syrie à Tigrane, qui devient, sans contestation, souverain de l'Asie occidentale. Mithridate, roi de Pont et longtemps vainqueur des Romains, éprouvait alors un destin contraire; il implore le roi d'Arménie, qu'il avait méconnu dans sa prospérité. Tigrane accorde un asile au fugitif, mais il refuse de l'admettre en sa présence. Toutefois, lorsque Lucullus demande l'extradition de Mithridate, Tigrane, indigné, prend ouvertement la défense du roi détrôné. Rome lui déclare la guerre. Avant que les deux princes aient terminé entre eux leurs différends, les armes romaines ont décidé de leur sort : Mithridate fuit dans le Bosphore Cimmérien; Tigrane fait sa paix avec les vainqueurs en abandonnant la Syrie; mais il conserve le titre de roi des rois, qu'une habile politique ne permettait pas aux Romains de lui ôter, puisque ce titre était un sujet perpétuel de discorde entre le roi d'Arménie et le roi des Parthes, souverain que Rome redoutait, et dont la conduite équivoque dans le cours de cette guerre n'avait servi les Romains qu'en favorisant, par son inaction, la défaite de Tigrane. Dans les récits de la plupart des historiens, la conduite de ce dernier à l'égard de Mithridate est inexplicable. Tout devient facile à comprendre, si l'on remarque que le roi de Pont, comparé au roi d'Arménie, est un bien petit prince, et que d'ailleurs il était son feudataire.

Pendant que Tigrane était occupé à combattre les Parthes, Mithridate avait accru ses forces par des conquêtes dans la Scythie, le Bosphore et l'Asie Mineure. Désormais il se croyait assez puissant pour lutter seul contre les Romains; enorgueilli par ses succès, il avait agi en souverain indépendant, et avait même pris le titre de *roi des rois* ou de *grand roi*, qui alors était, dans l'Orient, ce que fut plus tard, en Europe, le titre d'empereur dans la diplomatie du moyen âge. Il est constant du moins que les Grecs décernèrent à Mithridate le titre de monarque de l'Asie. Les circonstances ne permirent pas que les différends qui existaient entre ce prince et Tigrane fussent réglés. Mithridate, qui n'avait pas cédé le titre qu'il avait usurpé, l'emporta dans le Bosphore Cimmérien; son fils Pharnace en hérita; et, lorsque ce dernier rentra dans l'Asie, il le fit mettre sur ses monnaies. La preuve de ce fait existe dans tous nos cabinets de numismatique, et on retrouve le même titre sur plusieurs monuments qui se rapportent aux successeurs de Pharnace dans le Bosphore.

Ce fut seulement après la défaite de Crassus que la bonne harmonie se rétablit entre les deux principales branches de la famille arsacide. La branche aînée reprit le rang suprême, et, recouvrant sa toute-puissance, se montra la rivale des Romains. Les Arsacides d'Arménie furent victimes de cette rivalité : Antoine vengea sur le fils de Tigrane les revers qu'il avait éprouvés en combattant les Parthes; la trahison lui livra le roi d'Arménie et ses états. Artavasde fut décapité à Alexandrie, mais Antoine ne put obtenir la pleine et tranquille possession du royaume de ce prince infortuné. L'Arménie, longtemps et tour à tour ravagée par les Parthes, par les Romains et par les peuplades barbares du Caucase, fut partagée entre plusieurs rois, qui n'étaient pas tous du sang des Arsacides, et qui, selon les chances de la guerre, furent tantôt feudataires des Parthes, tantôt feudataires des Romains. Outre les descendants de Tigrane et de quelques autres Arsacides venus de Perse, qui cherchèrent à conserver la possession de l'Arménie, une branche particulière, issue d'un frère de Tigrane, régna sur la Mésopotamie, sur l'Adiabène et sur plusieurs parties de l'Arménie. Parmi les princes de cette dernière race, on distingue le roi Abgare, si célèbre par les rapports qu'il eut avec le Sauveur, selon une très-antique tradition de l'Église, que le scepticisme moderne a rejetée avec trop de légèreté, mais dont nous espérons démontrer l'authenticité par de nombreux témoignages. Ce fut au temps de Vespasien seulement qu'un prince, issu des Arsacides par les femmes, et qui ne devait qu'à l'usurpation le royaume d'Abgare, obtint des Romains l'abandon de l'Arménie septentrionale par la cession de la Mésopotamie. Ce fait, dont les historiens anciens d'Occident ne font aucune mention, est attesté par les Arméniens; et le témoignage de ceux-ci se trouve confirmé par l'autorité des médailles. Le légitime héritier revint bientôt de la Perse, où il s'était réfugié; il remonta sur le trône de ses aïeux, qui resta pour toujours à ses descendants; et d'autres princes arsacides continuèrent de posséder l'Osrhoène, l'Adiabène et la Sophène.

Pendant que ces événements se passaient, une grande révolution s'était opérée en Perse. Les Parthes, las du joug de Phraataces, fils de Phraate IV et d'une esclave italienne, que son père avait préféré à ses autres enfants plus âgés, se révoltèrent contre lui, et rappelèrent un de ses frères, qui avaient été envoyés à Rome. Le jeune prince avait adopté les mœurs des Romains; il fut bientôt en horreur aux Parthes, qui le chassèrent et mirent sur le trône un autre Arsacide, nommé Artaban. Nous connaîtrions bien mal ce personnage, si nous ne consultions que les récits des auteurs grecs et latins; mais, en combinant leurs témoignages avec ceux des Arméniens, nous apprenons que ce chef de la seconde branche des Arsacides en Perse était le roi de Kouschan ou des Arsacides de la Bactriane. Les princes de la race légitime luttèrent vainement pendant trente ans; l'assistance des Romains et des Arsacides du nord leur fut inutile; le trône resta à Artaban III et à ses descendants. Celui-ci n'en fut pas cependant le tranquille possesseur. Voulant joindre le royaume dont il avait hérité à celui qu'il avait conquis, il fut obligé de soutenir contre ses frères de longues guerres, qui ne furent terminées que par la médiation d'Abgare. La Perse et le rang suprême restèrent à Artaban et à sa postérité; la famille Garéniane eut en partage la Bactriane; la race de Souren et celle de Goschem furent apanagées en Perse. On convint, en outre, que si la branche royale venait à s'éteindre, les autres lui succéderaient par ordre de primogéniture.

Tandis que Trajan était occupé à faire la guerre aux Daces, les princes de la seconde race arsacide attaquèrent les possessions romaines en Orient; les rois Mithridate V et Sinatræcès ou Sanadroug conquirent la Mésopotamie, passèrent l'Euphrate, et, s'il en faut croire Jean Malala, se rendirent maîtres d'Antioche. Ces faits n'ont été rapportés par aucun des historiens modernes. Tel était cependant l'état des choses lorsque Trajan arriva dans l'Orient. Après la défaite des Parthes, il voulut faire revivre les droits de haute souveraineté que l'empire avait exercés autrefois sur l'Arménie et sur les régions caucasiennes; mais il n'y parvint qu'après de longues guerres. L'Euphrate était alors regardé comme la limite des deux empires; leur contact n'était cependant pas immédiat : les royaumes de l'Osrhoène, de l'Anthémusiade, de l'Adiabène, des Atréniens et de la Characène, tous feudataires des Parthes, les séparaient réellement, et empêchaient les Romains de commercer directement avec l'Inde par le golfe Persique. C'est sous le règne de Trajan que commença une longue suite de guerres, dont le but était de soumettre tous ces royaumes et d'étendre l'empire romain jusqu'aux bouches de l'Euphrate et du Tigre. Trajan conquit les trois provinces d'Osrhoène, d'Adiabène et d'Arménie. Cette dernière ne comprenait que le territoire d'Amid avec plusieurs cantons de la Gordyène, et non la Grande-Arménie, comme on le croit à tort. Après avoir confié la défense de ces nouvelles provinces à des colonies militaires, Trajan soumet les Arméniens, fait alliance avec le roi de la Characène, s'embarque sur le golfe Persique, et pénètre avec sa flotte jusqu'au détroit d'Ormuzd et dans l'océan Indien, où l'on vit pour la première et la dernière fois les aigles romaines. Des révoltes sans cesse renaissantes rendaient fort incertaine la possession de ces conquêtes. Adrien les abandonna et reporta à l'Euphrate les limites de l'empire. Les projets de Trajan furent repris sous Marc-Aurèle par Lucius Vérus, et en partie exécutés avec succès par Septime Sévère : l'Osrhoène et diverses portions de la Mésopotamie restèrent provinces romaines. Depuis longtemps, les Parthes s'épuisaient en efforts inutiles, soit contre les Romains, soit dans des guerres intestines, et ils touchaient au moment de leur ruine. Une autre puissance allait s'élever sur leurs débris, redonner une nouvelle énergie à la nation persane, et fonder une dynastie qui devait pour jamais mettre des bornes à la domination romaine dans l'Orient. Ardeschir, fils de Babek, qui se vantait de descendre des anciens monarques de la Perse, et qui tenait de ses aïeux la possession du canton d'Isthakhar, dans la Perside, se rendit indépendant vers l'année 201 de l'ère chrétienne. Il avait détruit tous les petits princes de la dynastie des Bazarandjan, souverains particuliers qui, selon Strabon, gouvernaient la Perside sous la suprématie des Arsacides. Enhardi par ses succès, et profitant des guerres d'Artaban V avec ses frères, Ardeschir soumit tous les rois du Kirman, des bords de l'Océan, de l'Élymaïde et de la Mésène. C'est alors qu'il osa attaquer le grand roi et s'annoncer comme le libérateur de la Perse, envoyé de Dieu pour rétablir la loi de Zoroastre dans toute sa pureté. Le nombre de ses partisans s'accrut rapidement; les Arsacides des deux dernières branches, qui n'avaient que des droits très-éventuels à la couronne, se joignirent à lui : trois fois le grand roi fut vaincu; enfin, il succomba dans les plaines d'Hormouzdjan, dans le mois de mihir de l'an 538 de l'ère d'Alexandre, qui tombait entre le 25 novembre et le 25 décembre de l'année 226 de notre ère. La dynastie des Arsacides cessa de régner sur la Perse. Celle des Sassanides lui succédait.

A la nouvelle de la mort d'Artaban, Chosroès, chef de la race arsacide en Arménie, fait un immense armement; il réunit à ses propres troupes les Parthes fugitifs et les nations guerrières du Caucase; il envoie des ambassadeurs à Rome, chez les Arsacides du nord, chez ceux de la Bactriane, et auprès des Arsacides qui étaient encore en Perse. Ces derniers, contents des avantages que le nouveau roi avait ajoutés à ceux dont ils jouissaient déjà, refusèrent de se joindre à Chosroès; Vehsadjan, roi de la Bactriane, fut le seul qui arma pour venger sa maison. La guerre fut opiniâtre; les Romains y prirent part, et l'avantage ne resta pas toujours à l'usurpateur : les auteurs arméniens prétendent que Chosroès le réduisit presque à la dernière extrémité, et le repoussa jusqu'aux frontières de l'Inde. Il est constant, par le témoignage de Dion Cassius et d'Hérodien, que le roi d'Arménie remporta de très-grands avantages sur Ardeschir, et qu'avec un corps de troupes romaines, il pénétra fort avant dans la Perse orientale. Ardeschir, pour se débarrasser de son redoutable adversaire, eut recours à la trahison; gagné par lui, Anag, arsacide de la branche souréniane, se réfugia auprès de Chosroès, le poignarda, et délivra ainsi Ardeschir de toute inquiétude. Le fils de Chosroès, encore enfant, fut emmené à Rome; et, pendant vingt-sept ans, l'Arménie resta soumise aux Perses. Ardeschir marcha ensuite contre la Bactriane, et, après de longues et sanglantes guerres, contraignit le roi des Arsacides de cette région à reconnaître sa suprématie.

Longtemps après l'établissement de la dynastie des Sassanides, la race des Arsacides existait encore en Perse. Les historiens arméniens font fréquemment mention des princes de cette famille qui occupaient les premières dignités de l'état. A l'époque de la conquête de la Perse par les Arabes, une branche des Arsacides possédait la ville de Ray avec une partie de la Médie, territoire qui formait un des sept royaumes de second rang placés sous la suzeraineté de la Perse au temps des Sassanides. Le fameux Bahram Tchoubin, qui, à la fin du vi[e] siècle, disputa le trône de Perse à Chosrou Parwiz, appartenait à cette branche. Ses descendants se convertirent à l'islamisme; et, plus de deux siècles après, ils formèrent la dynastie des Samanides, qui régna environ cent cinquante ans sur la Perse orientale et la Transoxiane.

Quoique vaincus par Ardeschir, les Arsacides de la Bactriane conservèrent leurs possessions. Les écrivains latins nous apprennent que, pendant plus d'un siècle, ils ne cessèrent d'envoyer des ambassadeurs aux Romains, dans le dessein de les engager à s'unir avec eux et avec les Arméniens pour combattre de concert l'ennemi commun. Leur royaume subsistait encore après l'année 370 de J. C. Il soutenait alors, contre Schahpour II, une guerre qui ne se termina pas à l'avantage de ce prince. Les Arsacides de la Bactriane durent avoir beaucop à souffrir de l'établissement des Huns Éphthalites à l'orient de la mer Caspienne et dans les montagnes de l'Inde; divers témoignages nous donnent cependant lieu de croire qu'ils ne furent point anéantis alors, mais que seulement leur puissance fut considérablement affaiblie. Un passage fort important de Masoudy nous montre que, du temps de cet historien, c'est-à-dire au milieu du xe siècle de notre ère, le royaume de Kouschan subsistait encore, et que c'était le seul des états compris entre la Perse et la Chine, où se fût conservée la religion de Manès. Nous pensons, en conséquence, que c'est à une époque postérieure, mais non connue, que la postérité des Arsacides s'éteignit tout à fait dans les régions orientales où cette illustre famille avait pris naissance.

L'existence de la branche des Arsacides qui régnait sur les Alains ne fut pas, à beaucoup près, d'aussi longue durée. Vers l'an 320, Sanésan, roi de cette branche, fit une invasion en Arménie; il y fut vaincu et tué. La puissance de ses descendants dut être détruite vers l'an 370, lorsque les Huns se précipitèrent des régions septentrionales sur l'empire des Goths et le renversèrent. Les Goths s'enfuirent devant les vainqueurs jusqu'en Thrace, d'où, plus tard, ils passèrent en Italie et en Espagne. Ammien Marcellin et les historiens chinois contemporains font mention de cet événement. Le royaume des Alains fut détruit à la même époque et par les mêmes conquérants. Les Huns Sabiriens et les Huns Tétrexites occupèrent le pays compris entre les deux mers; de là, ils firent de fréquentes incursions en Arménie, dans l'Asie Mineure et jusqu'en Syrie. Les Huns Éphthalites soumirent les régions situées à l'orient de la mer Caspienne. Les

Alains furent dispersés de tous les côtés; quelques-unes de leurs tribus restèrent dans l'Inde ; quelques autres se refugièrent dans le Caucase, où leur postérité subsiste encore ; d'autres passèrent en Europe, à la suite des Goths. Une partie de ces dernières tribus alla s'établir au milieu des marais de la Pologne; c'est d'elle que descendent les Lithuaniens, les Samogitiens, les indigènes de la Prusse et de la Courlande, aussi bien que les Esthoniens. D'autres tribus, enfin, traversant les Pyrénées, occupèrent le Portugal et la Galice, où elles fondèrent une souveraineté qui subsista près de deux siècles.

La conquête de l'Arménie par Ardeschir n'avait pas anéanti la race des Arsacides de ce royaume. Quand Tiridate, fils de Chosroès, eut atteint l'âge de régner et de combattre, il saisit la première occasion favorable pour remonter sur le trône de ses aïeux, et il rentra dans ses états héréditaires, à l'époque où Valérien entreprit son expédition de Perse. Le règne de Tiridate ne fut qu'une longue guerre contre les Parthes. Un prince de son sang, Arschavir, fils de Kamsar, abandonnant alors la Perse, où il était persécuté, alla chercher un asile en Arménie. Deux des plus belles provinces du royaume lui furent cédées en fief, et il y résida comme chef de la famille Kamsarakane. Celle-ci conserva ses possessions jusqu'au viiie siècle de notre ère, et se distingua constamment par son ardeur à défendre l'indépendance de l'Arménie, d'abord contre les Perses, ensuite contre les Arabes. Il existait encore des rejetons de cette famille, en Arménie, à la fin du xiᵉ siècle.

Dix-huit ans après le rétablissement de Tiridate sur le trône d'Arménie, et trente ans environ avant la conversion de Constantin, les Arméniens et leur roi embrassèrent le christianisme. Saint Grégoire, fils d'Anag, qui avait assassiné Chosroès, fut l'apôtre et le premier patriarche d'Arménie. Ce fait, que nous croyons pouvoir démontrer jusqu'à l'évidence, assure aux Arméniens le rang de première nation chrétienne. Le royaume arsacide, en Arménie, subsista encore plus de cent cinquante ans, défendant péniblement son indépendance contre les Perses, dont il fut très-souvent obligé de reconnaître la suzeraineté. Enfin, dans son imprudente politique, l'empereur Théodose le Jeune ayant consenti à un traité de partage, les quatre cinquièmes de l'Arménie restèrent au roi de Perse, et la ruine de la race royale des Arsacides d'Arménie fut consommée en l'année 428 de notre ère. La race sacerdotale subsista plus longtemps : Sahag, dernier rejeton de saint Grégoire, ne mourut qu'en 441, après un glorieux pontificat de cinquante et un ans. Il ne resta plus en Arménie que des Arsacides issus de branches collatérales et les Kamsarakans, souverains des provinces d'Arscharouni et de Schirag.

Après la destruction du royaume d'Arménie, plusieurs princes Arsacides, abandonnant le sol qui les avait vus naître, allèrent s'établir dans l'empire grec; on en compte quelques-uns parmi les officiers qui suivirent Bélisaire en Afrique et en Italie; là ils se firent distinguer en combattant les Vandales et les Goths. Si l'on en croit les traditions recueillies par l'empereur Constantin Porphyrogénète, sur l'origine de sa famille, elle serait descendue des Arsacides. Le fait en lui-même n'aurait rien d'étonnant : beaucoup d'autres familles illustres d'Arménie s'étaient établies dans l'empire grec; on y voyait des Pagratides, des Mamigonéans, des Ardzrouniens et des Kamsarakans; plusieurs occupèrent les premières dignités de l'état, ou furent même décorés de la pourpre impériale. Les troupes arméniennes faisaient alors la principale force de l'empire, et disposèrent très-souvent de la couronne. Rien ne s'oppose donc à ce qu'on admette le récit de Constantin Porphyrogénète. Le dernier de ses descendants mâles mourut en 1028, ne laissant qu'une fille, appelée Zoé, qui fut impératrice, et qui épousa Constantin Monomaque. Vers le même temps, on vit s'élever, dans le sein de l'Arménie, de nouveaux rejetons du sang arsacide; ils sont désignés sous le nom de *Balhavouni* ou Bactriens, comme pour conserver jusqu'au dernier instant le souvenir du pays où cette race célèbre avait jeté les premiers fondements de sa puissance. Ces derniers Arsacides tiennent un rang fort distingué dans les fastes de l'Arménie; ils n'illustrèrent pas moins leur pays par leur courage et leurs exploits, que par leurs vertus éminentes et les productions de leur esprit.

Ils se divisèrent en deux branches : celle de Cilicie, qui s'éteignit peu après l'an 1200 de notre ère; celle d'Any, dans la Grande Arménie, qui existait encore vers le milieu du xiiie siècle. Il n'est guère probable que la dernière ait prolongé son existence beaucoup au delà de cette époque ; avec elle s'est éteinte pour toujours la race des Arsacides d'Arménie.

DISCOURS

SUR L'ORIGINE ET L'HISTOIRE DES ARSACIDES[1].

On pense assez généralement que cette sorte de gouvernement qui dominait il y a quelques siècles, et qu'on appelait *système féodal*, était particulière à l'Europe, et que c'est dans les forêts de la Germanie qu'il faut en chercher l'origine; cependant, si, au lieu d'admettre les faits sans les discuter, comme il arrive trop souvent, on examinait un peu cette opinion, elle disparaîtrait devant la critique, ou du moins elle se modifierait singulièrement; et l'on verrait que si c'est des forêts de la Germanie que nous avons tiré le gouvernement féodal, il n'en est certainement pas originaire.

Si l'on veut comparer l'Europe, telle qu'elle était au xiie siècle, avec la monarchie fondée en Asie par les Arsacides, trois siècles avant notre ère, partout on verra des institutions et des usages pareils; on y trouvera les mêmes dignités et jusqu'aux mêmes titres,

[1] Ce morceau a été lu à l'Académie royale des inscriptions et belles-lettres, dans la séance publique du 27 juillet 1821.

jusqu'à des marquis, des barons, des chevaliers et de simples hommes d'armes. De même, un grand nombre d'hommes y jouissaient de tous les droits de la liberté, tandis qu'un plus grand nombre en était entièrement privé. On s'imagine ne voir ordinairement dans l'Orient qu'un misérable troupeau d'esclaves soumis à un despote : sans doute, sous les Arsacides, les Perses, les Syriens et les autres indigènes d'Asie étaient presque tous esclaves; mais ils l'étaient comme les Gaulois et les Romains sous la domination des Francs, et par le même droit, celui de la conquête; c'étaient eux qui formaient la masse de la population. Il n'en était pas ainsi des Parthes : comme nos belliqueux ancêtres, ils étaient grands amis de la liberté, mais beaucoup pour eux et fort peu pour les autres : boire, chasser, combattre, faire et défaire des rois, c'étaient là les nobles occupations d'un Parthe. Ceux qui préfèrent une orageuse liberté à ce qu'ils appellent une tranquille servitude, auraient pleinement trouvé à se satisfaire chez eux; car, de même que dans les diètes polonaises, le sang coulait souvent dans leurs assemblées électorales; et plus d'une fois le tranchant du glaive venait interrompre les discours d'un imprudent orateur. Le trône appartenait bien à une seule famille; le droit d'aînesse même était reconnu; mais malheur à celui qui n'y joignait pas d'autres titres : cette nation turbulente n'aimait à obéir qu'à des princes dont la victoire avait légitimé les droits. Tel était ce peuple, devant lequel la puissance romaine fut forcée de s'arrêter. Comment se composaient ses redoutables armées? comme chez nous. Les seigneurs parthes, tout couverts de fer, eux et leurs chevaux, ne ressemblaient pas mal à nos preux chevaliers, à nos hommes d'armes ; c'est sur eux seuls que reposait la force des armées : le peuple, qui se faisait tuer à pied, était compté pour rien ; on ne faisait état que du noble chevalier assez riche pour soudoyer d'autres braves, ou assez illustre et assez brave lui-même pour en attacher d'autres à sa fortune. Quand Marc-Antoine marcha vers l'Orient, pour venger la défaite de Crassus, le roi des Parthes n'eut besoin, pour le vaincre, que de huit cent cinquante chevaliers ou hommes d'armes; peu auparavant, vingt-cinq chevaliers parthes avaient conquis la Judée et pris Jérusalem. Il serait facile de pousser plus loin le parallèle, de faire voir l'extrême ressemblance qui existait entre la monarchie arsacide et les royaumes de l'Occident : nous n'y trouverions pas, il est vrai, les titres de duc et de comte, empruntés à l'empire romain par la féodalité moderne; mais nous y verrions un connétable commander les armées, et des marquis défendre les frontières. Des barons, des dynastes, des seigneurs féodaux de toute espèce, dont je ne rapporte pas les noms, et parmi lesquels il y en avait beaucoup, comme chez nous, qui étaient chargés de fonctions sacerdotales, se partageaient le reste du territoire, et formaient la partie noble de la nation ou plutôt la nation elle-même, tandis que le peuple, attaché à la glèbe, était serf dans toute la force du terme. A la tête de ce système politique était un prince qu'on appelait *le roi des rois*, et qui l'était effectivement, puisque ses premiers vassaux portaient le titre de roi : leur nombre était fixé à sept, comme les sept électeurs du saint empire romain.

Si nous ne sommes pas les inventeurs du système féodal, qu'on ne croie pas qu'il ait été imaginé par les Parthes. Qu'est-ce que le gouvernement féodal? c'est tout simplement l'occupation militaire d'un vaste territoire, partagé entre tous les soldats : les rangs y sont distribués comme les grades dans une armée ; c'est la conséquence inévitable d'un gouvernement militaire ou d'une conquête. Les Arsacides ne furent pas les inventeurs de ce mode de gouvernement, puisqu'ils ne furent pas les premiers conquérants de l'Asie; ils succédèrent à d'autres empires et à d'autres conquérants; les prédécesseurs des Assyriens, ceux qui chassèrent ces derniers, les Mèdes et les Perses, avaient un gouvernement tout à fait pareil; les Arsacides n'ont fait que les imiter. Les titres de *maître du monde*, de *grand roi*, de *roi des rois* et d'autres encore, qui sont arrivés jusqu'à nous, de peuple en peuple, de tradition en tradition, ont toujours servi à désigner le suprême monarque de l'Asie, même dans les pays qui ne reconnaissaient pas précisément sa domination. Quand les Grecs, qui faisaient profession de braver la puissance du roi de Perse, mais qui recevaient ses subsides, disaient *le roi, le grand roi*, on savait bien de qui il s'agissait; on n'ignorait pas que ce titre ne s'appliquait qu'au prince qui régnait en Asie, et qui, de droit ou de fait, était le souverain du monde. Malgré les mémorables victoires des Grecs, qui pourraient bien avoir été un peu exagérées par l'amour-propre national, la Grèce, sans Alexandre, aurait fini par devenir une province du grand roi : déjà il était parvenu à y faire exécuter ses ordres, en intervenant dans tous les différends des Grecs; il en avait autant qu'il le voulait à sa solde, et il s'en fallait de bien peu qu'il ne fût réellement leur maître; sans Alexandre, la Grèce subissait le joug, presque sans s'en douter.

Quand le roi de Macédoine triompha de Darius, il devint monarque de l'Asie; c'est là le nœud qui explique toute la conduite politique de ce conquérant. Les Grecs, peu familiarisés avec le droit public de l'Orient, n'ont jamais pu y rien comprendre, et jamais ils n'ont pu pardonner à Alexandre de les avoir forcés de vivre en paix chez eux; ils n'ont voulu voir en lui que l'oppresseur de leurs démocraties. C'est à travers une multitude de vaines déclamations, que la mémoire de ce grand homme nous est parvenue; et, après plus de vingt siècles, nous le jugeons encore avec tous les préjugés de ses ennemis. Si l'on doit accorder quelque estime au funeste génie des conquérants, pourquoi n'admirerions-nous pas Alexandre? Nous admirons tant d'autres personnages qui sont célèbres au même titre, et qui certes ne le valent pas ! Le nom de ce héros semble destiné à partager éternellement la gloire de tous les autres conquérants qui, tous, sont forcés de subir avec lui une comparaison qui n'est pas à leur avantage. Il n'eut presque qu'un défaut, et c'était un défaut macédonien : il le paya bien cher, puisqu'il lui coûta la vie. Est-il un homme qui, avec de si faibles moyens, ait fait tant et de si grandes choses? C'est avec trente mille hommes qu'il achève la conquête de l'Asie. Qu'on ne dise pas qu'il a triomphé de multitudes sans courage : ses adversaires pouvaient avoir moins d'habileté militaire; mais Darius et les Perses étaient braves, et c'était quelque chose dans un temps où la vaillance, presque seule, décidait du destin des batailles. Les Scythes, les Bactriens, les Indiens lui opposèrent une longue résistance ; enfin, dans toutes ses batailles contre Darius, Alexandre eut toujours en tête 40,000 Grecs aussi expérimentés que ses Macédoniens, et animés par toute la haine qu'ils pouvaient avoir contre un compatriote qu'ils regardaient comme l'oppresseur de leur patrie. A peine hors de la jeunesse, au milieu des factions, il soumet au joug des républiques guerrières et jalouses de leur liberté; il abandonne l'Europe ; d'innombrables nations reconnaissent ses lois; rien ne l'arrête, ni les sables de la Libye, ni les neiges de la Scythie. Que sont les campagnes des temps modernes, auprès de ces immenses courses militaires? Partout il laisse d'admirables preuves de son génie; il ne renverse pas;

il fonde un nouvel empire. Les plus hautes montagnes du monde sont d'impuissantes barrières pour ses ennemis : les sommets glacés de l'Imaüs s'abaissent et s'ouvrent devant lui; nos géographes ne savent où le suivre dans ses courses lointaines. Tranquille dominateur de l'Asie, plus grand encore par son génie que par son épée, méditant de plus vastes projets que tous ceux qu'il avait achevés, il meurt à Babylone, dont il voulait faire la capitale du monde : l'univers se taisait devant lui, et il n'avait pas trente-deux ans ! L'armée d'un pareil chef devait être une pépinière de grands capitaines : tous furent d'habiles généraux, tous avaient sa vaillance, mais aucun son génie. Alexandre voulait devenir Perse en Asie; ils y restèrent Grecs : ces deux mots expliquent leur histoire. Alexandre aurait fondé un empire durable; ils n'y eurent qu'une domination précaire, mal défendue par des mercenaires étrangers et abhorrée des indigènes : aussi les Arsacides n'eurent-ils pas grand'peine à leur arracher le sceptre de l'Asie.

Nous ne déroulerons pas ici le long récit des faits historiques qui concernent cette dynastie, et que nous avons soumis au jugement de l'Académie. La monarchie arsacide était le centre d'un vaste système politique, en rapport avec les Romains du côté de l'occident, tandis qu'à l'orient il était en contact avec l'empire chinois. Ainsi, d'un côté, on voit les Parthes chercher des ennemis aux Romains jusqu'aux rives du Danube, et, de l'autre, on voit les monarques chinois intervenir comme médiateurs dans les sanglants démêlés des princes arsacides. Cette puissante monarchie féodale se composait de quatre royaumes principaux, possédés par une même famille : la branche aînée avait la Perse, et son chef, décoré du titre de *roi des rois*, avait la haute souveraineté sur tous les princes de son sang. Les rois d'Arménie tenaient le second rang; venaient ensuite ceux de la Bactriane, chefs de toutes les tribus alanes et gothiques répandues sur les bords de l'Indus, ou dans les régions inconnues qui se prolongent au nord de l'Inde et à l'orient de la Perse. Au dernier rang était le roi arsacide des Massagètes, qui possédait toute la Russie méridionale, et qui gouvernait les tribus gothiques, alanes, saxonnes, mèdes, persanes et indiennes, fixées sur les rives du Wolga et du Tanaïs. Qu'on ne s'étonne pas de voir tous ces peuples placés loin des positions géographiques que leurs noms semblent indiquer; si nous ne savions pas comment l'Alcoran a transporté des membres d'une même tribu arabe, les uns sur les rives du Gange, et les autres au pied des Pyrénées, il serait difficile d'en rendre raison. Le séjour des Mèdes et des Indiens en Europe est moins étonnant : leur point de départ était moins éloigné. Quoique ce soit en Asie qu'il faille chercher la première origine des Arsacides; quand ils soumirent cette partie du monde, ils venaient de l'Eruope, et ils faisaient partie d'une puissante nation, dispersée depuis les bords du Danube jusqu'aux contrées les plus reculées de la haute Asie : ce peuple était les Daces ; c'était là le nom national des Arsacides, ils le donnèrent à leurs sujets. Trois siècles avant notre ère, la Hongrie et la Bactriane portaient également le nom de Dacie; et cette dénomination, toujours très-reconnaissable, mais diversement modifiée par les idiomes qui se sont succédé en Europe et en Asie, sert encore à désigner les Allemands et les descendants des Perses.

Il est facile de voir, par tout ce que nous venons de dire, que l'origine des Arsacides est liée à une autre question d'une très-haute importance, question souvent débattue, mais qui est loin d'être encore résolue, et dont la solution expliquerait les rapports intimes de langue, de grammaire, d'institutions, de mœurs, de religion et d'organisation physique, qui rapprochent tous les peuples de l'Europe ancienne et moderne, des nations de l'extrême Orient. On sait que c'est des frontières de l'Asie que venaient les barbares qui détruisirent l'empire romain ; leur voisinage des nations asiatiques explique la ressemblance que l'on remarque entre eux. Mais croit-on que ce soit la seule fois qu'une pareille révolution se soit opérée? croit-on qu'elle ne se soit pas renouvelée plusieurs fois et à des époques bien plus anciennes, lorsqu'il n'existait pas encore des empires assez puissants pour arrêter ces redoutables émigrations? La terre classique est encore soumise au joug des Turks, qui jadis étaient

voisins des Chinois ; ils dominent encore dans la basse
Asie et en Égypte : eh bien ! longtemps avant les
époques marquées dans les histoires ordinaires, des
hommes qui n'étaient pas de la même race, mais qui
venaient presque d'aussi loin, soumirent l'Asie et l'Europe à leur domination, et le Nil reconnut leurs lois.
A travers l'empire actuel de Russie, ils envahirent la
Grèce et la Germanie, pénétrèrent en Espagne, et,
comme les Vandales depuis, ils franchirent les colonnes d'Hercule, et passèrent en Afrique, où ils
s'étendirent jusqu'aux rives lointaines du Sénégal.
Une Inde, différente de l'Inde asiatique, exista en
Europe ; les rites et les institutions des Brahmanes y
furent en pleine vigueur; là aussi, les hommes, à
soixante ans, avaient rempli leur carrière terrestre ;
et, dès lors, dégagés de tous leurs devoirs envers le
monde et leur famille, ils n'aspiraient plus qu'à rentrer dans le sein de la divinité, dont leur âme n'était
qu'une émanation, et ils hâtaient ce moment fortuné
par une mort volontaire. C'était par une route plus
difficile que d'autres arrivaient au même but : séparés
du reste des hommes, confinés dans des monastères
éloignés, soumis à de rigoureuses austérités, plongés
dans de profondes méditations sur l'essence divine,
ces pieux cénobites croyaient s'identifier avec l'être
dont ils recherchaient la nature ; les peuples, touchés
de la sainteté de leur vie, leur décernaient vivants
les honneurs divins ; et, en les reconnaissant pour

rois, ils croyaient n'avoir pas d'autre chef que Dieu lui-même. Plusieurs des traits de ce tableau de l'Inde européenne subsistent encore dans l'Inde asiatique et dans les régions limitrophes. Partout, en remontant à des époques fort éloignées de nous, on retrouve en Europe et en Asie, à des distances immenses et avec les mêmes noms, des divisions d'une même nature, dispersées par les étonnantes révolutions dont nous venons de parler.

Les peuples sont, pour ainsi dire, les seuls personnages qui figurent dans cette partie intéressante de l'histoire, qui est celle de nos ancêtres. A peine connaissons-nous les noms de quelques-uns des conducteurs de ces antiques et puissantes colonies; ce n'est qu'en approchant de nous, que les ténèbres se dissipent peu à peu, et que les faits historiques paraissent avec toutes leurs circonstances. La puissance des Arsacides est la première de ces grandes dominations qui puisse être soumise aux narrations de l'histoire. Les matériaux ne manquent pas ; mais qu'on s'imagine un temple magnifique qui, dès longtemps, a succombé sous la faux destructive du temps, et dont les débris mutilés et entassés confusément, ou dispersés au loin, semblent ne plus permettre de reconnaître le plan de l'édifice : telle se présente l'histoire des Arsacides. Il n'existe aucun corps d'annales : un grand nombre de passages concis, tronqués, altérés et dispersés, qui appartiennent à des auteurs de temps, de langues et de nations très-différents, sont les seuls moyens de rétablir cette histoire. Les Grecs, les Latins, les Arméniens, les Syriens, les Arabes, les Perses, les médailles, les inscriptions, l'antiquité profane et ecclésiastique; il faut tout mettre à contribution pour refaire cette grande portion des annales du genre humain; il faut soigneusement discuter et envisager, sous tous ses rapports, chacun des points de ce long enchaînement de faits, pour lui assigner la véritable place qu'il doit occuper dans la série des temps. C'est en l'an 250 avant J. C. que les Parthes tentent, pour la première fois, de ravir le sceptre de l'Asie aux successeurs d'Alexandre. Arsace succombe dans cette entreprise, mais son frère Tiridate fut plus heureux : avec l'aide des barbares du Nord, il parvint à faire reconnaître son indépendance. Moins d'un siècle après, Mithridate, non pas le redoutable ennemi des Romains, il n'était qu'un vassal des Arsacides, mais le sixième roi des Parthes, qui portait le même nom, met fin à la puissance des Grecs. Conquérant et législateur, il domine de l'Euphrate à l'Indus, et des princes de son sang règnent dans l'Inde, dans la Scythie et en Arménie. Après sa mort, les Grecs tentent un dernier effort : la victoire leur sourit un instant; mais bientôt l'imprudence de leur chef, et des alliés qui viennent des frontières de la Chine, pour combattre sous les drapeaux des Arsacides, mettent fin à une lutte trop inégale : l'empire de l'Asie reste, sans contestation, aux descendants d'Arsace. La défaite de Crassus et celle d'Antoine, dont la honte ne put être effacée par les victoires de Corbulon et de Trajan, font voir que les Parthes ne dégénérèrent pas. Tant que leur empire subsista, ils furent la terreur des Romains; jamais leurs dissensions ne favorisèrent les projets des étrangers. C'est chez eux-mêmes qu'était l'ennemi qui devait les terrasser. Un de leurs plus faibles vassaux, Ardeschir, seigneur d'un petit canton de la Perse, accrut peu à peu ses forces, en soumettant d'autres petits seigneurs; puis, profitant habilement de l'enthousiasme religieux, et de la haine que les peuples nourrissaient contre les Parthes, dont ils n'avaient pas oublié l'origine étrangère, il sut se rendre redoutable au grand roi, qui succomba en l'an 226 de notre ère, et laissa l'empire à la dynastie des Sassanides, après que sa race eut occupé quatre cent soixante et seize ans le trône de la Perse. La mort du roi des rois n'amena pas la chute totale des Arsacides : les princes de la Bactriane, de concert avec ceux de la Scythie et de l'Arménie, unirent plus d'une fois leurs efforts à ceux des Romains, contre les nouveaux possesseurs de la Perse; mais insensiblement leur puissance s'affaiblit : les Bactriens, déjà presque abattus par les Perses, se soumirent, au commencement du v° siècle, aux Huns Ephthalites; les Arsacides du Nord cédèrent devant Attila. Une partie de leurs sujets cherchèrent un asile dans les gorges du Caucase et sur les bords de la Baltique, où sont encore leurs descendants; tandis qu'une autre partie, confondue parmi ces peuples qui renversèrent l'empire romain, en fuyant les troupes victorieuses du redoutable roi des Huns, vint se fixer sur les rives de l'océan Atlantique. Les Arsacides d'Arménie subsistèrent plus longtemps; ils embrassèrent le christianisme, trente ans avant que Constantin l'eût fait monter sur le trône; de sorte que le royaume d'Arménie fut réellement la première monarchie chrétienne : elle finit en 428. Des Arsacides, déchus du rang des rois, se conservèrent en Perse, où ils régnèrent, au xe siècle, sous le nom de Samanides : d'autres, passés en Occident, s'y illustrèrent par leurs exploits en Afrique et en Italie, en combattant sous les drapeaux de Bélisaire, et ils finirent par monter sur le trône de Constantinople. Enfin, on les voit encore briller, parmi les derniers défenseurs du nom chrétien, en Arménie, où leurs exploits viennent se confondre avec ceux de nos croisés. Telles furent les destinées des Arsacides.

FIN.

NOTES

DE L'ÉDITEUR.

Tome I, pages 2-5; tome II, pages 264 et 265.

La distinction judicieuse qu'établit l'auteur entre les Perses et les Parthes est confirmée, non-seulement par le témoignage des historiens arméniens, ainsi qu'il a soin de le faire remarquer, mais aussi par la grande inscription trilingue, gravée en caractères cunéiformes, sur un rocher, à Bi-sutoun. Cette inscription, dont feu M. Saint-Martin ne connaissait pas le contexte, a été copiée sur les lieux, il y a peu d'années, par M. le major Rawlinson. Cet habile orientaliste a publié, en 1846, 1847 et 1849, dans le Journal de la société royale asiatique de Londres (*Journal of the Royal Asiatic Society of Great Britain and Ireland*, vol. X, part I-III; vol. XI, part I), la portion de l'inscription qui appartient au système persique d'écriture cunéiforme, et il y a joint une version littérale latine, une traduction anglaise et de savantes remarques. Dans ce monument lapidaire, si précieux pour l'histoire des rois achéménides, on trouve le nom de *Pârsa* (*Pârsiya*, au génitif) constamment employé avec la signification de *Persis* et de *Persicus* (part I, p. i, col. 1, lig. 2, 14; p. ij, col. 1, lig. 34; p. iij, col. 1, lig. 41, 49; p. iv, col. 1, lig. 66; p. vj, col. 2, lig. 7, 9, 18; p. vij, col. 2, lig. 18, 19, etc.), tandis que la Parthyène ou la Parthie y est toujours désignée sous le nom de *Parthwa* (part I, p. i, col. 1, lig. 16; p. vj, col. 2, lig. 7; p. xj, col. 3, lig. 5, 10, etc.). Déjà, en 1845, M. Lassen, dans son beau travail sur les inscriptions cunéiformes de Persépolis, nous avait appris que, dans ces inscriptions, l'ethnique *Perse* est écrit *Pârsâ*[1] et l'ethnique *Parthes, Parthawâ*[2], ajoutant à l'égard de cette dernière dénomination : « Le mot doit être scythique et signifier *le fuyard*, ce dont nous n'avons cependant aucun meilleur garant que Justin (XXXX, 1)[3]. »

Tome I, page 12.

Sur les Turks et sur le Turkestan, voyez le mémoire de M. Vivien de Saint-Martin, intitulé : *Les Huns blancs ou Ephthalites des historiens byzantins* (Paris, 1849, in-8°), pag. 12, 13, etc. L'origine scythique que cet auteur et feu M. J. Saint-Martin reconnaissent aux Turks peut servir à expliquer les

[1] *Ueber die Keilinschriften der ersten und zweiten Gattung*, p. 21, 43, 45, etc.
[2] *Ibid.* p. 53, 55, 92, etc.
[3] *Ibid.* p. 55.

analogies ou la conformité même signalées, par quelques philologues, entre la langue turque et l'idiome que leur ont fait connaître les essais récents de déchiffrement des inscriptions cunéiformes du système appelé *médique*.

Tome I, page 34, ligne 19.

L'auteur du Modjmel-al-téwarikh (Moudjmal-altawarik), ou « Sommaire des histoires, » nous est inconnu. On sait seulement qu'il était petit-fils de Mohalleb-ben-Mohammed-ben-Schadi, auteur d'une compilation historique qui ne nous est point parvenue. Il nous en instruit lui-même, et nous apprend aussi qu'il avait composé un ouvrage sur l'origine et l'histoire de la famille des Barmécides; on n'en connaît aucun exemplaire. Plusieurs endroits de son Modjmel-al-téwarikh nous montrent qu'il commença à écrire ce livre l'an 520 de l'hégire, qui répond à l'année 1126 de l'ère chrétienne; mais il y cite un événement arrivé soixante-neuf ans plus tard, ce qui nous prouve tout à la fois qu'il vécut jusqu'à un âge fort avancé et que la rédaction de cet ouvrage l'occupa pendant la plus grande partie de sa vie. Il faut consulter, sur la vie et les écrits de cet historien anonyme, l'excellente notice dont M. Quatremère a publié la première partie dans le Journal asiatique, 3ᵉ série, t. VII (année 1839), p. 246-285, et dont les savants attendent avec impatience la continuation et la fin.

Tome I, pages 38 et 39.

L'opinion qu'énonce ici M. Saint-Martin, au sujet de la fondation du royaume grec de la Bactriane, n'est pas celle que M. Raoul-Rochette a soutenue dans son beau travail sur les médailles des rois de la même contrée.

Cette question historique, fort difficile à résoudre, est devenue l'occasion d'un dissentiment marqué entre ce dernier académicien et M. Lassen, auteur d'un ouvrage sur l'histoire des rois grecs et des rois indoscythes, où il n'est fait et ne pouvait être fait aucune mention du travail de feu M. Saint-Martin, resté inédit jusqu'à ce jour. Après avoir rappelé que le monde savant se plaît à reconnaître hautement le savoir et la sagacité de M. Raoul-Rochette comme archéologue, et son goût exquis comme appréciateur des œuvres de l'art; après avoir dit qu'il est sans doute superflu d'ajouter qu'à son avis l'interprétation des médailles recueillies par le Dr Honigberger, et par les généraux Allard et Ventura, n'avait pu être confiée à des mains plus habiles [1]; après avoir enfin cité plusieurs mon-

---

[1] « Hr. Raoul Rochette ist der ganzen Europaïschen Gelehrtenwelt so bekannt als gründlicher und scharfsinniger Erforscher des Alterthums, als viel erfahrener und geschmackvoller Kenner der alten Kunst, dass meine ausdrückliche Versicherung überflüssig ist, wenn ich sage, dass die Erklärung jener Münzen keinen bessern Händen hätte anvertraut werden können. Wer nicht selbst Numismatiker ist, wird ihm doppelt

naies d'Agathocle à légendes indiennes, que n'avait pas connues M. Saint-Martin, le savant professeur de Bonn s'exprime en ces termes :

« M. Raoul-Rochette (*Journal des Savants*, 1834, p. 336) a savamment développé la supposition qu'Agathocle, devenu le premier roi de la Bactriane, était éparque de la Perse sous Antiochus II, et identique avec le personnage qui, nommé Phéréclès dans quelques historiens, causa, par la dissolution de ses mœurs, la révolte des Parthes. Sans parler ici de plusieurs objections que soulève cette hypothèse, je dirai qu'elle me paraît inadmissible, à cause des caractères indiens dont Agathoclè, dans aucun cas, ne se serait servi pour ses sujets bactriens. Avant Euthydème, aucun roi de la Bactriane n'avait fait des conquêtes au sud du Caucase [1]. — M. Raoul-Rochette (*Journal des Sa-*

dankbar seyn für die Genauigkeit, womit er jede in den Münzen erhaltene Spur historischer Beziehungen darlegt. » (*Zur Geschichte der Griechischen und Indoskythischen Könige*, p. 12 et 13; Bonn, 1838, 1 vol. in-8°).

[1] « Hr. Raoul-Rochette hat eine gelehrte Entwickelung seiner Vermuthung gegeben, wonach Agathokles der erste König von Baktrien gewesen, der Eparch Persiens unter Antiochos II, der von andern Pherekles genannt wird und dessen Knabenschänderei den Parthischen Aufstand hervorgerufen. Von andern Einwürfen gegen diese Vermuthung abgesehen, wird sie unhaltbar durch die Indische Schrift, die Agathokles auf keinen Fall für Baktrische Unterthanen angewendet haben wird. Vor Euthydemos machte aber kein Baktrischer König Eroberungen sudwärts vom Kaukasus ...... » (*Ibid.* p. 190.)

vants, 1834, p. 334), contrairement au témoignage formel des écrivains de l'antiquité, s'efforce de faire d'Agathocle le fondateur du royaume de la Bactriane. Un personnage de ce nom fut indubitablement éparque de la Perse sous Antiochus II; il est appelé tantôt Agathocle, tantôt Phéréclès. Mais notre Agathocle régna dans un pays indien; or, avant Euthydème, la domination bactrienne ne s'était pas étendue si avant vers le sud [1]. — Par la beauté de ses monnaies, Agathocle est contemporain de Démétrius; il régna sur un pays purement indien, et, en particulier, sur le Caboulistan oriental. L'emploi d'anciens caractères indiens sur ses monnaies indique enfin qu'il succéda, dans ces contrées, aux rois de Palibothra, qui se servaient des mêmes caractères. — Je ne vois pas qu'on puisse placer Agathocle ailleurs qu'immédiatement avant Eucratide, et au temps de Démétrius. Dans quels rapports furent-ils ensemble? Quel fut le début d'Agathocle? Celui-ci était-il de la famille d'Euthydème? Je ne veux pas, sur ces divers points, me livrer à des

---

[1] «Gegen die klaren Zeugnisse der Schriftsteller hat Hr. Raoul Rochette sich bemüht, den Agathokles zum Stifter der Baktrischen Reiches zu machen. Es wird allerdings der Eparch Persiens unter Antiochos II, bald Agathokles, bald Pherekles genannt; es regierte aber unser Agathokles in einem Indischen Lande, und vor Euthydemos hat die Baktrische Macht sich nicht so weit südwärts erstreckt.» (*Zur Geschichte etc.* p. 221 et 222.)

NOTES DE L'ÉDITEUR. 313

hypothèses[1]. — Agathocle fonde un royaume dans le Caboulistan oriental, environ l'an 190 avant J. C. »

Dans son troisième Supplément à la Notice sur quelques médailles des rois de la Bactriane et des rois indo-bactriens (*Journal des Savants*, décembre 1838, et février 1839), M. Raoul-Rochette a réuni de nouvelles citations, de nouveaux arguments, pour fortifier son opinion. Nous croyons savoir que sa conviction, quant au droit d'Agathocle à être considéré comme roi de la Bactriane et allié aux Diodotes, fondateurs de ce royaume, s'est accrue par le témoignage de médailles nouvelles qu'a recueillies M. le capitaine Bartholomæi, de Saint-Pétersbourg, et dont cet officier se propose de faire le sujet d'une publication particulière. Si le savant académicien de Paris a ajourné le moment où il combattra les objections de M. Las-

---

[1] ...... Denn durch die Schönheit seiner Münzen ist er (Agathokles) ein Zeitgenosse des Demetrios; er spricht ein rein Indisches Land als sein Gebiet an und zunächst das östliche Kabulistan (oben S. 191); durch den Gebrauch der Altindischen Schrift giebt er endlich kund, in diesen Ländern auf die Könige von Palibothra gefolgt zu seyn, die sich gerade dieser Schrift bedienten (oben S. 259). Auch sehe ich nicht, wie Agathokles früher oder später einen Platz finden kann, als gerade vor Eukratides und gleichzeitig mit Demetrios. In welchem Verhältniss sie zu einander standen, wie Agathokles seine Laufbahn anfing, ob er zur Familie des Euthydem's gehörte oder nicht, darüber will ich mich nicht in Vermuthungen verlieren. » (*Zur Geschichte, etc.* p. 262. — Voy. aussi *ibid.* p. 263 et p. 282.)

sen, nous croyons savoir aussi qu'il n'a interrompu la suite de son travail sur les médailles bactriennes et les médailles indo-bactriennes, que parce que la publication annoncée par M. de Bartholomæi n'a pas encore eu lieu. Ce retard est d'autant plus regrettable, que M. Wilson[1] et M. Lenormant[2], loin de rejeter l'opinion soutenue par M. Lassen, ont classé les médailles d'Agathocle parmi celles des rois bactriens, ou des rois indo-scythes, d'une époque récente. De son côté, M. H. T. Prinsep[3] pense, comme l'habile professeur de Bonn, qu'Agathocle commença de régner en l'année 190 avant J. C. Il ajoute que le style et la composition des médailles grecques de ce prince ne permettent pas de croire, avec M. Wilson, que son règne date seulement de l'an 135.

Quant à M. Saint-Martin, si, privé du secours des médailles græco-indiennes d'Agathocle, il énonce à l'égard de ce prince une opinion qui diffère essentiellement de celle de M. Lassen, il se trouve en parfait accord avec ce savant, lorsqu'il considère Théodote comme le fondateur du royaume grec de la Bactriane, et lorsqu'il fixe la date de son règne à une époque un peu antérieure à l'an 256 avant J. C.

---

[1] *Ariana antiqua* (Lond. 1841), p. 294.

[2] *Trésor de numismat. et de glypt.* Iconogr. des rois grecs (Paris 1849), p. 150; pl. LXXIV, n°ˢ 2 et suiv.

[3] *Note on the historical results, deducible from recent discoveries in Afghanistan* (Lond. 1844), p. 63.

qui est la date que ces deux auteurs assignent à la fondation de l'empire des Parthes[1]. Selon M. Raoul-Rochette (*Journal des Savants*, juin 1834, p. 339), le commencement du royaume grec de la Bactriane, lié à celui de la monarchie des Parthes, dans la personne même d'Agathocle, dut remplir l'intervalle compris entre les années 262 et 256 avant notre ère. M. Wilson[2] et M. H. T. Prinsep[3] font commencer le règne de Théodote Ier à l'an 256.

Tome I, page 41; tome II, pages 76-77 et 271.

Dans son mémoire sur les Huns Ephthalites (p. 39, note 2), M. Vivien de Saint-Martin se prononce contre l'identité de la *Ta-hia* des Chinois avec la Bactriane des Grecs.

Tome I, page 43.

M. Quatremère, dans un article de critique littéraire publié en 1840 (*Journal des Savants*, juin 1840, p. 345), combat l'opinion de Moïse de Khoren. Il pense que cet historien ayant confondu la ville de Bahl, c'est-à-dire Balkh, avec la province de Pahla, qui est la Parthie, a été amené par là à supposer que la Bactriane fut le siége de la domination des premiers Arsacides, ce qui est contredit par le témoignage de l'histoire. Le mot *Pahlav*, chez les Orien-

[1] Voy. M. Lassen, *Zur Geschichte*, etc. p. 220 et 221.
[2] Ouvrage cité, p. 215.
[3] Ouvrage cité, p. 50.

taux, ajoute le savant académicien, désignait la contrée dont les Parthes étaient originaires.

Tome I, pages 58 et 59.

Dans ses Mémoires sur l'Arménie (t. I, p. 409), M. Saint-Martin place en l'année 189 avant J. C. la nomination d'Artaxias comme gouverneur de l'Arménie, au nom d'Antiochus le Grand, mais n'indique pas en quelle année ce gouverneur se rendit indépendant du royaume de Syrie. Il lui donne pour successeur, en 159, son fils Artavasde, qui aurait été détrôné, dix ans après, par les Arsacides.

Tome I, pages 72 et suivantes.

Sur les relations et les guerres des Romains avec Mithridate, Tigrane et quelques autres princes de l'Orient, pendant le dernier siècle qui précéda la naissance de J. C., il faut consulter le bel ouvrage de M. W. Drumann, intitulé : *Geschichte Roms* (Königsberg, 1834-1844, 6 vol. in-8°).

Tome I, pages 72 et 373; tome II, page 279.

Niebuhr fait, au sujet de la domination de Tigrane sur la Syrie, des observations que l'on ne sera pas fâché de trouver ici : « C'est, dit-il, une opinion erronée que celle qui admet que l'empire des Séleucides a fini en 669, et que Tigrane a régné sur toute la Syrie jusqu'en 686, époque où Lucullus le défit et rétablit Antiochus sur le trône. Sans doute une partie considérable de la Syrie s'était soumise au roi d'Arménie : pour Antioche, les types des médailles en font foi ; pour Damascus, le fait est probable ; il est même certain pour un peu de temps. Mais, durant ce temps, Antiochus ne se tenait point caché dans un coin de la Syrie. Lorsqu'il fut reconnu roi de cette province, il se trouvait à Rome, où il était arrivé, en 676, avec son frère Séleucus ; et il doit avoir régné sur une partie du littoral, puisque Verrès put prétendre que des pirates étaient sortis des ports soumis à Antiochus [1]. »

Tome I, pages 72 et 73 ; tome II, pages 99 et 100.

M. H. T. Prinsep (ouvrage cité, p. 35) révoque en doute l'authenticité de la lettre que, selon Salluste,

[1] « Die Meinung ist falsch, das Seleucidische Reich habe um 669 aufgehört, und Tigranes über ganz Syrien geherrscht, bis Lucullus ihn im Jahr 686 gestürzt und Antiochus hergestellt habe. Allerdings hatte ein bedeutender Theil Syriens sich dem armenischen Könige unterworfen : von Antiochia ist es, nach den Typen der Münzen, ausgemacht ; von Damascus, doch gewiss nur für eine kurze Zeit, wahrscheinlich. Aber Antiochus war während dieser Zeit mit nichten in einem Winkel Syriens verborgen. Er ward zu Rom, wohin er mit seinem Bruder Seleucus um 676 kam, als König von Syrien anerkannt : und es muss ein Theil der Seeküste ihm gehorcht haben, weil Verres 678 vorgeben konnte dass Seeräuberschiffe aus den ihm unterworfnen Häfen ausliefen. » (*Kleine histor. und philolog. Schriften*, 1te Samml. p. 301.)

318   HISTOIRE DES ARSACIDES.

Mithridate, roi de Pont, aurait écrite à *Sinatrux* ou *Sanatroikès*, roi des Parthes. Cette lettre lui paraît être de fabrique romaine.

Tome I, page 90.

Plus loin (t. II, p. 145), l'auteur, rectifiant l'erreur qu'il commet ici au sujet d'Iotapé, fille d'Artavasde, dit qu'elle fut rendue à son père par Auguste, et donne à entendre que ce fut sans avoir été mariée à Alexandre, fils d'Antoine et de Cléopâtre.

Tome I, pages 104-106.

Sur l'étymologie du nom de l'Osrhoëne, il faut rapprocher de l'opinion de M. Saint-Martin celle qu'expose M. Buttmann dans une dissertation intitulée : *Ueber die alten Namen von Osroëne und Edessa.* Cette dissertation est insérée dans le recueil des Mémoires de l'Académie royale des sciences de Berlin (*Histor. philolog. Klasse*), années 1822 et 1823, p. 221-230.

Tome I, pages 108 et 109.

M. Saint-Martin dit que Maanou le Dieu régna de l'an 58 ou 59 avant J. C. à l'an 40 ou 41. Il y a dans ces deux dates une erreur de plume ou de mémoire; car, d'une part, l'auteur admet que ce prince, après un interrègne d'une année, succéda au roi Abgare, mort l'an 57 avant J. C., ce qui place son avénement au trône en l'année 55 ou 56, et non en 58 ou 59.

D'autre part, M. Saint-Martin, d'accord avec Denys de Tel-Mahar et avec Bayer (*Hist. osrhoen.* p. 48), assigne au règne de Maanou le Dieu une durée de dix-huit ans et cinq mois. Ce règne aurait donc fini en l'année 37 ou 38, et non en l'année 40 ou 41. Cette dernière date résulte, il est vrai, de la liste chronologique dressée par Bayer (*ibid.* p. 49); mais il faut remarquer que cet écrivain fait commencer à l'an 57 le règne de Maanou le Dieu.

Tome I, page 148, 1re ligne.

Il y a encore ici un *lapsus calami*. Denys de Tel-Mahar (Ap. Bayer. *Hist. osrhoen.* p. 125) ne dit point que Maanou fils d'Abgare régna depuis l'année 2063 d'Abraham jusqu'en l'année 2070, c'est-à-dire depuis l'an 47 ou 48 de J. C. jusqu'en 54 ou 55. Il place le commencement du règne de ce prince à l'an 2061 d'Abraham, et la fin à l'an 2068, ce qui répond à l'an 45 ou 46 de J. C. et à l'an 52 ou 53. Bayer (*ibid.* p. 53, 125-129) adopte ces dates avec une légère modification : il fait commencer le règne de Maanou à l'an 2060 d'Abraham, et finir à l'an 2067. En conséquence, selon ce dernier écrivain, l'autre fils d'Abgare, qui succéda à son frère, et qui s'appelait, comme lui, Maanou, aurait régné de l'an 52 à l'an 66 de J. C. (*ibid.* p. 53, 54, 129 et 130).

Tome I, pages 158-161.

L'expédition de Trajan dans la Mésopotamie est

le sujet d'une courte, mais intéressante dissertation, que M. William Francis Ainsworth a lue, le 7 janvier 1845, devant la Société syro-égyptienne de Londres, sous le titre modeste de *Note*, et qui a été insérée dans le premier volume du recueil de documents originaux que publie cette société. Le but de l'auteur est de montrer que, contrairement à l'opinion générale, Trajan arriva devant Ctésiphon par les rives de l'Euphrate, et non par celles du Tigre. (Voy. *Original papers read before the Syro-Egyptian Society of London*, vol. I, part. I, p. 35-43. Lond. 1845, in-8°.)

Tome I, page 172.

Sur la fondation de la dynastie des Séleucides, sur les premiers princes de cette dynastie et sur l'ère des Séleucides, on peut consulter les articles qu'en 1825 M. Saint-Martin a publiés dans le tome XLI de la Biographie de Michaud (p. 505-523).

Tome I, pages 173 et 174.

Voyez ma note pour les pages 38 et 39 du même volume.

Tome I, pages 174, 184 et suiv.; tome II, pages 225 et suiv.

Depuis la publication des recherches de Visconti sur les médailles arsacides et sur celles des rois grecs de la Bactriane, et depuis l'époque où M. Saint-Martin écrivait son histoire des Arsacides, les voyages entrepris en Asie et le séjour de quelques Européens au milieu des nations qui habitent les deux rives de l'Indus, ont enrichi d'une multitude de pièces nouvelles nos collections numismatiques. Ces découvertes ont, en particulier, ajouté à la série bactrienne une quantité considérable de médailles bilingues, dont M. Saint-Martin ne connaissait qu'une seule, et qui justifient sa conjecture sur la difficulté qu'avaient dû rencontrer les Grecs à répandre l'usage de leur langue dans les pays conquis par eux au delà de l'Euphrate. Sur d'autres points, les découvertes dont je parle apportent de notables modifications à ses opinions ou à ses hypothèses. Elles ont donné lieu à la publication de plusieurs ouvrages ou mémoires, dont je me bornerai à indiquer ici les titres et les auteurs, mais non sans rappeler l'honorable témoignage d'approbation et de reconnaissance que M. Lassen (*Zur Geschichte*, etc. p. 12 et 13) s'est plu à rendre particulièrement au travail de M. Raoul-Rochette.

1° Médailles arsacides :

MIONNET. *Description de médailles antiques, grecques et romaines.* Supplément, t. VIII, Paris, 1837.

M. CHARLES LENORMANT. *Mémoire sur le classement des médailles qui peuvent appartenir aux treize premiers Arsacides.* Ce mémoire a été publié, en 1839, dans les *Nouvelles annales de l'Institut archéologique*, t. II, et *Monuments inédits*, pl. A et B, 1839.

M. Adrien de Longpérier. *Description des médailles du cabinet de M. de Magnoncour* (p. 86, n⁰ˢ 665-668). Paris 1840, in-8°. — *Examen des médailles d'Artaban IV, et coup d'œil sur la numismatique des onze derniers rois parthes arsacides.* Cette dissertation est insérée dans la *Revue numismatique*, année 1841. — *Catalogue des médailles de feu le colonel Harriot* (p. 6, n° 53). Paris 1843, in-8°.

M. Edwards Thomas. *Observations introductory to the explanation of the oriental legends to be found on certain Imperial Arsacidan and Partho-Persian Coins.* Lond. 1849, in-8°, avec 2 planches. — *Contribution to the numismatic history of the early mohammedan Arabs in Persia.* Lond. 1849, in-8°, avec 2 planches.

2° Médailles bactriennes, médailles indo-bactriennes et médailles indo-scythiques :

Köhler. *Médailles grecques de rois de la Bactriane, du Bosphore,* etc. Saint-Pétersbourg, 1822. — *Supplément à la suite des médailles des rois de la Bactriane.* Saint-Pétersbourg, 1823.

Th. Chr. Tychsen. *De numis græcis et barbaris in Bochara nuper repertis, imprimis numo Demetrii, Indiæ regis, cum observationibus super numo pro Antigoni, Asiæ regis, habito;* dans les *Commentat. Societ. reg. scientiar. gottingens. recentior.* vol. VI, années 1823-1827.

M. LE MAJOR JAMES TOD. An account of Greek, Parthian and Hindu Medals, found in India; publié dans les Transactions of the Royal Asiatic Society of Great Britain and Ireland, t. I, 2° partie, n° XX. Londres 1826.

GUILLAUME DE SCHLEGEL. Observations sur quelques médailles bactriennes et indo-scythiques nouvellement découvertes; insérées dans le Nouveau Journal asiatique de Paris, t. II, novembre 1828.

M. CHARLES MASSON. Memoir on the ancient Coins found at Beghrám, in the Kohistán of Kábul, inséré dans le Journal of the Asiatic Society of Bengal, t. III, n° 28, avril 1834. — Second Memoir on the Ancient Coins found at Beghrám, in the Kohistán of Kábul; ibid. t. V, n° 49, janvier 1836. — Third Memoir on the Ancient Coins discovered at the site called Beghrám, in the Kohistán of Kábul; ibid. ibid. n° 57, septembre 1836.

JAMES PRINSEP. On the Greek Coins in the Cabinet of the Asiatic Society.—Note on lieutenant Burne's collection of ancient Coins.— Bactrian and Indo-Scythic Coins continued. Ces trois notices sont insérées dans le tome II du Journal of the Asiatic Society of Bengal, année 1833.—Note on the Coins found, by capt. Cautley, at Behat; ibid. t. III, n° 29, mai 1834. — On the Coins and Relics discovered by M. le chevalier Ventura in the Tope of Manikyála; ibid. ibid. n° 31, juillet 1834.— Continuation of *observations on the Coins and Relics discovered by M. le chevalier Ventura in the Tope of Manikyála;* ibid. ibid. n° 33, septembre 1834. — *Note on another Coin of the same type procured by lieut. A. Conolly, at Kanouj;* ibid. ibid. n° 33, septembre 1834. (Cette note fait suite à celle de M. le major D. L. Stacy qui sera indiquée plus loin.) — *Note on the Coins discovered by M. Court;* ibid. ibid. n° 35, novembre 1834. — *Notes on Al. Burnes's Coins*, placées à la suite du t. III de l'ouvrage intitulé : AL. BURNES'S *Travels into Bokhara* (Lond. 1834, 3 vol. gr. in-8°, fig. — 2° édit. Lond. 1835, 3 vol. petit in-8°, fig.). — *Further Notes and Drawings of Bactrian and Indo-Scythic Coins;* ibid. t. IV, n° 42, juin 1835. — *On the connection of various ancient Hindu Coins with the Grecian or Indo-Scythic series;* ibid. ibid. n° 47, novembre 1835. — *New varieties of Bactrian Coins from M. Masson's drawings and other sources;* ibid. t. V, n° 57, septembre 1836. — *New varieties of the Mithraic or Indo-Scythic series of Coins and their imitations;* ibid. ibid. n° 58, octobre 1836. — *New types of Bactrian and Indo-Scythic Coins;* ibid. ibid. n° 59, novembre 1836. — *Specimens of Hindu Coins descended from the Parthian type, and of the Ancient Coins of Ceylon;* ibid. t. VI, 1ʳᵉ partie, n° 64, avril 1837. — *Application of the Lát alphabet to the Buddhist group of ancient Coins; ibid.* t. VI, 1ʳᵉ partie, n° 66, juin 1837. — *Additions to Bactrian Numismatics and discovery of the Bactrian alphabet; ibid.* t. VII, 2ᵉ partie, n° 79, juillet 1838. — *Coins and relics from Bactria; ibid.* t. VII, 2ᵉ partie, n° 84, décembre 1838. — Voyez aussi, dans le Journal asiatique de Londres (*Journal of the Royal Asiatic Society of Great Britain and Ireland*), t. III, février 1836, l'extrait d'un rapport fait à la Société asiatique de Calcutta par M. James Prinsep.

M. Raoul-Rochette. *Notice sur quelques médailles grecques, inédites, appartenant à des rois inconnus de la Bactriane et de l'Inde*, publiée dans le *Journal des Savants*, juin et juillet 1834. — *Supplément à la Notice sur quelques médailles grecques*, etc. *ibid.* septembre, octobre et décembre 1835. — *Deuxième Supplément à la Notice sur quelques médailles grecques*, etc. *ibid.* février, mars et avril 1836. — *Note sur une médaille d'un roi de la Bactriane; ibid.* septembre 1836. — *Troisième Supplément à la Notice sur quelques médailles grecques*, etc. *ibid.* décembre 1838, février 1839.

M. H. H. Wilson. *Notes on Al. Burnes's Coins*, placées à la suite du tome III de l'ouvrage intitulé : Al. Burnes's *Travels into Bokhara*, Lond. 1834, ou 1835. — *Observations on some Ancient Indian Coins in the Cabinet of the Roy. Asiat. Society* (avec 2 planches); dans le *Journal of the Roy.*

Asiat. Soc. ofe th Great Britain and Ireland, t. III, 1836. — Notice insérée dans le recueil intitulé : *Numismatic Journal*, n° VII, janvier 1838. — *Ariana antiqua. A Descriptive Account of the Antiquities and Coins of Afghanistan*. London, 1841, 1 vol. in-4°, fig.

M. LE MAJOR D. L. STACY. *Note on two Coins of the same species as those found at Behat, having Greek inscriptions;* insérée dans le *Journal of the Asiat. Soc. of Bengal*, t. III, n° 33, septembre 1834.

K. O. MÜLLER. *Ueber Indogriechische Münzen*, notice publiée dans le journal intitulé : *Göttinger gelehrte Anzeigen*, 9 et 12 novembre 1835. — *Calcutta und Paris;* ibid. février 1838 (p. 21-27 et p. 201-252).

M. LE DOCTEUR GROTEFEND. *Die Münzen der Könige von Baktrien;* deux notices insérées dans le journal intitulé : *Blätter zur Münzkunde*, n° XIV, année 1835, et n° XXVI, année 1836.

E. JACQUET. *Notice sur les découvertes archéologiques faites par M. Honigberger dans l'Afghanistan*, insérée dans le *Journal asiatique* de Paris, février et septembre 1836, novembre 1837, février 1838, mai 1839. Ce travail est resté inachevé par suite d'une mort prématurée, que déplorent les orientalistes et les numismates.

M. JOSEPH ARNETH. Article de critique littéraire sur les dix-sept premiers ouvrages ou Mémoires publiés dans l'Inde ou en Europe au sujet des médailles bactriennes et des médailles indo-bactriennes. Cet article est inséré dans l'annuaire de littérature (*Jahrbücher der Literatur*) qui s'imprime à Vienne en Autriche; t. LXXVII, janvier, février et mars 1837.—Article de critique littéraire sur neuf autres écrits du même genre; *ibid.* t. LXXX, octobre, novembre et décembre 1837.

M. JOHANNES AVDALL. *Note on some of the Indo-Scythic Coins found by M. C. Masson at Beghrám, in the Kohistán of Kábul;* dans le *Journal of the Asiatic Society of Bengal,* t. V, n° 53, mai 1837.

MIONNET. *Description de médailles antiques, grecques et romaines. Supplément,* t. VIII. Paris 1837.

J. ROBERT STEUART. *Two plates of Coins, presented to the Roy. Asiat. Society of Great Britain;* notice insérée, avec les deux planches, dans le *Journal of the Roy. Asiat. Soc. of Great Britain and Ireland,* t. IV, 1837.

M. CHR. LASSEN. *Zur Geschichte der Griechischen und Indoskythischen Könige.* Bonn, 1838, 1 vol. in-8°.
— Une traduction anglaise de cet ouvrage a été publiée à Calcutta, en 1840.

M. A. CULLIMORE. Notice insérée dans le recueil intitulé : *The Proceedings of the Numismatic Society of London for 1839.*

M. ADRIEN DE LONGPÉRIER. *Collection numismatique du*

général Court, article inséré dans la *Revue numismatique,* année 1839.

M. LE LIEUTENANT A. CUNNINGHAM. *Description of, and deductions from a consideration of some new Bactrian Coins;* dans le *Journal of the Asiat. Soc. of Bengal,* t. IX, 2ᵉ partie, n° 105, 1840. — *Second Notice of some forged Coins of the Bactrians and Indo-scythians; ibid. ibid.* n° 108. — *Second Notice of some new Bactrian Coins; ibid.* t. XI, 1ʳᵉ partie, n° 122, 1842. — *Notice on some Unpublished Coins of the Indo-Scythians. Ibid.* t. XIV, 1ʳᵉ partie, n° 162, 1845 (avec une planche).

M. H. T. PRINSEP. *Note on the historical results, reducible from recent discoveries in Afghanistan.* Lond. 1842; 124 pag. in-8°, avec 17 planches.

M. EDWARDS THOMAS. *On the Coins of the Dynasty of the Hindu' Kings of Kábul* (avec 2 planches); dans le *Journal of the Roy. Asiat. Soc. of Great Britain and Ireland,* t. IX, 1ʳᵉ partie, p. 177 et suiv. 1847. — *On the Coins of the Kings of Ghazné* (avec 3 planches); *ibid. ibid.* 2ᵉ partie, p. 267 et suiv. 1848. — *On the Dynasty of the Sáh Kings of Suráshatra; ibid.* t. XII, p. 1-77, 1849.

M. CHARLES LENORMANT. *Médailles des rois de la Bactriane et de l'Inde;* dans le *Trésor de numismatique et de glyptique* (Iconogr. des rois grecs). Paris 1849; pag. 148-160; pl. LXXIV-LXXXI.

NOTES DE L'ÉDITEUR.

Tome I, pages 178 et 179; Tome II, pages 166-202.

M. H. T. Prinsep (ouvrage cité, p. 37) désigne sous le nom d'*Artaban de Médie* le roi des Mèdes qui régna sur les Parthes après Vononès Ier, et qui est l'Artaban III de MM. Visconti, Tychsen et Saint-Martin. Pour lui (*ibid.* p. 40), Artaban III est ce fils de Vologèse Ier que ces trois savants et M. Adrien de Longpérier appellent Artaban IV. Dans sa liste chronologique des rois parthes, le dernier de ces princes serait donc Artaban IV et non Artaban V.

Tome I, pages 206 et suiv.

Ideler (*Handbuch der Chronologie*, p. 552 et 553) admet aussi, avec Fréret, que les dates des monnaies arsacides se rapportent à l'ère des Séleucides. Mais il n'ose, dit-il, décider s'il s'agit de l'ère commençant en 311, ou de l'ère ordinaire, dont on fixe le commencement à l'année 312. Il ajoute que les monnaies arsacides, mais les tétradrachmes seulement, ont d'ailleurs ceci de particulier qu'elles portent des dates exprimées et par l'année et par le mois.

Tome I, pages 206-208, 277-280.

Voici les observations que fait le savant Ideler, au sujet de l'ère des Séleucides et de l'ère chaldéenne, après avoir établi que celle-ci commençait dans l'automne de l'année 311 avant J. C. : « L'ère des Séleucides d'après laquelle, en Syrie, on supputait le temps, commençait dans l'automne de l'an 312, et datait, comme on le croit généralement, de la bataille de Gaza, qui fonda la puissance de Séleucus Nicator, et de la prise de Babylone, qui eut lieu bientôt après. Mais il est difficile d'expliquer pourquoi cette différence d'une année existait entre les deux ères. Elle provient peut-être de ce que l'ère de 311 datait du meurtre du jeune Alexandre, meurtre qui laissa doublement vacant le trône d'Alexandre le Grand[1]. » Plus loin, le même chronologiste, revenant sur ce sujet, fait remarquer que l'ère des Séleucides date de la bataille de Gaza et de la prise de Babylone, entre les étés 312 et 311 avant J. C., et non de la fondation du royaume des Séleucides, comme le disent quelques chronologistes. Ce royaume, ajoute-t-il, ne fut fondé que onze ans plus tard. Après la bataille de Gaza, Antigone refoula Ptolémée en Égypte, et il en résulta une série d'événements qui se terminèrent par la coalition de Ptolémée, Séleucus, Cassandre et Ly-

[1] « Die *seleucidische Aere* dagegen, nach der man in Syrien rechnete, nahm im Herbst 312 ihren Anfang, und zwar, wie man allgemein glaubt, von der Schlacht bei Gaza, durch die Seleucus Nicator den Grund zu seiner Macht legte, und von seiner bald nachher erfolgten Besitznahme Babylons. Woher diese Verschiedenheit von einem Jahr rührte, ist schwer zu sagen. Vielleicht datirt sich die spätere Aere von der Ermordung des jüngern Alexander, wodurch Alexander's des Grossen Thron erst völlig erledigt ward. » *Handbuch der Chronologie*, t. I, p. 224. — Cf. *ibid.* p. 112.

simaque contre Antigone. La bataille d'Ipsus se livra en 301, après quoi les vainqueurs se partagèrent le royaume de ce dernier. Séleucus obtint la haute Syrie et en fit le centre d'un grand empire [1]. — L'ère des Séleucides, remarque-t-il plus loin[2], fut employée, non-seulement par les Syriens, mais aussi par les Hébreux et, quelquefois même, par les astronomes arabes, qui la nomment l'ère d'Alexandre, ou, plus littéralement, l'ère de l'homme à deux cornes (*dzou'lkharnaïn*). — Rien, dit-il textuellement, ne nous autorise

[1] «Von diesem Zeitpunkt (Olymp. 117, 1, wie Diodor sagt[a], d. i. zwischen den Sommern 312 und 311) datirt sich die seleucidische Aere, nicht, wie einige Chronologen sagen, von der Gründung des seleucidischen Reichs in Syrien. Bis dahin verflossen noch elf Jahre. Antigonus eilte nämlich nach der Schlacht bei Gaza nach Syrien und drängte den Ptolemäus nach Aegypten zurück, worauf eine Reihe Begebenheiten folgte, die sich damit endigte, dass sich Ptolemäus, Seleucus, Cassander und Lysimachus gegen Antigonus verbanden, und ihn bei Ipsus in Phrygien um Reich und Leben brachten. Dies geschah Ol. 119, 4, v. Chr. 301. Die Sieger theilten sich in sein Reich. Seleucus, der sich nach dem Beispiel des Antigonus, Ptolemäus, Cassander und Lysimachus schon seit einigen Jahren den Königstitel beigelegt hatte, erhielt das obere Syrien und machte es zum Mittelpunkt eines grossen Reichs.....» *Handbuch der Chronologie*, t. I, p. 445, 446.

[2] Ibid. p. 446-448.

[a] «Auch Eusebius stimmt hiermit überein; denn in seiner Chronik nach der Uebersetzung des Hieronymus sagt er beim ersten Jahr der 117ten Olympiade: *Primus Seleucus Nicator Syriæ et Babyloniæ regnavit. Opp. Hieron.* t. VIII, p. 540.»

à considérer comme identiques l'ère chaldéenne et l'ère des Séleucides, ni à supposer que leur date varie entre l'automne de 312 et l'automne de 311 [1]. » — « Ce n'est pas à un événement remarquable qu'il faut attribuer la cause pour laquelle les auteurs syriens et les auteurs arabes comptent les années de l'ère des Séleucides à partir du 1er octobre 312 avant J. C. La date de la bataille de Gaza et celle de la prise de Babylone nous sont inconnues; mais le fait est que les Syriens, en adoptant le calendrier julien, firent d'hyperbérétée ou du premier thischri, qui répondait à octobre, le premier mois de leur année, et que, depuis longtemps déjà, ils avaient l'habitude de commencer l'année à l'équinoxe d'automne [2]. » — « Les Juifs

---

[1] « Nichts berechtigt uns, die Aere der Chaldäer mit der seleucidischen für identisch zu halten, und dem gemäss ein Schwanken ihrer Epoche zwischen den Spätjahren 312 und 311 v. Chr. vorauszusetzen. » *Handbuch der Chronolgie*, t. I, p. 450.—Cf. p. 223.

[2] « Die Ursache, warum die syrischen und arabischen Schriftsteller die Jahre dieser Aere in der Regel so zählen, als sei ihre Epoche der 1 Oktober 312 v. Chr., liegt nicht etwa in irgend einer merkwürdigen Begebenheit, die sich an diesem Tage zugetragen hätte (das Datum der Schlacht bei Gaza und der darauf folgenden Besetzung Babylons durch Seleucus sind uns unbekannt), sondern lediglich darin, dass die Syrer bei Annahme des julianischen Kalenders den Hyperberetäus oder ersten Thischri, der dem Oktober entsprach, zum ersten Monat des Jahrs machten, das sie schon längst um die Herbstnachtgleiche anzufangen gewohnt waren. » *Ibid.* p. 452 et 453.

appelaient l'ère des Séleucides מנין שטרות, *minyan schtaroth,* « nombre ou calcul des contrats, » dénomination qui prouve suffisamment l'usage civil qu'ils faisaient de cette ère [1]. » — « Il faut remarquer que, chez les juifs de Syrie, l'ère des Séleucides compte les mois, à partir du mois de nisan, comme partout dans l'Ancien Testament [2]. »

Tome I, page 238, lignes 20 et 21.

Au lieu du nom de Polycrite et du nom de Phlégon (de Tralles), le texte de Moïse de Khoren, dans l'édition des frères Whiston, porte *Polycratès* et *Phigonios.* Ces éditeurs n'ont même corrigé les deux erreurs ni dans leur traduction latine (voy. *Mos. Choren. Histor. Armen.* II, XII, p. 104, 105 et 107. Lond. 1736), ni dans la note (*ibid.* p. 107, note 9) où ils font mention d'un manuscrit de l'Histoire d'Arménie de Moïse de Khoren, qui porte *Phlodinos* au lieu de *Phigonios.* M. Le Vaillant de Florival, dans le texte et dans la traduction française qu'il a publiés de Moïse Khoren, en 1841, n'a pas non plus rectifié

---

[1] « Sie (die Juden) nennen sie (die seleucidische Aere) מנין שטרות *minjan schtaroth, Zahl* oder *Zählung der Contracte,* welcher Name hinlänglich von ihrem bürgerlichen Gebrauch zeugt. » *Handbuch der Chronologie,* t. I, p. 530.

[2] « Zuerst ist zu bemerken, dass daselbst die Monate, wie überall im alten Testament, vom Nisan gezählt werden. *Ibid.* p. 531. »

les noms dont il s'agit, bien que ce texte ait été revu par les savants arméniens mékhitharistes de Saint-Lazare de Venise. On lit, dans son édition, imprimée à Venise dans la typographie arménienne de Saint-Lazare, Պոլիկրատէս, *Boligradès* (t. I, p. 174), et Փղեդոնիոս, *P'hghétonios* (ibid. p. 178), qu'il transcrit par Polycrate (*ibid.* p. 175) et Phlédon (*ibid.* p. 179). Toutefois les mékhitaristes de Saint-Lazare, en publiant, au mois de mai 1841, leur traduction italienne de l'Histoire d'Arménie de Moïse de Khoren, ont substitué au nom de Phlédon celui de Phlégon[1]; mais ils ont laissé subsister le nom fautif de Polycrate[2]. M. l'abbé Cappelletti, dans sa traduction italienne de Moïse de Khoren, également publiée à Venise, au mois de septembre de la même année, n'a corrigé ni le nom de Polycrate, ni celui de Phlédon[3]. Enfin, dans la nouvelle édition arménienne des œuvres de Moïse de Khoren, imprimée à Venise, en 1843 (grand in-8°), avec les variantes des manuscrits du couvent de Saint-Lazare, on lit (p. 86), comme dans l'édition de Venise 1827 et dans celle de M. Le Vail-

---

[1] *Storia di Mosè Corenese, versione italiana*, etc. libr. II, cap. XIII, p. 128 (Venezia, Tipografia armena di San Lazaro, 1841, 1 vol. in-8°).

[2] *Ibid.* p. 126.

[3] *Mosè Corenese, storico armeno del quinto secolo, versione di Giuseppe Cappelletti*, libr. II, cap. XIII, p. 93-94 (Venezia, co' tipi di Giuseppe Antonelli, 1841, 1 vol. in-8°).

lant de Florival, Պոլիկրատէս, Boligratès ou Polycrate, et Փղեդոնիոս, P'hghétonios ou P'hlédonios. Il est bien certain cependant que Moïse de Khoren a entendu invoquer le témoignage de Polycrite et celui de Phlégon de Tralles. Le premier de ces deux écrivains grecs avait accompagné Alexandre le Grand dans son expédition en Asie ; il composa une relation de cette expédition, qui ne nous est point parvenue, mais dont Pline et Plutarque se sont servis plusieurs fois. Phlégon de Tralles, auteur d'une chronique en seize livres et de plusieurs autres ouvrages, vivait dans le IIe siècle de notre ère. Il ne nous reste de lui que des fragments et des opuscules. (Voyez, sur cet écrivain et sur Polycrite, Fabricius, *Biblioth. græc.* t. III, p. 50 ; t. V, p. 255 ; et t. X, p. 708 ; éd. Harles.)

Tome I, page 254, ligne 4.

On ne trouve, dans Procope, que la forme *Blase*, employée pour représenter le nom de *Balasch*. J'ignore dans quel auteur byzantin M. Saint-Martin avait remarqué l'emploi de la forme *Obolar*. Elle est restée inconnue à Fréret (Voy. *Mém. de l'Acad. des inscript.* ancienne série, t. XIX, p. 112, note 4).

Tome I, page 258, ligne 18.

M. Guillaume Dindorf, dans la savante édition qu'il a donnée d'Aristophane, rétablit correctement le vers de la comédie des Acharnes cité par M. Saint-Martin. Il lit :

Ἰαρταμὰν ἔξαρξ ἀναπισσόναι σάτρα.

M. Saint-Martin a suivi la leçon que présente l'édition de Kuster, et l'on sait que cette leçon fut adoptée, sans aucune rectification, par Brunck, en 1783, comme elle l'a été aussi par M. Bothe, en 1829. M. le major Rawlinson, dans ses remarques sur le vers dont il s'agit (*Journal of the Royal Asiatic Society*, t. XI, 1re partie, p. 116, note 4), ne paraît pas avoir connu la correction que ce vers a subie dans l'édition de M. G. Dindorf.

Tome I, pages 258-266.

M. Pott (*Etymolog. Forschungen*, avant-propos, p. LXV et suiv.) et M. Eugène Burnouf (*Mém. sur deux inscript. cunéif. trouvées près d'Hamadan*, p. 124) lisent le nom de Xerxès, *Khchhârchâ*, dans les inscriptions écrites en caractères cunéiformes du système persique; ils considèrent ce nom comme composé de *khchár*, contraction du mot zend *khchathra* « guerrier », et de *chá*, abréviation de *khcháhya* ou *khcháhyôh* « roi »; et, en conséquence, ils lui reconnaissent la signification de *roi des guerriers*.

M. Lassen (*Ueber die Keilinschriften der ersten und zweiten Gattung*, p. 126 et ailleurs) lit ce même nom : *Khsjârsâ*, et M. le major Rawlinson : *Khshayársha*

NOTES DE L'ÉDITEUR. 337

(*Journal of the Royal Asiatic Society*, t. X, 1re partie, p. 1 et suiv.; 3e partie, p. 195-264, p. 270 et suiv. Voyez surtout la note placée au bas de la page 319 de la 3e partie de ce X^e volume, et les remarques que renferme la 1re partie du t. XI, p. 120 et 121). Selon ce dernier, le mot roi est écrit *Khshâyathiya*, et non *khchâhya*, dans les inscriptions gravées sur le roc à Bi-sutoun, à Van et à Hamadan, comme sur tous les monuments lapidaires de l'ancienne Perse. Toutefois, dans la langue zende, M. Lassen (*Ueber die Keilinschriften*, etc. p. 18), comme M. Saint-Martin, attribue au mot *khchathra* ou *khshathra* la signification de *roi*, qu'il a aussi en sanscrit.

Tome I, page 259, lignes 6-12.

M. Silvestre de Sacy, et, à son exemple, M. Saint-Martin, citent Théopompe d'après l'édition de la Bibliothèque de Photius publiée par Hoeschel. M. Bekker, dans la belle édition qu'il nous a donnée du même ouvrage, n'a pas hésité à rétablir le mot σατράπην, au lieu de ἐξατράπην, dans le passage de Théopompe dont il s'agit (cod. 176, p. 121, lig. 24).

Il est à remarquer toutefois que la leçon ἐξατράπην est justifiée par deux inscriptions grecques, qui remontent au temps où régnait Artaxercès III Ochus. Dans la première, qui provient des ruines de Tralles et qui a été publiée par M. Raoul-Rochette (*Monum. inéd.* t. I, p. 190), on lit le mot ἐξσατραπεύοντος. La seconde, trouvée par M. de Cadalvène, dans le cimetière des Arméniens, à Melasso, près des ruines de l'ancienne Mylasa, nous offre le mot ἐξαιθραπεύοντος répété dans chacune des trois parties dont elle se compose. Ces trois parties sont gravées sur une seule table de marbre et se rapportent à trois époques du règne d'Artaxercès III Ochus qui correspondent aux années 367, 361 et 355 avant J. C. L'inscription entière fut aussi publiée par M. Raoul-Rochette (*ibid.* p. 421-423). M. Boeckh, en 1835, l'inséra dans son beau recueil d'inscriptions grecques (*Corpus inscript. græcar.* t. II, n° 2691, *c*, *d*, *e*), d'après une copie que l'habile archéologue de Paris lui en avait envoyée; et il accompagna d'un savant commentaire cette publication. Cinq ans après, la même inscription fut reproduite, par M. Franz, dans un ouvrage justement estimé, qui a pour titre : *Elementa epigraphices græcæ* (p. 187-192, n° 73; Berlin, 1840). L'auteur, en présentant un résumé des observations de M. Boeckh, y ajouta ses propres remarques, qu'on lira avec intérêt.

Si, comme le pensent avec raison les deux savants hellénistes de Berlin, les modifications initiales que nous offrent les mots ἐξσατραπεύοντος, ἐξαιθραπεύοντος et σατράπης paraissent tenir à la diversité des dialectes en usage chez les Perses, je dois faire observer qu'aucune de ces trois formes ne représente exactement le mot original persan, tel qu'on le trouve écrit, au temps

NOTES DE L'ÉDITEUR. 339

des Achéménides, dans les inscriptions en caractères cunéiformes du système persique. En effet, M. Lassen (*Ueber die Keilinschriften der ersten und zweiten Gattung*, p. 18), d'après le témoignage de ces inscriptions, nous apprend que le mot satrape ($\sigma\alpha\tau\rho\acute{\alpha}\pi\eta s$) s'écrivait *khsathrapa* dans l'ancienne langue des Perses. Il est porté à croire que *khsathra*, ayant la signification de roi, le mot composé *khsathrapa* a dû signifier « protecteur ou défenseur de la puissance royale. » De son côté, M. le major Rawlinson (*Journal of the Royal Asiatic Society*, t. X, 1re partie, col. III, lig. 14, p. xi et p. 230; lig. 55, p. xiii et p. 235; t. XI, 1re partie, p. 116 et 117) lit *kschatrapá* dans la grande inscription persique, gravée en caractères cunéiformes, sur le roc, à Bi-sutoun, et si habilement déchiffrée par lui. Il reconnaît à ce mot une signification très-analogue, car il le traduit par « preserving the empire, » ou « preserving the crown. » — Cf. M. Théodore Benfey, *Die persischen Keilinschriften mit Uebersetzung und Glossar* (Leipzig, 1847, in-8°), p. 18 et p. 79, au mot *k'hschatrapáwan*.

Tome I, page 259, lignes 19-22.

A l'occasion du vers d'Aristophane dont il a été question dans une des notes précédentes, M. Saint-Martin dit que l'accusatif zend se termine en *em* ou en *anm*. Les plus habiles philologues s'accordent, en effet, à reconnaître aujourd'hui que l'accusatif zend

22.

prend, au masculin et au neutre, la terminaison ĕm, et au féminin, ām.

Tome I, pages 268-271 ; tome II, pages 249 et suiv.

Ideler (*Handbuch der mathemat. und techn. Chronologie*, t. II, p. 551) ne s'arrête pas à discuter la date consulaire assignée par Justin à la révolte d'Arsace et de Tiridate contre la domination d'Antiochus II, roi de Syrie. Il l'admet sans faire aucune observation sur le nom des deux personnages qui, selon l'historien latin, auraient été consuls à cette époque. Mais M. le docteur E. W. Fischer, dans son grand travail sur les fastes romains, confirme les remarques de M. Saint-Martin en établissant, de son côté (*Griech. and römische Zeittafeln*, 2ᵗᵉ Abtheilung, p. 72. Altona, 1846, in-4°), que, l'an 256 avant J. C., Marcus Atilius Régulus fut subrogé à Q. Cædicius, mort étant consul avec Manlius Vulso Longus, et qu'en l'année 250, Caïus Atilius Régulus, et non Marcus Atilius Régulus, partageait avec L. Manlius Vulso les honneurs du consulat. Remarquons seulement que le chronologiste allemand semble n'admettre qu'un seul Manlius Vulso. Il le désigne une première fois, c'est-à-dire en 256, sous le nom de L. Manlius Vulso Longus (*Ibid.* p. 75); et une seconde fois, c'est-à-dire en 250, sous le nom de L. Manlius Vulso (*loc. cit.*), supprimant ainsi à celui-ci le surnom de Longus, et, en même temps, ne tenant pas compte du fragment des Fastes capitolins qui donne A. Manlius Vulso Longus pour collègue à Q Cædicius.

M. Raoul-Rochette (*Journal des Savants*, juin 1834, p. 334) et M. Lassen (*Zur Geschichte der Griechisch. und Indoskythisch. Könige*, § 15, p. 220 et 221), s'appuyant, comme M. Saint-Martin, sur le témoignage de Justin relatif au consulat de L. Manlius Vulso et de Marcus Atilius Régulus, fixent à l'année 256, et non à l'année 250, la date de l'indépendance ou de la fondation du royaume des Parthes, sans néanmoins relever l'erreur que contient le passage de l'écrivain latin.

Tome I, page 277.

La date de la mort d'Alexandre le Grand a, depuis l'année 1819, été le sujet d'une longue et vive controverse, à laquelle M. Saint-Martin ne pouvait manquer de prendre une part active ; et cette controverse, continuée, hors de France, avant et depuis l'époque où l'Académie des belles-lettres a perdu en lui un de ses membres les plus zélés et les plus instruits, n'est peut-être pas encore terminée. Je crois être agréable au lecteur en rappelant ici les principaux écrits qui ont trait à la question en litige.

Dans le premier volume de ses Annales des Lagides (ch. II, p. 60-177), M. Champollion-Figeac, en 1819, avait cherché à établir qu'Alexandre le Grand mourut le 30 mai de l'an 323 avant J. C. Cette date fut contestée, par M. Saint-Martin, dans une dissertation intitulée : *Nouvelles recherches sur l'époque de la mort d'Alexandre et sur la chronologie des Ptolémées*, ou *Examen critique de l'ouvrage de M. Champollion-Figeac, intitulé :* Annales des Lagides (Paris, Imprimerie royale, 1820). C'est là (ch. IV, p. 52-68) que l'auteur s'efforce de prouver que la mort du conquérant macédonien remonte au 22 juin 324; et personne n'ignore qu'avant lui, la plupart des chronologistes plaçaient en la même année 324 la date de ce grand événement. M. Champollion-Figeac répondit à la dissertation de M. Saint-Martin dans un écrit qui a pour titre : *Annales des Lagides. Supplément contenant la défense de la chronologie de cet ouvrage* (Paris, 1820; 64 pages in-8°). L'auteur des Nouvelles recherches sur la mort d'Alexandre répliqua dans une brochure (Paris, 1820, 40 pages in-8°) qui parut sous le titre suivant : *Observations sur un opuscule de M. Champollion-Figeac intitulé :* Annales des Lagides. Supplément contenant la défense de la chronologie de cet ouvrage.

Pendant cette polémique, M. Ideler, qui n'en avait pas encore eu connaissance, s'était, de son côté, trouvé amené, par ses savants travaux sur la chronologie ancienne, à rechercher la date de la mort d'Alexandre. Dans un mémoire[1] qu'il lut, au mois de mai 1821,

[1] Ce mémoire a été inséré dans le recueil des Mémoires de l'Académie royale des Sciences de Berlin, classe d'histoire et

devant l'Académie royale des Sciences de Berlin, il traita cette question sans toutefois se prononcer entre les deux opinions qui, à l'époque où il écrivait, divisaient les chronologistes modernes. Il laisse entrevoir cependant[1] qu'il penche à croire qu'Alexandre mourut, non au commencement de la première année de la cxiv⁰ olympiade, mais à la fin de cette même année, c'est-à-dire dans les derniers jours du mois de juin 323.

Dans un Appendice (Nachschrift) qu'il ajouta à son mémoire, après avoir reçu les ouvrages ou les dissertations des deux antagonistes français, il analyse ces divers écrits et résume ainsi le jugement sévère qu'il se croit autorisé à prononcer : « Sans aller plus loin dans l'examen de l'ensemble, je n'hésite pas à déclarer que je tiens pour entièrement erronées les recherches de M. Champollion en ce qui concerne l'époque de la mort d'Alexandre et la forme de l'année macédonienne[2]. » — « Des quatre suppositions (établies par M. Saint-Martin), deux sont tout au

de philologie, années 1820 et 1821. Berlin, 1822, p. 261-288.

[1] *Ibid.* p. 266.

[2] « Ohne weiter ins Einzelne zu gehen, nehme ich keinen Anstand zu erklären, dass ich Herrn Champollion's Untersuchung, so weit sie den Tod Alexanders und die Form des macedonischen Jahrs betrifft, für gänzlich verfehlt halte. » Mémoire cité, *Nachschrift,* p. 284. — Cf. Ideler's *Handbuch der Chronologie,* t. I, p. 408.

plus vraisemblables, la première et la seconde. Mais la troisième ne l'est pas du tout, et la quatrième est fausse. On n'aura donc pas de peine à reconnaître combien peu de confiance méritent les dates juliennes qui résultent des tables de réductions dressée par M. Saint-Martin [1]. »

Appelé à traiter, une seconde fois, la question particulière de la date qu'il convient d'assigner à la mort d'Alexandre le Grand, M. Ideler, en 1825, dans son savant Manuel de chronologie, se montra beaucoup plus explicite au sujet de cette date. Après avoir dit[2] nettement que la mort d'Alexandre, qui eut lieu en été, ne doit pas être placée dans l'année 324, comme le pensent beaucoup de chronologistes, mais bien au commencement de l'année 323, il expose plus loin (*Handbuch der Chronologie*, p. 406, 407 et suiv.) les raisons et les calculs qui le portent à en fixer la date précise au 11 ou au 13 juin de cette dernière année.

[1] « Da also von den vier Voraussetzungen die erste und zweite höchstens wahrscheinlich, die dritte nicht einmal wahrscheinlich, und die vierte falsch ist, so wird man sich leicht überzeugen, wie wenig man sich auf die julianischen Data verlassen könne, die sich aus Herrn Saint-Martin's Reductionstafeln ergeben...... *Nachschrift*, p. 287. — Cf. Ideler's *Handbuch der Chronologie*, t. I, p. 409.

[2] .....so dass der König (Alexander), dessen Tod in Sommer erfolgt ist, nicht in diesem Jahr, wie viele Chronologen glauben, sondern erst im folgenden gestorben sein muss .... *Handbuch der Chronologie*, t. I, p. 120.

Huit ans après, c'est-à-dire en 1833, un savant Allemand, M. J. G. Droysen, reprenant la même question dans son Histoire d'Alexandre le Grand (*Geschichte Alexanders des Grossen von Macedonien*, p. 579-584. Hambourg, 1833, 1 vol. in-8°), se livre à de nouvelles supputations, et se prononce en faveur de la date du 11 juin 323. Plus récemment, cette date a aussi été adoptée par M. Krafft, de Stuttgard, dans un article sur Alexandre le Grand, qui a paru en 1839 et qui fait partie du premier volume de l'Encyclopédie de Pauly (voy. *Real-Encyclopädie*, t. I, p. 351). Je laisse aux juges compétents le soin de décider si les arguments et les calculs de M. Droysen et de M. Krafft justifient suffisamment la préférence que l'un et l'autre de ces savants accordent à la première des deux dates proposées par l'illustre auteur du Manuel de chronologie.

Tome I, pages 286-308; tome II, pages 257-261.

M. H. T. Prinsep se refuse à admettre que Tiridate ait succédé à son frère Arsace Ier. En conséquence, il ne le comprend pas au nombre des rois qui régnèrent sur les Parthes, et il place Artaban Ier immédiatement après Arsace. On trouvera dans une note, au bas de la page 31 de ses *Historical results*, les raisons qui lui paraissent justifier son opinion.

Tome I, page 287.

Le passage de Mirkhond auquel se réfère M. Saint-

Martin, semblerait devoir appartenir au court chapitre de son Histoire universelle (*Rouzat-essafa*) où l'écrivain persan s'occupe de la dynastie des Molouk-al-Théwaïf. Cependant il manque dans les trois exemplaires manuscrits de cet ouvrage que possède la Bibliothèque nationale, et que, à ma prière, un savant orientaliste, M. Reinaud, a eu la complaisance de consulter.

Tome I, pages 289 et 290.

Voyez ma note pour les pages 38 et 39 du même volume.

Tome I, pages 291 et 293.

Dans mes Recherches sur le culte public et les mystères de Mithra, j'ai publié (pl. XXXII, n° 1) un beau cylindre de la collection de feu M. J. Robert Steuart, dont la légende offre le nom d'Arsace (*Archaka*) écrit en caractères cunéiformes du système persique.

Tome I, page 300.

Selon M. Lassen (*Zur Geschichte*, etc. p. 222-226; p. 282), la famille de Théodote fut chassée de la Bactriane par Euthydème, qui s'assit sur le trône antérieurement à l'année 209 avant J. C. Ce savant remarque qu'on ignore si, entre Théodote II et Euthydème, la Bactriane eut un autre roi; mais le fait ne lui paraît pas invraisemblable. Ses observations judicieuses sur Démétrius, qui, après avoir succédé à son père Euthydème sur le trône de la Bactriane, l'an 185 avant J. C., se montre dans l'histoire comme roi de l'Inde, remplissent une des lacunes que présente l'ouvrage de M. Saint-Martin. J'en dis autant des remarques qui conduisent M. Lassen à supposer qu'entre Euthydème et Eucratide Ier, vainqueur de Démétrius, trois princes régnèrent successivement sur la Bactriane. Mais je ne dois pas omettre d'ajouter que, dès l'année 1828, un autre savant célèbre de l'université de Bonn, Guillaume de Schlegel (*Journal asiatique*, t. II, novembre 1828, p. 331), avait cherché à établir que Démétrius ne succéda point à Euthydème dans la Bactriane. M. Raoul-Rochette (*Journal des Savants*, octobre 1835, p. 594) et M. Wilson (*Ariana antiqua*, p. 227) sont d'un avis contraire, et s'accordent à considérer Démétrius comme ayant régné sur ce pays l'an 190 avant J. C.

Tome I, page 300 et 301.

Vaillant (*Seleucid. imperium*, p. 60) place en l'année 237 avant J. C. l'expédition de Séleucus Callinicus contre les Parthes, et en l'année 236 sa défaite. Bayer (*Hist. regn. Græcor. Bactr.* p. 62) assigne au premier de ces deux événements la date de l'an 72 de l'ère des Séleucides, répondant à l'automne de l'an 241 avant J. C.; et au second la date de l'an 240.

Tome I, pages 304-308.

Je crois devoir rapporter ici l'interprétation que, de son côté, Niebuhr (*Kleine histor. und philolog. Schriften*, p. 300) donne du passage de Posidonius conservé par Athénée : « Après la mort de son père (Antiochus Sidétès), Antiochus, que, dans la suite, on distingua par le surnom de *Cyzicénus*, avait été sauvé par son précepteur. Il n'aurait pas été l'héritier de la couronne, mais bien son frère aîné Séleucus, si celui-ci, qui, quoique très-jeune, avait accompagné le père dans la guerre contre les Parthes, n'eût pas été fait prisonnier. Dans son malheur, il fut traité en roi par Arsace; et ici est l'explication de la prétendue captivité de Séleucus Callinicus chez les Parthes : en effet, ce n'est pas d'un autre Séleucus, mais de ce fils de roi que parle Posidonius (Athénée, IV, p. 153, *a*) dans son XVI° livre. Athénée lui donne le titre de roi; de là l'erreur, car, sans cette circonstance, on aurait bien remarqué que Posidonius, dans ce même livre XVI (Athénée, X, p. 439, *e*), avait traité de la défaite et de la mort de Sidétès [1].

[1] « Antiochus, der durch den Beynamen Cyzicenus unterschieden wird, ward nach des Vaters Tode von seinem Erzieher geflüchtet. Er würde nicht der Thronfolger gewesen seyn, sondern sein älterer Bruder Seleucus, wenn dieser nicht, obgleich sehr jung, den Vater in den parthischen Krieg begleitet hätte, und gefangen worden wäre. Arsaces behandelte ihn im

NOTES DE L'ÉDITEUR. 349

Tome I, pages 304, 384, 389, 414, 415. — Tome II,
pages 68-77, 275.

L'opinion de M. Saint-Martin sur la conquête d'une partie du royaume grec de la Bactriane par le roi des Parthes, Mithridate Ier, et sur la destruction de ce royaume par les Scythes et par les Parthes, s'écarte en plusieurs points de celle de M. Lassen, qu'elle avait devancée de plusieurs années, à l'insu du savant professeur de Bonn. En effet, selon ce dernier (*Zur Geschichte der Griechisch. und Indoskythisch. Könige*, p. 239), on attribue généralement aux Scythes la destruction du royaume grec de la Bactriane, sans considérer que, pendant tout le règne de Mithridate, ils ne furent pas assez puissants pour pénétrer vers le sud. La conquête de la Bactriane par les Scythes ne put avoir lieu que sous Phraate II, qu'ils vainquirent. Mithridate, ajoute M. Lassen (*ibid.* p. 240), est le véritable destructeur du royaume grec de la Bactriane. S'il avait régné au sud de l'Hindokousch, on aurait trouvé des monnaies de ce prince à Beghram. En

Unglück königlich. Und hier ist denn die Erklärung der vermeinten Gefangenschaft des Seleucus Kallinikus bey den Parthern : denn es ist kein anderer Seleucus als dieser Königssohn, von dem Posidonius im 16. Buch (Athenäus IV, p. 153, *a*) erzählte. Athenäus nennt ihn König : daher der Irrthum : denn sonst hätte man wohl beachtet dass der Geschichtschreiber in nämlichen 16. Buch von der Niederlage und dem Tode des Sidetes gehandelt hatte (Athenäus X, p. 439, *e*). »

outre, la persistance de l'existence des royaumes grecs du Caboulistan et de l'Indus témoigne contre cette hypothèse (*Zur Geschichte*, etc. p. 241). La conquête de la Bactriane, répète ici l'auteur (*ibid. ibid.*), doit être attribuée positivement à Mithridate; elle eut lieu environ dans l'année 139 avant J. C. Si je prétends, dit-il plus loin (*ibid.* p. 245), que ce ne sont pas les Scythes, mais les Parthes qui ont détruit le royaume de la Bactriane, c'est que les raisons en sont aussi claires que le jour. Tant que Mithridate régna, les Scythes ne purent le faire; et à l'époque où ils s'emparèrent de la Bactriane, ce pays n'était plus au pouvoir des Grecs, mais avait été conquis par les Parthes; car l'invasion des Scythes suivit la mort de Phraate II, l'an 126 avant J. C.

M. Saint-Martin recule la date de cette invasion jusqu'à l'an 129.

Tome I, pages 327 et 328.

M. Lassen (*Zur Geschichte*, etc. p. 223, 224 et 282) place dans les années 208 à 205 avant J. C. la guerre et les négociations de paix qui eurent lieu entre Euthydème, roi de la Bactriane, et Antiochus le Grand, roi de Syrie. Il assigne la date de 205 au traité conclu entre ces deux princes, et il pense que les conquêtes d'Euthydème dans l'Ariane et dans l'Inde doivent être placées après l'année 200. Selon M. Wilson (*Ariana antiqua*, p. 220), qui suit sur ce point le sentiment de Bayer et de Visconti, Euthydème serait monté sur le trône de la Bactriane l'an 220; il fixe à l'an 190 la fin du règne de ce prince.

Tome I, pages 327 et 328.

Aux témoignages que nous fournissent les auteurs grecs ou latins, en ce qui concerne l'expédition d'Antiochus le Grand dans l'Inde, il faut ajouter la mention qui se trouve du nom de ce prince dans deux édits d'Asoka, roi de l'Inde, découverts en 1837. Voyez l'article que feu M. James Prinsep a inséré à ce sujet dans le tome VII (première partie, n° 74, février 1838) du Journal de la Société royale asiatique du Bengale, et qui est intitulé : *Discovery of the name of Antiochus the Great, in two of the edicts of Asoka, king of India.*

Tome I, pages 330 et 331.

M. Ch. Lenormant (*Nouv. Annal. de l'Instit. archéolog.*, t. II, p. 208) place approximativement la mort de Priapatius en l'année 187 avant J. C., et dit que de là jusqu'à la mort de Phraate II, il ne s'était écoulé que soixante ans.

Tome I, pages 335 et suivantes.

M. H. T. Prinsep (ouvrage cité, p. 32), en assignant à l'avénement de Mithridate Ier la date de l'an 177 avant J. C., a soin de déclarer que cette date est incertaine; il ajoute que les uns la fixent à l'an 180, et d'autres à l'an 165.

Tome I, page 340.

Plus tard, sous le règne d'Arsace VI, selon l'opinion d'un érudit dont l'Europe savante déplore la mort prématurée, Karl Otfried Müller (Voy. *Götting. gelehrt. Anzeig.* 1838, p. 233. — Cf. M. Lassen, *Zur Geschichte der gr. und indosk. Könige*, p. 96), les Parthes dépouillèrent de ses trésors le temple de la déesse *Nanæa* ou *Anaïs* (*Anahid*), dans l'Élymaïde ou la Perse proprement dite.

Tome I, page 348.

M. Saint-Martin, dans ses Mémoires sur l'Arménie (t. I, p. 409 et 410), place une année plus tard, c'est-à-dire l'an 149 avant J. C., la fondation du royaume arsacide d'Arménie.

Tome I, page 353, lignes 4-6.

M. Carl Ritter identifie le lac de Van, et non le lac d'Ourmiah, avec celui que les anciens nommaient ἡ Μαντιανὴ λίμνη. Selon les remarques de ce savant géographe (*Die Erdkunde von Asien*, t. VI, 2ᵉ partie, p. 782-784 et suiv.), le lac d'Ourmiah, situé dans l'ancienne Atropatène, répond au lac appelé *Spauta* par Strabon, *Martiane* par Ptolémée, *K'habodan* (*Caboudan*) ou *Mer bleue* par les Arméniens; et le lac de

Van ou d'Ardjisch, situé en Arménie, est identique à celui que Strabon (*Geogr.* XI, p. 529) nomme *Mantiane*, et Ptolémée, *Arsène* ou *Arsissa*. On sait que, sur ce dernier point, M. Saint-Martin, dans ses Mémoires sur l'Arménie (t. I, p. 54 et suiv.), soutient une opinion contraire. De son côté, M. l'abbé Cappelletti (*Armenia*, t. I, p. 148 et 149. Florence, 1841, 3 vol. in-8°), qui a réuni les divers noms que portent, chez les Arméniens, le lac de Van et le lac d'Ourmiah, identifie ce dernier avec le lac *Mantiane* de Strabon.

Tome I, pages 373-379; tome II, pages 2-96.

M. H. T. Prinsep (ouvrage cité, p. 34) place approximativement, et avec un doute, vers l'an 85 avant J. C., la mort de Mithridate II et le commencement de la période de troubles et de guerres civiles qui suivit cet événement. Il pense que si les *Rois des Rois*, de race parthe, dont on a trouvé, dans l'Afghanistan, des médailles d'un type purement grec, appartiennent à une dynastie particulière, c'est très-probablement dans le cours de cette période qu'ils se déclarèrent indépendants.

Tome I, pages 380 et suivantes.

M. Lassen (*Zur Geschichte*, etc. p. 236 et 263) comprend le Caboulistan au nombre des conquêtes que fit Eucratide pendant son expédition vers l'Indus et l'Hydaspe.

Tome I, pages 380-390.

Beaucoup de faits ont été omis, par M. Saint-Martin, dans la partie de son récit où il rapporte les événements qui eurent lieu dans la Bactriane et sur l'Indus, sous le règne d'Euthydème, sous celui d'Eucratide et pendant l'intervalle qui sépare ces deux règnes. Ces lacunes fâcheuses se trouvent remplies par les savantes recherches de M. Raoul-Rochette et de M. Lassen. Ne pouvant reproduire ici tous les renseignements qu'a recueillis ce dernier, je présenterai du moins le résumé chronologique qu'il en fait lui-même :

Avant J. C.

Agathocle fonde un royaume dans le Caboulistan oriental, environ...........................	190
Démétrius, fils d'Euthydème, succède à son père dans la Bactriane...........................	185
Eucratide s'empare de la Bactriane, et Démétrius se maintient dans l'Arachosie...............	175
Pantaléon succède à Agathocle, vers...........	170
Eucratide renverse Démétrius, et enlève à Pantaléon le royaume grec de l'Inde...............	165
Fondation d'un royaume grec dans la Drangiane par Antimaque, vers...........................	165
Meurtre d'Eucratide par son fils, vers.........	160

Ces dates s'écartent beaucoup de celles qu'antérieurement avait déterminées M. Raoul-Rochette. Selon lui (*Journal des Savants*, octobre 1835, p. 595), les règnes de Démétrius, d'Hélioclès et d'Antimaque

NOTES DE L'ÉDITEUR. 355

remplirent l'intervalle compris entre les années 190 et 170 avant J. C., et le règne d'Eucratide II ne commença qu'en l'année 155.

Pour compléter le résumé de M. Lassen, il faut consulter le bel ouvrage que M. Wilson a publié sous le titre d'*Ariana antiqua* et l'ouvrage cité de M. H. T. Prinsep. Avec la description de toutes les médailles connues jusqu'en 1841, qui peuvent se rapporter, soit aux dynasties grècques de la Bactriane et du royaume indo-scythique, soit à des rois indigènes ou barbares de ces contrées, l'*Ariana antiqua* nous offre tous les faits qu'il a été possible à l'auteur de recueillir sur l'histoire de ces deux royaumes. M. H. T. Prinsep ajoute au grand travail de M. Wilson l'indication des médailles bactriennes ou indo-scythiques, découvertes depuis 1841 jusqu'en 1844, et des observations critiques sur la chronologie des rois de la Bactriane et des rois indo-scythes, telle que l'ont établie, chacun de leur côté, M. Lassen et M. Wilson. Il cherche notamment à prouver qu'Euthydème s'empara du trône de la Bactriane, l'an 220 avant J. C. que Démétrius lui succéda en l'année 185, et qu'Eucratide régna en 178. Il donne Hélioclès pour successeur à ce dernier, en l'année 155; il place, après Hélioclès, Antimaque, l'an 150, et il assigne à l'avénement de Pantaléon la date de 195[1].

[1] *Note on the historical results, deducible from recent discoveries in Afghanistan*, p. 51-65.

23.

L'importante publication de M. Wilson avait été précédée, en 1829, par une dissertation où M. Carl Ritter a traité, avec le savoir et le talent qu'on lui connaît, les principales questions qui se rattachent à l'*Ariana* des anciens. Elle est intitulée : *Ueber Alexander des Grossen Feldzug am Indischen Kaukasus*, et insérée dans les Mémoires de l'Académie royale des sciences de Berlin (classe d'histoire et de philologie), 1829, p. 145 et suivantes.

Tome I, pages 382-386.

M. Lassen, contrairement à l'assertion formelle de M. Raoul-Rochette (*Journal des Savants*, juin 1834, p. 328 et suiv., juillet 1834, p. 387 et suiv.), n'admet pas que l'existence d'Eucratide II soit prouvée par le témoignage des médailles. On ne lira pas sans intérêt les observations qu'il fait sur les opinions diverses que l'académicien français, Bayer, Visconti et Mionnet ont énoncées au sujet de ce prince. Si M. Lassen n'hésite pas à dire qu'Eucratide Ier eut pour successeur un de ses fils, l'an 160 avant J. C., il hésite toutefois à affirmer que ce prince était Héliocles (*Zur Geschichte*, etc. p. 228, 230, 238-239, 282).

Tome I, page 389.

Au sujet de Ménandre et d'Apollodote, M. Lassen s'exprime en ces termes : « . . . . Aucun document écrit ne nous oblige à faire de Ménandre un roi de la Bactriane, encore moins d'Apollodote. Il est seulement certain que Ménandre fit de grandes conquêtes dans l'Inde : les médailles en offrent la preuve. — Elles portent toujours des légendes en caractères du Caboulistan ; leurs symboles et leur provenance n'indiquent qu'un royaume de l'Inde ; et nous devons placer Ménandre et Apollodote dans l'histoire des royaumes græco-indiens [1] ». Ici l'auteur ajoute en note que cette opinion avait déjà été exprimée, par M. Karl Otfried Müller, dans le journal allemand intitulé : *Göttinger gelehrte Anzeigen*, 1838 (n° 21, p. 208). Plus loin (*Zur Geschichte*, etc. p. 264), M. Lassen dit formellement que le premier roi grec du royaume indo-grec fut Ménandre ; mais il s'abstient d'assigner une date précise à la fondation de ce royaume, et il se borne à dire qu'elle doit être postérieure à l'an 160 avant J. C.

M. H. T. Prinsep (ouvrage cité, p. 67) fixe cette date à l'an 155, et l'avénement d'Apollodote, succes-

---

[1] « Ich folgere also aus dieser Erörterung, dass uns keine Schriftstelle nöthigt, den Menandros zu einem Baktrischen König zu machen ; noch weniger den Apollodotos. Es ist nur sicher, dass Menandros in Indien grosse Eroberungen gemacht. Wir sind auf die Münzen verwiesen. — Diese nun, drittens, haben stets Kabulische Schrift, ihre Symbole und Fundorte weisen nur auf ein Indisches Reich hin, und wir dürfen wohl den Menandros und Apollodotos in die Geschichte der Griechisch-Indischen Reiche verweisen (so schon Hr. Müller S. 208). » *Zur Geschichte*, etc. p. 228.

seur de Ménandre, à l'an 135. Il range, à la suite de ces deux princes, sept autres rois, dans l'ordre que voici : *Diomède, Zoïle, Hippostrate, Straton, Dionysius, Nicias* et *Hermæus;* mais il n'indique aucune date pour le règne de chacun d'eux, si ce n'est pour celui d'Hermæus, qu'il fait commencer l'an 120 avant l'ère chrétienne. Ce dernier prince et le roi Diomède paraissent seuls avoir été connus de M. Lassen et de M. Wilson. Les noms des cinq autres rois se lisent sur des médailles trouvées, postérieurement aux publications de ces deux savants, dans la Bactriane, dans l'Afghanistan, ou dans l'Inde, et publiées par M. le lieutenant A. Cunningham (Notices indiquées ci-dessus, p. 328). Ils y sont suivis chacun de l'épithète de *Sauveur*, ΣΩΤΗΡ, qui, sur les médailles de Ménandre, d'Apollodote, de Diomède et d'Hermæus, accompagne aussi le nom de ces quatre princes.

Tome I, page 405.

On regrettera, sans doute, de ne trouver ici aucune mention du surnom que reçut Démétrius II après avoir été vaincu et fait prisonnier par les Parthes. Il eût été intéressant d'avoir à rapprocher des remarques de M. Saint-Martin sur l'étymologie de ce surnom, l'opinion des orientalistes allemands ou italiens qu'avait consultés, à ce sujet, l'historien Niebuhr. Ce dernier nous la fait connaître en ces termes : « Contrairement à d'autres leçons, le texte arménien d'Eusèbe, dans l'édition de Milan, prouve que le véritable surnom donné à Démétrius II, après sa captivité chez les Parthes, fut *Siripidès*. Si, dans l'édition de Venise, la traduction d'Eusèbe porte *Sidirités*, cette variante n'a aucune importance, car *Sidèrités* (σιδηρίτης) ou *Sidèrètès* (σιδηρήτης) ne peut nullement être considéré comme un mot grec. Il faut en chercher l'origine et l'explication dans la langue syriaque, que j'ignore complétement; mais j'apprends, par d'habiles orientalistes, que שיר, en chaldéen, signifie une chaîne, de même que שרת, en hébreu. Selon les mêmes orientalistes, l'arabe ربط, *ligavit*, se trouve dans les idiomes congénères; dans l'hébreu, par exemple, רְבִיד s'interprète par chaîne de cou. Siripidès, avec une terminaison grecque, signifie donc un homme lié avec une chaîne [1]. »

---

[1] « Der armenische Eusebius, nach der mail. Ausgabe, setzt den Demetrius dem II, nach seiner Gefangenschaft unter den Parthern, gegebenen Beynamen Siripides gegen andre Lesarten fest : und dass die ven. Uebersetzung *Sidirites* hat, darf nichts bedeuten, da σιδηρίτης oder σιδηρήτης auf keine Weise für Griechisch gelten kann. Die Erklärung muss im Syrischen gesucht werden, einer Sprache die mir völlig unbekannt ist : aber ich vernehme von Kundigen, שיר im Chaldäischen bedeute was im Hebräischen שרת, eine Kette : das arabische ربط, *ligavit*, finde sich auch in den verwandten Sprachen, wie im Hebräischen רְבִיד, Halskette, vorkomme. Σιριπίδης, mit griechischartiger Endung, ist also verdollmetschet, ein mit einer Kette

Tome I, pages 412 et suivantes.

A l'égard de l'époque où doit être placée la captivité de Démétrius II, il faut consulter les observations de Niebuhr (*Kleine Schriften*, etc. p. 250 et suiv.) sur la non concordance des deux dates qui résultent, l'une, du premier livre des Maccabées, l'autre, d'un passage de Porphyre.

Tome I, pages 425-435.

Sur Isidore de Charax, sur la ville de Babylonie appelée d'abord Alexandrie, puis Antioche et enfin Charax ou Spasini-Charax, et sur le chef arabe de qui elle avait reçu ce dernier nom, on peut consulter l'ouvrage posthume de M. Saint-Martin, qui est intitulé : *Recherches sur l'histoire et la géographie de la Mésène et de la Characène*, p. 115 et 116; p. 3 et p. 25-266.

Tome I, page 436.

L'auteur est fondé à affirmer qu'on ne trouve le titre de *Théos*, Dieu, sur aucune des médailles arsacides à légendes grecques que l'on possède. C'est donc par inadvertance que Visconti (*Iconogr. grecq.* t. II, p. 372, note 1) a pu dire : « Nous avons lu les titres de *Théos*, *Philopator* et *Soter* sur un médaillon de Dé-Gebundener. » (*Kleine histor. und philolog. Schriften*, 1te Samml., p. 298.)

métrius III. » Ce médaillon porte seulement les titres de *Philopator* et *Soter,* comme on peut s'en convaincre par la description qu'en fait Visconti lui-même aux pages 366 et 367 du volume cité de son Iconographie grecque, et par le dessin qu'il en donne sous le n° 21 de sa planche XLVII.

Tome II, pages 8-10.

A son tour, Niebuhr ayant négligé de s'expliquer sur l'étymologie du surnom de *Sidétès,* qui avait été donné à Antiochus VII, nous laisse le regret de ne pouvoir comparer son opinion avec celle qu'énonce ici M. Saint-Martin.

Tome II, page 14, lignes 9 et 10.

Niebuhr (*Kleine histor. und philolog. Schriften,* p. 300) fait remarquer que Porphyre porte à cent vingt mille hommes l'armée d'Antiochus Sidétès.

Tome II, page 53.

Sur la révolte de Tryphon et sur la guerre qu'il fit à Démétrius Nicator, on peut consulter Niebuhr (*Kleine histor. und philolog. Schriften,* p. 251).

Tome II, pages 68 et 69.

Voyez les remarques judicieuses de M. Vivien de Saint-Martin (*Les Huns blancs ou Ephthalites des historiens byzantins,* p. 24 et 25) sur les *Sarancæ* ou *Sarankes*, les *Tokhariens* ou *Tokhares* et les *Aspasiens*.

Tome II, pages 68-77, 276, 384 et 385.

C'est à Mithridate Ier, roi des Parthes, et non aux Saces et aux Tokhariens, que M. Lassen attribue la destruction du royaume grec de la Bactriane. Il place cet événement en l'année 139 avant J. C., et l'invasion des Saces et des Tokhariens dans la Bactriane en l'année 126, par conséquent, treize ans après la conquête de Mithridate (*Zur Geschichte*, etc. p. 239-259 et p. 284).

M. Vivien de Saint-Martin (*Sur les Huns blancs ou Ephthalites des historiens byzantins*, p. 23, note 2) se montre disposé à adopter cette opinion, et fait remarquer que les renseignements recueillis par les historiens chinois semblent la justifier. Ces renseignements, que De Guignes, le premier, avait extraits et traduits, sont reproduits, par l'auteur du mémoire sur les Huns Ephthalites (*ibid*. p. 28 et suiv.), d'après une nouvelle traduction littérale qu'en a faite, à sa prière, un très-habile sinologue, M. Stanislas Julien, et qui, comparée à celle de De Guignes, offre plusieurs modifications importantes.

M. Raoul-Rochette (*Journal des Savants*, octobre 1835, p. 595) assigne à l'avénement d'Eucratide II et à l'expédition de Mithridate contre la Bactriane la date de l'an 155 avant J. C. Quant à l'invasion des

Tokhariens, le savant académicien français s'exprime en ces termes (*ibid.* juin 1834, p. 395) : « Nous savons qu'une irruption des Scythes-Tokhariens, qui eut lieu vers l'an 125 avant notre ère, mit fin au royaume grec de la Bactriane (voy. De Guignes, *Mém. de l'Acad. des belles-lettres*, t. XXV, p. 17-33). »

Tome II, pages 72, 73, 82-86.

M. Lassen se trouve d'accord avec M. Saint-Martin sur plusieurs faits importants du règne de Mithridate II, fils d'Artaban II. Selon lui, ce prince combattit avec succès les Scythes; sous son règne commencèrent les négociations des Parthes avec Rome, et les Scythes purent, jusqu'alors, se maintenir, dans la Bactriane et la Sogdiane, contre les Parthes, et agir avec plus de liberté (*Zur Geschichte*, etc. p. 247). Mais, lorsque le même écrivain ajoute (*ibid. ibid.*), qu'on ne voit pas non plus que les Parthes aient attaqué les Scythes depuis cette époque, M. Saint-Martin n'ayant point achevé son ouvrage, je ne puis dire si l'opinion de cet académicien aurait concordé avec celle de M. Lassen. Seulement je remarque, dans son Mémoire sur l'époque de la fondation de la dynastie des Arsacides (*Fragm. d'une hist. des Arsacides*, t. II, Appendice, p. 277), une phrase qui donnerait lieu de penser que, selon lui, postérieurement au règne de Mithridate II, les Arsacides de l'Inde eurent des guerres à soutenir contre les Scythes établis dans la Bactriane : « Toutefois, dit-il, ces barbares (les Scythes), en reconnaissant la suprématie des Arsacides de l'Inde ou des rois de Kouschan, restèrent en possession des pays qu'ils avaient conquis ; et ce ne fut qu'au bout d'un siècle que cette branche des Arsacides parvint à exercer une autorité réelle sur les conquérants scythes. Tous ces faits se déduisent de quelques passages de Strabon, de Justin et des Prologues de Trogue-Pompée, amplement commentés à l'aide des historiens chinois. »

Tome II, pages 94-96.

Après avoir placé approximativement la mort de Priapatius en l'année 187 avant J. C., M. Ch. Lenormant (*Nouv. Annal. de l'Instit. archéolog.* t. II, p. 208) ajoute : « Or, de là jusqu'à la mort de Phraate II, il ne s'était écoulé que soixante ans. Rien ne nous force donc à voir dans Artaban II ce Mnascyrès, roi des Parthes, qui mourut, selon Lucien, dans les Macrobes, à quatre-vingt-seize ans. Au reste, on cherche inutilement à déterminer la place de ce Mnascyrès parmi les Arsacides des premiers siècles. »

Tome II, pages 114 et 115.

L'auteur ne tenant compte ici que d'un passage de Dion Cassius, et oubliant les observations judicieuses qu'il avait précédemment faites (t. I, p. 109) au sujet de ce passage, donne le nom d'Abgare au roi d'Édesse qui trahit Crassus, et qui est désigné par Plutarque (*Vita M. Crassus*, § 21) sous le nom d'Ariamnès.

Tome II, pages 217 et 218.

Le récit de M. Saint-Martin touchant les faits qui s'accomplirent en Orient sous le règne de Vologèse Ier n'ayant pas été achevé, nous pensons que le lecteur nous saura gré de placer ici une observation importante de M. Lassen, qui se rattache à l'histoire de ce règne. Après avoir fait remarquer que Volagasès (Vologèse) régna longtemps, fut heureux et vécut en paix avec les Romains, bien qu'il ne fût ni un roi fainéant ni un roi pacifique, le savant philologue ajoute ces paroles (*Zur Geschichte*, etc. p. 271) : « Quoique l'histoire n'en dise rien, on peut placer sous son règne les conquêtes des Parthes dans le Caboulistan, conquêtes attestées par les monnaies citées (voy. *ibid.* p. 214 et 216), qui portent les noms de Vononès et de Volagasès. Nous ne croyons pas nous tromper en faisant sortir de l'établissement des Parthes, à cette époque, dans le pays de Caboul les irruptions qui furent poussées jusque dans l'Inde, et dont le Périple fait mention. »

Tome II, page 218.

Les fragments que nous a laissés M. Saint-Martin de son Histoire des Arsacides de Perse, s'arrêtent à l'époque où Corbulon venait d'entamer des négociations secrètes avec Vologèse Ier et simultanément avec Tiridate. Le Mémoire de l'auteur sur l'époque de la fondation de la dynastie des Arsacides (t. II, p. 219-292) et son Discours sur l'origine et l'hstoire de la même dynastie (*ibid.* p. 293-306) nous offrent un résumé très-rapide de la suite et de la fin de cette histoire. Mais, à mon vif regret, les notes qui lui avaient servi à tracer ce résumé, pour l'intervalle compris entre les négociations secrètes de Corbulon et la fin du règne d'Artaban V, ne se sont même point trouvées parmi les papiers qu'on a recueillis chez lui, après sa mort. Toutefois plusieurs détails sur quelques-uns des événements qui remplissent cet intervalle, ont été placés, par M. Saint-Martin, dans diverses notices qu'il a fournies à la Biographie universelle de Michaud, et qui concernent des rois de Perse et des rois d'Arménie de la race des Arsacides. De plus, les nombreuses additions qu'a faites cet académicien à son édition de l'Histoire du Bas-Empire, par Lebeau, contiennent des renseignements précieux sur la part que prirent aux événements politiques de l'Orient les Arsacides d'Arménie, depuis le règne de Constantin le Grand jusqu'en l'année 428 de notre ère. Une de ces additions, augmentée de quelques développements, a été reproduite, par l'auteur, dans le *Nouveau Journal asiatique* (t. IV, décembre 1829, p. 401-452, et t. V, mars 1830, p. 161-207), sous

NOTES DE L'ÉDITEUR. 367

le titre suivant : *Histoire des révolutions d'Arménie, sous le règne d'Arsace II, pendant le IVe siècle.*

Tome II, pages 234 et 236.

On ne sait pas à quelle époque vivait Abou-Isa. L'ouvrage historique qu'il avait composé et dont Abou'lféda s'est servi, porte le titre que voici : *Kitab-al-beyan an-tarikh-seni-zeman al-alem ala-sebil-al-hoddjeh wa'l-burhan*, c'est-à-dire, *Livre où l'on expose l'époque des années du temps du monde, sous forme de raisonnement et de preuve.*

Tome II, page 243.

Un défaut de mémoire a fait commettre ici une erreur à M. Saint-Martin. Sergius n'était point un interprète, et n'avait pas obtenu des gardiens des archives royales les diverses communications qu'Agathias reçut de lui. Ce Syrien remplissait lui-même les fonctions de gardien des archives royales, ainsi que le dit plus haut M. Saint-Martin (t. I, p. 224), d'après Agathias; et il traduisit du persan en grec, pour l'historien byzantin, tous les documents que lui avait demandés ce dernier.

Tome II, pages 257 et 258.

Voyez ma note pour les pages 38 et 39 du tome Ier.

Tome II, pages 266 et 267.

L'époque et le lieu de la formation du pehlvi sont

encore aujourd'hui un sujet de controverse. Si quelques philologues ne partagent pas l'opinion de M. Saint-Martin sur la date reculée qu'il assigne à cette formation, d'autres, avec plus de raison, il nous semble, se bornent à soutenir que le pehlvi s'est formé antérieurement à la conquête de l'empire d'Assyrie par les Perses. Parmi les travaux récents de philologie où la double question dont il s'agit est traitée *ex professo*, j'indiquerai surtout l'Essai sur la langue pehlvie, par M. Joseph Müller, de Munich, inséré dans le Journal asiatique de Paris, avril 1839[1], et un article de critique littéraire, déjà cité, que M. Quatremère a publié dans le Journal des Savants, juin 1840[2].

Tome II, pages 287 et 288.

En 1824, M. Saint-Martin, dans une des savantes notes qui accompagnent son édition de l'Histoire du Bas-Empire, par Lebeau, a résumé le peu qu'on savait alors sur les Huns Ephthalites (t. IV, p. 254 et suiv.—Cf. t. VIII, p. 252). Mais, depuis 1849, les sciences historiques et géographiques sont redevables à M. Vivien de Saint-Martin d'un travail particulier, que j'ai déjà eu l'occasion de citer, et qui est plus complet et plus exact que tout ce qui avait été publié jusqu'à présent sur ce peuple.

[1] IIIe série, t. VII, p. 289-346.
[2] Voy. p. 341-350.

NOTES DE L'ÉDITEUR. 369

Tome II, page 291, ligne 11.

Sur l'origine du nom de la famille des Ardzrouniens, voyez les observations de M. Saint-Martin, *Mémoires sur l'Arménie*, t. I, p. 422 et 423.

FIN DES NOTES DE L'ÉDITEUR.

TABLE ALPHABÉTIQUE

DES MATIÈRES.

Les chiffres romains désignent le volume; les chiffres arabes indiquent la page.

A

ABDAGÈSE, père de Sinnacès, conspire contre Artaban III, t. II, p. 184. — Sa faveur auprès de Tiridate mécontente les satrapes Phraate et Hiéron, II, 186. — A l'approche d'Artaban, il conseille à Tiridate de se retirer derrière le Tigre; suites de ce conseil, II, 186, 187.

ABDOU, roi d'Édesse, fils de Mazaour; durée de son règne, I, 107.

ABDUS, conspire contre Artaban III, t. II, 182. — Il meurt empoisonné, II, 182.

ABENNÉRIGUS, roi de Spasini-Charax, donne sa fille, Samache, en mariage à Izate, I, 139.

ABGARE, surnommé *Fiska* ou le Muet, assassine Bakrou, I, 107.

ABGARE, roi d'Édesse, fils d'Abgare le Muet, I, 107. — Ses successeurs prennent, comme lui, le nom d'Abgare, I, 107, 108. — Ce nom est altéré en *Abgaros* ou *Augaros* par les Grecs, et en *Abgarus* ou *Augarus* par les Romains, I, 108. — Durée du règne d'Abgare, I, 108. — Vaincu par Lucullus, il va trouver Pompée, I, 108, 109. — On le confond avec Maanou le Dieu, I, 109. — Il trahit Crassus, II, 114, 115. — Voy. Notes de l'éditeur, II, 364 et 365.

ABGARE, successeur de Pacour; durée de son règne, I, 111.

ABGARE, surnommé *Soumaka* ou le Rouge, roi d'Édesse; durée de son règne, I, 111.

ABGARE, surnommé *Ouchama* ou le Noir, roi d'Édesse, I, 115. — Il était fils d'Arscham, qui régnait à Nisibe et sur l'Arménie méridionale; il lui succède, I, 116, 122, 124. — Il transporte sa résidence de Nisibe à Édesse dont il est regardé comme le second fondateur, I, 116, 117. — Il soutient contre les Juifs le roi Arétas, I, 117. — Il apaise un différend qui existait entre les princes arsacides, I, 117; II, 179, 283. — Atteint d'une maladie incurable, il adresse un message à Jésus-Christ; saint Thaddée le guérit, I, 118, 119; II, 281. — L'authenticité de cette tradition discutée, I, 119, 112; II, 181. — Ce roi est identique avec Monobaze Ier, t. I, 129, 147. — Durée de son règne, I, 132. — Après sa mort, son royaume est divisé, I, 133, 147. — Ses descendants, I, 133, 135, 147.

ABGARE, roi d'Édesse, fils d'Izate; durée de son règne, I, 144, 156.

ABGARE, roi d'Édesse et fils d'Abgare le Noir, est appelé Maanou par les Syriens, et Anani ou Ananoun par les Arméniens, I, 147. Voy. ANANI.

ABGARE, fils du précédent, lui succède et règne quatorze ans, I, 148. — Son nom est altéré sous la forme *Acbare*, *ibid.* — De concert avec Izate, il trahit Méherdate, *ibid.* t. II, 198, 199.

ABGARE, fils de Monobaze II, roi de l'Adiabène, I, 152. — Durée de son règne, I, 156.

ABGARE, identique avec Maanou, roi d'Édesse, I, 158. — Il est traité amicalement par Trajan, I, 158. — Il suit cet empereur dans son expédition, *ibid.*

ABGARUS, appelé aussi *Marochus*, *Macorus* ou *Mazaras*, prince syrien, trahit Crassus, I, 109, 110; II, 114, 115. — Il ne doit pas être confondu avec Maanou le Dieu, I, 110.

ABIA, prince arabe, vaincu par Izate, se donne la mort, I, 142.

ABIOURD ou BAWERD, nom d'un pays qui semble répondre à l'ancienne Apavortène, I, 303.

ABOU-ISA, auteur d'un ouvrage historique, II, 234 et 236. — Voy. Notes de l'éditeur, II, 367.

ABOU'LFÉDA. Exactitude de son calcul relatif à la durée de la dynastie des Arsacides, II, 236, 238. — Il a tiré de l'Histoire universelle d'Ibn-Alathir sa liste chronologique, I, 233.

DES MATIÈRES. 373

Acbare, altération du nom d'Abgare, I, 148.

Achæus, général d'Antiochus le Grand, se révolte dans l'Asie Mineure, et prend le titre de roi, I, 317. — Date de sa révolte, I, 317, — et de sa défaite, I, 318.

Addus, gouverneur d'Artagéra, refuse de reconnaître l'autorité d'Ariobarzane, II, 157. — Assiégé par Caïus César, il le blesse par trahison, 157.

Aderbadagan, nom de l'Atropatène chez les Orientaux, I, 56.

Adiabène. Étendue de cette province, I, 125, 161. — D'où lui venait son nom, I, 125, 126. — Envahie par Tigrane, roi d'Arménie, I, 127. — Constitution politique de ce pays, I, 127. — Ses rapports nombreux avec l'Arménie, I, 128. — A quelle époque elle fut détachée de l'Arménie et forma un état particulier, I, 156. — Soumise à la suzeraineté des Arsacides, I, 177.

Adiganes, titre des magistrats de Séleucie; étymologie de ce mot, I, 198, 199.

Adjem, nom donné par les Arabes aux Persans; pourquoi, II, 271, 272.

Afranius, lieutenant de Pompée, bat Phraate III à Arbèle, I, 78; II, 104.

Agathangélus, historien et secrétaire du roi d'Arménie, I, 31; — auteur d'un ouvrage estimé, I, 32. — Discours qu'il met dans la bouche d'Ardeschir, I, 32 et 33. — Description qu'il fait de l'empire des Arsacides, I, 36 et 37.

Agathias, historien grec; durée qu'il donne à la puissance des Arsacides, I, 218, 219. — On a cru, sans raison, le passage altéré, I, 219, 228; II, 239, 246.

Agathocle, gouverneur, pour Antiochus II, des provinces au delà de l'Euphrate, I, 38; II, 257. — Sa conduite tyrannique est la cause de la révolte de Diodote, d'Arsace et de Tiridate, I, 38 et 39. — Arrien le nomme Phéréclès, I, 38, 173, 289; II, 258. — Cause probable de cette confusion, I, 290. — Il est tué par Arsace et Tiridate, I, 39. — Voy. Notes de l'éditeur, II, 310-315.

Agrippa, roi de Galilée, reçoit de Néron l'ordre d'attaquer les Parthes, II, 207.

Ahnaf, général arabe, défait Iezdedjerd, II, 236.

Alains (Les) font une invasion en Arménie, I, 163, 165; II, 288. —

étendue de leur domination, II, 273, 274. — Noms sous lesquels les désignent les écrivains chinois, II, 274. — Leur royaume est détruit par les Huns, II, 288. — Dispersion de leurs tribus, II, 288, 289.

ALAINS (Mer des), nom donné par les Arabes à une partie de l'océan Indien, II, 274.

ALCHADEN, prince arabe, ami des Parthes, est joué par Ventidius, II, 128.

ALCHAUDONIUS, prince arabe, allié des Romains, II, 114.

ALEXANDRE LE GRAND, conquérant de la Perse, fit, selon un écrivain oriental, détruire beaucoup de livres et périr beaucoup de savants, I, 34. — Ses conquêtes ne furent que des incursions militaires, I, 171. — Organisation des pays conquis par lui, selon les écrivains orientaux, I, 180. — Quelle fut sa politique en Asie, II, 297-299. — Ère des Séleucides appelée ère d'Alexandre par les Orientaux, I, 217, 279; II, 233. — Ils la font commencer à l'époque supposée de la mort d'Alexandre, I, 276, 277. — Voy. Notes de l'éditeur, II, 320, 329, 333, 341-345.

ALEXANDRE, fils d'Antoine et de Cléopâtre, I, 59. — Créé roi d'Arménie, il épouse Iotapé, fille d'Artavasde, roi des Mèdes, I, 90, 194; II, 143. — Antoine lui donne le titre de Roi des Rois, I, 184. — Voy. Notes de l'éditeur, II, 318.

ALEXANDRE, frère de Molon et gouverneur de la Perse, se révolte contre Antiochus le Grand, est vaincu et se donne la mort, I, 316.

ALEXANDRE, roi des Juifs, soutient la guerre contre Démétrius III, t. II, 86.

ALEXANDRE BALA cherche à se faire passer pour un fils d'Antiochus Épiphane, I, 338, 346. — Il est reconnu pour roi de Syrie par le sénat romain, I, 346. — Il débarque à Ptolémaïs, en Phénicie; il est vaincu par Démétrius Ier, ibid. — Il livre une nouvelle bataille au prince Séleucide, qui est défait et tué, I, 347. — D'où lui venait le surnom de Bala, ibid. — Il est reconnu roi de Syrie sans contestation, ibid. — Démétrius II lui dispute l'empire, I, 394. — Alexandre Bala, vaincu par le roi d'Égypte, cherche un asile chez les Arabes du désert et y trouve la mort, I, 395.

ALEXANDRE ZÉBINA, fils de Protarque, marchand égyptien, est envoyé en Syrie par Ptolémée Physcon, pour disputer le trône à Démé-

DES MATIÈRES. 375

trius Nicator, II, 53. — Il se fait passer pour fils adoptif d'Antiochus Sidétès, II, 54. — Date de ces événements, II, 54, 55, 57. — Il reçoit le corps d'Antiochus Sidétès renvoyé en Syrie par Phraate, II, 55, 57, 60. — Il n'était fils ni d'Antiochus Épiphane, ni d'Alexandre Bala; erreur de ceux qui l'ont prétendu, II, 58, 60. — D'où lui venait le surnom de Zébina ou Zabina, II, 60. — Ses talents et son habileté le rendent maître de presque toute la Syrie, II, 60.

AMARDES, nom donné aux Mardes qui habitaient les montagnes de la Médie; sa signification, I, 332, 333.

AMID, nom actuel de l'antique Tigranocerte, I, 96.

ANAG, descendant de Souren, assassine le roi d'Arménie Chosroës, I, 53, 54; II, 286.

ANAÏS (ANAÏTIS, ANAHID) ou NANAEA, divinité des Perses; son temple est pillé par Antiochus Épiphane, I, 340, 358, 362; et par les Parthes, Notes de l'éditeur, II, 352.

ANANI ou ANANOUN, fils d'Abgare, règne à Édesse, I, 133, 147. — Après avoir embrassé le christianisme, il persécute les chrétiens, I, 133. — Il fait mettre à mort Atté, évêque d'Édesse, I, 133, 134. — Il est écrasé par la chute d'une colonne, I, 134. — On l'appelle aussi *Abgare* et *Maanou*, I, 147. — Durée de son règne, I, 147.

ANANIAS, officier du roi Abgare, envoyé à Jésus-Christ, I, 118. — Il était de la race des Pagratides, I, 120; — et avait converti Izate au judaïsme, I, 139.

ANDRAGORAS, gouverneur du pays des Parthes, tué par Tiridate, I, 297; II, 259, 264.

ANILÉE, chef, avec son frère Asinès, de la révolte des juifs contre Artaban, I, 121; II, 172, 173. — Il épouse la femme d'un général parthe, II, 172. — La mort de son frère le laisse seul chef des Juifs de la Babylonie, II, 174. — Il défait Mithridate, mais il est vaincu dans une seconde rencontre, II, 174. — Il dévaste le territoire de Babylone, II, 174. — Sa mort, II, 174, 175. — Date de sa révolte, II, 175.

ANTÉMUSIADE, pays soumis à la suzeraineté des Arsacides, I, 177.

ANTIGONE, compétiteur d'Hyrcan au trône de Judée, II, 122. — Il triomphe avec le secours des Parthes, II, 122, 123. — Ventidius lui impose un fort tribut, II, 128. — Antoine le fait mourir, II, 535.

ANTIOCHE, ville fondée par Séleucus Nicator, I, 170. — Elle se révolte contre Démétrius, I, 350, 395; II, 53.

ANTIOCHUS I SOTER, monte sur le trône de Syrie, I, 284. — Durée de son règne, I, 284.

ANTIOCHUS II, surnommé le Dieu; date de son avénement à la couronne, I, 284, 295. — Durée de son règne, I, 284; II, 252. — Il meurt empoisonné, I, 295.

ANTIOCHUS HIÉRAX, frère de Séleucus Callinicus, obtient de Ptolémée Évergète le royaume de Cilicie, I, 295. — D'où lui vint son surnom, I, 295. — Il se joint à son frère avec un corps nombreux de Gaulois, I, 296. — Plus tard, il se sert de ces mêmes Gaulois pour le détrôner, *ibid.* — Ses troupes se révoltent contre lui, *ibid.* — Vaincu par Séleucus, il se réfugie chez Ariarathe, roi de Cappadoce, puis auprès de Ptolémée Évergète, qui le retient prisonnier, I, 300. — Il parvient à s'échapper avec l'aide d'une de ses concubines, I, 306. — Il est tué par des brigands, *ibid.*

ANTIOCHUS III, dit le Grand, fils de Séleucus Callinicus, vit d'abord en paix avec Tiridate, I, 315. — Il marche contre les Parthes, leur reprend la Médie et en donne le gouvernement à Molon, I, 316, 319, 321. — Il comprime la révolte de Molon et d'Alexandre, I, 316. — Fait la guerre à Ptolémée Philopator, I, 317. — Est vaincu à Raphia, I, 318. — Date de son expédition en Médie, I, 321, 322, 327. — Il prend Ecbatane, envahit l'Hyrcanie et s'empare des deux villes capitales, I, 323, 324. — Il conclut la paix avec Artaban, I, 324. — Raisons qui l'y portèrent, I, 326. — Par son traité avec Artaban, il reconnaît son indépendance, I, 326. — Il tourne ses armes contre Euthydème, roi de la Bactriane, I, 327, — et le défait, I, 327. — Date de cette expédition, I, 328. — Il conclut la paix et pénètre dans l'Inde, I, 328. — Sa mort, I, 328, 329. Erreur de Strabon au sujet de la mort de ce prince, I, 358, 362. — Voy. Notes de l'éditeur, II, 350 et 351.

ANTIOCHUS IV ÉPIPHANE rétablit son autorité sur l'Orient et contraint Artaban Ier à reconnaître sa suprématie, I, 136. — Durée de son règne, I, 339, 444. — Il porte la guerre en Arménie et défait

SELON M. J. SAINT-MARTIN,		SELON M. L'ABBÉ CAPPELLETTI, D'APRÈS MOÏSE DE KHOREN ET LES AUTRES HISTORIENS D'ARMÉNIE.		SELON M. J. SAINT-MARTIN,		SELON M. L'ABBÉ CAPPELLETTI, D'APRÈS MOÏSE DE KHOREN ET LES AUTRES HISTORIENS D'ARMÉNIE.	
DANS SES FRAGMENTS D'UNE HISTOIRE DES ARSACIDES.		DANS SES MÉMOIRES SUR L'ARMÉNIE ET LES AUTRES HISTORIENS D'ARMÉNIE.		DANS SES MÉMOIRES SUR L'ARMÉNIE.			
DEUXIÈME BRANCHE[1].		DEUXIÈME BRANCHE.		DEUXIÈME BRANCHE.			
	Av. J. C.		Av. J. C.		Ap. J. C.		Ap. J. C.
ARSACIEN ou ARSACIAN, fils d'ARTAXE (Ardaschès) II et frère de Tigrane Ier. Il est aussi appelé *Manouê Sakhloui* (Sophaklou).	38		36	Crosoroès II, fils de Tiridate II, et surnommé *le Petit*.	316[b]		344
MASCON, fils d'ARSCHAN ou MASNON SAHLOUI		Il meurt en l'an 16.		Dinan II, son fils	345		353
ARMAIN LE NOIR (*Ourdouna*), autre fils d'Arschan ou Masnon Sakhloui. Il meurt l'an 35 ou 36 de J. C.	9 ou 8	Pas mentionné.		Arsaces III, son fils	341	Arsaces II, fils de Diran II	36[c]
	3 ou 5					En 38, il est tué de désespoir dans le Château de l'Oubli.	381
	Ap. J. C.	AMGARE (sans surnom), fils d'Arschan. Il règne environ 38 ans.	Ap. J. C.	Bar, son fils, Armaïen-Marcellin le nomme *Parv*, VALARSACE, fils d'Arsch, frère d'Arsace III	370 377	Bar ou Par, second fils d'Arsace II.	384
AMAZON, vers l'an	35	Il meurt en l'année 41.	32	ARSACE IV et VALARSACE (*Vagharschag*), tous deux fils de Bab.	381	ARSACE III et VALARSACE II, tous deux fils de Bab.	386
Il cesse de régner en 42 ou 43. SANATROUCE, fils d'une sœur d'Akgure le Noir, vers l'an	50 ou 51[a]	Il meurt en l'année 67. Troubles en 67.	36			Ils régnent l'un sur la partie orientale de l'Arménie, l'autre sur la partie occidentale. — Valarsace meurt dans l'année même.	386
ÉROUANT (*Erouan*) se déclare roi d'Arménie, l'an il est reconnu roi d'Arménie quelques années après la mort de Tiridate Ier, vers l'an	68 75	ARTAXE, fils de SANATROUCE (*Sanadroug*), est proclamé roi simultanément.	58	Arsace IV, seul.	383		
ARTAXES (*Ardaschès*) III, fils de SANATROUCE. Les historiens grecs le nomment *Exédarès* ou *Axidarès*[2]. Il règne jusqu'en l'année 129[3].	88	ARTAXÈS II, fils de SANATROUCE	78	Partage de l'Arménie entre les Romains et les Perses. Arsace IV continue de gouverner la partie occidentale, comme vassal de l'empereur de Constantinople. Le roi de Perse, Schahpour III, donne la partie qui lui était échue à Khosrov III, issu d'une autre branche des Arsacides.	387		387
ARTAVASDE IV, fils d'ARTAXE III	120	ARTAVASON II, fils d'ARTAXE III	128				
DIRAN Ier, son frère.	131	Il meurt en l'année 130.	131				
TIRIDATE VI, son frère. Il est détrôné, en 161, par Lucius Verus, qui donne la couronne à Soliène, issu d'une autre branche des Arsacides.	142	DIRAN Ier, autre fils d'ARTAXE II.	132	Arsace IV meurt en Après sa mort, l'empereur d'Orient donne le gouvernement de l'Arménie grecque à Kazavon, fils de Shestaned, de la famille des Gamsaragan, issue de la race des Arsacides de Perse. Ce général se soumet bientôt après à Khosrov III, qui se reconnaît alors tributaire de l'empire. Cette conduite mécontente le roi de Perse, Bahram IV. Khosrov est détrôné; on l'enferme dans le Château de l'Oubli, situé dans la Susiane.	389	Crosoroès III.	388
		TIGRANE III, frère de DIRAN Ier, et surnommé *le Dernier*.	152				
VAGHARSCH ou VOLOGÈSE, fils de Tigrane VI	178	VALARSE (*Vagharsch*), fils de Tigrane III,	194 ou 195				
CROSOROÈS (Khosro) Ier, son fils, surnommé *le Grand*.	198	Il est assassiné, en 229, par Artaxerxès (Ardaschir), roi de Perse.	214				
ARDACHES, roi de Perse, de la race des Sassanides. L'Arménie reste pendant 27 ans (de 232 à 259) sous la domination de ce prince ou de son fils Schahpour Ier.	232	L'usurpation et la domination tyrannique du roi de Perse durent 27 ans (de 259 à 286).	232	BAHRAM-SCHAPOUVCH (*Vrham-Schabouh*), frère de Khosrov III, est placé sur le trône par Bahram IV.	392		392
				KHOSROV III, rétabli sur le trône, après la mort de son frère, par le roi de Perse, Isadadjerd Ier.	414		414
TIRIDATE II, fils de CROSOROÈS, surnommé *le Grand*. Il meurt en 313 ou 314.	259	TIRIDATE II, fils de Chosroès Ier.	286	SAHAKNOUCH, fils d'Isdadjerd Ier.	415		415
Interrègne	314	Interrègne.	314	Interrègne.	419	Il meurt à Ctésiphon en 419.	419
SANADROUG, prince arsacide, et Pacour (*Pagour*), de la race des Ardzrouniens, usurpent le titre de roi, le premier dans le nord de l'Arménie, le second dans le midi. Il meurt en 341.	314	Il meurt en 341.	342	ARTAXIS IV, fils de Bahram-Schahpour, est appelé ensuite *Ardaschir*, est placé sur le trône par le roi de Perse, Bahram V. Il est détrôné, et le royaume des Arméniens est détruit.	422 428	Il meurt à Ctésiphon en 419.	422 428

N° 2. **TABLEAU CHRONOLOGIQUE DES ROIS ARSACIDES D'ARMÉNIE.**

SELON M. J. SAINT-MARTIN, DANS SES FRAGMENTS D'UNE HISTOIRE DES ARSACIDES.		SELON M. J. SAINT-MARTIN, DANS SES MÉMOIRES SUR L'ARMÉNIE [1].		SELON M. L'ABBÉ CAPPELLETTI [2], D'APRÈS MOÏSE DE KHOREN ET LES AUTRES HISTORIENS D'ARMÉNIE.	
PREMIÈRE BRANCHE.	Av. J. C.	**PREMIÈRE BRANCHE.**	Av. J. C.	**SANS DISTINCTION DE BRANCHES.**	Av. J. C.
Valarsace (*Vagharschag*) Ier, frère de Mithridate Ier, roi des Parthes	150 ou 149	....	149	....	149
Arsace (*Arschag*) Ier	128 ou 127	....	127	....	130
Artaxès (*Ardaschès*) Ier	115 ou 114	....	114	....	114
Tigrane (*Dikran*) Ier [3], appelé aussi Ardaschès	90 ou 89	....	89	Tigrane II [4]	89
Vers l'an 55, il associe à la couronne Artavasde, le plus jeune de ses fils.					
Artavasde ou Artabaze (*Ardavast*) Ier. Il règne seul l'an	36	....	36	....	40
				Arscham [5], fils d'Artaxès Ier et frère de Tigrane II,	36
				Il meurt en l'an 16.	
Artaxès ou Artaxias II	34 [6]	....	34	.... Pas mentionné.	
Il est détrôné peu après. En cette même année 34, Alexandre, fils de Marc-Antoine et de Cléopâtre, reçoit de son père la couronne d'Arménie.					
Artaxès II remonte sur le trône	30	....	30	....	Id.
Tigrane II	20	....	20	....	Id.
Tigrane III	sans date.	....	Sans date.	....	Id.
Artavasde II, prince du sang royal, mais usurpateur,	sans date.	....	6	....	Id.
		Tigrane III remonte sur le trône	5	....	Id.
Tigrane IV, fils de Tigrane III, vers l'an	2	? .... Pas mentionné.			
		Érato, veuve de Tigrane III	2 [7]	.... Pas mentionné.	
		Elle abdique peu après.			
				Abgare, fils d'Arscham,	1
				Il règne environ 38 ans.	
	Ap. J. C.		Ap. J. C.		Ap. J. C.
Ariobarzane, prince mède, placé sur le trône d'Arménie par les Romains, vers l'an	3	....	2	.... Pas mentionné.	
Érato	sans date.	Érato remonte sur le trône	5	.... Pas mentionné.	
Elle succède à Ariobarzane et ne règne que fort peu de temps.		Interrègne.			
Vononès, vers l'an	15	....	16	.... Pas mentionné.	
		Interrègne pendant l'année 17.			
Orode, fils d'Artaban III, roi des Mèdes et des Parthes,	16 ou 17	.... Pas mentionné.		....	Id.
Il est chassé par Germanicus en l'année 18.					
Zénon, fils de Polémon, roi de Pont,	18	....	18	....	Id.
Il prend le nom d'*Artaxias*.					
		Tigrane IV, fils d'Alexandre, fils d'Hérode, roi des Juifs,	sans date.	....	Id.
Arsace II, fils d'Artaban III, roi des Parthes,	34	....	35	....	
Mithridate, frère de Pharasmane, roi d'Ibérie,	35	....	35		
Après avoir été plusieurs fois déposédé et rétabli, il est assassiné, en l'an 50, par son neveu Rhadamiste.					
				Ananoun, fils d'Abgare, succède à son père, l'an	38
				Sanatrux (*Sanadrough*), fils d'une sœur d'Abgare, succède à Ananoun, l'an	43 [8]
				Il meurt en 67. — Troubles jusqu'en 68.	
Rhadamiste, fils de Pharasmane,	50	....	51	.... Pas admis.	
Il est bientôt détrôné.					
Tiridate (*Dertad*) Ier, frère de Vologèse Ier, roi des Parthes,	50 ou 51	....	52	....	Id.
Rhadamiste remonte sur le trône	52				
Les Romains recouvrent l'Arménie en 54. — La guerre recommence en 58.					
Tigrane V, arrière petit-fils d'Archélaüs, roi de Cappadoce, et d'Hérode, roi des Juifs [9],	60	....	60	....	Id.
Interrègne,	62				
Tiridate Ier reçoit à Rome, des mains de Néron, la couronne d'Arménie [10].	66	....	62	....	Id.
Il meurt en 75.		Il règne 11 ans environ.			

[1] Tome I, p. 410-414. — [2] *L'Armenia*. t. II, p. 15 et suiv. — [3] C'est Tigrane II, remarque M. Saint-Martin (*Mém. sur l'Arménie*, t. I, p. 410), si l'on compte le prince du même nom, qui fut contemporain de Cyrus. — [4] Voy. la note précédente. — [5] Les rois d'Arménie que M. l'abbé Cappelletti place après Artavasde Ier, sont considérés par M. Saint-Martin comme ayant régné à Édesse et à Nisibe, et comme appartenant à la deuxième branche des Arsacides d'Arménie. Voy. le Tableau ci-après. — [6] M. Saint-Martin (*Fragm. d'une hist. des Arsacid*. t. II, p. 94) fait observer que, depuis la captivité et la mort d'Artavasde Ier, jusqu'au milieu du Ier siècle de notre ère, aucun des rois d'Arménie dont il est question dans les auteurs grecs ou latins, n'est mentionné par les historiens arméniens. — [7] M. Saint-Martin n'admet pas que le règne d'Érato seule ait commencé dès cette époque. — [8] Selon M. Saint-Martin, l'an 34 à l'an 35 de notre ère, Sanadroug (Sanatruxès), appelé aussi roi d'Édesse l'an 36, règne seul de l'Arsacide qui est validé vers les sources du Tigre et de l'Euphrate. — [9] Dans ses *Mémoires sur l'Arménie* (t. I, p. 411), l'auteur dit que Tigrane V était «fils d'un certain Alexandre, de la race d'Hérode, et neveu de Tigrane IV». — [10] M. l'abbé Cappelletti (*L'Armenia*, t. II, p. 25 et 26, note 3), ne tenant pas compte, à ce qu'il paraît, du témoignage des historiens occidentaux, n'admet sur la liste des rois arsacides d'Arménie qu'un seul prince du nom de Tiridate, celui qui régnait en 180 de J. C., selon lui, en 189, selon M. Saint-Martin. Il reproche avec beaucoup de vivacité aux écrivains modernes d'avoir répété, l'un après l'autre, qu'un prince appelé Tiridate reçut des mains de Néron la couronne d'Arménie.

Fragm. d'une Hist. des Arsac. t. II, p. 371.

N° 1. **TABLEAU CHRONOLOGIQUE DES ROIS ARSACIDES DE PERSE.**

SELON M. J. SAINT-MARTIN.	SELON M. TYCHSEN.	SELON M. CH. LENORMANT[1].	SELON M. R. T. PRINSEP[2].	SELON M. J. SAINT-MARTIN.	SELON M. J. SAINT-MARTIN.	SELON M. TYCHSEN.	SELON M. AD. DE LONGPÉRIER[3].	SELON M. H. T. PRINSEP.
	Av. J. C.	Av. J. C.	Av. J. C.	Av. J. C.		Ap. J. C.	Ap. J. C.	Ap. J. C.
Arsace	250-249	256	254-250	Phraate V, fils de Phraate IV.	35	pas mentionné.	.....	pas admis.
Tiridate Ier	248-247	254	pas mentionné.	Tiridate II	35	Id.	.....	Id.
Artaban Ier	219	210	vers 210	Artaban III décône ce prince en l'an 36; il est détrôné à son tour en 40 ou 41.				
Priapatius (Phrapatius) ou Paipatius	193	195	196					
Phraate Ier	178	180[4]	181	Cinnamus	41	Id.[5]	.....	pas mentionné.
Mithridate Ier	173	170	177	Ce prince cède la couronne en l'an 42 à Artaban III, qui règne jusqu'en 43[10].				
Il associe au trône son fils Phraate.								
Phraate II règne seul, l'an	137	140	139	Bardanes	43	41[11]	41	41
Artaban II	126	126	129	Gotarzès	43	46[12]	45	47
Mithridate II	123	sans date.	125 ou 128 troubles et guerres civiles de 85 à 77. sans date.	Bardane remonte sur le trône en 48[13]. Vers la fin de cette dernière année, Gotarzès rassaisit le pouvoir royal.				
Interrègne probable, ou un roi inconnu, de l'an 90 à l'an 87.								
Mnascyrès	87	88	.....	sans date.	Méhèrdate Ier, fils de Vononès Ier	49	pas mentionné.	pas mentionné.	pas admis.
Interrègne probable, ou un roi inconnu, de l'an 77 à l'an 74.				Ce prince est détrôné en l'an 50[14] par Gotarzès, qui meurt la même année.				
Sanatrucès ou Sinatrocès	74	77	Id.	77	Vononès II	50	51	51	49
Il associe au trône son fils Phraate.				Volagèse Ier	51	51	52	52[15]
Phraate III (appelé Arsokeg ou Arschang par les Arméniens) règne seul vers l'an	67	70	Id.	67	En 52 ou 53, révolte d'un autre Volagèse ou Volagèse Ier, qui usurpe le titre de roi.				
Mithridate III[6]	57	61	Id.	pas mentionné.	Artaban IV[16]	sans date.	sans date.	63[17]	85[16]
Orode Ier (appelé Arsches par les Arméniens)	53	54	Id.	55	Pacorus	Id.	90[19]	77	99
Phraate IV (Arschévir) règne seul l'an	37	37		37	Chosroès	Id.	107	108	115
				Méhèrdate II	pas mentionné.	pas mentionné.	pas mentionné.	pas admis.
	Ap. J. C.	Ap. J. C.			Sanatrucès ou Sanatrocès (Sanatroug), roi des Parthes, au temps de Trajan, selon la Chronique de Jean Malalas, meurt vers l'an				
Phraataracès (fils de Phraate IV)	9	1		pas mentionné.		115	Id.	Id.	160
Orode II	10	4		Ap. J. C. 4	Parthamaspate, couronné par Trajan, l'an	115	Id.	121	160
Interrègnes ou usurpations, de l'an 10 à l'an 11.					Volagèse II	sans date.	121	149	195
Vononès Ier	11	4		14[7]			149 Volagèse III.	149	
Artaban III, appelé Ardasches par les Arméniens, usurpe le trône en l'an 10 ou 11, et règne sans contestation en l'an	15	14[7]		18	Artaban V		191 Volagèse IV. 207 Volagèse V.	191 209	pas mentionné.
				Il meurt l'an	sans date. 226	219 226[20]	sans date. 227	215 235[21]

Fragm. d'une Hist. des Arsac. t. II, p. 371.

[1] *De numis vett. Perser. Gnorment.* IV. (*Comm. soc. reg. scientiar. Gotting. recentiores,* 1814-1815, vol. III, p. 3-58). — [2] *New. Annal. de l'Inst. archéol.* t. IV, p. 206 et 207, note 1. — [3] *Note on the historical results, deducible from rec. discov. in Afghanistan,* p. 30 et suiv. (*Annal. cité,* p. 39) se trompe lorsque, parcequant le témoignage de Tacite, il donne Gotarzès pour père à Volagèse Ier, l'historien latin (*Annal.* — [4] Selon Visconti (*Iconogr. gr.* t. III, p. 50 et 51), Phraate Ier aurait régné de l'an 190 à l'an 165 environ. — [5] M. Tychsen et XII, xiv) dit expressément que ce prince était fils de Vononès. — [6] Les *Fragments* de l'*Histoire des Arsacides* s'arrêtent, pour les Arsacides de Perse, à l'an 83 de notre ère; et la liste des rois de cette dynastie, telle que je l'ai trouvée parmi les papiers de M. Saint-M. Lenormant adoptent pour ce prince le nom de Sinatrocès; Visconti, celui de Sanatrocès, M. Lassen (*Zur Geschichte der Griechish. und* Martin, ne présente, à partir d'Artaban IV, aucune date, si ce n'est celle de l'avènement de Parthamaspate. — [7] Visconti (*ouvrage Indoskythischen Königs*, p. 247) et M. H. T. Prinsep (*ouvrage cité,* p. 35) l'appellent *Sanatroïkès,* d'après le témoignage des médailles, et *cité,* t. III, p. 112) assigne au règne de Volagèse Ier une durée de trente années, ce qui placerait l'avènement d'Artaban IV en l'année le font régner en 77. — [8] Pendant le court règne de ce prince, M. Saint-Martin place deux usurpations du pouvoir royal, celle de Volagèse, 81 ou 82. Pacorus, selon le même écrivain, ayant régné sur les Parthes vers l'an 84, Artaban IV s'était échappé le trône que dans les un 82 au 83, et en 87, celle d'Orode, qui fut renversée, l'an 53. — [9] À partir d'Artaban III, M. Tychsen (*loc. cit.*) considère les trois ans (voy. h. note ci-après). M. Lassen (*ouvrage cité,* p. 271) pense que Volagèse Ier (Volagèse) a régné de l'an 50 à l'an 83. rois de Perse qui succédèrent à Vononès Ier, fils de Phraate IV, comme appartenant à la race des Arsacides de l'Afghanistan. — [10] Selon — [11] Cet Artaban IV est l'Artaban III de M. H. T. Prinsep. — [12] Selon Visconti (*Iconogr. gr.* t. III, p. 114), la durée du règne de mariam, 1861, p. 252. — [11] M. Tychsen (*loc. cit.*) place dans l'intervalle qui s'écoule entre les années 14 et 41 de J.-C. un premier règne de Bardane et de Gotarzès, qui leur succèderait, mais avec un doute quant au premier de ces princes. — [12] Selon M. Lassen (*ouvrage cité,* p. 264). M. H. T. Prinsep (es-
[13] M. Saint-Martin se trouve ici d'accord avec Visconti, qui place en la même année 49 le règne des Sassanides.

Artaxias, I, 340. — Il va piller le temple de la déesse Anaïs ou Anaïtis; sa mort, I, 340, 358, 362. — Désaccord des historiens à ce sujet, I, 359, 361; II, 39, 42.—Titres qu'Antiochus Épiphane prend sur ses médailles, I, 442.

Antiochus V Eupator, fils d'Antiochus Épiphane, lui succède, I, 341. — Il n'a qu'un règne éphémère, I, 341, 342.

Antiochus VI Épiphane Dionysus, fils d'Alexandre Bala, est proclamé roi, I, 395. — Il est mis à mort par Tryphon, I, 395.

Antiochus VII Sidétès épouse Cléopâtre, femme de son frère Démétrius II, t. I, 409; II, 8. — Il reste maître de la Syrie, II, 8, 10. — Les historiens et les médailles lui donnent plusieurs surnoms, II, 8. — Étymologie de celui de *Sidétès,* II, 8, 10. — Caractère de ce prince, II, 11, 14. — Motifs qui lui faisaient redouter une guerre avec les Parthes, II, 11, 13. — Il leur déclare la guerre malgré lui, I, 175, 417; II, 11. — Plusieurs rois de l'Orient lui offrent des secours, I, 175; II, 13, 21. — Force et composition de son armée, II, 14, 16. — Il obtient d'abord des succès, II, 17, 20 et suiv. 275, 276. — Route qu'il suivit, II, 23. — Il défait les Parthes, s'empare de Babylone et envahit la Médie, II, 24, 25. — Il reprend toutes les provinces enlevées par Mithridate Ier aux Séleucides, II, 25, 26. — Il envoie une flotte soumettre les provinces méridionales de l'empire parthe, II, 27, 29. — But de cette expédition, II, 29. — Il commet la faute de disséminer ses troupes dans des cantonnements d'hiver, II, 29. — Les violences de ses soldats soulèvent les peuples, II, 30, 31. — Sorti de ses cantonnements pour comprimer la révolte, il est attaqué par Phraate et vaincu, I, 368, 369; II, 31, 32. — Sa mort, II, 32-34, 276. — Réfutation de l'opinion de ceux qui pensent qu'il ne périt pas dans cette expédition, II, 34, 48. — Date des principaux événements de cette guerre, II, 37, 39. — Durée du règne d'Antiochus Sidétès, II, 48, 49. — Phraate renvoie son corps en Syrie, II, 50. — Pourquoi, II, 60, 61. — Voy. Notes de l'éditeur, II, 361.

Antiochus VIII Grypus, fils de Démétrius Nicator, ne porta jamais ses armes au delà de l'Euphrate, II, 22.

Antiochus IX Philopator, dit *de Cyzique* ou *Cyzicénus*. Notes de l'éditeur, II, 348.

TABLE ALPHABÉTIQUE

Antiochus X, surnommé le Pieux, se réfugie chez les Parthes, rentre en Syrie et dépouille son frère Philippe de ses états, II, 86, 91.

Antiochus Ier, roi de Commagène, est soumis à un fort tribut par Ventidius, II, 128. — Il embrasse le parti d'Orode Ier, dont il épouse une fille, II, 130. — Ventidius marche contre lui, II, 130. — Antoine assiége sa capitale, II, 131.

Antiochus IV, roi de Commagène, est pressé par Néron d'attaquer les Parthes, II, 207. — En 58, il reçoit de Corbulon, en même temps que Pharasmane, roi d'Ibérie, l'invitation de pénétrer en Arménie, II, 208. — Plus tard, accusé de s'être allié avec les Parthes, il est vaincu par Césennius Pætus, et se réfugie en Cilicie, I, 165. — Ses deux fils vont chercher un asile auprès de Vologèse, *ibid.* — Son royaume devient une province romaine, *ibid.* — Par la médiation de Vologèse, il obtient, ainsi que ses deux fils, la permission d'habiter Rome, *ibid.*

Antoine envoie son lieutenant Ventidius contre les Parthes, I, 58; II, 126. — Jaloux de sa gloire, il le fait partir pour Rome, I, 88; II, 131. — Il marche lui-même contre les Parthes, contre les Mèdes, et appelle auprès de lui Artavasde, roi d'Arménie, qui le trahit, I, 88, 89; II, 136, 138, 140, 141. — Après avoir perdu la plus grande partie de son armée, il rentre en Syrie, I, 89; II, 140. — Irrité contre Artavasde, il l'attire à Nicopolis, le conduit enchaîné à Alexandrie, et là, lui fait trancher la tête, I, 89; II, 141, 142. — Il fait alliance avec Artavasde, roi des Mèdes, entreprend la conquête de l'Arménie et place sur le trône son fils Alexandre, I, 90; II, 142, 143. — Après la bataille d'Actium, il tente sans succès de renouveler une alliance avec Artavasde, roi des Mèdes, II, 145.

Apamia, ville de la Parthie, I, 2.

Aparni, nom donné par Strabon aux *Parni*, I, 7.

Apasiaces ou Aspasiatres, nom d'un peuple scythe établi sur les bords de l'Oxus, I, 299. — Ils accueillent Tiridate et lui donnent des secours, I, 299, 300, 310, 325. — Ils combattent pour Artaban contre Antiochus le Grand, I, 325. — Voy. Notes de l'éditeur, II, 361 et 362.

Apavortène, contrée fertile de l'Asie, I, 302. — Différentes altéra-

DES MATIÈRES. 379

tions de ce nom, I, 302. — A quel pays répond actuellement l'Apavortène, I, 303.

APOLLODOTE, roi de la Bactriane, porte ses armes victorieuses jusqu'aux bouches de l'Indus, I, 389. — Voy. Notes de l'éditeur, II, 356 et 358.

APOLLONIUS, tyran de Zénodotia, résiste à Crassus, qui ruine sa ville, II, 111.

APPIUS CLAUDIUS protége la fuite du jeune Tigrane, II, 108.

ARAM, nom que les Syriens donnent à leur patrie, I, 94. — Quels pays on comprenait sous cette dénomination, I, 94, 95, 96.

ARAM, roi d'Arménie, obtient de Ninus, roi d'Assyrie, le titre de premier prince de l'empire, I, 56.

ARAMÉENS. A quels peuples s'applique cette dénomination, I, 94-96.

ARAXES, fleuve formant la limite entre les possessions des Massagètes et des Perses, I, 14. — Ne doit pas être confondu avec l'Araxe d'Arménie, ni avec le Wolga, I, 14. — C'est le même fleuve que l'Oxus ou Djihoun, I, 14.

ARBANDÈS, prince arménien; le même qu'Érovant, I, 145, 156.

ARBANDÈS, fils d'Abgare, roi d'Édesse, décide son père à se rendre auprès de Trajan, I, 158.

ARCTACANA. Voy. ARTACONA.

ARDASCHAMA, fille d'Atarxès ou Ardachès Ier, roi d'Arménie, épouse Mithridate, gouverneur militaire de l'Ibérie, I, 62.

ARDASCHÈS, ARTAXÈS ou ARTAXIAS, nom identique avec celui d'Artaxerxès, I, 255, 433. — Les Arméniens affectionnaient ce nom, I, 255. — Dans l'origine, il était plutôt un titre qu'un nom propre, I, 255. — Il est identique avec celui d'Ardeschir, I, 256. — Sa signification, I, 329. — Les Arméniens le donnent à Artaban Ier, roi des Parthes, I, 329, 421, — et à Artaban III, t. II, 176. — Voy. ARTABAN Ier et ARTABAN III.

ARDASCHÈS Ier, petit-fils de Valarsace, roi d'Arménie, usurpe le titre de Roi des Rois, I, 57; II, 90, 277. — Appelé aussi *Artaxès*, I, 62, 255. — Durée de son règne, I, 62; II, 90. — Il fut un des plus puissants princes de l'Asie, I, 62. — Il marie sa fille à Mithridate, I, 62. — Il soumet l'Asie Mineure et périt dans la Grèce, I, 63, 67, 68; II, 90. — Trophées de ses conquêtes dans l'Asie Mineure transportés en Arménie, I, 64; II, 277. — Explication du silence gardé par les historiens occidentaux au sujet de cette expédition, I, 64 et suiv. — Les historiens arméniens l'ont confondue avec celle de Mithridate, I, 67. — Hypothèse qui explique cette erreur, I, 63. — La mort d'Ardaschès Ier amène d'importants changements en Orient, I, 68; II, 90. — Il avait associé son fils Tigrane à la couronne, I, 80. — Il serait possible que le nom véritable d'Ardaschès Ier fût Tigrane, I, 63; II, 92.

ARDASCHÈS III, fils de Sanadroug, est sauvé par sa nourrice de la fureur d'Érovant, I, 153. — Il est conduit secrètement à la cour du roi des Parthes, qui le reçoit avec honneur, *ibid*. — Soutenu par les Parthes, il défait et tue Érovant, I, 154, 167. — Durée de son règne, I, 169. — Il est le dernier roi d'Arménie de la race des Arsacides; il avait pris, en montant sur le trône, le nom d'*Ardaschir*, pour plaire aux Perses, I, 256.

ARDESCHIR BABÉGAN, premier roi de Perse de la dynastie des Sassanides, se révolte contre Artaban V, t. I, 31; II, 305.—Discours qu'il adresse aux Perses pour les exciter à prendre les armes, I, 32, 33; II, 267.—Message qu'il envoie à Artaban, I, 33.—Vainqueur des Parthes, il s'occupe de replacer la Perse sous ses anciennes lois et de rétablir la religion de Zoroastre, I, 35; II, 285. — On l'appelle indifféremment Babégan, fils de Babek, et fils de Sassan, I, 50; II, 220. — Sa naissance illustre, I, 50, 51; II, 221, 285. — Sa puissance, I, 52; II, 225; 285. — Il est soutenu dans sa révolte par deux branches de la famille royale des Arsacides de Perse, I, 51; II, 285. — Il est attaqué par Chosroès, roi d'Arménie, I, 52; II, 286. — Il détruit la race de Garéni-Balhav, à l'exception d'un seul fils, I, 53. — Il fait assassiner Chosroès, I, 53; II, 286, — et réunit l'Arménie à son empire, I, 54. — Date de la fondation de l'empire des Sassanides, II, 221, 222, 235, 285. — Explication de la longue durée assignée au règne de son fondateur par les Orientaux, II, 235, 236.

ARDESCHIR, nom persan identique avec ceux d'Artahschetr, d'Artaxer, d'Ardaschès, d'Artaxès, d'Artaxias et d'Artchil, I, 255-257. — Son étymologie, I, 255-266.

DES MATIÈRES. 381

ARDEWAN ou ARTABAN V, dernier roi des Parthes, I, 31. — Voy. AR-TABAN V.

ARDJASP, roi du Touran; étendue de ses possessions, I, 15.

ARDZROUNIENS, nom d'une famille arménienne établie dans l'empire grec, II, 291. — Voy. Notes de l'éditeur, II, 369.

ARÉTAS, roi des Arabes, soutient une guerre contre Pompée, II, 106.

AREVPANOS, ville où fut martyrisé saint Barthélemy, I, 138.

ARIAMNÈS, roi d'Édesse, trahit Crassus, I, 109. — Confondu avec Abgare, *ibid.* — Voy. Notes de l'éditeur, II, 364 et 365.

ARIARATHE, roi de Cappadoce, donne asile à Antiochus Hiérax, I, 300. — De concert avec Héraclide, il suscite un compétiteur à Démétrius Soter, I, 340, 347. — Il est détrôné par ce prince et se retire à Rome, I, 349. — Date de cet événement, I, 349.

ARIOBARZANE, roi de Cappadoce, chassé par Mithridate et Tigrane, est replacé sur le trône par Sylla, préteur de l'Asie, II, 91.

ARIOBARZANE, placé sur le trône d'Arménie par Caïus César, II, 157. — Il meurt et laisse le trône à Érato, II, 167.

ARISTION assiégé dans Athènes par Sylla, II, 278.

ARIUS, fleuve de la Bactriane, aujourd'hui *Héry-roud*, ou Rivière d'Hérat, I, 325.

ARMAVIR, ancienne capitale de l'Arménie; sa position, I, 166. — Érovant y transporte sa résidence avant de bâtir Érovantaschad, I, 166.

ARMÉNIE. Date de l'établissement des Parthes dans ce royaume 1, 366. — Erreur de Fréret au sujet de cette date, I, 366 et suiv. — Mithridate Ier s'empare de l'Arménie et y fonde un royaume qui tenait le second rang dans l'empire parthe, I, 54, 56, 338, 348, 364. — Ce royaume, après avoir usurpé quelque temps le premier rang, redescend au second, I, 84 ; II, 280. — Il est ensuite réduit au troisième, I, 91, 312, — et remonte finalement au second, I, 91. — Organisation féodale de cet état, I, 57, 92. — Politique des Romains à l'égard de l'Arménie, I, 92, 93. — Limites du royaume du côté du midi, I, 96. — Avantages que le pays offrait aux Parthes pour la défense, I, 100. — L'Arménie est le premier royaume chrétien, II, 290. — La race royale arsacide s'y maintient plus de cent cinquante ans après la naissance de J. C. *ibid.* —

L'Arménie défend péniblement son indépendance contre les Perses, *ibid.*—Traité de partage entre Théodose le Jeune et les Perses, *ibid.*

ARSACE, ARSCHAG, ASCHEK, formes diverses d'un même nom, I, 252.
— Il était commun chez les Perses; il fut porté par Artaxerxès Mnémon, selon Ctésias, I, p. 291-293.—Voy. Notes de l'éditeur, II, 346.

ARSACE, fils de Phriapite, souche de la race des Arsacides, selon Arrien, I, 292.

ARSACE et son frère Tiridate se révoltent contre Agathocle ou Phéréclès, I, 39.—Ils le tuent et s'emparent de la Parthyène, dont ils étaient satrapes, I, 39, 40, 289; II, 257, 258. — Ils ne veulent pas se soumettre à Théodote ou Diodote, I, 289; II, 258. — Arsace fonde dans la Parthyène un état indépendant, I, 39, 174. — Les deux frères étaient de la race des Achéménides, I, 40, 291, — et d'origine scythique, I, 41, 292, 311.— Arsace donna son nom à tous ses descendants. Chacun d'eux portait, en outre, un nom particulier, I, 44, 292, 293. — Confondu par la plupart des historiens avec son frère Tiridate, I, 285, 315.—Durée fort courte de son règne, I, 285, 290. — Il est tué dans une bataille, I, 286, 290. — Sa mort met probablement fin à la révolte de la Parthyène contre les Séleucides, I, 286. — Son caractère, I, 291. — Date de sa mort, I, 293; II, 258. — Voy. Notes de l'éditeur, II, 340, 341.

ARSACE Ier, fils de Valarsace, est associé par son père à la couronne d'Arménie, I, 80.

ARSACE ou ARSCHAG, nom donné, par les Arméniens, au successeur de Mithridate II, t. II, 93. — Identique avec Phraate III, t. II, 107.

ARSACE II, fils d'Artaban III, est placé par son père sur le trône d'Arménie, II, 181, 187. — Ses ministres le font périr, II, 183.

ARSACE LE GRAND, le même que Mithridate Ier, t. I, 368, 416, 417, 419.

ARSACIA, ville de la Parthyène, I, 2.

ARSACIDES. Ils sont ordinairement appelés Parthes, I, 1..— Leur origine, I, 20 et suiv.; II, 270, 303, 304.—Leur histoire est difficile à connaître, II, 303, 304.—Date de la fondation de leur empire, I, 38 et suiv. — Leurs fréquentes révoltes contre les successeurs d'Alexandre, I, 35. — Leurs succès, I, 36. — Étendue de leur empire, I, 36, 174, 175.—Ils se divisent en quatre branches,

DES MATIÈRES. 383

dont l'aînée gouverne la Perse, I, 36; la seconde obtient l'Arménie; la troisième, les provinces indiennes voisines de la Perse; la quatrième le royaume des Massagètes ou des Scythes, I, 37, 312; II, 272, 273. — Plan suivi dans l'Histoire des Arsacides, I, 37, 38. — Quelques auteurs ont avancé qu'ils étaient Bactriens d'origine; pourquoi, I, 39, 40; II, 270. — Traditions conservées par les Arméniens sur leur origine, I, 41 et suiv.

ARSACIDES DE PERSE. A quelle époque ils se divisèrent en quatre branches, I, 43, 45; II, 179, 202. — Noms de ces quatre branches ou tribus, I, 46, 47. — Après avoir dominé pendant près de cinq cents ans, les Arsacides de Perse sont dépossédés de la couronne par Ardeschir, fondateur de la dynastie des Sassanides, I, 49; II, 220, 264. — Il est soutenu dans sa révolte par deux branches collatérales de la famille royale des Arsacides de Perse, I, 51, 52; II, 285. — La postérité de ceux-ci subsista encore longtemps en Perse, I, 54; II, 286, 287. — Organisation du royaume des Arsacides de Perse, I, 175, 180. — Ils abusent de leur puissance, I, 175. — Appelés Moulouk-al-Théwaïf et Aschkanians par les écrivains orientaux, I, 34, 44, 45, 180; II, 231. — Titres que prirent les Arsacides de Perse, I, 181, 436 et suiv. — Époque de la destruction de leur empire, I, 209. — Contradictions sur celle de sa fondation, I, 209, 210, 267; II, 219, 249 et suiv. — Quelle date on s'accorde généralement à lui assigner, I, 209; II, 219. — A quelle année on doit la fixer, I, 210, 267; II, 220. — Durée réelle de la domination des Arsacides, I, 210, 215, 371; II, 248, 264. — Durée totale de cette dynastie, selon les auteurs orientaux, I, 215, 217; II, 232, 234. — Leurs supputations sont plutôt hypothétiques que réelles, I, 217. — Durée de la puissance des Parthes, selon les écrivains grecs, I, 218, 219. — L'erreur chronologique qui se trouve dans leur calcul, éclaircie par une tradition persane, I, 219, 228; II, 238. — La succession des rois arsacides de Perse est fort obscure; pourquoi, I, 228, 230. — Insuffisance des ressources dont on dispose pour en dresser la liste, I, 230, 234; II, 222. — Les Arméniens seuls donnent une liste d'une grande exactitude, I, 234. — Difficultés qu'elle présente au premier aspect, I, 241, — expliquées par l'ordre de succession en usage chez les Parthes, I, 242, 251, — et par l'habitude de désigner les souverains parthes par leurs surnoms plutôt que par leurs noms propres, I, 251, 421, 422. — Moïse de Khoren et Justin servent à déterminer l'époque de la fondation de la monarchie parthe, I, 268. — Erreurs relevées dans le récit de Justin, I, 268, 271; II, 249, 252, — et dans celui de plusieurs autres historiens, I, 271, 276; II, 253, 257. — La difficulté que présente le récit de Justin est levée par Moïse de Khoren, I, 276, 277, 283, 285; II, 261, 262. — Date précise de la fondation de l'empire des Parthes, I, 285; II, 263. — Raisons pour lesquelles on la place tantôt sous le règne d'Antiochus le Dieu, tantôt sous celui de Séleucus Callinicus, I, 286, 287. — Ce point de chronologie confirmé par un historien persan, I, 287, 288. — Utilité des ouvrages des Orientaux, I, 288, 289; II, 232. — Pour se concilier l'affection des peuples de l'Orient, les Arsacides rattachent leur origine aux rois achéménides de Perse, I, 291. — Ils appartenaient aux nations scythiques, I, 292, 311, — et, dès l'origine, ils exercèrent sur elles une grande influence, I, 310, 311, 313. — Elles les aidèrent à chasser les Grecs des contrées au delà du Tigre, I, 313, 314. — Les Arsacides ménagent leurs sujets grecs, I, 447. — Liste chronologique des rois arsacides de Perse, t. II, Tableau n° 1.

ARSACIDES D'ARMÉNIE. Fondation de leur dynastie, I, 59, 62, 348. — Difficultés pour fixer la chronologie des événements de leur histoire, I, 61. — Voy. Notes de l'éditeur, II, 352. — Ruine de la race royale des Arsacides d'Arménie, II, 189, 290. — Plusieurs princes de cette famille s'établissent dans l'empire grec, II, 290, 291; — d'autres, vers le XI° siècle de notre ère, se rendent illustres en Arménie, II, 291, 292. — Ceux-ci conservent la dénomination de *Balhavouni* et se divisent en deux branches, celle de Cilicie, et celle d'Any; dates de l'extinction de ces deux branches, II, 291, 292. — Liste chronologique des rois arsacides d'Arménie, t. II, Tableaux n°[s] 2 et 3.

ARSACIDES DE LA TROISIÈME BRANCHE OU ARSACIDES DE LA BACTRIANE. Ils sont appelés *rois de Kouschan* par les Arméniens et par les Chinois; leur puissance, II, 273. Il ne faut pas les confondre avec les Arsacides du Nord, I, 37, 312; II, 272-286. — Le royaume de Kouschan ou des Arsacides de la Bactriane soutint avec avantage, après l'an 370 de J. C., une guerre contre Schahpour II, roi de Perse, II, 287. — Selon Masoudy, il subsistait encore vers le milieu du Xe siècle, II, 288. — L'époque de sa destruction est inconnue, *ibid.*

ARSACIDES DE LA QUATRIÈME BRANCHE. On les nomme indifféremment *Arsacides du Nord, Arsacides septentrionaux, rois des Scythes, rois des Massagètes, rois des Alains,* I, 37, 312; II, 272, 273, 305 et 306. — Étendue de leur domination, II, 273. — Après l'expédition malheureuse de leur roi Sanésan, en Arménie, les Arsacides septentrionaux ont dû cesser de régner sur les Alains vers l'an 370 de notre ère, II, 288. — Leur royaume est détruit par les Huns, *ibid.* — Dispersion des tribus des Alains dans l'Inde, dans le Caucase et en Europe, II, 288, 289.

ARSACIDES DE RAY. A quelle époque une branche des Arsacides de Perse possédait cette ville et une partie de la Médie, II, 287. — Bahram Tchoubin et la dynastie des Samanides qui régna sur la Perse orientale et sur la Transoxiane descendaient de ces Arsacides, *ibid.*

ARSAME, prince d'Arménie, peu connu, I, 98. — Fondateur de la ville d'Arsamosate, *ibid.* — Médailles qu'on lui attribue, *ibid.*

ARSAMOSATE, ville d'Arménie, fondée par Arsame, I, 98. — Noms que lui donnent les Arméniens et les Arabes, I, 98, 99.

ARSCHAG, fils et successeur de Valarsace, I, 62. — Durée de son règne, I, 62.

ARSCHAG, nom que les Arméniens donnent à Tiridate, I, 318.

ARSCHAG, nom altéré en *Aschek* à une époque fort ancienne, I, 252.

ARSCHAGAN, roi d'Arménie; son nom signifie Arsacide ou d'Arsace, I, 252; II, 88, 89. — Ce nom est altéré en *Aschkan*, I, 252; II, 89. — Arschagan, selon les Arméniens, fut le successeur de Mithridate Ier, t. I, 370. — Il est le même que Mithridate II, t. I, 373; II, 3, 87.

ARSCHAM ou ARDCHAM, fils d'Ardaschès et frère de Tigrane, choisi pour roi d'Édesse et de Nisibe, I, 93. — Durée de son règne, I, 97. — Difficultés que présente à son sujet le récit des historiens arméniens, I, 97, 98. — Il était vraisemblablement fils de Gouras, frère de Tigrane, I, 98. — Il est peut-être le même que Maanou Tsaféloul, I, 112. — Il résidait à Nisibe et conquit probablement Édesse, I, 115.

Arschavir ou Arschévir, étymologie probable de ce nom, I, 252. — Il est porté en Arménie et dans l'empire de Constantinople par les Arsacides fugitifs, I, 252, 253.

Arschavir, fils de Kamsar, se réfugie en Arménie et devient le chef de la famille Kamsarakane, II, 289.

Arschévir ou Arschavir, le même que Phraate IV, t. II, 162, 176. — Voy. Phraate IV.

Arschez, roi des Parthes, le même qu'Orode Ier, t. II, 133, 134, 162. — Voy. Orode Ier.

Artaban Ier, fils de Tiridate, roi des Parthes, se réfugie dans l'Hyrcanie, I, 186. — Il est contraint de reconnaître la suprématie d'Antiochus Épiphane, I, 186. — Il envahit la Médie, I, 317, 321. — Époque de son expédition, I, 320. — Date de son avénement au trône, I, 320, 321. — Il est chassé de la Médie par Antiochus le Grand, I, 322, 324. — Il conclut la paix avec le roi de Syrie, I, 324. — Il combat sous ses drapeaux contre Euthydème, roi de la Bactriane, I, 327. — Il est appelé *Ardaschès* par les Arméniens, I, 329, 421. — Durée de son règne, I, 329. — Époque de sa mort, I, 330. — Voy. Notes de l'éditeur, II, 345.

Artaban II, fils de Priapatius, succède à son neveu Phraate II, t. I, 331; II, 81, 82. — Il lui avait disputé la couronne, II, 2, 3, 88. — Il continue la guerre contre les Scythes, est blessé dans une bataille et meurt, II, 81, 276. — Durée de son règne, II, 81, 82. — Voy. Notes de l'éditeur, II, 364.

Artaban III, roi des Mèdes, est appelé au trône par les Parthes, I, 178; II, 166, 178, 282. — Origine probable de son titre de roi des Mèdes, II, 166, 167, 178, 179. — Il est vaincu par Vononès Ier, qu'il défait ensuite complètement, II, 167, 168. — A quelle époque, II, 168. — Il se rend maître de l'Arménie et place sur le trône son fils Orode, II, 169. — Il demande le renouvellement des anciens traités entre les Parthes et les Romains; à quelles conditions, II, 169. — La paix est conclue, II, 170. — Il soutient avec avantage des guerres contre les peuples voisins, II, 171. — Il prend sous sa protection les chefs des Juifs révoltés, II, 173. — Les Arméniens le nomment *Ardaschir*, I, 118, — ou *Ardaschès*, II, 176, 180. — Erreur commise par Moïse de Khoren, au sujet de ce prince, II, 177, 178.

DES MATIÈRES. 387

— Artaban fait revivre ses prétentions sur l'Arménie, et y établit roi son fils Arsace, t. II, 180, 181, 187. — Ses succès contre les Romains, II, 182. — Il se rend odieux à ses sujets, II, 182. — Il est vaincu par Pharasmane, II, 184, 187.—Il fuit dans les provinces septentrionales de son empire, II, 185.—Il recouvre le trône sans combat, II, 186, 187. — Date de cet événement, II, 187. — Il chasse Mithridate de l'Arménie et s'avance sur les frontières de la Syrie, II, 187, 188. — Il écrit à Tibère des lettres insolentes, II, 182, 188. — Il conclut la paix avec Caligula, II, 188. — Motifs qui l'y déterminèrent, II, 188, 189. — Un nouveau soulèvement des Parthes le porte à fuir dans l'Adiabène, I, 117; II, 189. — A quelle époque, II, 189, 190. — Le roi Izate le reçoit avec les plus grands honneurs et négocie avec succès son rétablissement sur le trône des Parthes, II, 190, 283. — Par reconnaissance, Artaban lui donne la ville de Nisibe, I, 102, 145. Il divisa en trois tribus royales les Arsacides de Perse, I, 46, 47; II, 202. — Date de la mort d'Artaban et durée de son règne, II, 176, 177, 190. — Voy. Notes de l'éditeur, II, 329.

ARTABAN, fils d'Artaban III, est mis à mort par son frère Gotarzès, II, 191.

ARTABAN IV, roi des Parthes, succède à Vologèse Ier, t. II, 371.

ARTABAN V, dernier roi de la race des Arsacides de Perse, périt en combattant Ardeschir, fils de Babek, II, 220. — Date de sa mort, II, 220, 222, 234.

ARTABAZANE, un des descendants d'Atropatès, cherche à étendre les limites de ses états; il est forcé de conclure la paix, I, 354, 355.

ARTACOANA ou ARCTACANA, ville de la Parthie, I, 2.

ARTAGÉRA, forteresse d'Arménie, prise et rasée par Caïus César, II, 157.

ARTASIRAS. Voy. ARDESCHIR.

ARTAVASDE Ier, roi d'Arménie, le plus jeune des fils de Tigrane Ier, lui succède, après avoir été associé à la couronne, I, 79, 80; II, 82. — Il défait Tigrane le jeune, qui lui disputait le trône, I, 81. — Il se rapproche d'Orode, roi des Parthes, I, 81; — va trouver Crassus qui marchait contre les Parthes, I, 83; II, 113; — trahit les Romains, I, 81; — s'allie à Orode et donne sa fille en mariage à

Pacorus, I, 83; II, 116; — renonce au titre de roi des rois, tout en conservant la possession des provinces usurpées par Tigrane, I, 83, 84; — engage Antoine à attaquer les Parthes par l'Arménie; pourquoi, II, 136. — Il trahit Antoine, I, 88, 89; II, 138-140. — Ce dernier dissimule ses projets de vengeance, II, 140. — Il invite Artavasde à venir le trouver à Nicopolis sur le Lycus, II, 141. — Artavasde, se doutant de quelque trahison, décline cette invitation, *ibid*. — Plus tard, il cède aux instances de Dellius et se rend auprès d'Antoine; il est chargé de fers et conduit à Alexandrie d'Égypte, où Antoine lui fait trancher la tête, I, 89; II, 142. — Artavasde est probablement le même qu'Ortoadiste, II, 82.

ARTAVASDE II, roi d'Arménie, est détrôné par ses sujets, II, 153; Auguste ordonne à Caius de le rétablir sur le trône; Artavasde meurt avant l'exécution de cet ordre, II, 155.

ARTAVASDE, roi des Mèdes, est l'allié de Phraate, roi des Parthes, I, 88. — Il a pour ennemi Artavasde, roi d'Arménie, *ibid*. — Il est attaqué par les Romains, I, 89; II, 136, 137. — Il laisse ses femmes et ses enfants dans la ville appelée Phraata, Praaspa ou Véra; cette ville est assiégée, à deux reprises, par Antoine, qui ne parvint pas à s'en emparer, II, 137, 138. — Une nouvelle inimitié éclate entre le roi d'Arménie et le roi des Mèdes; ce dernier se brouille, en même temps, avec le roi des Parthes, II, 141. — Il forme une alliance avec Antoine, par l'entremise de Polémon, et lui fournit des troupes, II, 141-143. — Antoine l'abandonne à ses seules ressources, II, 143. — Néanmoins Artavasde renouvelle une alliance avec Antoine, qui lui accorde des secours en troupes et lui donne une partie de l'Arménie; de son côté, il rend à Antoine les enseignes enlevées à Oppius Statianus, et remet entre ses mains sa fille Iotape, qui lui était demandée en mariage pour Alexandre, fils d'Antoine et de Cléopâtre, I, 80; II, 143. — Avec l'aide des Romains, Artavasde repousse les Parthes, II, 144. — Attaqué de nouveau par Phraate, il est vaincu et dépouillé de ses états, *ibid*. — Il profite d'une occasion favorable pour rentrer dans son royaume, I, 90; II, 144, 145. — Après la bataille d'Actium, il refuse l'alliance que lui propose Antoine; il traite avec Auguste, qui, dans la suite, lui donne le royaume de la Petite Arménie, I, 90; II, 145. — Dé-

DES MATIÈRES.   389

pouillé, une seconde fois, de ses états, il se réfugie auprès d'Auguste, qui lui rend Iotapé, II, 145. — Voy. Notes de l'éditeur, 318.

ARTAXATE, ville fondée par Artaxias, I, 59. — Ancienne capitale de l'Arménie, I, 102. — Brûlée par Corbulon, II, 209.

ARTAXERXÈS, nom identique avec celui d'*Ardaschès*, I, 255. — Dans ses diverses altérations, il conserve toujours la signification de grand roi, I, 257, 266, 433.

ARTAXERXÈS MNÉMON portait le nom d'Arsace avant de monter sur le trône, I, 291, 292. — Il est le même que l'Ardeschir Bahman des Orientaux, I, 292.

ARTAXÈS, nom identique avec celui d'*Ardaschès*, I, 255.

ARTAXÈS II, fils d'Artavasde, roi d'Arménie, obligé de fuir devant Antoine, se réfugie chez les Parthes, I, 90; II, 142. — Avec leur secours, il remonte sur le trône, I, 90; II, 144. — Auguste, peu de temps après, le remplace par son frère Tigrane II, t. I, 90.

ARTAXIAS, nom cher aux Arméniens et identique avec ceux d'*Ardachès*, d'*Artaxès* et d'*Artaxerxès*, I, 255. — Zénon prend le nom d'Artaxias, I, 255; II, 169.

ARTAXIAS, gouverneur d'Arménie, se rend indépendant, I, 58, 59. — Il donne asile à Annibal et fonde Artaxate, I, 59. — Strabon fait descendre Tigrane d'Artaxias, I, 58. — Rectification et cause de cette erreur, I, 59-61. — Artaxias est vaincu par Antiochus Épiphane, I, 340. — Voy. Notes de l'éditeur, II, 316.

ARTAXIAS. Voy. ARDASCHÈS.

ARTIBARA. Voy. ASTIBARA.

ARTOADISTE ou ORTOADISTE, roi d'Arménie, est détrôné par Mithridate, roi des Parthes, I, 55. — Il se confond avec Artavasde, dernier roi d'Arménie, I, 55; II, 82, 83. — Il était probablement fils d'Artaxias, I, 59.

ASAAC, ville fondée par le premier des Arsacides, I, 252.

ASBAHABIÉDI BALHAV, nom de la quatrième branche des Arsacides de Perse, issue d'Arschavir, I, 46, 47; sa signification, *ibid.*

ASBOURAGÈS, patriarche arménien; nom identique avec Shorace, I, 145.

ASCHEK, altération d'Arschag ou Arsace, I, 252.

Aschek, premier prince des Moulouk-al-théwaïf, descendait d'Ardeschir Bahman, selon les Orientaux, I, 292.

Aschkan, altération du nom d'Arschagan, I, 252.

Aschkanians ou Aschkaniens, nom que donnent aux Parthes les écrivains orientaux, I, 34, 180. — Origine de ce nom, II, 89, 231.

Asiani, tribu scythe, II, 68, 69, 71, 76. — Son origine, II, 69.

Asiatiques (Peuples); leurs émigrations en Europe et en Afrique, II, 301-303.

Asii, tribu scythe, II, 68, 76.

Asinès ou Asinée, chef, avec son frère Anilée, de la révolte des Juifs contre Artaban III, t. I, 121; II, 172. — Sa puissance, II, 173. — Il meurt empoisonné, II, 173.

Aspa, ville de la Parthie, I, 2.

Aspasiaces. Voy. Apasiaces.

Aspasiatres. Voy. Apasiaces.

Aspasiens. Voy. Apasiaces. — Voy. Notes de l'éditeur, II, 361 et 362.

Aspionès, satrapie de la Bactriane, conquise par Mithridate Ier, t. I, 385.

Asprénas, tribun du peuple, fait donner à Dolabella le gouvernement de Syrie, II, 120.

Astibara ou Artibara, roi des Mèdes, I, 28.

Athénée, général d'Antiochus Sidétès, révolte les peuples par ses exactions; sa mort, II, 30.

Atra, ville soumise à la suzeraineté des Arsacides, I, 177.

Atropatène, contrée de la Médie, appelée par les Arméniens *Aderbadagan*; elle fit longtemps partie du royaume d'Arménie, I, 56. — Les écrivains grecs la désignent sous le nom de Médie, I, 158, 352. — Sa situation géographique, I, 352, 353. — Elle ne fut point conquise par Alexandre, I, 353. — Elle forma un royaume particulier sous la suzeraineté des Arsacides, I, 177, 354; II, 108. — Orode la cède à Mithridate III, t. II, 108. — Elle est conquise par Phraate IV sur Artavasde, II, 144.

Atropatès, gouverneur de la Médie supérieure, est confirmé dans son gouvernement par Alexandre le Grand, I, 353, 354. — Il livre au conquérant macédonien l'usurpateur Baryaxès, I, 354. — Il fut le fondateur d'une dynastie qui régna longtemps, *ibid.*

DES MATIÈRES. 391

ATTALE, roi de Pergame, attaque l'empire des Séleucides, I, 301. — Il soutient Alexandre Bala contre Démétrius Soter, I, 347.

ATTÉ, nom chrétien de Barsouma, premier évêque d'Édesse, I, 119. — Cet évêque est mis à mort par Anani, I, 133.

AUGUSTE refuse d'intervenir dans les guerres civiles des Parthes, II, 144. — Il renvoie Jotapé à son père Artavasde, roi des Mèdes, qui avait fait alliance avec lui, II, 145. — Il ne consent pas à rendre les frères d'Artaxès, roi d'Arménie; pourquoi, II, 145. — Il refuse de livrer Tiridate au roi des Parthes, II, 145, 146, 147. — Il rend à Phraate son fils en échange des enseignes enlevées à Crassus et à Antoine, II, 147. — Joie causée à Rome par cette restitution, II, 149. — Auguste envoie en Orient Caïus César, II, 154. — Il lui prescrit de rétablir Artavasde dans le royaume de Médie, II, 155. — Il donne pour roi aux Parthes Vononès Ier, t. II, 162, 164.

AUTOCRATOR, titre pris par les Arsacides à l'exemple de l'usurpateur Tryphon, I, 436.

AVARI, nom d'une tribu des Lesghis, dans le Caucase, qui paraît descendre des Huns Sabiriens et Tétrexistes, I, 13, 14. — Analogie de la langue des Avari avec le finnois ou le samoyède, I, 13 et 14.

B

BABYLONE, confondue par Orose avec Séleucie, I, 345.

BACASIS, établi gouverneur de l'Atropatène par Mithridate Ier, t. I, 355, 356.

BACTRE. Voy. BALKH.

BACTRIANE, contrée habitée par les Scythes, I, 41. — Les Chinois la nomment *Ta-hia* ou *Da-hia*, I, 41; II, 76, 77, 271. — Ses limites ne furent jamais déterminées exactement, I, 41. — Étymologie du nom de Bactriane, I, 42. — Fondation du royaume grec de la Bactriane, I, 38 et 39. — Voy. Notes de l'éditeur, II, 310-315; 354-356. — Les rois de ce pays, grecs d'origine, étaient jaloux de la puissance des Arsacides, I, 188, 309, 310. — Époque de la plus grande splendeur de l'empire des Parthes, I, 380, — et de sa décadence, I, 381. — Causes de sa chute, I, 382, — Mithridate Ier soumet une partie de la Bactriane, I, 384; II, 72, 74. — Les Bactriens donnent des secours à Démétrius Nicator, I, 404, 406; II, 70, 74. — Ils retombent sous le joug des Parthes, I, 415; II, 74. Ils reprennent les armes, II, 71, 74, 76. — Les Scythes les soumettent, II, 68, 69, 71, 74, 75. — A quelle époque, II, 75-77. — La Bactriane est reconquise par les Parthes, II, 71. — A quelle époque, II, 72, 73, 276, 277. — Le royaume que les Arsacides y fondèrent survécut à la destruction de celui de Perse, II, 287. — Sa puissance est affaiblie par les Huns Ephthalites, II, 287. — Les Bactriens se soumettent à ces derniers, II, 305.

BAHL ou BALH, nom donné à la ville de Balkh par les Arméniens, I, 42. — Moïse de Khoren l'appelle la *maison originaire* des princes parthes, I, 43. — Elle est soumise par Mithridate Ier, t. I, 385. — Voy. Notes de l'éditeur, II, 315 et 316.

BAHRAM TCHOUBIN, de la race des Arsacides de Perse, dispute la couronne à Chosrou Parwiz, II, 187. — Il est la souche de la dynastie des Samanides, II, 287.

BAKROU, fils de Faradascht, roi d'Édesse, I, 107. — Ce nom, identique avec le nom persan *Pakour*, n'est pas le même que le nom arabe *Békir* ou *Baker*, I, 107.

BAKROU, fils du précédent, succède à son père sur le trône d'Édesse; il est forcé de partager le pouvoir avec Maanou, I, 107. — Durée de son règne, *ibid*. — Il est assassiné par Abgare Fika, *ibid*.

BALASCH, PALASCH ou BLASE. Voy. VAGHARSCH.

BALH. Voy. BAHL.

BALHAV, nom que portaient les trois branches collatérales dont furent chefs les deux frères et la sœur du roi arsacide de Perse Ardaschès, I, 46, 47.

BALHAVOUNI ou BALHAVIG, nom donné aux Arsacides établis en Arménie, I, 42; II, 270, 291. — Origine de ce nom, I, 42-47; II, 270. — A quelle époque il remonte, I, 43. — En Arménie, la famille des Balhavig se divisait en quatre branches, I, 44; II, 292. — Jusqu'à quelle époque se conserva le nom de Balhavig, I, 44; II, 292.

BALKH, ville fort ancienne, résidence des rois de Perse, la même que Bactre, I, 42. — Voy. BAHL.

BARDANE, l'un des fils d'Artaban III, roi des Parthes, est désigné par

DES MATIÈRES.   393

son père pour lui succéder; mais les seigneurs parthes l'exilent et donnent la couronne à son frère aîné Gotarzès, II, 191. — Il est rappelé, et chasse Gotarzès, *ibid.* — Son caractère, *ibid.* — Il force Gotarzès à fuir dans l'Hyrcanie, *ibid.* — Il met le siége devant Séleucie; Gotarzès l'oblige à le lever et à se réfugier dans la Bactriane, où il obtient des secours, *ibid.* — Accord conclu entre les deux frères, *ibid.* — Bardane soumet Séleucie et réduit des rebelles puissants, II, 192. — Il engage Izate à faire la guerre aux Romains, I, 146; II, 192. — Il bat Gotarzès, et pousse ses conquêtes jusqu'au Gindès, II, 192, — sur les bords duquel il élève des trophées, I, 191; II, 193. — Sa cruauté révolte ses sujets, qui le tuent à la chasse, II, 193. — Sa renommée, *ibid.* — Dates de sa mort et des principaux événements de son règne, II, 194. — Durée de ce règne, II, 195 et suiv.

BARDANE se révolte contre son père, Vologèse Ier, t. II, 207.

BARSIK'H, nom que les Arméniens donnent aux Perses, I, 3.

BARSOUMA ou KHOHARARE, premier évêque d'Édesse et martyr, I, 119.

BARTHÉLEMY (SAINT) est martyrisé à Arevpanos, I, 138.

BARTHIERK'H, nom des Arsacides de Perse chez les Arméniens, I, 3.

BARYAXÈS usurpe le titre de roi; il est livré à Alexandre, I, 354.

BARZAPHARNE, le même que Parzap'hran, accompagne Pacorus dans son expédition de Syrie, I, 36; II, 122.

BAZARANDJAN, souverains particuliers de la Perside, sous la suprématie des Arsacides, II, 285.

BASILE LE MACÉDONIEN tirait son origine des Arsacides, I, 58.

BAWERD. Voy. ABIOURD.

BÉKIR. Voy. BAKROU.

BÉRÉNICE, sœur de Ptolémée Évergète et femme répudiée d'Antiochus le Dieu, est mise à mort par Laodice, I, 295.

BÉROZ. Voy. PÉROSE.

BESSUS résiste à Alexandre avec le secours des Dahæ, II, 269.

BIBULUS, gouverneur de Syrie, ne peut chasser les Parthes de son gouvernement par la force des armes; il y réussit par la ruse, II, 117, 118.

BLASE. Voy. BALASCH. — Voy. Notes de l'éditeur, II, 335.

BOLAGASE ; ce nom se lit sur les médailles, I, 253. Voy. VOLOGÈSE I*er*.
BOONE, fils de Phraate IV, donné en otage aux Romains, II, 150.

C

CÆLIUS POLLIO, gouverneur romain de la forteresse de *Gorneæ*, oblige le roi d'Arménie, Mithridate, à traiter avec Rhadamiste, II, 205.

CAÏUS CÉSAR est envoyé en Orient par Auguste, II, 154. — Il attaque les Arabes, II, 154. — Il passe en Égypte et revient en Syrie, II, 155. — Auguste lui ordonne de rétablir Artavasde sur le trône d'Arménie, *ibid.* — Il conclut la paix avec Phraate IV, t. II, 156, 157. — Il marche contre Tigrane et soumet l'Arménie sans combat, II, 157. — Il place sur le trône Ariobarzane, assiége Addus dans Artagéra, est blessé par trahison et meurt, II, 157, 158. — Erreur de Longuerue et de Vaillant au sujet de son expédition contre les Parthes, II, 158, 160.

CALLIMANDRE favorise la fuite de Démétrius Nicator, II, 4. — Loin de le punir, Phraate II le récompense de sa fidélité, II, 4.

CALLIMAQUE, grec d'origine, est nommé gouverneur de Nisibe, qu'il défend contre Lucullus, I, 97. — Gouverneur d'Amisus pour Mithridate, il livre cette ville aux flammes, afin qu'elle ne tombe pas au pouvoir des Romains, *ibid.*

CALLINICUS, fils d'Antiochus IV, roi de Commagène, se réfugie auprès de Vologèse et obtient la permission d'habiter Rome, I, 165.

CALLIRHOÉ ou ALEXANDRIE DE CALLIRHOÉ. Voy. ÉDESSE.

CARMANIE (La) est conquise par Mithridate I*er*, 1, 364.

CARRHÈNE rejoint Méherdate à la tête d'un corps de troupes et l'aide à s'emparer de Ninive et d'Arbèles, II, 199. — Sa valeur ne peut assurer la victoire à ce prince, *ibid.* — Il est sans doute le même que le *Garen* ou *Karen* de Moïse de Khoren, II, 200.

CASPIENNE (Mer), objet d'horreur pour les Perses, 1, 18.

CASSIUS défend la Syrie contre les Parthes, après la défaite de Crassus, II, 116, 117. — Il sauve Antioche, II, 117. — Le sénat lui confie le gouvernement de Syrie, II, 120. — Il assiége Dolabella dans Laodicée, *ibid.*

CASSIUS (C.), gouverneur de Syrie, conduit Méherdate, par l'ordre

DES MATIÈRES. 395

de Claude, jusqu'aux bords de l'Euphrate; sage conseil qu'il lui donne et qui n'est pas suivi, II, 198, 199.

CAUCASE. Les rois de Perse en fortifient les défilés pour défendre leurs états contre les invasions des Scythes, I, 16. — Le Caucase fut le théâtre de sanglants combats entre les Perses et les Touraniens, *ibid.*

CÉCILIUS BASSUS, partisan de Pompée, appelle les Parthes en Syrie, II, 119.

CÉSAR se dispose à faire la guerre aux Parthes, pour venger la mort du jeune Crassus, II, 119.

CÉSENNIUS PÆTUS est choisi par Néron pour commander les troupes destinées à combattre les Parthes, II, 215. — Ses exploits se bornent à la prise de quelques châteaux en Arménie, *ibid.* — Assiégé dans son camp, par les Parthes, il est contraint à conclure une honteuse capitulation, II, 215. — Il réduit la Commagène en province romaine, I, 165.

CHALDÉENS. Ils jouissaient à Babylone, sous la domination des Arsacides, d'une sorte d'indépendance, I, 177.

CHARACÈNE (La) était soumise à la suzeraineté des Arsacides, I, 177. — Elle formait avec la Mésène un royaume possédé par des princes arabes, II, 80.

CHARAX, ville fondée par Alexandre, porta différents noms, I, 431 ; II, 81. — Époque de sa soumission aux Parthes, I, 434. — Elle était la capitale du royaume de la Mésène et de la Characène, II, 81. — Voy. Notes de l'éditeur, II, 360.

CHOSROÈS (Khosrov) I*er*, roi d'Arménie, prend les armes pour combattre l'usurpateur du trône des Parthes, Ardeschir, fils de Babek, I, 52 ; II, 285. — Après quelques succès infructueux, il rentre dans ses états, I, 53. — Il continue la guerre avec avantage, et périt assassiné par trahison, I, 53; II, 286. — Son fils est amené à Rome, II, 286.

CHOSROÈS II, roi d'Arménie, triomphe de Sanésan, roi des Massagètes, I, 21-25.

CHOSROU PARWIZ, roi de Perse; Bahram Tchoubin, prince arsacide, lui dispute le trône, II, 287.

CICÉRON préserve la Cilicie des incursions des Parthes, II, 117.

CINNAMUS, élu roi par les Parthes, se désiste de ses prétentions au trône, et fait acte de soumission à Artaban III, t. II, 189, 190.

CLAUDE replace Mithridate sur le trône d'Arménie, II, 192. — Il consent à donner Méherdate pour roi aux Parthes, et le fait conduire jusqu'aux bords de l'Euphrate par C. Cassius, II, 198.

CLÉOPÂTRE, femme de Démétrius II, épouse Antiochus Sidétès, I, 409; II, 8. — Motifs de cette résolution, I, 409. — Date probable de l'évènement, I, 410. — Cléopâtre pousse Antiochus à faire la guerre aux Parthes; ses motifs, II, 13. — Elle se réconcilie avec son premier époux, II, 52.

CLÉOPÂTRE, femme de Ptolémée Physcon, chasse ce prince, et appelle, pour la défendre, son gendre, Démétrius II Nicator, t. II, 52 et 53. — Ptolémée Physcon étant rentré en Égypte, elle se réfugie en Syrie, II, 53.

CLÉOPÂTRE, reine d'Égypte, envoie au roi des Mèdes la tête du roi d'Arménie, son ennemi; dans quel but, II, 145.

COMMAGÈNE (La) est réduite en province romaine, I, 165.

CONSTANTIN PORPHYROGÉNÈTE se prétendait issu des Arsacides, II, 291.

CORBULON est chargé par Néron de la guerre contre les Parthes, II, 207. — Il invite Antiochus, roi de Commagène, et Pharasmane, roi des Ibériens, à pénétrer dans l'Arménie, II, 208. — Il s'avance lui-même dans l'intérieur de ce royaume; il assiège Artaxate, qu'il prend et qu'il brûle, II, 209. — Il repousse les Mardes, et se rend maître de Tigranocerte, II, 210. — Date de cette expédition, II, 210. — Il force Tiridate à la retraite, II, 210, 211. — Nommé gouverneur de Syrie, il envoie des secours à Tigrane, II, 211, 212. — Il demande à Vologèse Ier des explications sur la rupture de la paix, II, 213. — Il conclut un traité secret avec ce prince et lui abandonne l'Arménie, II, 213, 214. — Il passe l'Euphrate et s'établit sur la rive droite, II, 215. — Appelé au secours de Pætus, il arrive trop tard et rentre en Syrie, II, 215 et 216. — Il conclut avec Vologèse un nouveau traité, que Néron refuse de ratifier, II, 216, 217. — Il rentre en Arménie, mais pousse la guerre mollement, II, 217. — Il exhorte Vologèse à la paix, II, 217, 218.

CORMA, fleuve sur les bords duquel Méherdate fut vaincu par Gotarzès, II, 199.

DES MATIÈRES.

CRASSUS attaque les Parthes sans motif légitime, II, 110. — Il ravage la Mésopotamie, défait le général parthe, Sillice, est accueilli avec empressement par les habitants, dévaste Zénodotia, se fait décerner le titre d'*imperator*, et repasse l'Euphrate, II, 111. — Il rentre dans la Mésopotamie, où il est rejoint par le roi d'Arménie, Artavasde, I, 82, 83. — Il refuse de suivre l'avis de ce prince, II, 114. — Il est trahi par Abgare, prince d'Édesse, II, 114, 115, — et vaincu à Carrhes, I, 83; II, 115. — Date de sa défaite et de sa mort, II, 116.

CRÉTICUS SILANUS, gouverneur de Syrie, reçoit avec honneur Vononès fugitif, II, 168, 169.

CTÉSIPHON, résidence des rois parthes, I, 30. — Elle est connue des Arméniens sous le nom de *Dispon*, et des Persans sous celui de *Tisfoun* ou *Theysfoun*, I, 30. — D'où lui vient le nom de *Madaïm*, I, 31. — Par qui elle fut bâtie, I, 30; II, 197, 198.

D

DAÆ ou DAHÆ. Voy. DAHI.

DACES (Les) semblent avoir la même origine que les Dahi, I, 9, 10, 20. — De tout temps on les a confondus avec les Gètes, I, 28; II, 269. — Ils s'allient aux Parthes contre les Romains, II, 271.

DADJIG, forme arménienne du nom de Tadjik. — Voy. ce dernier nom.

DAÉTI ROUD, nom sous lequel est probablement désigné le Cyrus ou le Térek; sa signification, I, 18.

DAGHESTAN, étymologie de ce nom, I, 18 et 19.

DAHI, DAÆ ou DAHÆ, nation scythique des bords de la mer Caspienne, I, 4-8, 17-25; II, 269, 270. — Leurs possessions s'étendaient fort loin dans l'intérieur de l'Asie, 1, 7, 19, 21. — Ils combattirent Alexandre comme alliés des Perses, 1, 8; II, 269. — Ils appartenaient à un peuple de même nom, qui habitait au-dessus du Palus-Mæotide, I, 9. — Ils avaient la même origine que les Gètes ou Goths, I, 28. — Ils étaient une tribu de la nation des Daces, I, 9, 10. — Il en est souvent question dans les livres zends et pehlvis, I, 17 et 18; II, 269. — En Europe, leur domination s'étendait probablement jusqu'au Danube, I, 9, 10, 19 et 20; II, 269. — Il existait entre eux et les Daces des ressemblances de langue et de mœurs, I, 20. — Ils avaient fort anciennement porté leurs armes dans la Perse, I, 20, 310; II, 269. — C'est d'eux que les Arsacides tiraient leur origine, I, 20; II, 268. — Une partie se soumit aux Arsacides, les autres restèrent indépendants. I, 20, 21. — Ils s'étaient fixés en grand nombre dans la Parthie, I, 27. — Ils avaient imposé leur nom à la Bactriane, I, 41. — Ils furent les véritables fondateurs de l'empire des Parthes, I, 298. — Ils aident Tiridate à conquérir la Parthyène, I, 310; II, 263. — Avec leur secours, Gotarzès remonte sur le trône, II, 191. — Les Dahi qui habitaient au nord du Caucase étaient gouvernés par des princes arsacides, I, 21.

DAHISTAN (Le) est l'ancienne Parthyène, II, 270.

DAÏK'H, nom que donnent les Arméniens au pays montagneux des environs de Trébisonde, habité par des Dahi, I, 19; II, 270.

DA-KIA. Voyez TA-HIA.

DARA; sa situation, I, 302. — Motifs qu'eut Tiridate, son fondateur, pour la nommer ainsi; on l'a confondue avec Dara en Mésopotamie, I, 303. — Elle est peut-être le bourg appelé *Thara* par Justin, I, 304.

DAREH ou DARIUS, roi des Parthes, selon Moïse de Khoren; donne asile à Ardaschès, fils de Sanadroug, I, 153. — Refuse de le livrer à Érovant, I, 154. — Les historiens grecs on latins ne font aucune mention d'un prince de ce nom, I, 253. — Il paraît être identique avec Vologèse Ier, t. I, 253.

DARITÆ, altération probable du nom des *Dahi*, I, 8.

DARIUS, fils d'Hystaspes, attaque les Touraniens en Europe, I, 16. — Motifs de cette expédition, I, 16.

DARIUS CODOMAN, vaincu à Arbèles, se retire dans la Médie; il est assassiné dans le pays des Parthes, I, 303.

DARIUS, fils d'Artaban III, donné en otage aux Romains, II, 188.

DÉCIDIUS SAXA, lieutenant d'Antoine, est vaincu et tué par Labiénus, II, 121.

DELLIUS, auteur d'une histoire de la campagne d'Antoine contre les Parthes, II, 141. — Il décide le roi d'Arménie, Artavasde, à se rendre auprès d'Antoine, II, 142.

DES MATIÈRES. 399

Démétrius Ier, surnommé *Soter*, fils de Séleucus IV, s'échappe de Rome, où il était retenu en otage, I, 338, 341. — Il fait mourir Antiochus V et son tuteur Lysias, I, 342. — Date de cet événement, I, 342. — Il soumet le rebelle Timarque, I, 342. — D'où lui vint le surnom de Soter, I, 342, 345. — Il fait la guerre aux Juifs et chasse Ariarathe de la Cappadoce, I, 349. — Il abandonne le soin du gouvernement pour se livrer aux plaisirs, I, 349, 350. — Vainqueur d'Alexandre Bala, il finit par être vaincu et tué, I, 338, 346 et 347. — Date de sa mort, I, 350, 394.

Démétrius II, surnommé *Nicator*, part de Crète et débarque en Syrie pour disputer la couronne à Alexandre Bala, I, 394. — Il reste maître de l'empire, I, 395. — Il mécontente ses sujets par sa préférence pour les étrangers, I, 395. Il soutient une guerre malheureuse contre le rebelle Tryphon, I, 395, 396. — Pour regagner l'affection de ses peuples, il entreprend une expédition dans la haute Asie, I, 396. — Date de cette expédition, I, 396, 397. — Erreur de M. Visconti relevée, I, 397, 402. — Situation de l'Orient à l'époque où eut lieu l'expédition dont il s'agit, I, 402 et suiv. — L'arrivée de Démétrius est accueillie avec joie par les Grecs de la haute Asie, qui lui donnent des secours, I, 402, 404. — Théâtre de cette guerre, I, 405. — Le prince séleucide est vaincu et fait prisonnier, après avoir obtenu d'abord de brillants succès, I, 405-407; II, 275. — A quelle époque cette malheureuse expédition eut lieu, I, 412, 413. — Mithridate Ier lui donne en mariage sa fille Rodogune, et promet de le rétablir dans ses états, I, 408, 412. — Ennuyé de sa longue captivité, Démétrius cherche à fuir deux fois de suite, mais sans succès, II, 3, 5. — Raison secrète des égards que les Parthes lui témoignèrent, II, 5, 6. — Date des deux tentatives d'évasion du roi de Syrie, II, 6, 7. — Malgré sa captivité, il conserve en Syrie un puissant parti, II, 10, 11. — Phrahate II lui rend la liberté pour l'opposer à Antiochus Sidétès, II, 26. — Démétrius échappe aux cavaliers parthes qui le poursuivaient, et rentre dans ses états, II, 51. — Date de cet événement, II, 51, 52. — Il fait la paix avec sa femme Cléopâtre, II, 52; — se rend odieux par sa cruauté, *ibid.* — marche au secours de sa belle-mère Cléopâtre, qui avait chassé d'Égypte Ptolémée Physcon, son époux, II,

52, 53. — Révolte de la Syrie, II, 53. — Date de ces événements, II, 54-57. — Voy. Notes de l'éditeur, II, 358, 359, 360, 361.

DÉMÉTRIUS III, fait la guerre à Alexandre, roi des Juifs, II, 86. — Attaqué par son frère Philippe, il l'assiége dans Bérée, II, 86. — Il est vaincu et envoyé prisonnier au roi des Parthes, Mithridate II, t. II, 86. — Il meurt, II, 87.

DÉMÉTRIUS, gouverneur de l'île de Chypre, fait mettre à mort Labiénus, II, 127.

DÉMONAX, gouverneur de l'Arménie pour les Arsacides, est chassé par Mithridate, II, 192.

DIEU, titre que s'attribuent les Arsacides et d'autres princes orientaux, à l'exemple des successeurs d'Alexandre, I, 143, 436.

DILEM, nom de la partie méridionale de l'Hyrcanie, I, 356, 357.

DIODOTE, surnommé *Tryphon*, se révolte contre Démétrius Nicator, I, 395. — Il fait proclamer roi Antiochus, fils d'Alexandre Bala, *ibid.* — Bientôt il le fait mettre à mort, pour s'asseoir lui-même sur le trône, I, 395, 396. — Pendant que Démétrius II fait la guerre aux Parthes, il s'empare de ses états, I, 408; II, 7. — Date de sa mort, I, 411; II, 8. — Il avait pris le titre d'*Autocrator*; dans quel but, I, 436, 437.

DIODOTE. Voy. THÉODOTE.

DISPON. Voy. CTÉSIPHON.

DOLABELLA obtient le gouvernement de Syrie avec le commandement de l'armée contre les Parthes, II, 120. — Il bat et fait mettre à mort Trébonius, II, 120. — Le sénat le déclare ennemi du peuple romain, II, 120. — Assiégé dans Laodicée, il se donne la mort, II, 120.

E

ÉDESSE. Les princes de cette ville prennent le titre de roi, I, 104. — Les Romains leur donnent celui de toparques ou phylarques, I, 104. — Cette ville est comprise quelquefois dans l'Arabie; pourquoi, I, 104. — D'où lui vient son nom, I, 105. — On l'appelle aussi Antioche de Callirhoé, I, 106. — Noms que lui donnent les Arméniens et les Arabes, I, 106. — Époque de sa fondation, I, 106,

DES MATIÈRES.

399. — Ses rois n'étaient que des gouverneurs sous l'autorité des Arsacides, I, 106, — ou des usurpateurs, I, 111. — Ces princes étaient de la même famille que ceux de l'Adiabène, I, 112. — Édesse fut conquise probablement par Arscham, I, 115. — Elle se soumet à Sanadroug, à la condition que ses habitants ne seront pas gênés dans l'exercice de la religion chrétienne, I, 134.

ÉLYMAÏDE. Situation de ce pays, I, 357. — Il est attaqué par Mithridate Ier, t. I, 157. — Ses habitants fournissent des secours à Démétrius II, t. I, 358, 406. — Ils conservent longtemps leur indépendance, I, 358. — Ils retombent sous le joug des Parthes, après la défaite de Démétrius, I, 415. — Ils demandent à Pompée des secours contre les Parthes, I, 77, 176; II, 103.

EPHTHALITES ou HUNS BLANCS. Voy. HUNS.

ÉPIPHANE, fils d'Antiochus IV, roi de Commagène, se réfugie auprès de Vologèse, qui obtient pour lui la permission d'habiter Rome, I, 165.

ÉRATO, reine d'Arménie, succède à Ariobárzane; bientôt après, elle est chassée du trône, II, 167.

ERDA-VIRAF, prêtre perse, aide Ardeschir Ier à rétablir en Perse la religion de Zoroastre, I, 35.

ÈRE D'ALEXANDRE; voy. ÈRE DES SÉLEUCIDES.

ÈRE DES ARSACIDES. Erreur de ceux qui admettent cette ère, I, 209 et suiv. — Difficultés qu'ils rencontrent dans les dates des médailles, I, 211. — Réfutation de leurs hypothèses, I, 211, 214; II, 225, 231.

ÈRE CHALDÉENNE; voy. ÈRE DES SÉLEUCIDES.

ÈRE DES CONTRATS; voy. ÈRE DES SÉLEUCIDES.

ÈRE DES SÉLEUCIDES. Elle fut en usage dans tout l'empire des Séleucides, I, 207. — Adoptée par les Juifs sous le nom d'ère des contrats, I, 207. — Appelée ordinairement ère d'Alexandre par les Orientaux, I, 217, 279; II, 233. — Elle commença au mois d'octobre de l'an 311 avant J. C., I, 277-280. — Employée en Perse par les Syriens chrétiens, sous le règne des Sassanides, I, 207. — La plupart des chrétiens d'Orient s'en servent encore aujourd'hui, I, 207. — Voy. Notes de l'éditeur, II, 329-333, 341-345.

ÉRINDÈS, nom donné par Tacite à un fleuve qui nous est inconnu, II, 192.

ÉROVANT, prince arménien, identique avec Arbandès, I, 145, 156.
— Issu de la race des Arsacides, I, 152, 153. — Général de Sanadroug, il s'empare de la couronne, I, 153. — Il fait périr tous les enfants de Sanadroug, à l'exception d'Ardaschès, qui est sauvé par sa nourrice, I, 153. — Il demande au roi des Parthes de lui livrer cet enfant, I, 153, 154. — Mécontent de son refus, il s'allie aux Romains et leur cède Édesse et la Mésopotamie, I, 154, 164, 167. — Il périt en combattant Ardaschès, I, 154. — Les historiens occidentaux ne font aucune mention de ce prince, I, 156. — A quelle époque il usurpa la couronne, I, 164, 166. — Il établit sa résidence à Armavir, I, 166. — Il fonde Érovantaschad, Érovantagerd et Pagaran, I, 166. — Il établit à Pagaran son frère Érovaz comme grand prêtre d'Arménie, I, 168. — Étendue de ses états, I, 167.

ÉROVANTAGERD, ville fondée par le roi Érovant, I, 166.

ÉROVANTASCHAD, nom donné à une ville fondée, sur la rive méridionale de l'Araxe, par le roi Érovant, I, 166.

ÉROVAX, frère d'Érovant, établi comme grand prêtre d'Arménie à Pagaran, I, 166.

EUCRATIDE Ier, roi de la Bactriane, I, 380. — Ses conquêtes et sa mort, I, 380, 381, 389, 390. — Voy. Notes de l'éditeur, II, 310-315, 346, 347, 353, 354 et 355.

EUCRATIDE II, roi de la Bactriane, assassine son père, I, 382, 383. — Date de cet événement, I, 384. — Eucratide est obligé de reconnaître la suprématie des Parthes, I, 385. — Il offre des secours à Démétrius Nicator, I, 385. — Date probable du commencement de ses guerres avec Mithridate Ier, t. I, 386. — Il est vaincu et détrôné par les Scythes, II, 68. — Voy. Notes de l'éditeur, II, 354-356, 362 et 363.

EUROPUS, ville de la Parthie, I, 2.

EUTHYDÈME, roi de la Bactriane, est attaqué par Antiochus le Grand et vaincu, I, 327. — Il conclut un traité de paix avec Antiochus, I, 328. — Voy. Notes de l'éditeur, II, 310-315, 346, 347, 350, 351, 354-356.

F

FARADASCHT, fils de Gabarou, roi d'Édesse; durée de son règne, I, 107.

FAUSTUS DE BYZANCE, auteur d'une histoire d'Arménie, I, 236. — Défauts qui ont fait tomber son ouvrage dans le discrédit, *ibid.*

FÉODALITÉ; il faut chercher en Asie l'origine du *système féodal*, II, 293-297.

FIROUZ. Voy. PÉROSE.

FURNIUS est envoyé en Afrique, par Antoine, pour y chercher des renforts contre les Parthes, II, 127.

G.

GABINIUS, gouverneur de la Syrie pour les Romains, recueille le roi des Parthes, Mithridate, I, 81; II, 107. — Il se prépare à le soutenir, et abandonne ensuite ce projet, I, 81; II, 109. — Il marche vers l'Égypte pour rétablir sur le trône Ptolémée, II, 109, 110. — Le sénat le condamne à l'exil, II, 110. — Il laisse s'échapper Mithridate et Orsanès, *ibid.*

GAREN, frère du roi des Parthes, Ardaschès, et chef de la seconde branche collatérale des Arsacides de Perse, I, 47; II, 200, 202, 283. — Ses descendants restent fidèles à la branche aînée, I, 52; II, 201. — Ils sont détruits par Ardeschir, à l'exception d'un seul enfant, I, 53. — Garen est sans doute le même que Carrhène, II, 200, 203.

GARÉNI BALHAV, nom de la seconde branche des Arsacides de Perse, issue d'Arschavir, I, 46, 47.

GERMANICUS détrône Orode, roi d'Arménie, et donne la couronne à Zénon, II, 169. — Il conclut la paix avec Artaban, II, 169, 170. — Il relègue Vononès en Cilicie; pourquoi, II, 170. — Sa mort cause un deuil général, II, 171.

GHAXARIE, nom donné à la Crimée, I, 12.

GOPESTAN, nom pehlvi du Daghestan; sa signification, I, 18.

GORDYÈNE, province enlevée aux Parthes par les Arméniens, I, 102.

Gorgsar, étymologie de ce nom; il sert à désigner les Touraniens, I, 15.

Goschem, chef d'une des branches des Arsacides apanagées en Perse, II, 283.

Gosithrès fait périr son frère Artaxerxès ou Mithridate Ier, t. I, 435; II, 2.

Gotarzès, fils aîné d'Artaban III, est appelé au trône par les seigneurs parthes, I, 178; II, 191. — Il se rend odieux par sa cruauté, II, 191. — Obligé de fuir dans l'Hyrcanie, il en revient à la tête d'une armée scythe, et force, à son tour, Bardane à se réfugier dans la Bactriane, II, 191. — Accord conclu entre les deux frères, II, 191, 194. — Mécontent de son lot, Gotarzès se révolte, mais il est vaincu, II, 192, 194. — A la mort de Bardane, ses partisans le replacent sur le trône, II, 193. — Date de cet événement, II, 193, 194. — Les Parthes, irrités de sa cruauté, se révoltent, II, 198. — Il corrompt les partisans de Méherdate, triomphe de son compétiteur et lui fait couper les oreilles, II, 199, 200. — Il survit peu de temps à sa victoire, II, 201. — Date de sa mort, II, 202.

Goths (Les). Vaincus par les Huns, ils fuient en Thrace, d'où ils passent en Italie et en Espagne, II, 288.

Gouras, frère de Tigrane et roi de la Mésopotamie, I, 97.

Grégoire, patriarche d'Ibérie et d'Albanie, restaure les églises de plusieurs contrées, et se rend au camp de Sanésan, roi des Massagètes, I, 21. — Il est mis à mort, I, 22.

Grégoire (Saint), fils d'Anag, apôtre et premier patriarche de l'Arménie, II, 290.

H

Hadiab, nom syriaque de l'Adiabène, I, 126.

Hécatompylos, ville de la Parthie, I, 2.

Hélène, femme d'Abgare ou Monobaze Ier, embrasse le christianisme et se retire à Jérusalem, I, 129. — Sa bienfaisance, I, 130. — Elle retourne dans l'Adiabène et y meurt, I, 130. — Son fils, Monobaze II, fait transporter ses ossements à Jérusalem, I, 130. — Son mausolée subsista longtemps, I, 130, 131. — Elle était à la fois sœur et femme de Monobaze, I, 139. — Motifs de son exil volontaire, I, 141.

HELVIDIUS PRISCUS fait rentrer une partie de l'Arménie sous la domination romaine, II, 205.

HÉRACLÉE, ville de la Parthie, I, 2.

HÉRACLIDE, frère de Timarque, est délégué par Antiochus Épiphane pour administrer les finances à Babylone, I, 341. — Il en est chassé par Démétrius Soter, I, 342. — Après la révolte et la mort de son frère, il se retire à Rhodes, I, 346. — Il suscite à Démétrius Soter un compétiteur auquel il fait prendre le nom d'Alexandre, *ibid.* — Laodice entre dans son projet; il la conduit à Rome avec Alexandre, et obtient un décret du sénat qui confère à ce dernier le titre de roi de Syrie, *ibid.*

HÉRODE, fils d'Hyrcan, cherche à dissuader son frère Phasaël de se confier aux Parthes, II, 122. — Ventidius le place sur le trône de Judée, par l'ordre d'Antoine, II, 131. — Hérode demande à Phraate IV et obtient le retour d'Hyrcan en Judée, II, 135.

HÉRODE ANTIPAS, tétrarque de la Galilée, entretient des intelligences avec Artaban, II, 188. — Il est dépouillé de sa tétrarchie et relégué dans les Gaules, II, 189.

HÉRY-ROUD; voy. ARIUS.

HIÉRON, satrape parthe, aide Artaban III à remonter sur le trône, II, 186.

HIMÉRUS, jeune Hyrcanien, devient le favori de Phraate II, qui lui confie le soin de ses États, II, 64, 77. — Sa cruauté révolte les Méséniens, II, 77, 78. — Il leur fait la guerre sans succès, II, 78, 85. — Il usurpe le titre de roi, II, 84. — On ignore la suite de son histoire et l'époque de sa mort, II, 85.

HONGRIE, appelée autrefois Turkie, I, 13.

HONGROIS. Leur langue diffère extrêmement du turk, I, 13. — Elle offre des rapports avec les idiomes finnois, *ibid.*

HUNS, nom qui paraît avoir remplacé ceux de Scythes et de Massagètes, I, 12. — Il est effacé à son tour par celui de Khazars, *ibid.* — Les Huns attaquent à la fois les Romains sur le Danube, et les Perses sur les bords de la mer Caspienne, I, 17. — Les Huns Ephthalites s'établissent à l'orient de la mer Caspienne et dans les montagnes de l'Inde, II, 287, 288. — Les Huns détruisent le royaume des Alains, II, 288.—Les Huns Sabiriens et les Huns Tétrexites paraissent être la souche des Khounsag et des Avari, tribu des Lesghis du Caucase, I, 13. — Ils font de fréquentes incursions jusqu'en Syrie, II, 288. — Voy. Notes de l'éditeur, II, 368.

Hybréas, commandant de Mylassa, se soulève contre Labiénus, et se retire à Rhodes pour échapper à sa vengeance, II, 125.

Hyrcan, grand prêtre des Juifs, est fait prisonnier par Parzap'hran, I, 86; II, 122, 123. — Il est livré à Antigone, qui lui fait couper les oreilles, II, 123. — Phraate IV lui rend la liberté et le renvoie en Judée, II, 135.

Hyrcan, fils de Josèphe, et grand prêtre, gouverneur de la Judée, II, 18.

Hyrcan, autre grand prêtre des Juifs, II, 18.

Hyrcan, fils de Simon. Voy. Jean.

Hyrcanie (L'), placée sous la suzeraineté des Arsacides, se révolte contre Vologèse Ier, t. I, 179; II, 210. — Tiridate la soumet, I, 298. — Elle est attaquée par Mithridate Ier, t. I, 356.

I

Ibn-Alathir, auteur d'une Histoire universelle, d'où Abou'lféda a tiré sa liste chronologique des Arsacides, I, 233. — Cette Histoire universelle avait été composée à l'aide de l'ouvrage d'Abou-Isa-Ahmed, *ibid.*

Iezdedjerd, fils de Schèbriar, dernier roi de la dynastie des Sassanides, vaincu par Ahnaf, cherche un asile chez les Turks; à quelle époque, II, 236. — Sa mort, II, 236, 285.

Indatès, général parthe, défait par Antiochus Sidétès, II, 22.

Inde, de tout temps soumise en partie aux rois de Perse, I, 386, 357. —Conquise par Alexandre, I, 388.—Replacée sous le joug par les Séleucides, I, 388, 389. — Caractère belliqueux d'une portion de ses habitants, I, 389.—Elle est attaquée par les rois de la Bactriane et par Mithridate Ier, roi des Parthes, *ibid.* — Les Scythes la soumettent, I, 391. — Les Arsacides y établissent une branche de leur famille, I, 391; II, 83, 84.—Deux Indes anciennes, l'une en Asie, l'autre en Europe, II, 302, 303.

DES MATIÈRES.

INDE BLANCHE, nom donné autrefois à l'Arachovie, I, 392.

IOTAPÉ, fille du roi des Mèdes, et fiancée à Alexandre, fils d'Antoine et de Cléopâtre, I, 90; II, 143. — Auguste la rend à son père, II, 145. — Voy. Notes de l'éditeur, II, 318.

IOUCHI, nom donné par les Chinois aux Sarancæ, II, 276.

IRAN-VEDJ, nom ancien de l'Aran; sa signification, I, 18.

ISATIS, ville de la Parthie, I, 2.

ISIDORE DE CHARAX, cité d'après Lucien, I, 425-435. — Observations sur ses ouvrages, *ibid.* — A quelle époque vécut cet écrivain, I, 430, 431. — Voy. Notes de l'éditeur, II, 360.

IZATE, roi de l'Adiabène, le même que Sanadroug, I, 135, 139-144. — Pour éviter des troubles dans ses états, son père Monobaze I*er* l'envoie chez Abennérigus, roi de Spasini-Charax, dont il épouse la fille, I, 139. — Il se convertit au judaïsme, *ibid.* — Il est rappelé par son père, qui lui donne la province de Carrhes et lui confie l'administration de ses états, I, 128, 140. — Selon toute probabilité, il était le neveu et non le fils de Monobaze I*er*, I, 140, 142. — Il n'appartenait pas à la postérité masculine des Arsacides, I, 142. — Il étouffe une révolte de ses sujets, *ibid.* — Étymologie du surnom d'*Izate*, I, 142-144. — Il est fort probable qu'Izate était proche parent d'Izate, roi d'Édesse, I, 144. — En récompense de ses services, Artaban lui cède la ville de Nisibe, I, 102, — et lui accorde de grands honneurs, I, 146; II, 190. — Il refuse de faire la guerre aux Romains, I, 146; II, 192. — Il trahit Méherdate et passe dans le parti de Gotarzès, I, 146; II, 199. — Il choisit pour successeur son cousin ou son frère Monobaze, à l'exclusion de ses propres enfants, qu'il avait envoyés à Jérusalem, I, 146, 149. — Origine de l'usage où étaient les rois de l'Orient d'éloigner leurs enfants, I, 149. — Durée du règne d'Izate, I, 145, 147. — Monobaze fait transporter ses ossements à Jérusalem, I, 130.

IZATE, roi d'Édesse, I, 144.

J.

JEAN, fils de Simon, grand prêtre des Juifs, accompagne Antiochus Sidétès dans son expédition contre les Parthes, II, 16. — Il lui rend de grands services, et prend le surnom d'Hyrcan en mémoire de ses exploits dans l'Hyrcanie, II, 17. — Origine de ce surnom; opinion de Scaliger combattue, II, 17, 21. — A quelle époque put avoir lieu l'expédition de Jean contre l'Hyrcanie, II, 25. — Le roi de Syrie le renvoie dans la Judée, II, 27. — A la nouvelle de la mort d'Antiochus, Jean Hyrcan s'empare de plusieurs villes de Syrie, *ibid.*

JÉSUS-CHRIST envoie saint Thaddée au roi d'Édesse, Abgare, I, 119. — Sa lettre à ce prince, I, 119-122. — Authenticité de la tradition relative à cette lettre, *ibid.* II, 281 et suiv.

JUIFS (Prisonniers) établis dans les villes de Van et d'Artaxate, I, 87, 121. — On comptait beaucoup de Juifs dans la Chaldée et dans la Mésopotamie, I, 121, 177. — Ils possédaient à Néerda une école célèbre, I, 121; II, 172. — Ils se révoltent contre Artaban sous la conduite d'Anilée et d'Asinée, I, 121; II, 172, 175. — Vaincus, ils se réfugient à Séleucie, II, 175. — Ils sont massacrés, *ibid.* — Les Juifs, au temps du grand prêtre Simon, recherchent et obtiennent l'alliance de la république romaine, I, 415, 416.

JULIUS PÉLIGNUS, procurateur de la Cappadoce, se prépare à attaquer Rhadamiste; puis il l'engage à se faire proclamer roi d'Arménie, II, 205.

JUSTIN. Discussion de la date consulaire que cet historien assigne à la révolte des Parthes contre le roi de Syrie, I, 268 et suiv.; II, 249 et suiv.

K.

KAMSARAKANE, nom d'une famille arsacide, établie en Arménie, qui avait pour chef Arschavir, fils de Kamsar, parent de Tiridate, II, 289. — Elle se distingue par son ardeur à défendre l'indépendance de l'Arménie, II, 289, 290. — Elle comptait encore des rejetons en Arménie, à la fin du xi° siècle, II, 290. — Plusieurs membres de cette famille s'établirent dans l'empire grec, II, 291.

KAREN. Voy. GAREN.

KÉFEND, souverain des pays situés vers les bouches de l'Indus, envoie des ambassadeurs à Alexandre, secoue le joug des Perses, I, 387, 388.

DES MATIÈRES. 409

K'habodan ou Caboudan (Le lac). Voy. Ourmiah (Le lac d').

Kharizmiens, conquérants de la Perse, I, 313.

Khazars, nation obscure dont le nom effaça celui des *Huns*, I, 12.

Khazars (Mer des), nom donné à la mer Caspienne et au Pont-Euxin, I, 12.

Khoharare. Voy. Barsouma.

Khorassan, nom que donnent les Persans à la Bactriane des anciens; son étymologie, I, 43.

Khorhohpoud, secrétaire de Schahpour II, fait prisonnier par Julien l'Apostat, embrasse le christianisme et reçoit le nom d'Éléazar, I, 240. — Il avait écrit l'Histoire des guerres de Julien et de Schahpour, *ibid*. — Il traduisit en grec le *Rhosd-Sohoun*, *ibid*.

Khounsag, peuplade du Caucase, qui appartient à la tribu des Lesghis, et qui paraît descendre des Huns Sabiriens et Tétrexites, I, 13. — Leur langue offre des rapports avec le finnois, I, 13 et 14.

Kouschan (Rois de), nom donné, par les Arméniens et les Chinois, aux Arsacides de la troisième branche, II, 273. — Leur puissance s'étendait fort loin, *ibid*. — Ce royaume, où la religion de Manès s'était conservée, subsistait encore au x° siècle, II, 288.

L.

Labiénus est envoyé au roi des Parthes, par les meurtriers de César, pour lui demander des secours, II, 120. — Il reste à la cour du roi Orode et lui offre de faire la conquête de la Syrie, II, 121. — Ses succès, II, 121, 122, 123, 124. — Il prend le titre de *Parthicus Imperator*, II, 124. — Il est vaincu par Ventidius, et passe dans l'île de Cypre, où il est mis à mort, I, 88; II, 126, 127.

Laodice, femme d'Antiochus le Dieu, l'empoisonne et fait couronner son fils Séleucus II, t. I, 295. — Elle fait mourir Bérénice, sœur du roi d'Égypte, avec son enfant, *ibid*.

Laodice, fille d'Antiochus Épiphane, conspire avec Héraclide contre Démétrius Soter, I, 346.

Lepones, peuple puissant, soumis aux Arsacides, II, 273.

Lesghis. Voy. Khounsag et Avari.

Lollius est donné, par Auguste, pour mentor à Caïus César, II, 154.

Lucilius, lieutenant de Lucullus, I, 74.

Lucullus envoie Lucilius au roi des Parthes pour lui proposer une alliance avec les Romains, I, 74 ; II, 97. — Ses soldats le forcent à lever le siége d'Artaxate, I, 97. — Vainqueur de Tigrane, il est remplacé par Pompée dans le commandement de l'armée romaine, I, 72.

Lycus (Le), aujourd'hui le grand Zab, II, 22, 23.

Lysanias, roi de l'Iturée, engage Barzapharne (Parzap'hran) à placer Antigone sur le trône de Judée, II, 122.

Lysias, tuteur d'Antiochus V, roi de Syrie, est mis à mort par Démétrius Soter, I, 342.

M.

Maanou force Bakrou, roi d'Édesse, à partager le pouvoir avec lui, I, 107. — Il ne règne que quatre mois, *ibid.* — Le nom de Maanou est commun à plusieurs rois d'Édesse; il est altéré en *Mannos* ou *Mannus* par les Romains, I, 108. — Maanou, contemporain de Bakrou, paraît identique avec Monobaze ou Manovaz, *ibid.*

Maanou, surnommé *le Dieu*, roi d'Édesse; durée de son règne, I, 109, 439. — Il trahit Crassus, I, 109. — Voy. Notes de l'éditeur, II, 318 et 319.

Maanou, surnommé *Saféloul* ou *Saphéloul*, roi d'Édesse; durée de son règne, I, 111. — Ce prince est probablement le même qu'Arscham, I, 112.

Maanou, roi d'Édesse, fils du précédent; durée de son règne, I, 115.

Maanou, roi d'Édesse, fils d'Izate; durée de son règne, I, 144, 157, 160. — Il est contraint de se réfugier chez les Romains, I, 160. — Identique avec Abgare, I, 158.

Maanou, roi d'Édesse, fils d'Abgare, le même qu'Anani ou Ananoun, I, 147. — Durée de son règne, 1, 148. — Identique avec Monobaze II, t. I, 148. — Voy. Notes de l'éditeur, II, 319.

Maanou, roi d'Édesse, frère du précédent; durée de son règne, I, 148.

Maccabées. Erreur relevée dans le deuxième livre des Maccabées, II, 40-42.

Macorus. Voyez Abgarus.

DES MATIÈRES.

MADAÏM. Voyez CTÉSIPHON.

MAHOUI-SOURY, roi de Mérou, trahit son allié Iezdedjerd, II, 236.

MALCHUS, roi des Nabatéens, est soumis à un fort tribut par Ventidius, II, 128.

MAMIGONÉANS, nom d'une famille arménienne qui s'établit dans l'empire grec, II, 291.

MANNUS, prince arabe, soutient Mébarsape, roi de l'Adiabène, contre les Romains, I, 160. — Il est probablement identique avec Maanou, fils d'Abgare, I, 160.

MANOVAZ, nom donné par les Syriens à *Arscham*, I, 93, — identique avec *Mannos, Maanou* et *Monobaze*, 108, 112, — générique des princes de l'Adiabène, I, 124. — Nom du chef de la famille arménienne des Manovazéans, I, 125.

MANTIANE (Le lac). Voy. OURMIAH (Le lac d').

MARC-ANTOINE. Voy. ANTOINE.

MAR-IBAS-CADINA, auteur d'une histoire dont Moïse de Khoren cite plusieurs fragments curieux, I, 237.

MARDES, nation scythique répandue dans la Perse, I, 332. — Vaincue par Phraate Ier, roi des Parthes, I, 332. — Un grand nombre de Mardes sont transportés dans la Parthyène, I, 333. — Les Mardes attaquent Corbulon, II, 210.

MAROCHUS. Voy. ABGARUS.

MASOUDY, écrivain arabe; exactitude de son calcul relatif à la durée de la dynastie des Arsacides, II, 236, 238.

MASSAGÈTES, nom que donnent les Grecs aux peuples qui habitaient au nord et à l'orient de la mer Caspienne, I, 11. — Ce nom s'est conservé longtemps, même chez les Orientaux, *ibid*. — Guerre des Massagètes avec les Perses, I, 14. — Ils sont appelés Touraniens dans les anciens poëmes persans, I, 15. — Ils furent gouvernés par des princes arsacides, I, 21-25. — Étendue de leur domination, I, 273-274.

MAZARAS. Voy. ABGARUS.

MAZK'HOUTH, nom que les Arméniens donnent aux Massagètes, I, 21.

MÉBARSAPE, roi de l'Adiabène, feint de se soumettre à Trajan et le trahit, I, 160.

MÉDAILLES PARTHES OU ARSACIDES. Celles de ces médailles à légendes grecques, où se lisent les titres de *roi des rois* ou de *grand roi*, sont postérieures à Mithridate I*er*, I, 185, 439; II, 101. — Preuves de cette assertion, I, 185, 190, 440, 448. — Où et par qui ces médailles furent frappées, I, 190, 200, 207, 208. — Les monnaies de cuivre ou de bronze, sans légendes grecques, mais avec des dates en caractères grecs, ont la même origine, I, 200, 202. — Monnaies réellement arsacides, I, 202, 203. — D'où elles viennent pour la plupart; importance de la nation parthe, I, 203, 205. — Les médailles arsacides sont en petit nombre, de même que celles de la Bactriane et de l'Arménie, I, 205, 206. — A quelle ère se rapportent les dates qu'on y lit, I, 206, 209. — Erreur de ceux qui admettent une ère particulière aux Arsacides, I, 209 et suiv.; II, 225, 231. — L'incertitude sur l'époque réelle où commença l'ère des Séleucides, divise les savants au sujet de la classification des médailles arsacides, I, 280, 281. — Raisons qui portent à croire que toutes les médailles frappées par les Grecs soumis à l'empire des Parthes se rapportent à l'ère des Séleucides commençant au mois d'octobre de l'an 311 avant J. C., I, 281, 282. — Titres qu'elles attribuent aux rois arsacides, I, 436, 438. — Elles ne peuvent être d'un grand secours pour fixer la chronologie; pourquoi? II, 223. — Voy. Notes de l'éditeur, II, 320-322, 329, 353, 360, 361 et 365.

MÉDAILLES BACTRIENNES. Voy. Notes de l'éditeur, II, 310-315, 320-328, 355-358.

MÉDAILLES GRÆCO-INDIENNES. Voy. Notes de l'éditeur, *ibid*.

MÉDAILLES INDO-SCYTHIQUES. Voy. Notes de l'éditeur, *ibid*.

MÉDIE. Ce royaume obtint le second rang dans l'empire parthe, I, 91, 179. — La grande Médie, dont Ecbatane était la capitale, fit toujours partie du domaine royal des Parthes, I, 178. — Elle ne doit pas être confondue avec l'Atropatène, que les historiens grecs ou latins appellent Médie, I, 178, 352. — Celle-ci devint dans la suite l'apanage des héritiers présomptifs de la couronne, I, 178; II, 196. — Conquise par les Parthes et reprise par Antiochus le Grand, I, 316. — Seule région possédée par les Séleucides dans l'Asie intérieure, I, 350. — Elle se soumet à Mithridate I*er*, roi des Parthes,

DES MATIÈRES.   413

I, 352. — Elle demande des secours à Pompée contre les Parthes, I, 77, 176; II, 103.

Méherdate I*er*, fils de Vononès I*er*, est demandé pour roi par une partie des Parthes, II, 193, 198. — Claude ordonne au gouverneur de Syrie de le conduire jusqu'à l'Euphrate, II, 198. — Méherdate, accompagné de Carrhène, s'empare de Ninive et d'Arbèles, II, 199. — Trahi par ses partisans, le jeune prince est vaincu et livré à Gotarzès, qui lui fait couper les oreilles, II, 199, 200.

Méherdate II. Son règne est placé, sans date précise, entre le règne de Chosroès et celui de Sanatricès. Voy. liste chronologique des rois arsacides de Perse, II, Tableau n° 1.

Mehrèh, général perse, chassé par Kéfend, va chercher un asile chez les Scythes, I, 388.

Ménandre, roi de la Bactriane, étend ses conquêtes jusqu'aux bouches de l'Indus, I, 389. — Voy. Notes de l'éditeur, II, 356-358.

Mésène. Description de ce pays, II, 78, 80. — A quelle contrée les anciens donnaient ce nom, II, 80. — Elle formait un seul royaume avec la Characène, II, 80. — Époque de la fondation de ce royaume, II, 80, — et de sa destruction, II, 81.

Méséniens (Les) se soulèvent contre la tyrannie du gouverneur Himérus, II, 78. — Ils obligent les Parthes à reconnaître leur indépendance, II, 78.

Mésopotamie. Habitée par une population très-mélangée, I, 95. — Nom que donnent les Arméniens à la partie septentrionale de ce pays, t. I, 96. — Les Parthes défendent avec vigueur contre Antoine la Mésopotamie, I, 99. — Elle fut vraisemblablement réunie au royaume d'Arménie dès le temps de sa fondation, I, 100, 101. — Les Romains refusent de la donner aux Parthes, I, 101. — Plus tard ceux-ci la soumettent, I, 113, 114. — A quelle époque elle fut détachée de l'Arménie et forma un état indépendant, I, 156. — Elle est cédée aux Romains par Érovant, I, 167. — Les écrivains grecs et romains ne font aucune mention de ce fait, I, 168. — Elle se soumet à Trajan, I, 168. — Elle est réunie à l'empire romain, *ibid.* — Les Romains ne dépossédèrent pas les princes arsacides qui y régnaient, I, 169. — La Mésopotamie est envahie par Mithridate I*er*, roi des Parthes, I, 414.

MINNAGAR, riche cité de l'Inde, sur la rive gauche de l'Indus, I, 393.

MIRKHOND, son histoire universelle, intitulée : *Rouzat-essafa*, est citée à l'occasion d'Aschek ou Arsace, I, 287-289. — Voy. Notes de l'éditeur, II, 345 et 346.

MITHRIDATE, commandant de l'Ibérie, épouse Ardaschama, fille d'Ardaschès, roi d'Arménie, I, 62. — Il dépendait de Mithridate, satrape de Darius, *ibid.* — Il est nommé gouverneur du Pont, *ibid.* — Avec le secours du roi d'Arménie, il fait la conquête de la Cappadoce et de la plus grande partie de l'Asie Mineure, I, 67; II, 91, 277. — Il chasse les Romains de l'Asie, et envahit la Grèce, qu'il soumet sans résistance, I, 68. — Il est contraint par Sylla de faire une paix honteuse, I, 69. — Il soumet les peuples du Caucase et le royaume du Bosphore, I, 70. — Il recommence la guerre contre les Romains, *ibid.* — Il prend le titre de *roi des rois* et se rend indépendant, *ibid.*; II, 280. — Vaincu par Lucullus, il implore la protection de Tigrane, I, 71; II, 279. — Celui-ci, oubliant ses sujets de mécontentement, refuse de le livrer aux Romains, I, 72. — Mithridate profite des divisions des Romains pour s'emparer du Pont, de la Petite Arménie et de la Cappadoce, I, 72. — Il écrit au roi des Parthes pour l'engager à se joindre à lui et à Tigrane, *ibid.* 73; II, 97, 99-102. — Vaincu, il se retire au delà du Caucase, I, 75. — Voy. Notes de l'éditeur, II, 316, 317 et 318.

MITHRIDATE Ier, roi des Parthes, fils de Priapatius, succède à son frère Phraate Ier, qui le préfère à ses enfants, I, 330, 332, 335, 425. — On doit le regarder comme le véritable fondateur de la puissance des Arsacides, I, 335. — Son éloge, I, 336. — Ses exploits, I, 36, 337, 338; II, 304. — Étendue de son empire, I, 36, 364, 365; II, 304. — Date de sa première guerre contre les Séleucides, I, 339, 341. — Il s'empare de Babylone; à quelle époque, I, 345, 346. — Il attaque la Médie, I, 352, — et la soumet après une longue guerre, I, 355. — Date de cette conquête, I, 355, 356. — Il attaque l'Hycarnie et l'Élymaïde, dont il pille les temples, I, 356, 357, 361, 362. — Il prend Séleucie et s'empare de la Susiane, de la Perse, de la Carmanie et de l'Arménie, I, 363, 364. — Il place son frère Valarsace sur le trône d'Arménie, I, 54, 419;

DES MATIÈRES.   415

II, 275. — Il lui cède l'Artropatène, I, 56. — Il constitue définitivement l'empire des Parthes, I, 364. — Les Arméniens l'appellent *Arsace le Grand*, I, 368. — Ses guerres contre les Bactriens, I, 384. — Il leur enlève quelques provinces, I, 384, 385. — Il porte ses armes dans l'Inde, I, 389; II, 275, 304. — Date de cette expédition, I, 390, 391. — Attaqué par Démétrius Nicator, il le bat et le fait prisonnier, I, 407; II, 275. — Sa conduite à l'égard de son captif, I, 407, 408. — Il lui donne en mariage sa fille Rodogune, et promet de le rétablir dans ses états, I, 408, 417. — Erreur d'Appien relevée au sujet de ce mariage, I, 408 et suiv. — Mithridate rétablit son autorité sur les Grecs de la haute Asie, I, 414; II, 275. — Les Romains lui notifient leur alliance avec les Juifs, I, 416, 417. — Confondu par Moïse de Khoren avec son fils Phraate II, t. I, 417, 418. — Il l'avait associé à la couronne, I, 80, 437; — dans quel but, I, 438. — Il mourut probablement empoisonné, II, 2. — En quelle année, I, 369, 370, 417, 419, 420. — Difficulté chronologique que présente la durée de son règne, I, 419, 422, 424. — Erreur commise par Moïse de Khoren à ce sujet, I, 370, 373. — Date de sa naissance, I, 435. — Époque où il règne seul, *ibid.* — Ses brillantes qualités l'avaient fait préférer à son frère Phraate Ier, I, 424. — Il reçoit le surnom de *Théos, Dieu*, I, 422, 436, 438. — Titres que lui donnent les médailles à légendes grecques, I, 440 et suiv. — A quelle époque il prit celui de *roi des rois* ou de *grand roi*, I, 442, 443. — Il paraît être le même qu'Artaxerxès, roi des Perses, cité par Lucien comme un exemple de longévité, I, 425-435. — Voy. Notes de l'éditeur, II, 349-352, 362 et 363.

MITHRIDATE II, roi des Parthes, le même qu'ARSCHAGAN, I, 373; II, 2, 3. — Fils d'Artaban II, il soutient son père dans ses prétentions à la couronne, II, 2, 88. — Il succède à Artaban II, t. II, 82. — Il venge la défaite de Phraate II, t. II, 72, 73, 83, 276. — Ses différends avec le roi d'Arménie Ardaschès, I, 379. — Forcé de lui céder le titre de *roi des rois*, il se replace plus tard au rang qu'il avait perdu, II, 90. — Date de cet événement, *ibid.* — On l'a confondu avec Mithridate Ier, conquérant de l'Arménie, I, 82, — et avec Mithridate III, vainqueur d'Ortoadiste, I, 82, 83, 93.

— Ses nombreuses guerres, II, 85, 86. — Il est le premier des rois parthes qui ait entretenu des relations avec les Romains, II, 91. — Après avoir proposé une alliance à Sylla, il rompt les négociations, II, 92, 93. — Durée de son règne, II, 86, 87, 91. — Erreur de Moïse de Khoren à ce sujet, I, 370, 373 et suiv.; II, 3, 87. — Mithridate II ne laisse pas d'héritier direct, I, 379. — Sa mort est suivie de grands troubles, dont Tigrane, roi d'Arménie, profite pour remonter au premier rang, II, 91, 96. — Voy. Notes de l'éditeur, II, 353, 363 et 364.

MITHRIDATE III, fils de Phraate III, tue son père et monte sur le trône, I, 78; II, 94, 107, 109. — Il fait la guerre à l'Arménie pour mettre sur le trône le jeune Tigrane, I, 80; II, 108. — Il force son frère Orode, qui s'était révolté, à prendre la fuite, et fait massacrer ses complices, I, 81; II, 108. — Ses cruautés irritent les grands de l'État, qui se soulèvent, I, 61; II, 108. — Détrôné par Orode, il est réduit à se contenter de la Médie, I, 81; II, 108. — Il reprend les armes, est vaincu, se réfugie en Syrie, I, 81; II, 107, 109. — Confondu avec Mithridate II, t. II, 82, 83, 93. — Il engage Gabinius à le rétablir sur le trône, II, 109. — Abandonné par le gouverneur romain, il demande des secours aux Arabes, qui l'aident à s'emparer de Séleucie et de Babylone, II, 110. — Suréna lui enlève Séleucie, II, 110. — Assiégé dans Babylone, il est forcé, par la famine, de se rendre à Orode, qui le fait massacrer, II, 112. — Date de sa mort, II, 112. — Voy. Notes de l'éditeur, II, 353.

MITHRIDATE, cousin de Monésès, donne à Antoine d'utiles conseils, II, 139.

MITHRIDATE, gendre du roi Artaban III, est battu par Anilée, et le défait dans une seconde rencontre, II, 174.

MITHRIDATE, roi d'Arménie, frère de Pharasmane, est pressé par Tibère de faire la conquête de l'Arménie, II, 183, 187. — Il entre en Arménie et la soumet, II, 183, 184 — Il en est chassé par Artaban, II, 187. — Claude le replace sur le trône, II, 192, 194, 195; — à quelle époque, II, 195. — Il accueille Rhadamiste et lui donne sa fille Zénobie en mariage, II, 204. — Attaqué par Pharasmane, il se réfugie dans la forteresse de *Gorneæ*, où il est forcé par

DES MATIÈRES. 417

Cœlius Pollio de traiter avec Rhadamiste, son gendre, qui le fait mettre à mort, II, 205. — A quelle époque, II, 206.

MITHRIDATE V fait la conquête de la Mésopotamie, II, 283.

MITHRIDATE SINNACÈS, général parthe, marche au secours de Philippe et défait Démétrius, II, 86.

MNASCYRÈS ou MNASCIRÈS, succède à Mithridate II, dans un âge très-avancé, II, 94. — Il rencontre un compétiteur dans Sanatræcès, II, 94. — Il était peut-être fils de Phraate Ier, t. II, 95. — Sa mort, II, 96. — Durée de son règne, II, 94, 101. — Voy. Notes de l'éditeur, II, 364.

MODJMEL-AL-TÉWARIKH, ouvrage persan anonyme, cité, I, 34 et ailleurs. — Voy. Notes de l'éditeur, II, 309.

MOÏSE DE KHOREN, historien arménien; sa vie, I, 235. — Estime dont jouissait son Histoire d'Arménie, I, 236. — Division de cette histoire, I, 237. — Sources où l'auteur a puisé, I, 237-241.

MOLON, gouverneur de Médie, se révolte, avec son frère Alexandre, contre Antiochus le Grand; mais ils finissent par être vaincus et se donnent la mort, I, 316.

MOLOUK-AL-THÉWAÏF. Voyez MOULOUK-AL-THÉWAÏF.

MONÉSÈS, redoutant la cruauté de Phraate IV, s'enfuit auprès d'Antoine, II, 134. — On l'a confondu à tort avec Suréna, II, 134. — Antoine lui promet la couronne des Parthes et lui abandonne la conduite d'une expédition contre leurs états, II, 135. — Rappelé par Phraate, il retourne à la cour, du consentement d'Antoine, II, 135, 136.

MONÈSE, lieutenant de Vologèse, marche avec Tiridate, contre Tigrane, roi d'Arménie, II, 212. — Il assiége Tigranocerte sans succès, II, 213. — Il est rappelé par Vologèse, II, 213.

MONOBAZE, nom générique des rois de l'Adiabène, I, 127.

MONOBAZE Ier, roi de l'Adiabène, identique avec Abgare, I, 129. — Il épouse sa sœur Hélène et en a deux fils, Monobaze et Izate, *ibid.* — Il embrasse le christianisme, I, 131. — Sa postérité fut nombreuse, I, 139. — Sa prédilection pour Izate excite la jalousie de Monobaze, *ibid.* — Il envoie Izate chez Abennérigus, roi de Spasini-Charax, *ibid.* — Il lui donne la province de Carrhes, I, 128. — Étendue de ses états, I, 147. — Après sa mort, sa veuve fait couronner Monobaze, frère d'Izate, t. I, 128, 148, 149.

Monobaze II, fils de Monobaze Ier ou Abgare, paraît avoir été épargné par Sanadroug ou Izate, lorsque celui-ci fit périr les enfants d'Abgare, I, 141. — Sanadroug le choisit pour son successeur, I, 146, 155. — Il engage le roi des Parthes à faire la guerre aux Romains et assiége sans succès Tigranocerte, I, 147, 151; II, 212. — Il assiste à une entrevue de Vologèse avec Corbulon, I, 151. — Durée de son règne, I, 190, 152. — Ses fils, pris par Titus, sont emmenés à Rome, I, 152. — Les Romains les rétablissent sur le trône de leur père, I, 158.

Moulouk-al-théwaïf, nom que donnent aux rois des Parthes les écrivains orientaux; sa signification, I, 34, 44, 45, 180; II, 231. — Ces princes sont regardés comme les successeurs immédiats d'Alexandre par les Orientaux, I, 216; II, 233.

N

Néerda ou Naarda, capitale des Juifs de la Mésopotamie, célèbre par son école, I, 121; II, 172.

Néron donne des secours aux Arméniens contre les Parthes, II, 207. — Il place Tigrane sur le trône d'Arménie, II, 211. — Il refuse de donner la couronne d'Arménie à Tiridate, frère de Vologèse Ier, II, 214, 216, 217. — Plus tard, il pose lui-même, à Rome, cette couronne sur la tête de Tiridate, I, 150, 162.

Nisibe, séjour des rois d'Arménie, I, 101, 398. — Cette ville ne fut point enlevée aux Parthes par Tigrane, I, 101. — Elle est conquise par Artaban sur les Arméniens, et donnée à Izate, roi de l'Adiabène, I, 102. — Motifs qui avaient porté les rois d'Arménie à y fixer leur résidence, I, 102. — Mithridate Ier la donne à son frère Valarsace, I, 414.

Numénius, envoyé en ambassade, à Rome, par le grand prêtre Simon, I, 415 et 416.

Numénius, amiral d'Antiochus Sidétès et gouverneur de la Mésène, défait la flotte persane et remporte une victoire sur la cavalerie parthe, II, 27, 28.

O

Obolar, altération du nom de *Balasch*, I, 254. — Voy. Notes de l'éditeur, II, 335.

Oké ou Ogé, sœur du roi Monobaze Ier, était probablement mère d'Izate, I, 140.

Olophénus. Voy. Oropherne.

Oppius Statianus, laissé par Antoine à la garde de ses bagages, est battu par les Parthes, II, 137, 138.

Ornodapantès, satrape parthe, rend Pacorus suspect à son père Orode, II, 118.

Ornospade, gouverneur de la Mésopotamie, embrasse le parti de Tiridate, II, 185.

Orobaze, envoyé par Mithridate II auprès de Sylla, est mis à mort, II, 92, 93.

Orode Ier, fils de Phraate III, tue son père, I, 78; II, 95. — Il se révolte contre son frère Mithridate, et il est obligé de prendre la fuite, I, 80, 81; II, 108. — Les grands de l'État le placent sur le trône, I, 81; II, 108. — Il défait son frère, I, 81. — Il le force à se remettre entre ses mains et le fait massacrer, II, 111, 112. — Il envoie des ambassadeurs à Crassus, II, 113. — Voyant qu'il ne pouvait éviter la guerre, il se dispose à la soutenir vigoureusement, II, 114. — Il charge Suréna et Sillace d'arrêter la marche de Crassus dans la Mésopotamie, et il attaque en personne l'Arménie, II, 114, 115. — Il se réconcilie avec Artavasde, II, 116. — Jaloux de la gloire de Suréna, il le fait périr, *ibid.* — Il rappelle Pacorus de Syrie, II, 118. — Il refuse de donner des secours à Pompée, *ibid.* — Sa douleur, à la nouvelle de la mort de son fils Pacorus, qui devait lui succéder, II, 130, 131, 132. — Il désigne son fils puîné, Phraate, pour son successeur et lui confie les rênes du gouvernement, II, 132. — Il meurt empoisonné par Phraate, I, 88; II, 132, 133. — Durée de son règne, II, 133. — Ce prince est le même que le roi nommé Arschez par Moïse de Khoren, II, 133, 134, 162.

Orode II est élu roi des Parthes, II, 163, 164. — Sa cruauté révolte ses sujets, qui le tuent, II, 164. — Durée de son règne, *ibid.*

ORODE, fils d'Artaban III, roi des Parthes, est placé par son père sur le trône d'Arménie, et chassé par Germanicus, II, 169. — Son père le renvoie en Arménie avec une puissante armée, II, 183. — Ses soldats le forcent à livrer bataille; il est défait et tué, II, 184, 187.

OROPHERNE ou OLOPHÉNUS, frère d'Ariarathe, est établi roi de la Cappadoce par Démétrius Soter, I, 439.

ORRHOËNE. Voy. OSRHOËNE.

ORSANÈS accompagne Mithridate III dans sa fuite, II, 110.

ORTOADISTE ou ARTOADISTE, roi d'Arménie, sans doute le même qu'Artavasde, est vaincu par Mithridate, roi des Parthes, I, 55; II, 82. — Selon Justin, il aurait été le dernier roi d'Arménie, II, 82, 83.

OSACÈS, général parthe sous les ordres de Pacorus, ravage la Cyrrhestique, et assiége Antioche sans succès, II, 117. — Il est tué sous les murs de cette ville, *ibid.*

OSCHAGAN, lieu d'Arménie connu par une bataille où périt Sanésan, roi des Massagètes, I, 21-25.

OSRHOËNE, nom du royaume d'Édesse; soumise aux rois d'Arménie, I, 102. — Date de la fondation de ce royaume, I, 103; II, 2. — Origine du nom d'Osrhoëne, I, 104-106. — Sa forme exacte est *Orrhoëne*, I, 106. — Ce royaume est soumis à la suzeraineté des Arsacides, I, 177. — Voy. Notes de l'éditeur, II, 318.

OSRHOÈS, le même qu'Ourrhouï, donne son nom à l'Osrhoëne, I, 105.

OUCHAMA, surnom altéré d'Abgare; erreur des Syriens sur sa signification; son origine, sa forme primitive et sa véritable signification, selon les Arméniens, I, 115, 116, 122-124.

OURMIAH (Le lac d') répond au lac *Mantiane* des Grecs, et au lac *Caboudan* des Arméniens, I, 353. — Voy. Notes de l'éditeur, II, 352 et 353.

OURRHA. Voyez ÉDESSE.

OURRHOUÏ, fils de Khewia, premier roi d'Édesse, I, 104. — Durée de son règne, I, 104, 105. — Ce prince est appelé aussi Osrhoès, I, 105. — Origine de cette variante, *ibid.* — Durée du règne d'Ourrhouï, I, 107.

OUZES (Les). Ils habitaient les rives du Don et du Volga, I, 20.

DES MATIÈRES.

P

PACORUS, fils d'Orode Ier, roi des Parthes, épouse la fille d'Artavasde, roi d'Arménie, I, 83. — Il passe l'Euphrate, mais il est repoussé, I, 85; II, 117. — Il devient suspect à son père, qui le rappelle de Syrie, II, 118. — Sur l'invitation de Cécilius Bassus, il rentre en Syrie; mais l'hiver le force à repasser l'Euphrate, II, 119. — Il s'empare de presque toute la Syrie, favorisé par les guerres civiles des Romains, I, 85, 85; II, 121 et suiv. — Il est défait et tué, I, 88; II, 129. — Son éloge, II, 130.

PACORUS, fils d'un gouverneur de Syrie, a été confondu avec le fils d'Orode Ier, I, 87. — Il est peut-être le même que Pacour, roi d'Édesse, I, 87, 111. — D'autres le disent échanson du roi des Parthes, I, 87. — Il accompagne le fils d'Orode dans son expédition, I, 87, 111.

PACORUS, roi des Mèdes, était frère de Vologèse Ier, roi des Parthes, qui lui avait donné, avec la couronne de Médie, le second rang dans la monarchie des Arsacides, I, 91, 179, 204, 312, 313. — Il est vaincu par les Alains, I, 163.

PACOUR ou PACORUS, roi d'Édesse; durée de son règne, I, 110.

PAGARAD, personnage d'origine juive, est revêtu, par le premier des Arsacides, d'une des plus hautes dignités de la cour, I, 49. — Ses descendants, nommés Pagratides, ont occupé les trônes d'Arménie, et de Géorgie, et se sont perpétués jusqu'à nos jours, *ibid*. — Le droit de couronner les rois d'Arménie leur appartenait, I, 153. — Plusieurs d'entre eux s'établirent dans l'empire grec, II, 291.

PAGARAN, ville fondée par Érovant; étymologie de ce nom, I, 166.

PAGRATIDES. Voy. PAGARAD.

PAHLA ou PAHLAV, nom de la Parthyène ou Parthie. — Voy. Notes de l'éditeur, II, 315 et 316.

PAKOUR. Voy. BAKROU.

PALHAVANS. Voy. BALHAVOUNI.

PAMPATIUS. Voy. PRIAPATIUS.

PARNATASPATE, roi d'Édesse, I, 157.

PARNATASPATE, dit le Jeune, roi d'Édesse, durée de son règne, I, 157.

Parni, tribu de la nation des Dahi, I, 3; II, 269.
Parrhacès livre Méherdate à Gotarzès, II, 199, 200.
Parthamaspate est placé sur le trône des Parthes par Trajan, I, 136, 137, 161.
Parthes, nom que l'on donne ordinairement aux Arsacides et qui n'est pas le même que celui de Perses, I, 1, 3; II, 265. — Son origine, I, 2. — Les Parthes originaires de l'Europe, I, 3, 5; II, 265, 303. — Issus des Parni, tribu des Dahi, I, 5; II, 268. — Scythes de nation, I, 28; II, 265. — Étymologie de leur nom, I, 28. — Il ne faut pas les confondre avec les Perses, I, 2-5; II, 264 et 265. — Notes de l'éditeur, II, 307 et 308. — Les Parthes se révoltent contre Astibara, roi des Mèdes, I, 28. — Ce soulèvement est comprimé, I, 29. — Date de leur établissement en Perse, selon Jean Malalas, *ibid.* — Observations à ce sujet, I, 29 et 30. — Leurs mœurs, *ibid.* — Leur organisation sociale, leur système de féodalité, II, 293 et suiv. — Raisons qui prouvent qu'ils n'avaient pas la même origine que les Perses, I, 33; II, 265. — Ils adoptèrent la langue de ceux-ci, lorsqu'ils furent maîtres de leur pays, I, 200. — Les historiens orientaux parlent des Parthes avec peu de détails, I, 34. — De quelle époque date l'ère de leur indépendance, I, 308. — Date de leur établissement sur les bords de l'Euphrate, I, 338, 347. — Ils envahissent d'abord la Médie, I, 340. — Époque de l'accroissement de leur puissance, I, 345. — Ils s'emparent de Séleucie, I, 347, 348. — Résistance qu'ils rencontrent de la part des princes de l'Asie intérieure, I, 350, 352. — Leur empire est définitivement constitué; ses limites, I, 364, 365. — Date de cette grande révolution, I, 365, 366. — Causes de la prospérité de leur royaume, I, 381, 382. — Limites de leur empire du côté de l'Inde, I, 392, 393. — Ils tentent plusieurs fois de passer l'Indus, I, 393. Leur nom se répand en Europe, I, 415. — Ils favorisent le parti de Pompée, et pourquoi, II, 118, 119. — Leurs victoires sur les Séleucides les rendent maîtres de l'empire d'Asie, II, 304 et 305. — Ils résistent aux Romains, II, 305. — Ils sont vaincus, non par les Romains, mais par les Perses, II, 284, 285, 305. — Après la destruction de leur empire, leur nom se conserve encore longtemps, I, 35; II, 306.

DES MATIÈRES. 423

Parthie ou Parthyène, noms que les géographes grecs ou romains donnent indifféremment à la province de Perse où les Arsacides jetèrent les premiers fondements de leur empire, I, 1. — Sa situation géographique, I, 1, 2. — Le premier de ses deux noms désigne en réalité la totalité des conquêtes des premiers Arsacides; le second s'applique proprement à une contrée située à l'orient de la mer Caspienne, I, 2. — La Parthie donna son nom aux Arsacides, I, 2; II, 265.—Elle comptait parmi ses habitants un grand nombre de Dahi, I, 27; II, 270. — Soumise par Tiridate, I, 298; II, 259. — Son peu d'importance, I, 298, 309. — Description de ce pays, I, 309. — Son nom actuel, II, 270. — Voy. Notes de l'éditeur, II, 315 et 316.

Parzap'hran ou Parzaphran, général arménien au service des Parthes, prend Jérusalem et fait prisonnier le grand prêtre Hyrcan, I, 86. — Il est appelé aussi Barzaphrane, I, 86; II, 122.

Pehlvi (Le). La formation de cette langue remonte à une époque reculée, II, 266, 267. — Voy. Notes de l'éditeur, II, 367 et 268.

Péroze, roi des Parthes, inconnu aux historiens occidentaux, et désigné par Moïse de Khoren sous le nom de *Béroz*, I, 253. — Étymologie de ce nom, *ibid*.

Persane (La langue) dérive du zend; elle s'est divisée en un grand nombre de dialectes contemporains ou successifs, I, 261.

Perse, royaume vassal des Arsacides, I, 179. — Conquis par Mithridate Ier, I, 364. — Les Perses fournissent des secours à Démétrius Nicator, I, 406. — Ils retombent sous la domination des Parthes, I, 415. — La Perse était anciennement habitée par des Syriens, II, 266, 267.

Perses, nom qu'emploient très-souvent les anciens pour désigner les Parthes, I, 432; II, 264, 265. — Ces deux peuples avaient la même origine, II, 267.—Mais ils ne doivent pas être confondus ensemble, I, 2-5; II, 264 et 265.—Voy. Perse. — Voy. Notes de l'éditeur, II, 307 et 308.

Pharasmane, roi d'Ibérie, soutient les prétentions de son frère Mithridate au trône d'Arménie, II, 183, 192, 195, — Il appelle à son secours les Albaniens et les Sarmates, II, 183. — Il défait et tue Orode, II, 184, 187. — Il bat Artaban, II, 184. — Il éloigne son fils Rhadamiste, dont il redoute l'ambition, II, 204. — Il déclare la guerre au roi d'Arménie, Mithridate, II, 204.—Le gouverneur de Syrie lui ordonne de rappeler ses troupes, II, 205. — Il fait mourir son fils, II, 207. — Par ordre de Corbulon, il pénètre en Arménie, ibid.

PHARNAPATE, général parthe, repousse vigoureusement les attaques d'Upédius Silo; après la jonction de Ventidius avec ce dernier, il est vaincu et tué, II, 127.

PHASAËL, fils d'Hyrcan, appelle les Parthes à Jérusalem, II, 122. — Arrêté et livré à Antigone, il se donne la mort, II, 123.

PHÉRÉCLÈS, gouverneur, pour Antiochus II, des provinces au delà de l'Euphrate, I, 38; II, 258. — Il est appelé aussi Agathocle, I, 38, 173.—Il est tué par Arsace et Tiridate, I, 39, 174, 289, 298; II, 258.

PHILHELLÈNE, titre qu'ont pris plusieurs rois arsacides; sa signification, I, 192, 194, 446, 447.

PHILIPPE, dépouillé de ses États par son frère Antiochus X, veut se dédommager aux dépens de son autre frère, Démétrius, II, 86. — Assiégé dans Bérée, il est secouru par Straton, Mithridate Sinnacès, et Zizen, ibid.

PHILOPATOR, titre pris par Phraate II, t. I, 437, — donné à Séleucus IV, t. I, 142.

PHLÉGON de Tralles, cité d'après Moïse de Khoren, I, 238. — Voy. Notes de l'éditeur, II, 333-335.

PHRAATA, ville de Médie, assiégée sans succès par Antoine, II, 187 et suiv. — Elle est aussi appelée *Véra* et *Praaspa*, ibid.

PHRAATACÈS, fils de Phraate IV et de Thermusa, II, 148. — Il fait périr son père, II, 163. — Accusé d'un commerce incestueux avec sa mère, il est tué par ses sujets, II, 163, 282. — Date de sa mort, II, 163. — D'où lui venait son nom, ibid.

PHRAATE Ier, fils de Priapatius, roi des Parthes, lui succède, I, 331, 421. — Il bat les Mardes et laisse le trône à son frère Mithridate, au préjudice de ses propres enfants, I, 331, 332, 422, 424, 425. — Durée de son règne, I, 333, 334, 444.

PHRAATE II, fils de Mithridate Ier, roi des Parthes, I, 331; II, 1. — Associé au trône par son père, I, 437; II, 1; — dans quelle intention, II, 1. — Il ne profite pas des avantages obtenus par son père

DES MATIÈRES. 425

sur les rois de Syrie, II, 2. — Son oncle Artaban lui dispute la couronne, *ibid.* — Pour se débarrasser de son redoutable ennemi Antiochus Sidétès, il rend la liberté à Démétrius Nicator, II, 26. — Il défait Antiochus, I, 368, 369, 418; II, 32, 275, 276. — Il adopte le surnom d'*Autocrator*, et y joint celui de *Philopator*, I, 437. — Il épouse la fille de Démétrius Nicator, sa captive, II, 49, 50. — Il fait à Antiochus des funérailles royales, II, 50. — Il poursuit inutilement Démétrius Nicator, I, 51. — Il s'allie avec Alexandre Zébina, et pourquoi, II, 60, 61, 63. — Il ne peut remettre entièrement sous le joug les provinces révoltées de son empire, II, 62. — Au moment de franchir l'Euphrate, il est appelé à l'autre extrémité de ses états par une invasion de Scythes, II, 62, 63. — Date de cette invasion, II, 63, 67, 68. — Après avoir appelé les Scythes à son secours contre Antiochus Sidétès, il avait refusé de leur payer le subside convenu, II, 64, 65, 276; — sous quel prétexte, II, 75. — Les Scythes irrités ravagent ses frontières, II, 66. — Il marche contre eux; mais, abandonné par une partie de ses troupes, il est vaincu et tué, II, 63, 64, 66, 67, 276. — Date de sa mort, II, 68. — On ignore s'il laissa des enfants, II, 81. — Voy. Notes de l'éditeur, II, 349, 350, 364.

PHRAATE III, fils de Sanatrœcès, roi des Parthes, est associé par son père à l'empire, II, 98, 99. — Il repousse les avances de Mithridate et s'allie aux Romains par ressentiment contre Tigrane, I, 74; II, 98, 101. — Il fait sans succès la guerre à Tigrane, I, 77; II, 98. — Il donne un asile à Tigrane le Jeune et à son frère Sariaster, leur fait épouser ses deux filles et entre en Arménie, II, 102. — Il assiége Artaxate, abandonne au jeune Tigrane le soin de presser le siége et retourne dans ses États, *idid.* — Il réclame Tigrane le Jeune, son gendre, que Pompée refuse de lui rendre, I, 77. — Irrité de ce refus, il attaque l'Arménie; mais il est vaincu par Afranius et contraint de demander la paix, I, 77, 78; II, 104. — Il sollicite sans succès le renouvellement de l'alliance avec les Romains, II, 104. — Pompée lui refuse le titre de roi des rois, I, 78; II, 104. — Phraate fait une nouvelle invasion en Arménie, II, 105. — Vaincu d'abord, il obtient ensuite des avantages, II, 105, 106! — Il se réconcilie avec le roi Tigrane, I, 78; II, 106. — Il est mis à mort par ses fils, I, 78; II, 94, 95. — Durée de son règne, II, 107. — Date de sa mort, II, 107, 109.

PHRAATE IV, fils d'Orode Ier, roi des Parthes, désigné par son père pour lui succéder, le fait mourir, I, 88; II, 132, 133. — Il fait égorger tous ses frères et son propre fils, II, 132, 134. — Il défait Appius Statianus et refuse la paix à Antoine, II, 138, 139. — Il harcèle l'armée romaine dans sa retraite et lui fait éprouver de grandes pertes, II, 139. — Il conquiert la Médie et replace sur le trône d'Arménie Artaxès, I, 177; II, 144. — Sa cruauté soulève ses sujets, II, 144. — Il sollicite des secours auprès d'Auguste, *ibid.* — Il bat Tiridate, chef des révoltés, et demande son extradition à Auguste, qui la refuse, II, 145. — Son insolence cause un nouveau soulèvement, II, 146. — Tiridate, revenu de Syrie, se met de nouveau à la tête des rebelles et enlève le plus jeune fils du roi, *ibid.* — Obligé de fuir, Phraate appelle à son secours les Scythes, qui le rétablissent sur le trône, II, 146, 147. — Il redemande son fils, qu'Auguste lui rend en échange des enseignes enlevées à Crassus et à Antoine, II, 147. — Il épouse Thermusa, son esclave, dont il avait un fils, II, 148. — Motifs qui le portèrent à rendre les enseignes romaines, II, 148, 149. — A l'instigation de Thermusa, il livre ses fils en otage aux Romains, II, 150. — Date de cet événement discutée, II, 151, 152. — Il rompt avec les Romains et donne des secours à Tigrane IV, t. II, 153. — Il demande la paix à Auguste, II, 155. — Motifs de sa conduite, II, 156. — Il a avec Caïus César une entrevue où la paix est conclue, II, 156, 157. — Date de sa mort, II, 160, 163. — Les Arméniens le nomment *Arschavir* ou *Arschévir*, II, 162, 176.

PHRAATE, fils de Phraate IV, est donné en otage aux Romains, II, 150. — Il est demandé pour roi à Tibère par les chefs des Parthes, qui s'étaient révoltés contre Artaban III, t. II, 182, 187. — Il débarque en Syrie et meurt, II, 183.

PHRAATE, satrape parthe, aide Artaban à remonter sur le trône, II, 186.

PHRAPATIUS. Voy. PRIAPATIUS.

PISON, gouverneur de Syrie, ennemi de Germanicus, était très-lié avec Vononès, II, 170.

PLANCUS, gouverneur de Syrie, s'enfuit à l'approche de Labiénus, II, 124.

POLÉMON, roi de Pont, est fait prisonnier par les Parthes, II, 138.
— Le roi des Mèdes le charge de négocier une alliance avec les Romains, II, 141. — Antoine lui donne la Petite Arménie, II, 142.

POLYBE facilite l'évasion de Démétrius Soter, II, 342.

POLYCRITE, cité d'après Moïse de Khoren, I, 238. — Voy. Notes de l'éditeur, II, 333-335.

POMPÉE succède à Lucullus, I, 72. — Il force Tigrane à se soumettre, I, 75; II, 102, 103. — Il lui rend une partie des états qu'il lui avait enlevés, I, 75; II, 103. — Motifs de son apparente générosité envers ce prince, I, 75, 76. — Il refuse de remettre Tigrane le Jeune au roi des Parthes Phraate III, t. I, 77; II, 103. — Il traite avec bienveillance les envoyés des rois de la Médie et de l'Élymaïde, qui demandaient son secours contre les Parthes, I, 77, 176; II, 103. — Il conclut avec Phraate III un traité d'alliance et repousse les avances de Mithridate, II, 97, 98, 101, 102. — Il porte ses armes dans le Caucase, II, 103. — Il refuse avec hauteur de renouveler alliance avec Phraate, roi des Parthes, et fait occuper les provinces qu'il réclamait, II, 104. — Il refuse également de secourir les Arméniens, II, 106. — Il fait la guerre à Arétas, roi des Arabes, *ibid.* — Il demande des secours à Orode, roi des Parthes; la négociation n'a pas de suite, II, 118.

PRAASPA. Voy. PHRAATA.

PRIAPATIUS ou PHRAPATIUS, appelé aussi PAMPATIUS, successeur d'Artaban Ier, roi des Parthes, I, 330, 421. — Durée de son règne, I, 330. — Il vit en paix avec les rois de Syrie et leur donne des secours contre les Romains, I, 331. — Aucune action d'éclat ne signala son règne, I, 422. — Il associe à l'empire son fils Mithridate Ier, t. I, 424. — Voy. Notes de l'éditeur, II, 351, 364.

PTOLÉMÉE ÉVERGÈTE, roi d'Égypte, venge la mort de sa sœur Bérénice, I, 295. — Il s'empare d'une partie de l'Asie; mais une révolte le rappelle dans ses États, *ibid.* — Il garde la Cœlésyrie et donne la Cilicie à Antiochus Hiérax, *ibid.* — Malgré ses succès, il conclut la paix avec Séleucus, I, 296.

PTOLÉMÉE PHILOMÉTOR, roi d'Égypte, défait Alexandre Bala, I, 395.

PTOLÉMÉE PHYSCON, roi d'Égypte, est chassé par sa femme Cléopâtre,

II, 53. — Il rentre dans ses états et suscite un compétiteur à Démétrius Nicator, *ibid.* et pag. suiv.

Pyrouz. Voy. Pérose.

R

Ray, ville de Perse possédée par les Arsacides à l'époque de la conquête des Arabes, II, 287.

Remmius, meurtrier de Vononès, II, 171.

Rhadamiste, fils de Pharasmane, se retire en Arménie, où il épouse Zénobie, fille de Mithridate, II, 204. — Il fait étouffer Mithridate et sa propre sœur, II, 205. — Il s'empare de toute l'Arménie et révolte les habitants par sa cruauté, *ibid.* 206. — Obligé de fuir, il perce Zénobie de son épée, II, 206. — Son père le fait mourir, II, 208.

Rheschdouniens, peuple qui habitait au sud du lac de Van, I, 86.

Rhodaspe, fils de Phraate IV, donné en otage aux Romains, II, 150.

Rhosd-Sohoun, ancienne histoire de Perse, traduite en grec par Khorhohpoud; signification du titre de cet ouvrage, I, 240.

Roi (Observations sur le mot zend qui signifie), I, 258-266. — Examen critique d'un vers d'Aristophane où le mot roi se trouve écrit sous sa forme persane, *ibid.* — Voy. Notes de l'éditeur, II, 335-337, 339 et 340.

Roi, titre donné, par les Orientaux, à de forts petits princes, I, 103. — Les princes d'Édesse se font appeler rois, I, 104.

Roi des rois ou grand roi, titre que prennent les rois arsacides de Perse, I, 181. — On l'attribue quelquefois aux Achéménides et aux Sassanides, I, 181, 182. — Ce titre équivaut à celui d'empereur dans l'ancienne diplomatie européenne, I, 183; II, 277, 280. — Quoique réservé exclusivement aux rois de Perse, il fut usurpé par des rois d'Arménie et du Bosphore Cimmérien, I, 183; II, 277, 280. — Des rois de la Commagène et des tétrarques juifs l'usurpent aussi, I, 184. — Marc-Antoine le donne à son fils Alexandre, *ibid.* — A quelle époque les Arsacides le prirent, *ibid.* — A quels princes l'usage accordait ce titre, I, 343. — Aucun des successeurs d'Alexandre ne le prit, *ibid.*

DES MATIÈRES.

Rois grecs de la Bactriane, I, 38, 39, 327, 328, 380 et suiv. — Voy. Notes de l'éditeur, II, 310-315, 320-328, 345, 346, 347, 349-351, 353, 354-358.

Rois indo-grecs. Voy. Notes de l'éditeur, II, 310-315, 320-328, 349-351, 353, 354-358.

Rois indo-scythes. Voy. Notes de l'éditeur, ibid.

Rois de Syrie ; plusieurs d'entre eux prirent des surnoms dérivés du nom des villes où ils avaient passé leur enfance, II, 9.

Romains (Les); à quelle époque ils eurent, pour la première fois, des relations avec les Parthes, I, 415. — Ils contractent une alliance avec les Juifs et la notifient aux princes d'Orient, I, 416. — Ils redoutèrent toujours extrêmement les Parthes, II, 181.

S

Sacastan, pays anciennement habité par les Saces et depuis nommé Sedjestan, I, 15.

Saces, ancien nom des Massagètes chez les Perses, I, 15. — Ils ont donné leur nom à une province de la Perse, ibid. — Étymologie de ce nom en persan, ibid. — Les Parthes appellent les Saces à leur secours contre les Mèdes, I, 28. — Voy. Notes de l'éditeur, II, 362.

Sagsar, étymologie de ce nom; il est souvent appliqué aux Touraniens, I, 15.

Sahag, prince des Pagratides, à qui Moïse de Khoren dédia son Histoire d'Arménie, est créé marzban et tué en combattant contre les Perses, I, 237.

Sahag, dernier rejeton de saint Grégoire, patriarche d'Arménie, II, 290.

Saint-Martin (M. Jean). A quelle époque il avait commencé à écrire l'histoire des Arsacides; quel était le plan de cette histoire, et dans quel état se trouvaient les matériaux recueillis par l'auteur et les parties de l'ouvrage qu'il avait eu le loisir de rédiger avant que la mort vînt le surprendre, I, Avertissement de l'éditeur, p. VIII-XIV; II, Notes de l'éditeur, p. 365-367.

Samanides, nom d'une dynastie persane, fondée par Bahram Tchoubin, II, 287.

SAMBULOS, nom d'une montagne dont on ignore la position, II, 199.

SAMPSÈRA, espèce d'arme qui, chez les Adiabéniens, était un des insignes de la royauté, I, 128 et 129.

SANADROUG (*Sanatrucès*), neveu d'Abgare, règne sur l'Arménie, I, 133. — A la mort d'Anani, il est appelé à Édesse, I, 134, 141, 148. — Identique avec *Izate*, roi de l'Adiabène, I, 135-141-144. — Fausse étymologie du nom d'Izate, donnée par Moïse de Khoren, I, 135-136. — Étendue des états de Sanadroug, et durée de son règne, I, 137, 145; II, 283. — Quoique chrétien, il n'ose professer ouvertement sa religion, et laisse persécuter les fidèles, I, 137, 138. — Contradictions de Moïse de Khoren et de Josèphe au sujet de ce prince, I, 139, 140. — Il fait périr les enfants d'Abgare et abandonne à la reine Hélène la province de Carrhes avec la plus grande partie de la Mésopotamie, I, 141. — Sa mort, I, 152-154. — Erreur commise par les historiens arméniens sur la durée de son règne, I, 154.

SANADROUG, roi des Parthes, I, 135. — Voyez SANATRÆCÈS.

SANATRÆCÈS (SANADROUG), roi des Parthes, appelé aussi *Sinarthoclès* ou *Sinatroclès, Sinatrucès* et *Sintricus*, compétiteur de Mnascyrès, I, 135; II, 94, 96, 100. — Il est forcé de se réfugier chez les Scythes, qui le placent sur le trône, II, 94. — Durée de son règne, II, 94. — Il était peut-être fils de Mithridate Ier, t. II, 95. — Erreur relevée relativement à la date de sa mort, II, 96, 98, 101. — Il refuse des alliés à Mithridate contre les Romains, II, 97. — Il avait associé son fils Phraate III à l'empire, II, 98, 99. — Il fait sans succès la guerre à l'Arménie, II, 99.

SANATRICÈS ou SANATRUCÈS (*Sanadroug*), roi des Parthes, fait prisonnier par les Romains, au temps de Trajan; ses conquêtes antérieurement, I, 136; II, 283.

SANATRUCÈS. Voyez SANADROUG, neveu d'Abgare.

SANATRUCIUS, roi des Parthes, II, 100. Voyez SANATRICÈS.

SANDJAR, vaincu et emmené en captivité, I, 21.

SANÉSAN, prince arsacide qui régnait sur les Massagètes et les Alains, envahit l'Arménie, vers l'an 320 de notre ère; il est tué, I, 21-25; II, 288.

SARANCÆ ou SARANKES (Les), tribu scythe, II, 68. — Appelés *Youeï-*

DES MATIÈRES.   431

chi par les Chinois, II, 69, 276. — Ils passent l'Oxus et soumettent la Bactriane, II, 68, 69, 76, 276. — Leur origine, II, 69, 276. — Voyez Notes de l'éditeur, II, 361 et 362.

SARIASTER, fils de Tigrane, se réfugie auprès de Phraate III, qui lui fait épouser une de ses filles, II, 102. — Il rentre en Arménie avec Phraate, II, 105.

SARMATES. Ils marchent au secours de Pharasmane, II, 183.

SASSANIDES. Époque de la fondation de leur empire, II, 221, 222, 235. — Sa durée, II, 236.

SATRAPE (Observations sur le mot zend qui signifie), I, 259-266. — Remarques sur la manière dont Théopompe transcrit ce mot en grec, *ibid.* — Voyez Notes de l'éditeur, II, 337-339.

SBORACE, prince d'Anthémusia; son nom est identique avec celui d'*Asbouragès*, I, 145.

SCEAU ROYAL (Le) était, chez les Adiabéniens, un des insignes de la royauté, I, 128.

SCHAHPOUR II combat les Arsacides de la Bactriane, II, 287.

SCYTHES; quels peuples on comprenait sous cette dénomination, I, 3-38, 311, 312. — Phraate II les appelle à son secours, puis refuse de leur donner le subside convenu; il est vaincu et tué, II, 64, 68, 276. — Ils s'emparent de la Bactriane; à quelle époque, II, 74, 75. — Différents noms sous lesquels ils furent connus, II, 268. — Ils reconnaissent la suprématie des rois de Kouschan, II, 277. — Voyez Notes de l'éditeur, II, 349, 350, 361-364.

SCYTHIE. Ses limites, I, 3-38; II, 268. — Elle était probablement soumise à une seule domination, I, 14. — C'est avec les troupes qu'ils tirèrent de cette contrée, que les Arsacides se rendirent les maîtres de l'Orient, I, 311. — La Scythie fut gouvernée par une branche des Arsacides, I, 37, 312. — Époque de l'établissement de cette branche, et sa durée, I, 313, 314. — Le pays des Scythes sert de refuge aux satrapes de Darius, I, 388.

SELDJOUKIDES. Ils tirent leur origine des Ouzes, I, 20. — Ils fondent un puissant empire, I, 21, 313.

SÉLEUCIDES. Aucun d'eux ne prit le titre de grand roi, I, 343. — Ils se contentèrent longtemps de celui de roi, I, 442.

SÉLEUCIE, ville fondée par Séleucus Nicator, sur les bords du Tigre, devient la capitale de son empire, I, 172. — Elle perd son rang de capitale, *ibid.* 173. — Elle jouit, sous les rois parthes, d'une sorte d'indépendance, I, 173, 177, 447. — Orose la confond avec Babylone, I, 345. — Elle se révolte contre Bardane, qui l'assiége, est obligé de se retirer, mais finit par la soumettre, II, 189, 191,192.

SÉLEUCIE ou SOLOCÉ, ville située sur le fleuve Hédyphon ou Hédypnus, est prise par Mithridate Ier, t. I, 363.

SÉLEUCUS Ier NICATOR, reste maître de toutes les provinces de l'Asie conquises par Alexandre, I, 172. — Fondateur de la dynastie des Séleucides, *ibid.* — Il transporte sa résidence de Babylone à Séleucie, *ibid.* — Il fonde Antioche, *ibid.* 173. — Son autorité était peu affermie sur les rois vassaux de son empire, I, 173. — En quelle année il s'empara de Babylone, I, 278. — Durée de son règne, I, 283, 284. — Il serait possible qu'il eût combattu les Parthes, 1, 399.

SÉLEUCUS II CALLINICUS, défait Tiridate et lui accorde la paix, I, 186. — Il succède à son père Antiochus le Dieu, I, 295. — Ptolémée Évergète le dépouille d'une partie de ses États, *ibid.* — Il recouvre presque toute la Syrie, I, 296. — Il est battu et forcé de se réfugier dans Antioche, *ibid.* — Il demande du secours à son frère Antiochus Hiérax, qui lui amène un corps nombreux de Gaulois, *ibid.* — Il conclut la paix avec le roi d'Égypte, *ibid.* — La guerre éclate entre son frère et lui ; il est vaincu et forcé de se réfugier dans Antioche, *ibid.* 300 ; II, 260. — Il marche contre Tiridate, mais il est vaincu, après avoir obtenu d'abord des succès, I, 299 ; II, 260, 264. — Il combat Antiochus Hiérax et le force à s'enfuir, I, 300. — En mémoire de cette victoire, il fonde Callinicopolis, *ibid.* — Date de sa défaite par Tiridate, I, 301. — Une attaque d'Attale, roi de Pergame, le rappelle dans ses États, *ibid.* — Il entreprend contre les Parthes une seconde expédition, I, 304. — Erreur de M. Visconti relevée, I, 305. — Fait prisonnier par Arsace, Séleucus II est traité en roi, *ibid.* — Analogie entre son sort et celui de Démétrius II, t. I, 306. — Tiridate lui rend la liberté, *ibid.* — Il meurt d'une chute de cheval, *ibid.* — Récit de Justin commenté, I, 307. — Durée de son règne, I, 308. — Voyez Notes de l'éditeur, II, 347 et 348.

DES MATIÈRES.   433

SÉLEUCUS III CÉRAUNUS, fils de Séleucus Callinicus, vit d'abord en paix avec Tiridate, I, 315.

SEMPAD, fils de Piourad, de la race des Pagratides, gouverneur de la province de Sber, est chargé par Sanadroug du soin d'élever son fils, I, 153. — Il conduit le jeune Ardaschès à la cour du roi des Parthes pour le soustraire à la fureur d'Érovant, *ibid.* — Il entre en Arménie et attaque Érovant I, 167.

SÉRASPADANÈS, fils de Phraate IV, donné en otage aux Romains, II, 150.

SERGIUS, garde des archives de Perse, fournit des documents à Agathias, I, 224; II, 243. — Voyez Notes de l'éditeur, II, 367.

SEXTUS CÉSAR est envoyé à Antioche avec ordre d'observer les mouvements des Parthes, II, 119.

SIDÉRITÈS ou SIDÉRÉTÈS ou SIDIRITÈS. Voyez SIRIPIDÈS.

SIDÉTÈS ou SIDÈTE, surnom donné à Antiochus VII; son étymologie, II, 8-10. — Voyez Notes de l'éditeur, II, 361.

SILLACE, gouverneur de la Mésopotamie, est battu par Crassus, II, 111. — Orode l'adjoint à Suréna pour s'opposer aux progrès de l'armée romaine, II, 114.

SIMON, grand prêtre des Juifs, envoie une ambassade à Rome, I, 415.

SINATRUCÈS (SANADROUG), roi des Parthes, I, 135; probablement identique avec *Sintricus* et avec *Sinarthoclès, ibid.* et p. 96 et 100.

SINARTHOCLÈS ou SINATROCLÈS. Voyez SINATRUCÈS.

SINDAS, nom d'un général parthe mentionné dans un fragment grec, II, 22.

SINNACÈS ourdit, avec Abdus, une conspiration contre Artaban III, t. II, 182, 184.

SINTRICUS. Voyez SINATRUCÈS, II, 100.

SIRIPIDÈS ou SIDÉRITÈS, surnom donné à Démétrius II, après sa captivité chez les Parthes. Voyez Notes de l'éditeur, II, 358 et 359.

SOLOCÉ, ancien nom de Séleucie sur l'Hédyphon, I, 363.

SOPHAGASÈNE, roi de l'Inde, renouvelle amitié avec Antiochus le Grand, I, 328.

SOUMAKA, surnom d'Abgare; sa signification, I, 111.

SOURÉNI BALHAV, nom de la troisième branche des Arsacides de Perse, issue d'Arschavir, I, 46, 47, 48.

Souren, frère du roi des Parthes, Ardaschès, et chef d'une des quatre branches des Arsacides de Perse, I, 46, 47, 48; II, 202, 283. — Il est le même que Suréna, I, 47, 48, 49; II, 203. — Ses descendants soutiennent Ardeschir dans sa révolte, I, 51.

Souréna. Voyez Suréna, général d'Orode.

Suréna, nom d'un prince arsacide, pris, mal à propos, pour un nom de dignité, I, 48, 49; II, 135.

Suréna, général d'Orode, enlève Séleucie à Mithridate, II, 110. — Il est chargé d'arrêter Crassus dans sa marche à travers la Mésopotamie, II, 114. — Il défait l'armée romaine, I, 83; II, 115. — Orode le fait mettre à mort, II, 116.

Suréna, général de l'armée du roi de Perse, Schahpour, traite de la paix avec l'empereur Jovien, I, 48. — Son nom véritable était Souren, I, 47, 48, 49.

Spasinès, chef arabe, se rend indépendant des Séleucides et donne son nom à la ville de Charax, I, 431. — Voyez Notes de l'éditeur, II, 360.

Spasini-Charax, voyez Charax.

Straton, tyran de Bérée, marche au secours de Philippe et attaque Démétrius, II, 86.

Susiane, conquise par Mithridate Ier, I, 364.

Sylla, préteur de l'Asie, replace sur le trône Ariobarzane, roi de Cappadoce, II, 91.

Syrie. Sous ce nom, les Arméniens comprenaient les pays situés sur les deux rives de l'Euphrate, I, 87.

T

Tadjik, nom que donnent les Persans aux descendants des Iraniens, et les Arméniens aux Arabes et en général aux musulmans, I, 25, 26; II, 272. — Son étymologie, I, 26. — Conjectures sur son origine, I, 25, 26; II, 271. — A qui on l'applique aujourd'hui plus particulièrement, II, 272.

Tahi. Voy. Taochi.

Ta-Hia ou plus exactement Da-Kia, nom donné par les Chinois à la

DES MATIÈRES. 435

Bactriane, I, 41; II, 271. — Soumise par les Scythes, II, 69. — Voy. Notes de l'éditeur, II, 315.

TAHOSKARI, canton de la Géorgie; étymologie de ce nom, I, 19; II, 270.

TAOCHI, peuplade habitant les montagnes des environs de Trébisonde, I, 19; II, 269.

TARÈH. Voy. DARÈH.

TAZY, variante de Tadjik, II, 271.

TÉRENTIUS MAXIMUS se fait passer pour Néron; il excite de grands troubles en Asie, I, 164. — Il se réfugie chez les Parthes, *ibid.*

TÉTRAPYRGION, palais bâti par Démétrius Ier Soter, dans le voisinage d'Antioche, I, 350.

THADDÉE (Saint), envoyé par Jésus-Christ au roi Abgare, le guérit, le convertit, et sacre évêque d'Édesse Barsouma, I, 119. — Il va trouver Sanadroug, I, 140. — Il meurt martyr, I, 138.

THÉODOSE LE JEUNE, consent au partage de l'Arménie, II, 290.

THÉODOTE ou DIODOTE, gouverneur de la Bactriane, se révolte contre les Séleucides et se fait proclamer roi, I, 38, 39, 173; II, 258. — Sa mort, I, 298. — Voy. DIODOTE. — Voy. Notes de l'éditeur, II, 310-315.

THÉODOTE II, fils du précédent, conclut un traité avec Tiridate, I, 299. — A quelle époque, I, 300. — Voy. Notes de l'éditeur, II, 346 et 347.

THÉOPATOR, titre attribué à Phraate II, t. I, 436.

THÉOPOMPE, cité d'après Photius, I, 259. — Observations sur la manière dont il transcrit en grec le mot zend satrape, *ibid.* — Voy. Notes de l'éditeur, II, 337-339.

THÉOS (DIEU), surnom porté par Mithridate Ier, roi des Parthes, I, 422, 436, — et par Phraate III, t. I, 436. — Il ne se trouve sur aucune médaille arsacide à légendes grecques, *ibid.* 438. — Il fut adopté par plusieurs rois de Syrie, I, 338; — par les premiers princes Sassanides, I, 439; — par Tigrane, roi d'Arménie, et par Maanou, roi d'Édesse, *ibid.*—Voy. Notes de l'éditeur, II, 360, 361.

THERMUSA, esclave italienne, donnée par César en présent à Phraate IV, I, 148. — Le roi des Parthes en devient amoureux et l'épouse, *ibid..*— Elle prend un empire absolu sur son esprit, et le décide à éloigner ses fils, I, 149, 150.

28.

THEYSFOUN. Voy. CTÉSIPHON.

THOGARIENS, nom d'une peuplade scythe, qui remporta une victoire sur Artaban II, roi des Parthes, II, 81.

TIAO-TCHI, nom donné par les écrivains chinois aux habitants du Khorassan et du Kharism, I, 26; II, 271.

TIBÈRE, qui commandait une armée romaine en Arménie, reçoit les enseignes rendues par les Parthes, II, 148. — Il refuse des secours à Vononès, II, 168. — Attaqué par Artaban, il lui suscite des compétiteurs, II, 182, 183.

TIGRANE, nom donné par Appien au roi d'Arménie Ardaschès, I, 58, 66; II, 92.

TIGRANE Ier, fils d'Ardaschès, roi d'Arménie, et non pas d'Artaxias, comme le dit Strabon, I, 58, 61. — D'où provient l'erreur de ce géographe, I, 61. — Tigrane épouse Cléopâtre, fille de Mithridate, I, 63. — Il est conduit en otage chez les Parthes, et monte sur le trône d'Arménie en cédant au roi de Perse une partie de ses états, I, 69, 70; II, 90. — Il rétablit son autorité et usurpe, comme son père, le titre de roi des rois, I, 57, 63; II, 91, 277. — Il s'empare d'une partie de l'Assyrie, I, 71; II, 91, 278. — Il est reconnu pour roi par les peuples de Syrie, I, 373; II, 91, 279. — Il refuse de livrer Mithridate aux Romains; il est vaincu par Lucullus, I, 72; II, 279. — Il propose aux Parthes une alliance contre les Romains, I, 74; II, 98. — Ses fils se révoltent contre lui, I, 75. — Il est obligé de se soumettre à Pompée; à quelles conditions il conserve le royaume d'Arménie et la Mésopotamie, I, 75, 76; II, 103. — Il force son fils aîné, Tigrane, à lever le siége d'Artaxate, II, 102. — Il reste maître des provinces qu'il avait enlevées au roi des Parthes, I, 77, 78. — Il renonce au titre de roi des rois, I, 84; II, 280, — auquel il avait joint celui de Théos, I, 439. — Il se réconcilie avec le roi des Parthes, I, 78; II, 106. — Il associe à la couronne Artavasde, le plus jeune de ses fils, I, 80. — Il se rapproche du roi des Parthes, Orode, I, 81. — Moïse de Khoren lui attribue la défaite de Crassus, I, 84. — Sa mort, I, 79, 80. — Voy. Notes de l'éditeur, II, 316 et 317.

TIGRANE LE JEUNE, fils aîné du roi d'Arménie Tigrane Ier, se révolte contre son père, et se réfugie auprès du roi des Parthes, Phraate III, qui lui fait épouser une de ses filles, I, 75, 77; II, 102. — Il est vaincu par son père, et cherche un asile auprès de Mithridate, puis auprès de Pompée, I, 75; II, 103. — Ce dernier lui accorde la souveraineté de la Sophène, I, 75; II, 103. — Il se brouille de nouveau avec son père et se réfugie dans le camp des Romains, *ibid.*—Il est réclamé inutilement par son beau-père, I, 77; II, 103. — Captif à Rome, il parvient à s'échapper, et se réfugie auprès du roi des Parthes, Mithridate, I, 78; II, 108. — Il est vaincu par son frère Artavasde, I, 81.

TIGRANE II succède à son frère Artaxès II; il est détrôné fort peu de temps après, I, 90.

TIGRANE III, père de Tigrane IV, t. II, 153.

TIGRANE IV, soutenu par les Parthes et par les Arméniens, monte sur le trône d'Arménie, II, 153. — Resté maître du royaume par la mort d'Artavasde II, il demande à Auguste le titre de roi, II, 155. — Auguste lui ordonne de se rendre auprès de Caïus en Syrie, il s'y refuse, II, 156. — Caïus César le chasse de ses états, II, 157.

TIGRANE V est placé par Néron sur le trône d'Arménie; sa famille, II, 211. — Son caractère, *ibid.* — Il ravage l'Adiabène, I, 147; II, 212. — Il abandonne l'Arménie, II, 214.

TIGRANOCERTE, ville fort ancienne, I, 96. — Sa situation, *ibid.* — C'est aujourd'hui la ville d'Amid, *ibid.* — Elle fut assiégée sans succès par Monobaze II, t. I, 147.

TIMARQUE, gouverneur de Séleucie et de la Médie, pour Antiochus Épiphane, avec son frère Héraclide, I, 339, 341. — A quelle époque, I, 339, 340. — Il se révolte, est vaincu et mis à mort par Démétrius Soter, I, 342. — Prétexte de sa révolte, I, 343.— Il avait pris le titre de grand roi, *ibid.* 344. — Il est qualifié roi des Mèdes, I, 344. — Date de sa mort, *ibid.* — Sa tyrannie, *ibid.* — Sa mort cause de longs troubles, I, 345.

TIRIDATE, prince arsacide et satrape, se révolte avec son frère Arsace contre Agathocle ou Phéréclès, gouverneur macédonien de la Perse, I, 39. — Vaincu par Séleucus Callinicus, il cherche un asile chez les Scythes, I, 186, 294, 310; II, 258.—Il fait la paix, I, 186.— Il prend le nom de son frère, avec qui on l'a confondu, et le transmet à ses descendants, I, 285, 315, 318, 335. — Il est regardé comme le véritable fondateur de l'empire parthe, I, 285. — Il prend le titre de roi, après avoir reconquis la Parthyène, I, 286, 290, 294, 308; II, 257-261. — Date de son avénement, I, 293, 294, 315; II, 260, 261. — Date de la conquête qu'il fit de la Parthyène, I, 297; II, 260, 264. — On ne doit pas confondre ce dernier événement avec la première rébellion d'Arsace, I, 297, 298; II, 259, 260. — Tiridate soumet l'Hyrcanie, I, 298. — Il conclut un traité avec Théodote ou Diodote, roi de la Bactriane, I, 299, 300. — Il bat Séleucus Callinicus, après avoir éprouvé de grands revers, I, 299. — Date de cette victoire, I, 301. — Il règle la constitution de son royaume, *ibid.* — Il bat Séleucus Callinicus et le fait prisonnier, I, 305. — Motifs de sa conduite généreuse à l'égard de ce prince, I, 308. — Étendue de son royaume à cette époque, *ibid.* 310. — Incertitude sur la date de sa mort, I, 314, 315, 320. — Durée de son règne, I, 315, 317, 318. — Voyez Notes de l'éditeur, II, 340, 341 et 345.

TIRIDATE, chef des révoltés contre Phraate IV, roi des Parthes, demande des secours à Auguste, II, 144. — Il est vaincu et se réfugie en Syrie, II, 145. — Les Parthes le rappellent, et le placent sur le trône, II, 146. — A l'approche d'une armée scythe, commandée par Phraate, il s'enfuit auprès d'Auguste, *ibid.* — Date de ces événements, *ibid.* 147. — Il livre à Auguste le fils de Phraate, II, 147. — Il obtient la permission de vivre à Rome, *ibid.*

TIRIDATE II est choisi par Tibère pour remplacer le jeune Phraate, II, 183. — Vitellius le conduit au delà de l'Euphrate, II, 185. — Il entre triomphant à Séleucie, *ibid.* — Il est couronné à Ctésiphon par Suréna, II, 186, 187. — A l'approche d'Artaban III, il se sauve en Syrie, *ibid.*

TIRIDATE Ier, frère de Vologèse Ier, roi des Parthes, est déclaré roi d'Arménie, II, 204. — Il est obligé de se contenter du troisième rang dans la monarchie des Arsacides, I, 91. — Il se plaint à Corbulon de ce qu'on viole la paix à son égard, II, 208, 209. — Il essaye de s'emparer, par trahison, de la personne du général romain, II, 209. — Corbulon le chasse de l'Arménie, II, 210, 211. — Tiridate se réfugie à la cour de Vologèse, qui lui place sur

DES MATIÈRES. 439

la tête un diadème, le traite en roi, et lui donne des troupes pour chasser Tigrane de l'Arménie, II, 212. — Cette expédition échoue, II, 213. — Néron refuse de reconnaître Tiridate pour roi d'Arménie, II, 214, 216, 217. — Plus tard, Tiridate se rend à Rome, accompagné de ses enfants, de ceux de ses frères Vologèse Ier, roi des Parthes, et Pacorus, roi des Mèdes, et des enfants de Monobaze II, roi des Adiabéniens; il y reçoit des mains de Néron la couronne d'Arménie, I, 150, 162. — Il est vaincu par les Alains, I, 163. — Durée de son règne, I, 162, 163.

TIRIDATE II, surnommé *le Grand*, et fils de Chosroès Ier, roi d'Arménie, remonte sur le trône de son père, II, 289. — Il fait la guerre aux Parthes, *ibid.* — Il embrasse le christianisme, II, 290.

TISFOUN. Voy. CTÉSIPHON.

TITIUS, gouverneur de Syrie, reçoit les fils de Phraate livrés en otage aux Romains, II, 150.

TOCHARI ou TOKHARES ou TOKHARIENS (Les), tribu scythique, II, 68-77. — Ils concourent à la destruction du royaume grec de la Bactriane, *ibid.* et p. 276. — Voy. Notes de l'éditeur, II, 361-364.

TOURANIENS, nom que les Perses donnent aux Massagètes, I, 15. — On les appelle aussi *Sagsar* et *Gorgsar,* ibid. — Étymologie de ces dénominations, *ibid.* — Étendue des possessions des Touraniens, I, 16. — Ils sont attaqués en Europe par Darius, *ibid.*

TOURIOUA, satrapie de la Bactriane, conquise par Mithridate Ier, I, 385.

TRAJAN soumet l'Arménie et se rend à Édesse, I, 158; II, 284. — Il traite amicalement le roi Abgare, et pénètre dans l'intérieur de l'empire parthe, I, 158. — On doit distinguer deux expéditions de ce prince en Orient, *ibid.* — Incertitude où l'on est quant à la succession des faits, I, 159. — Époque de sa seconde expédition, *ibid.* — Ses conquêtes dans l'Adiabène, I, 161; II, 284. — Il passe le Tigre, s'empare de Ctésiphon, et couronne roi Parthamaspate, I, 161. — Il s'embarque sur le golfe Persique et pénètre jusqu'au détroit d'Ormuzd, II, 284. — Ses projets sont abandonnés, puis repris par ses successeurs, *ibid.* — Voy. Notes de l'éditeur, II, 319 et 320.

TRÉBONIUS est vaincu et mis à mort par Dolabella, II, 120.

TRYPHON. Voy. DIODOTE.
TRYPHON, chef des habitants d'Antioche révoltés contre Démétrius Nicator, II, 53. — Voy. Notes de l'éditeur, II, 361.
TURKIE, nom donné à la Hongrie, I, 13.
TURKS, nom générique servant à désigner tous les peuples scythiques, I, 12. — Les Turks étaient originaires de l'extrémité de l'Orient, *ibid.* — Ils détruisent la puissance des Huns, et soumettent les Scythes, *ibid.* — Ils donnent leur nom à toutes les peuplades scythiques, *ibid.* — Trop peu nombreux pour faire adopter leur langue par les vaincus, 13. — Voy. Notes de l'éditeur, II, 308, 309.

U

UMMIDIUS QUADRATUS, gouverneur de Syrie, ordonne à Pharasmane de retirer ses troupes de l'Arménie, II, 205. — Il est remplacé par Corbulon, II, 211.
UPÉDIUS SILO, envoyé par Ventidius pour s'emparer des défilés du mont Amanus, est repoussé par Pharnapate, II, 127. — Il est chargé d'arranger les affaires de Judée, II, 128.

V

VAGÈS, ambassadeur d'Orode; fierté de sa réponse à Crassus, II, 113.
VAGHARSCHAG, VAGHARSCH, VALARSCH. Voy. VALARSACE et VOLOGÈSE.
VALARSACE, créé roi d'Arménie par son frère Mithridate, I, 54, 369, 419. — Il est le premier prince arsacide qui ait régné sur l'Arménie, I, 54, 55, 101. — Durée de son règne, I, 61. — Forme primitive et altérations de son nom chez les Arméniens, les Perses, les Grecs et les Romains, *ibid.* — Il avait associé son fils Arsace à la couronne, I, 80. — Il résidait à Nisibe, I, 101. — Il fut le législateur des Arméniens, I, 337.
VALARSACE, nom d'un roi des Parthes, I, 253. — Différentes altérations de ce nom, I, 253, 254. — Fausse étymologie proposée par Fréret, I, 254. — Forme primitive du nom de Vologèse, *ibid.*
VAN (Le lac de), et non le lac d'Ourmiah, répond, selon M. Carl Ritter, au lac *Mantiane* de Strabon. Voy. Notes de l'éditeur, 352, 353.

DES MATIÈRES. 441

VATCHÉ, fils d'Artavasde, général arménien, I, 23.

VENTIDIUS BASSUS, lieutenant d'Antoine, défait Labiénus, ainsi que Pacorus, et reprend la Syrie, I, 88 ; II, 126, 129. — Il est envoyé à Rome pour y jouir des honneurs du triomphe, I, 88 ; II, 131.

VÉRA. Voy. PHRAATA.

VERTHANÈS, grand prêtre des Arméniens, accompagne Chosroès II dans sa fuite, I, 23.

VÉRULANUS SÉVÉRUS, lieutenant de Corbulon, est envoyé au secours de Tigrane, II, 210, 212.

VESPASIEN refuse de se mêler des affaires des Parthes, I, 163.

VETTIUS BOLANUS marche au secours de Tigrane, II, 212.

VIBIUS FRONTON fait arrêter Vononès dans sa fuite, II, 171.

VIBIUS MARSUS empêche Bardane d'attaquer l'Arménie, II, 192.

VITELLIUS, gouverneur de Syrie, est chargé par Tibère de la conduite des affaires d'Orient, II, 183. — En menaçant la Mésopotamie, il force Artaban à abandonner l'Arménie, II, 184. — Il conduit Tiridate au delà de l'Euphrate, II, 185. — Il signe la paix avec Artaban, II, 188. — Il est rappelé ; pourquoi, II, 189.

VOLAGÈSE ou VOLOGÈSE usurpe le titre de roi des Parthes, vers l'an 53 ou 52 avant J. C., II, 153.

VOLANDUM, château fort d'Arménie, pris par Corbulon, II, 209.

VOLOGÈSE ou VOLAGÈSE Ier succède à Vononès II, t. II, 203. — De qui il était fils, II, 203, 204. — Son nom s'est écrit, chez les Perses, *Balas, Balasch, Palasch* ou *Valasch;* chez les Arméniens, *Vagarschag, Valarsch* et *Vagharsch;* dans les auteurs byzantins, *Blase* et *Obolar,* I, 61, 253 et 254. — Il donne la Médie en apanage à son frère Pacorus, I, 91, 179. — Il entre en Arménie et y fait déclarer roi son frère Tiridate, II, 204, 205, 206. — Vologèse chasse Rhadamiste ; il établit définitivement la domination des Parthes sur l'Arménie ; à quelle époque, II, 107. — La révolte de son frère Bardane le rappelle dans ses États, II, 207. — Il demande la paix aux Romains, *ibid.* — La guerre se rallume au sujet de l'Arménie, II, 208. — Vologèse combat les Hyrcaniens révoltés, I, 179 ; II, 212. — Il renvoie son frère Tiridate en Arménie avec des troupes nombreuses, qu'il ne tarde pas à rappeler, II 212, 218.

— Il envoie une ambassade à Néron; dans quel but, II, 213, 214. — Inutilité de cette démarche, II, 214. — Il force Césennius Pætus à conclure une capitulation honteuse, II, 215. — Il retire ses troupes de l'Arménie et envoie à Néron une nouvelle ambassade, sans plus de succès, II, 216, 217. — Ses négociations avec Corbulon, II, 217, 218. — Vers l'an 72 de J. C. il demande à Vespasien des secours contre les Alains, I, 163. — Il soutient l'imposteur Térentius Maximus, I, 164. — Il envoie une ambassade à Vespasien, I, 165. — Il reçoit, avec de grands honneurs, Épiphane et Callinicus, fils du roi de Commagène, ibid. — Mécontent du refus de Vespasien, il lui déclare la guerre, ibid. — Sa lettre à Vespasien, I, 168. — La guerre se termine à l'avantage des Romains, ibid. — Voy. Notes de l'éditeur, II, 335, 365.

VOLOGÈSE. Voy. VOLAGÈSE.

VOLOGÈSE, descendant de Sanadroug, reçoit de Sévère une partie de l'Arménie, I, 136.

VONONÈS Ier, fils aîné de Phraate IV, gardé en otage à Rome, est demandé pour roi par les Parthes, II, 162, 164. — Date de cet événement, II, 164, 165, 176. — Vononès déplaît à ses sujets par ses mœurs étrangères, II, 166. — Il défait son compétiteur Artaban, II, 167. — Vaincu à son tour, il se sauve à Séleucie, et de là en Arménie, I, 178; II, 167. — Les Arméniens le choisissent pour roi, II, 168. — Il demande des secours à Tibère, qui les lui refuse, ibid. — Date de ces événements, ibid. — Sa retraite en Syrie, II, 168, 169. — Germanicus le relègue en Cilicie; pourquoi, II, 170. — Il tente de s'enfuir, mais il est repris et tué, II, 170 et 171. — Causes de sa mort, II, 171.

VONONÈS II, roi des Mèdes, succède à Gotarzès, roi des Parthes, I, 179; II, 202. — Son règne fut court et sans gloire, II, 202. — A quel degré il était parent des Arsacides de la race royale de Perse, II, 202 et 203.

X

XANTHIPPE, nommé par Ptolémée Évergète gouverneur de ses conquêtes au delà de l'Euphrate, I, 295.

XERXÈS, étymologie de ce nom, I, 258-266. — Voy. Notes de l'éditeur, II, 336 et 337.

Y

YOUEÏ-CHI. Voy. SARANCE.

Z

ZAB (Le grand), l'ancien Lycus, II, 23.
ZÉBINA ou ZABINA. Voy. ALEXANDRE ZÉBINA.
ZÉNOBIE, fille de Mithridate, roi d'Arménie, épouse Rhadamiste, qui la perce de son épée, II, 204-206.
ZÉNON, fils de Polémon, roi de Pont, devient roi d'Arménie, II, 169. — Il prend le nom d'Artaxias, I, 255; II, 169. — A sa mort, Artaban fait revivre ses prétentions sur l'Arménie, II, 180, 181.
ZIZEN, prince arabe, marche au secours de Philippe, frère d'Antiochus X, et contribue à la défaite de Démétrius, II, 86.
ZOÉ, impératrice de Constantinople et dernier rejeton de Constantin Porphyrogénète, épouse Constantin Monomaque, II, 291.

FIN DE LA TABLE ALPHABÉTIQUE DES MATIÈRES.

CORRECTIONS

A FAIRE DANS LES DEUX VOLUMES.

TOME PREMIER.

Pages. Lignes.
- 7, 25, Iaxartès, *lisez* Iaxarte.
- 9, 14, *Idem. Idem.*
- 11, 4, *Idem. Idem.*
- 31, 18, Ardéwan, *lisez* Ardéwan (Artaban V).
- 59, 15, Artoadiste, *lisez* Artoadiste ou Ortoadiste.
- 90, 6, Iotape, *lisez* Iotapé.
- 96, note 4. Lib. XXXVI, cap. xxii, *lisez* Lib. XXXVI, cap. xxviii, t. I, p. 253; ed. Sturz.
- 99, 3, Samo, *lisez* Samo-.
- 165, 5, Cæsennius Pætus, *lisez* Césennius Pætus.
- 191, 14, Gotarzès, *lisez* Bardane (*Vartanès*).
- Ibid. 15, Bardane (*Vartanès*), *lisez* Gotarzès.
- Ibid. 17, Que le même roi, *lisez* que Gotarzès.
- 231, 7, Gononès, *lisez* Vononès.
- 253, 15, et il prit ce nom, *lisez* et il prit le nom de *Péroze*.
- 273, 12, M. l'abbé Sestini, *lisez* M. l'abbé Sestini[4].
- Ibid. Au bas de la page, après la note 3, placez, comme note 4, la note 1 de la page 274.
- 274, 11, d'Antiochus le Dieu[2], *lisez* d'Antiochus le Dieu.
- Ibid. 14, par Scaliger, *lisez* par Scaliger[2].
- Ibid. 16, dont il s'agit[3], *lisez* dont il s'agit.
- Ibid. 17, Frölich, *lisez* Frölich[3].

446 CORRECTIONS.

Pages. Lignes.
Ibid.	20,	les affaires de l'Orient[4], *lisez* les affaires de l'Orient.
274,	22 et 23,	note 1. Reportez cette note au bas de la page 273, où elle prendra le n° 4.
Ibid.	24-28,	notes 2, 3, 4. Substituez à ces trois chiffres les chiffres 1, 2 et 3.
340,	19 et 29,	note 7. Macabées, *lisez* Maccabées.
342,	7,	Idem. Idem.

TOME DEUXIÈME.

81,	22,	Ortoadiste, *lisez* Ortoadiste ou Artoadiste.
93,	22,	Arsace, *lisez* Arschag (Arsace).
111,	6,	Sillice, *lisez* Sillace.
112,	18,	A peine la mort de son père, *lisez* A peine la mort de son frère.
119,	21,	du fils de leur roi Pacorus, *lisez* du fils de leur roi, Pacorus.
176,	8 et 9,	Arschavir, *lisez* Arschavir ou Arschévir.
202,	6,	qui régnait sur les Parthes, *lisez* qui régnait sur les Mèdes.
203,	27,	note 2, Lib. XII, cap. XLIV, *lisez* Lib. XII, cap. XIV.
205,	9,	Vinidius Quadratus, *lisez* Ummidius Quadratus.
209,	21,	Artaxata, *lisez* Artaxate.
286,	22 et 23,	quatre cent cinquante-cinq ans, trois mois et vingt et un jours, *lisez* quatre cent cinquante-six ans.
362,	3,	Tome II, pages 68-77, 276, 384 et 385, *lisez* Tome II, pages 68-77, 276 et 277.
283,	14,	Jean Malala, *lisez* Jean Malalas.

www.ingramcontent.com/pod-product-compliance
Lightning Source LLC
Chambersburg PA
CBHW070542230426
43665CB00014B/1786